2023

最具公众影响力品牌传播案例集

金旗奖编委会　编著

中国财富出版社有限公司

图书在版编目（CIP）数据

2023最具公众影响力品牌传播案例集 / 金旗奖编委会编著 . —北京 : 中国财富出版社有限公司 , 2024.4

ISBN 978-7-5047-8157-4

Ⅰ . ① 2… Ⅱ . ①金… Ⅲ . ①公共关系学—案例 Ⅳ . ① C912.31

中国国家版本馆 CIP 数据核字（2024）第 084696 号

策划编辑 周 畅		**责任编辑** 田 超 刘康格		**版权编辑** 李 洋	
责任印制 梁 凡		**责任校对** 卓闪闪		**责任发行** 杨 江	

出版发行	中国财富出版社有限公司		
社 址	北京市丰台区南四环西路 188 号 5 区 20 楼	**邮政编码**	100070
电 话	010-52227588 转 2098（发行部）	010-52227588 转 321（总编室）	
	010-52227566（24 小时读者服务）	010-52227588 转 305（质检部）	
网 址	http : //www.cfpress.com.cn	**排 版**	宝蕾元
经 销	新华书店	**印 刷**	宝蕾元仁浩（天津）印刷有限公司
书 号	ISBN 978-7-5047-8157-4/C・0245		
开 本	787mm×1092mm 1/16	**版 次**	2024 年 7 月第 1 版
印 张	33.5	**印 次**	2024 年 7 月第 1 次印刷
字 数	732 千字	**定 价**	168.00 元

2023

最具公众影响力
品牌传播案例集

China's Most Influential Brands

Communication Case Studies In 2023

| 编委会

主 编：银小冬

编审委员会（按姓氏音序排列）：

李国威　刘　畅　隆伟利　王亭亭　王晓乐　杨美虹　张殿元　张　莉

编　委（按姓氏音序排列）：

陈小桃　陈永东　陈永泰　储　门　董　斌　董天策　樊传果　龚妍奇　顾杨丽　郭为文
韩红星　胡　涵　胡若歆　胡远珍　黄玲憶　来向武　李兴国　李志军　刘海迎　刘晓程
刘永强　马志强　孟　茹　彭焕萍　尚恒志　沈　健　孙玲玲　拓　慧　汪　珺　王春雨
王洪波　王　虎　王　薇　王晓晖　吴　翀　吴加录　吴志远　徐　俊　杨　晨　姚利权
殷　俊　张　辉　张　洁　张　蕾　张　敏　张　宁　张文涛　张文轩　张晓艳　赵　晖
郑　威　钟育赣　仲佳伟　周朝霞　朱瞻宇　左　跃

品牌向上驱动韧性增长

2023年，金旗奖行至第14年。

2023年金旗奖评审标准获得国家知识产权局颁发的著作权证书，金旗奖成为中国首个具有评审知识产权的品牌传播类奖项，成为展示品牌向上、衡量品牌建设绩效的重要参考指标。

我们期望金旗奖不仅为获奖品牌及团队带来荣誉和专业力背书，还通过出版案例集、推荐案例收录进高校教材、推动品牌进入校园、商业洞察访谈等方式为企业带来长期品牌资产沉淀。这也是金旗奖多年来持续出版案例集的重要原因。

2023年金旗奖关键词是"韧性增长"，它是品牌在面临外部环境变化和挑战时，保持稳定和持续增长并具有强大的抵抗风险和适应变化的能力的表现。

2023年，世卫组织宣布新冠疫情不再构成"国际关注的突发公共卫生事件"，但新冠疫情给全球经济带来的巨大伤害仍在持续，加之国际环境动荡不安，经营求稳健、抗衰退、追求长期主义成为全球企业的共识。

这一点也从2023年申报案例中得到印证，每年的金旗奖就像商业市场的晴雨表，每一个案例都记录了商业发展的变化趋势。

2023年金旗奖共揭晓六大单元、29个提报方向的优秀品牌传播案例，涵盖医药、化工、金融、电子商务、航空、母婴、食品、交通运输、体育、文旅、化妆品等领域。

除了具有优势的企业社会责任、品牌公关、市场营销专业方向外，2023年金旗奖在ESG传播、文旅创新、智能营销方向也收获了许多优秀案例，其中不乏年度现象级传播案例。

通过对2023年提报案例进行研究，中国市场品牌沟通策略呈现五大趋势。

一是践行可持续发展已成为企业必选项。

金旗奖2023年新增的"可持续发展单元"备受青睐，该单元下设的企业社会责任、ESG传播、环境保护、公益传播4个申报方向收到大量具有引领价值的实践案例。这些案例涉及乡村振兴、非物质文化遗产保护、罕见病科普知识宣传、弱势群体帮扶、生态环境保护治理等可持续发展的重要领域。

不同规模、类型的企业都在坚守长期主义，践行可持续发展，不仅增强了品牌韧性，提升了品牌抗风险能力，也为品牌长期价值持续赋能。

二是数字化传播成为企业与消费者沟通和互动的关键手段，人工智能技术应用正在普及。

在2023年提报的案例中，我们看到，数字化传播手段已经得到广泛应用。数字营销、智能营销等申报方向收到很多具有创新价值的实践案例，涉及AIGC（生成式人工智能）技术、程序化广告投放、数据分析工具等数字传播技术，在传播形式和内容实时优化等方面形成了有价值的案例样本。

数字化信息及传播形式能更广泛地触达不同偏好的人群，强化品牌效应，这必将成为品牌持续关注的重要议题。

三是国潮元素和价值赋能，彰显中国企业文化自信和品牌自信。

2023年快消品企业提报案例数量大幅上升，国潮、传统节日等中国文化元素更加得到企业重视。

国潮势头有增无减，如伊利、茅台、今麦郎等快消行业头部企业，将故宫、蹴鞠、传统中国色彩等国潮元素嵌入产品设计，展现了真正的文化自信和品牌自信，取得了很好的市场反馈。

同时，越来越多的快消品企业突破传统的打折促销式节日营销，利用消费者对传统节日的情绪价值进行品牌营销，在春节、端午、中秋等传统节日节点，通过触发消费者对这些节日的记忆，创造更有温度的节日营销，赢得更多消费者的喜爱。

四是线下活动案例大幅增加，活动公司用整合传播思维做大市场。

在2023年提报的活动案例中，我们看到，线下活动案例大幅增加，但我们也看到，传统的单一线下活动案例比较少见，传统的公关行业已经发生变革。线下活动已经成为企业整合传播的一部分，服务于企业更大的市场目标。传统公关公司已经开始走出舒适区，从线下活动执行角色向整合传播服务商转变，开始涉足影响面更广的品牌传播领域，目标是赢得更大的市场。

五是企业内部沟通占比提升，数字化变革提升传播效果。

内部沟通是2023年一大看点，与之相关的提报案例整体占比明显提升，涉及跨文化内部沟通、家属开放日活动、干部领导力提升、企业内部员工培训等。这也体现出在外部环境不确定时企业加强内部文化及凝聚力建设的必要性。同时，我们也欣喜地看到，有更多的企业拥抱数字化变革，运用直播、短视频、小程序、企业自建平台等数字化手段打造企业内部沟通项目，使企业内部沟通项目成功破圈，展现企业人文关怀，讲述品牌文化故事，传递品牌价值观，拉近了品牌与消费者的距离，提升了消费者对品牌的好感度。

除了金旗奖案例反馈出的品牌沟通发展趋势，2023年，金旗奖自身也不断在推动产学结合、从中国商业传播角度展示中国商业文明等领域深耕。

2023年，又有10个金旗奖获奖案例被收录进复旦大学及浙大城市学院教授主编的高校教材。截至2024年5月，已有43个金旗奖获奖案例被收录进复旦大学、浙江工业大学及浙江省普通高校"十三五"新形态教材和中国品牌案例研究系列丛书。金旗奖致力于赋能高校品牌公关营销人才培养，帮助获奖团队及个人实现职场质的飞跃，实现品牌传播的长尾效应。

2023年，金旗奖"业界导师进校园"公益授课项目持续推动，自该项目2022年启动以来，来自麦当劳、亿滋、玛氏、东软医疗、国投瑞银、赛默飞、奥美等37家企业的导师已走进复旦大学、浙江大学等9所高校，累计授课57节（截至2024年5月底）。金旗奖在将业界最鲜活的案例带进课堂，赋能高校人才培养、就业及职业发展的同时，极大地提升了企业及品牌对年轻人的积极影响力。

2023年，作为国内第一本对外介绍中国市场沟通策略的英文案例专著，金旗奖英文案例集 *Public Relations Case Studies* 得到全球同业专家的持续关注，已有来自美国、欧洲地区以及亚洲地区的110余所知名高校商学院采购该书，将之作为中国市场沟通案例的研究教材。

2023年，金旗奖组委会发布了《2023年金旗企业品牌社会价值评估项目报告》，该报告由金旗奖组委会委托清华大学新闻与传播学院公共关系与战略传播研究所研究团队推出，研究了企业品牌社会价值与消费者行为的关系，围绕"企业品牌社会价值"建立了科学的评估方法和指标体系，挖掘了与评估指标相关的企业品牌数据，对相关企业进行了品牌社会价值评估。金旗奖组委会还同期发布了"2023年金旗企业品牌社会价值榜单"。

未来，作为以贡献长期价值为考量的品牌传播大奖，金旗奖还将继续努力，帮助品牌打造长期价值，吸引更多重视品牌长期价值打造、持续沉淀品牌资产、以优秀品牌韧性驱动品牌永续增长的优秀品牌参与进来，助力品牌韧性增长。

最后，特别感谢2023年金旗奖赛事评委们的辛勤工作，感谢在本案例集出版过程中给予大力支持的各企业。

金旗奖主席

目　录 | CONTENTS

2023金旗奖最具公众影响力市场公关传播金奖 / 249

2023金旗奖最具公众影响力市场公关活动金奖 / 277

2023金旗奖最具公众影响力数字营销活动金奖 / 311

GOLDEN
FLAG
AWARD
金旗奖
—
品 牌 向 上

2023
—
金旗奖最具公众影响力
全场大奖

百威中国乡村振兴　科罗娜特选青柠项目^①

执行时间： 2019年6月1日—2023年12月31日

企业名称： 百威投资（中国）有限公司（简称百威中国）

品牌名称： 科罗娜

获奖类别： 2023金旗奖最具公众影响力全场大奖

项目概述

百威中国积极响应国家乡村振兴的号召，秉持"授人以渔"的理念，将自身业务与助农有机结合，联动当地政府、协会、经销商、科研团队等诸多利益相关方，共同开创了一个从种植、采购、营销到回馈社区的可持续的闭环助农模式，打造本项目，为乡村振兴提供了可复制的"青柠范本"。

百威中国乡村振兴　科罗娜特选青柠项目

项目策划

百威中国从自身业务出发，与旗下高端啤酒品牌科罗娜有机结合，以科罗娜特选青柠为抓手，联动利益相关方，合力打造闭环助农模式，持续助力乡村振兴和社区繁荣。

---

① 本文中所涉及的视频及照片，百威投资（中国）有限公司均已得到被拍摄者的使用许可。

1.解决方案

汇聚多方合力，百威中国创新打造闭环助农模式，有效激活产业链协同效应。

与四川农业大学共建产学研一体化基地，精准攻克种植技术难题；联动四川安岳当地政府、采购商及全国经销商，优化青柠产业与销售的基础配套；与种植户签订采购协议，以"科罗娜啤酒＋青柠"组合销售的方式确保果农的销售收入；聘请专家对种植户进行培训，从培育、种植、评级到销售，帮助村民进行农田改造；携手柠檬产业发展中心技术专家，参考柠檬等级划分标准，以高标准甄选出科罗娜特选青柠，解决青柠品质问题；联动安岳县卫健委，推出青柠等级企业标准，推动青柠产业化发展。

2.媒介策略

（1）借势世界柠檬产业发展大会等行业活动和政府乡村振兴县域经济发展相关活动，宣传安岳青柠。

（2）与新华社、《中国新闻周刊》等核心媒体合作，积极参与乡村振兴相关话题传播，强化项目的社会意义，扩大在社会公众中的影响力。

（3）积极参与各类奖项（包括市场营销类、公关传播和企业社会责任类）评选，扩大在行业专业人士中的知名度和影响力，进而影响更广泛人群。

（4）与《三联生活周刊》、地球知识局、啤酒日报、胖鲸头条等垂直媒体合作，从不同角度深度解读，精准触达不同类别的目标人群，逐步破圈。

（5）在人人皆媒体、万物皆媒体的时代，以合作、共赢理念，充分利用各个利益相关方的资源，多层次、立体化、长效性传播项目信息。

项目执行

2019年6月至12月，筹备阶段：选地、寻找合作伙伴，通过与四川农业大学共建产学研一体化基地，解决了技术难题。

2019年12月至2020年12月，探索阶段：从培育、种植、评级到销售，全方位学习相关知识，并与当地种植户紧密合作，帮助他们进行农田改造、种植技术指导，解决了青柠品质问题。

2020年12月至2021年12月，攻坚克难阶段：联动四川安岳当地政府、当地采购商、全国经销商等解决基础配套问题，实现了青柠丰收和全国销售。项目的初步成果经媒体报道后逐步为公众所知。

2021年12月至2023年10月，迅速发展阶段：科罗娜特选青柠大获成功，不仅大大提升了品牌业务和影响力，也获得了各利益相关方的认可，斩获多项殊荣。

2023年10月到未来，持续进阶：孵化"特选青柠公司"，以村企联投的创新模式，集合当地资源优势和企业先进管理理念，推动青柠产业现代化、规模化发展；携手柠檬产业发展中心技术专家，推出百威中国青柠檬企业标准。目前正在推动青柠檬行业标准的建立，未来将进一步引领青柠产业转型升级。

青柠丰收

项目评估

1. 受众反应

创新的可持续闭环模式、"真金白银"的资金投入和科技赋能助力，让项目赢得各利益相关方的积极评价，成为当地的明星项目，并获得了诸多机构颁发的荣誉。2023年6月，在有"广告界奥斯卡"之称的戛纳国际创意节上，百威中国"科罗娜特选青柠"项目一举摘得钛狮奖，这是奖项创办以来首次折桂的中国案例。另外获得2023大中华区艾菲奖全场大奖、Spikes Asia（亚洲顶尖创意奖）全场大奖、PR Awards Asia-Pacific最佳创意金奖等瞩目成绩。

2. 市场反应

截至2023年年底，该项目已完成478亩地的帮扶工作，年产量突破74万公斤，累计帮助农户350多户，亩均收入约10170.53元，相比2019年翻了4倍。预计到2026年，青柠公司在安岳县戏楼村投资新建的100亩智能化青柠种植基地，将实现亩产5000斤以上，优质果率85%以上，青柠果园的经济效益增长20%以上。

对科罗娜品牌而言，项目不仅给国内消费者带来了更新鲜的青柠，提升了啤酒口感，强化了品牌的高端形象，而且扩大了市场，提升了品牌力。2019年，科罗娜西区的经销商中仅有约43%会同时销售青柠，有了优质的本土青柠供应后，2022年这一比例扩大至100%。科罗娜啤酒产品2023年年均销量相比2022年实现30%增长。第三方数据显示，科罗娜的品牌力在2022年第三季度较2021年同期增长了17%。

3. 媒体统计

该项目获得了新华社、人民网、《中国新闻周刊》等各大主流媒体和众多专业垂直媒体的广泛报道，媒体价值累计超1100万元，社交媒体上曝光量超10亿次。

百威中国安岳青柠直供基地

亲历者说 朱江柳　百威中国企业事务副总裁

在业务所到之处，百威中国一直致力于与社区共同繁荣。我们通过项目帮助当地的村民科学致富，提高了其收入水平，同时为广大的消费者提供了质量更为上乘的青柠果。此外，我们在全国多地开展帮扶助农、乡村振兴举措，从福建漳州的荔枝啤酒到江苏射阳的国产啤麦，通过探索因地制宜的助农新模式，我们为提高当地人均收入、创造返乡就业机会等贡献重要力量。未来百威中国将继续与各方携手，赋能农民、助力乡村振兴，创造一个人人共喝彩的未来。

案例点评

点评专家：李志军　中央财经大学文化与传媒学院广告系教授

响应政府号召，呼应社会需求，已经成了企业的必选题。项目的切入点比较有特色，既呼应了脱贫攻坚号召，同时和品牌自身的卖点有机结合，即"一瓶科罗娜配一片青柠"。事实证明，通过实实在在的付出和努力，项目实现了多赢结果，既为当地带来了新的产品品种和经济收入，也为品牌的经营带来了新的亮点，将公益和企业的可持续发展非常顺畅地联结在一起，同时赢得了其他利益相关方的良好口碑。

更值得一提的是，这是百威中国践行ESG战略的成功尝试。品牌没有仅仅从产品本身思考，而是延伸到形成产品附加值的层面，进而落地于可持续农业，为ESG传播提供了非常坚实的素材基础。此外，话题具有可拓展性，为传播过程中集结各类相关活动平台、奖项评选平台等提供了更多的空间。

BMW 美丽家园行动

执行时间：2021年11月1日—2023年8月1日

企业名称：宝马（中国）汽车贸易有限公司 及 华晨宝马汽车有限公司

品牌名称：宝马中国

获奖类别：2023金旗奖最具公众影响力全场大奖

项目概述

2021年10月发布的《中国的生物多样性保护》白皮书指出，全球物种灭绝速度不断加快，生物多样性丧失和生态系统退化对人类生存和发展构成重大风险。中国践行"绿水青山就是金山银山"的理念，重视生物多样性保护。

2021年11月，为号召社会广泛参与及推进生物多样性主流化，BMW在中国正式发布了BMW美丽家园行动，聚焦中国生物多样性保护及国家公园建设，旨在以生物多样性保护助力可持续发展。

项目策划

1.项目策略

项目组咨询相关专家，充分考虑宝马集团在中国利益相关者融入领域的特长以及宝马品牌的影响力，采取"有所为有所不为"的策略，以助推生物多样性公众教育为核心，着力将资助资金用于"提升保护区管理能力""提高公众生物多样性认知"和"助力保护区形象宣传"三个领域，展开项目。

2.项目创意

首次以设计的力量介入生物多样性保护，目的在于以更创新的形式拉近生物多样性与公众的距离，进行生物多样性公众教育：携手清华大学美术学院设计多功能生态观鸟屋并捐建给保护区，助力保护区鸟类监测和科普教育；设计以黑嘴鸥、丹顶鹤、斑海豹为原型的文创品，助力保护区形象宣传。

大规模公众直播：资深生态专家带观众云赏湿地自然风光，分享生物多样性知识，助力提升公众认知和参与。

开发生物多样性课程：联合专业机构开发不同主题的生物多样性教育课程，以亲子教育的形式向公众普及生物多样性知识，支持生物多样性公众教育工作。

搭建基于社交媒体路径的生物多样性保护平台：带动BMW利益相关方和公众广泛参与，助力生物多样性保护。

3.传播策略

创新性总结出4E原则［Engage（参与）、Educate（教育）、Experience（体验）、Enable（赋能）］，以公众教育为核心，打通线上线下，带动广大利益相关方和公众参与生物多样性保护。

Engage：借助社交媒体平台发起创意互动话题，吸引受众互动；发起基于社交媒体路径的生物多样性保护平台，助力公众参与；面向经销商开展系列生物多样性保护教育；针对员工组织净滩行动等志愿者活动。

Educate：邀请权威生态专家，面向公众进行生态科普直播，提升公众认知；面向青少年开展生物多样性直播课程，助力生物多样性教育。

Experience：邀请媒体、车主等沉浸式参与湿地探访研学；组织员工志愿者活动，让员工切实感受和保护生物多样性。

Enable：开展面向员工、经销商的生物多样性教育培训；赋能经销商，借助自然教育课程，带动车主学习了解生物多样性，参与生物多样性保护。

4.传播规划

围绕各阶段活动，全链路造势，持续性发声，强化受众对BMW企业战略和生物多样性保护贡献的认知和理解。

预热阶段：在BMW自有平台（微博、微信、视频号、My BMW App）和权威媒体平台发布预热海报、倒计时海报、预热互动长图、预热短视频等，BMW利益相关方和媒体积极转发互动，提前造势。

活动阶段：BMW自有平台和权威媒体平台直播，发布文字/视频新闻稿、活动总结长图，合作权威媒体报道。

长尾阶段：二次利用活动视频素材，相关内容发布在BMW自有平台，同时合作媒体陆续产出原创优质报道。

项目执行

1.提升保护区管理能力：捐车、捐建观鸟屋等硬件投入

捐赠纯电动BMW iX3巡护车和动物救援车，支持保护区日常工作。联合清华大学美术学院设计多功能生态观鸟屋，网络征集命名为"美丽家园-鹤乡"，捐建给辽宁辽河口国家级自然保护区，助力保护区鸟类监测和科普教育。

2. 提高公众生物多样性认知：开展生态直播、开发自然教育课程等

开展绿色夏令营生态直播，权威专家生动科普生物多样性，公众云赏湿地风光。开发不同主题的生物多样性教育课程，面向利益相关方和公众，以多种形式的自然教育培训和湿地课堂进行推广。发起基于社交媒体路径的生物多样性保护平台，支持中国绿化基金会"中国自然观察三年行动计划"。

3. 助力保护区形象宣传：设计文创纪念品、拍摄城市纪录片、保护区媒体探访

设计以辽河口黑嘴鸥、丹顶鹤、斑海豹为原型的文创产品。支持拍摄盘锦国际湿地城市纪录片，其在 CCTV-9 纪录频道播出。邀请媒体研学探访辽宁辽河口和山东黄河三角洲国家级自然保护区。

项目评估

BMW 提供的巡护车和动物救援车，以及捐建的生态观鸟屋，满足了保护区日常工作、鸟类监测和宣传教育的需求，有效提升保护区管理能力。

通过创新的生物多样性公众教育，例如绿色夏令营科普直播、湿地城市纪录片等多种形式，项目直接与间接受益人数达到 1300 万人次（该数据由普华永道审计认证，并于《宝马集团中国可持续发展报告 2022》公开披露）。

项目获媒体持续关注，100% 正面报道。《中国日报》《环球时报》《中国绿色时报》《中国新闻周刊》《每日经济新闻》等权威媒体刊登报道，资深汽车、生活方式类媒体 / KOL（关键意见领袖）背书活动。生态观鸟屋启动仪式媒体传播触达超过 800 万人次；黄河口捐赠仪式传播触达超过 1600 万人次；微博话题 #美丽家园守护者# 累计阅读量达 1729 万次，互动量超 2 万次。

结合生物多样性教育课程，组织丰富多彩的员工或客户活动，带动更多人群参与绿色行动。已有 86 家经销商开展了累计近百场生物多样性主题活动。

联合中国绿化基金会在腾讯公益平台发起"一块走"捐步数支持湿地保护公益活动；合作微博校园，支持中国绿化基金会"中国自然观察三年行动计划"。

亲历者说 杨新斌　华晨宝马汽车有限公司公共关系及企业社会责任部高级经理

BMW 以需求为导向，先是研判了保护区的共性需求，再结合自身优势，推导出我们的项目方向，进而联动资源，赋能创造共享价值。我们首次以设计的力量介入生物多样性保护，促进公众参与。我们坚定做 CSR（企业社会责任），与公众沟通并借此影响公众。我们的员工、车主、经销商以及媒体朋友也积极加入，借助我们的生物多样性课程、净滩活动、研学探访，积极带动公众参与。我们还与合作伙伴搭建起面向公众的、基于社交媒体路径的生物多样性保护平台，进一步助力公众参与。

案例点评

点评专家：王晓晖　国际关系学院文化与传播系副教授，中国国际公共关系协会学术工作委员会委员

宝马迎难而上，体现出企业强烈的担当意识和社会责任感。项目最大的亮点有二。一是以设计的力量介入生物多样性保护，向保护区捐建的多功能生态观鸟屋以及为保护区设计的文创品，一方面由于自带话题而易成为传播热点，从而助力生物多样性公众教育；另一方面捐建的硬件设施有助于保护区提升管理能力。二是4E原则围绕公众教育，除一般公众外，还将员工、车主、经销商等各利益相关方带入项目，为以企业社会责任项目解决社会问题做出了有益探索。

2023 TCL CES展国内整合传播

执行时间：2022年11月1日—2023年2月28日
企业名称：TCL科技集团股份有限公司
品牌名称：TCL
代理公司：北京颂维商务咨询有限公司（简称胜加公关）
获奖类别：2023金旗奖最具公众影响力全场大奖

项目概述

2022年年底，CES展（国际消费类电子产品展览会）线下全面复苏，更多中国企业赴美参展。CES展是世界上最大的消费电子技术展，也是全球最大的消费技术产业盛会。2023年，超过3200家展商注册参与CES展，覆盖当下科技领域几乎全部的赛道。TCL乘势进一步夯实、提升TCL实业、TCL华星尖端产品与前沿技术的全球知名度。借助NFL、大剧院等全球化IP合作，丰富品牌内涵，进一步拉升TCL全球影响力。强化TCL全球领先的智慧科技品牌形象，展现TCL科技领导力、全球化竞争力、绿色发展力。

项目策划

通过调研，项目组认为应当兼顾中美传播语境。该策略不仅可以应用在TCL的本次传播上，同时可以扩展到很多其他中国品牌的国际传播。

项目组确定了"一个共识，三个原则"。从"敢为不凡 用科技拓展未来的无限可能"入手，传递品牌的科技领导力、全球竞争力，输出负责任的社会公民形象。推进与商业财经类媒体采访合作，并利用新媒体时代短视频的高效优势，推动二创二剪，让品牌的关键信息更能被用户感知。

在具体执行中，根据本届CES展聚焦的"创新如何应对全球挑战"，TCL在内容上讲好"四个力"。

（1）卡位顶级展会，展现智慧科技品牌力。全球顶级展会既是展示的舞台，更是权威背书的良机。传播端以CES展为切口放大权威感。

（2）发布旗舰新品，打造前沿科技领导力。以QD-Mini LED等领先科技作为重要内容抓手，讲好品牌的科技领导力故事。

（3）强化展示体验，传递创新科技竞争力。具象化TCL实业、TCL华星尖端产品的使用体验，"B端+C端"共振。

（4）趣说全球IP，提升品牌内容影响力。TCL Green、NFL、FIBA男篮世界杯等全球性IP合作可作为拓展用户理解品牌多维内涵的窗口。

在引导期，通过"海报+内容+话题"，私域公域联动，多渠道多角度触达更多受众，引发共鸣，从而引起关注。在活动期，直观展示TCL实力与责任心，抓取亮点、打造感知、营造美好，利用媒体资源有效传递核心信息。在发酵期，深挖内核，更多展现对于未来生活的战略布局。拉升占位，打造智慧与绿色并存的品牌形象。通过媒体矩阵配合，达到层层推进、层层破圈、层层影响的效果。

项目执行

在项目执行阶段，为了保证海内外传播一致性，及时沟通诉求。做好传播物料的本土化：根据中国区传播特点，因地制宜转化传播物料，提升内容传播效率。横跨中美时区沟通，实时反馈媒体不同的到访诉求。在发布会文稿出现明显变化时，及时应对需求，以最快反应保质保量完成更新。

在后续的传播中，把握好传播长尾期：围绕展会核心传播期，打造分阶段、有起伏的传播节奏。在关键的传播时间节点聚力打造声势。同时运用KOL及KOC（关键意见消费者）的灵活内容产出能力，多角度深化内容主旨，在长尾期保持声量延续，与后续项目实现衔接。

项目评估

（1）实现传播峰值，微博、头条等新媒体平台声量占优。展会期间，国内报道近6000篇次，多角度突出参展亮点。其中，《人民日报》、央视等11家头部媒体发布重磅文字及视频报道，微博、头条等新媒体平台传播声量高。

（2）聚焦高流量平台，视频内容破圈引关注。国内新媒体视频全网总播放量超2000万次，国内两支KOL探展视频播放量总计近1000万次，16个KOC二创解读参展/技术/IP合作亮点，相关视频全网播放量超500万次。

（3）植入并持续传播科技人文体育IP，展现TCL全球影响力。

（4）微博话题造势，整体阅读量超3000万次。官方矩阵及17个科技数码/生活方式/体育娱乐类大V讨论发酵项目相关话题。

亲历者说 杨晓晴　胜加公关内容副总监

我们非常开心可以和TCL共同完成该项目。这对我们而言是一次有趣的历练。在这次传播中，我们同样沉淀了一套高胜率的方法论，可以为后续工作提供指导。

案例点评

点评专家：郑威　华硕电脑中国业务总部副总经理兼新闻发言人

TCL作为国内老品牌，这些年一直在寻求新的突破和增长。这次借势CES展的传播项目，充分体现了一家求变的企业所做的思考和努力，而且实实在在取得了很好的传播效果。项目有两大亮点让我印象深刻。

一是在传播命题上，用全球视野、大格局传递了企业和品牌的价值观，让消费者获得了很强的信心，对品牌产生好感；二是在传播内容上，借助全球消费电子盛会，串联起了品牌要讲的多个内容，而不仅仅局限在一个单点上，尤其是将"产品+体验+IP"融为一体传播，很有冲击力。

这是一个非常完整，且非常有针对性和想法的企业整合传播案例。

开马自达像赛车长安马自达梁家辉世纪大和解

执行时间：2023年6月1日—6月30日

企业名称：长安马自达汽车有限公司

品牌名称：长安马自达

代理公司：北京迪思公关顾问有限公司（简称迪思传媒）

获奖类别：2023金旗奖最具公众影响力全场大奖

项目概述

通过明星话题事件，打造马自达与梁家辉世纪大和解热榜话题，引导全网媒体、用户入场热议，共创车圈大事件；借势综艺破圈，联动浙江卫视《"食"万八千里第二季》综艺及梁家辉新片《我爱你！》联合宣推，强势激发网友衍生力及情绪共鸣；官宣梁家辉为马自达CX-50行也的代言人，并参加线下粉丝盛典活动，现场再现《黑金》经典场面，打破马自达塞车梗，引导用户从"开马自达塞车"到"开马自达像赛车"的认知转变，强化用户对马自达CX-50行也上市的关注度。

项目策划

1.背景

2023年5月25日，马自达CX-50行也正式上市，成为紧凑型SUV（运动型多用途汽车）领域的标杆产品，作为长安马自达布局中高端SUV市场的全新一代车型，其在新车上市阶段急需提升市场关注度。

2.洞察

梁家辉经典代表作《黑金》台词"你开马自达，怪不得你塞车"成为汽车圈网络热梗。随着网络媒体的不断发酵，大量UGC（用户生成内容）和二创内容，使之成为汽车圈经久不衰的网络热门话题，具备天然的"自来水"属性。这是马自达品牌最容易借势并引发热议的话题。

3.创意

围绕电影《黑金》经典名梗——"开马自达塞车"，反向邀请梁家辉作为马自达CX-50行也的代言人，打造马自达与梁家辉世纪大和解话题营销，化解马自达与梁家辉的"世纪恩怨"，引导用户从"开马自达塞车"到"开马自达像赛车"的认知转变，提升用户对新品上市的关注度。

4.策略

聚焦"开马自达不塞车"概念，围绕马自达与梁家辉世纪大和解这一破圈话题，长安马自达携手千面影帝梁家辉，打造明星话题营销，借势明星光环及经典影视名梗，结合综艺场景植入、梁家辉电影新片宣推热度，参与线下站台活动，打通线上线下全渠道，实现目标用户、媒体矩阵传播，覆盖多领域用户，提振传播声量，扭转品牌网络负面话题，强化新品市场关注度。

5.传播规划

（1）热梗话题制造：梁家辉马自达26年恩怨世纪大和解。长安马自达官方发起CX-50行也神秘代言人竞猜，预埋悬念，引发大众讨论。随后梁家辉手拿CX-50行也车模"生图"曝光，疑似梁家辉代言长安马自达的消息在社交平台迅速发酵，激起广大网友互动分享。梁家辉马自达26年"世纪恩怨"大和解话题迅速出圈，垂直媒体、娱乐媒体、社会化媒体及营销类媒体入场互动破梗，通过二创内容强势建立梁家辉与CX-50行也关联，引发车圈热议跟进，积淀正向口碑，实现产品曝光量指数级增长。

（2）借势综艺破圈："开马自达不塞车"话题出街。借势电影《我爱你！》以及浙江卫视综艺《"食"万八千里第二季》双轨道流量导入，通过梁家辉新片《我爱你！》电影点映礼互动，热点海报借势扩散强化关注度；联动浙江卫视《"食"万八千里第二季》梁家辉篇单期预热，植入塞车梗名场面，借热度大范围曝光核心产品力，实现"开马自达不塞车"的产品价值认知的深度传递。

（3）经典场景复刻：梁家辉现身粉丝盛典，终结塞车谣言。梁家辉骑马现身马自达粉丝盛典，以代言人身份与粉丝亲切互动，现场重现《黑金》电影经典场面，梁家辉结合自身演艺经历，讲述和马自达的缘分，并现场"和解"，以"开马自达像赛车"强化用户记忆，并为产品站台发声。官方围绕"开马自达不塞车"打造超热话题，全网指数持续攀升，激发网友进行二创。

项目执行

第一阶段："老梗爆炒"，双向借力，提升产品关注度。

前期通过CX-50行也神秘代言人竞猜，预埋悬念，随后梁家辉手拿CX-50行也车模"生图"曝光，疑似梁家辉代言消息在社交平台迅速发酵，激起网友热议，后续承接话题热度，借势梁家辉新片《我爱你！》热映，电影海报联合宣推，同期跨界浙江卫视综艺热播，结合梁家辉综艺片段植入塞车梗名场面，收获流量同时实现"开马自达不塞车"品牌价值认知的深度传递。

第二阶段："破梗出新"，直冲热度，引导产品深度解读。

经典影视场景重现，官宣代言人，终结"塞车"谣言。邀请梁家辉骑马现身粉丝盛典，与全国车友会联动，并选举梁家辉为"马粉头子"，破梗出新＃开马自达像赛车＃。

第三阶段："玩梗出圈"，流量裂变，赋能产品终端。

全民接力＃CX-50行也与梁家辉一起不塞车＃话题，利用代言、综艺等素材，联动短视频平台发起二次剪辑活动，收获流量，终端打造粉丝观影包场活动，庆祝马自达与梁家辉"世纪大和解"，持续传播话题＃开行也，看电影不塞车＃。

项目评估

1. 传播声量最大化

围绕代言人竞猜、破梗视频传播、结合产品力传播持续释放传播素材，项目总曝光 5.2亿人次。＃梁家辉马自达世纪大和解＃引发大众热议，热搜话题累计阅读量 1.8亿次，讨论数 4.6万次，实际曝光超 7073万次，完成率高达 354%，实际点击超 103万次，完成率高达 1036%。

2. 媒体广泛参与热议

官方账号发布4次活动，共计获得阅读数 140172次，互动数 1892次。社交平台数据及网友互动反馈显示，大众对梁家辉以及马自达品牌均呈现正向评论，借势电影深化梁家辉代言马自达事件，同时引导关注电影人群对马自达品牌的关注。

3. 效果评价与借鉴意义

长安马自达通过和梁家辉营销，多年"恩怨"一朝和解，实现品牌话题性及好感度双向奔赴。不仅有效宣传了新车，为新车CX-50行也赚足噱头，同时体现了品牌大格局。对于马自达而言，迎合年轻人喜欢的梗，进行自黑，反而实现风向逆转。

自黑营销确实是当下品牌营销的主流方向之一，毕竟"官方吐槽，最为致命"，当消费者习惯了品牌自卖自夸，这种自黑调侃，虽然是变相夸自己，但能让消费者眼前一亮，从而让品牌更加圈粉。不过自黑是一种高级的营销方式，把握好自黑的尺度也很重要，既要能够轻松调侃，在吐槽和玩梗的同时有自己的分寸，不让消费者发现更大的缺点，又要在不偏离品牌调性基础上为品牌宣传造势，才能不陷入品牌"自嗨"。

亲历者说 **刘海龙　迪思传媒高级客户总监**

项目通过梁家辉话题事件，引导全网媒体、用户入场热议，共创车圈大事件；树立行业营销标杆，从代言破梗，到为产品带货出圈，实现全网用户、媒体热议，产生大量UGC，完成用户从"开马自达塞车"到"开马自达像赛车"的认知转变，实现产品上市热度大幅提升。

案例点评

点评专家：左跃　国家核应急协调委专家委危机处理专家、硕士生导师

　　从"开马自达塞车"到"开马自达像赛车"，长安马自达借力打力，化被动为主动，以马自达与梁家辉世纪大和解为核心话题，打出了热梗话题制造、借势综艺破圈、经典场景复刻的组合拳，打造了全网媒体关注、网友热议的车圈大事件，提振了传播声量，扭转品牌网络负面话题，塑造了品牌新形象，堪称巧妙。

妈妈们造了辆「蝴蝶车」，
BeBeBus 扇动品效增长的羽翼

执行时间：2022 年 12 月 1 日—2023 年 3 月 1 日

企业名称：布童物联网科技（上海）有限公司（BeBeBus）

品牌名称：BeBeBus

代理公司：行吟信息科技（上海）有限公司（小红书）

获奖类别：2023 金旗奖最具公众影响力全场大奖

项目概述

2023 年第一季度，溜娃神器（代步推车）在淘宝天猫 GMV（商品交易总额）达到 2.55 亿元，同比增长 215.1%。小红书站内"旅游户外"和"溜娃神器"搜索月均增长超 100%。

相关品牌竞争虽激烈，但作为新锐品牌，深耕小红书营销的 BeBeBus 显然更懂新手父母真实需求。为满足年轻精致父母更细分的育儿需求，BeBeBus 首次将新生儿护脊与安全作为核心主张，为父母撑腰，用差异化定位，打造爆款。

项目目标为从 5000 万海量宝妈用户中，找到懂用户、懂产品、懂种草的 13 位宝妈；在和她们的深度沟通中，用三大方案全面为新品上市保驾护航；充分落地小红书 KFS（内容营销、信息流广告、搜索广告）全链路营销方针，高效种草蝴蝶车，让 BeBeBus 品效双收。

项目策划

核心洞察："品类策略"已不适应如今激烈的市场竞争环境，"人群策略"才是王道。要更重视用户的真实需求，并前置这些需求，为其量身定做产品和服务。尤其在年轻用户越发注重体验的趋势下，如今品牌的"我觉得"往往并不等于用户的"我觉得"，品牌传播往往面临较高试错成本，大爆款打造周期较长，确定性较难谈起。

项目组贯彻"用户思维"四个字，尝试告别过去"我说你听"的做产品逻辑。对话用户，用心聆听其需求，找到对的人，获得对的卖点，做对传播，打通从产品到爆品的确定性传播链路。由小红书社区用户研究团队牵头，找到既是小红书博主，又是真实普通人的宝妈宝爸们参与 BeBeBus 新品试用调研。经过两轮关键试用与访谈，实现新品打造确定性的四大突破性举措。

第一，打破幼儿才是需要推车的重点人群这一常规认知，找到了非常具有购买潜力的孕妈人群。

第二，找到了这款遛娃神器三大核心传播场景。

第三，重新梳理了原定的核心卖点，找到妈妈们更关心的卖点做传播，同时对原有卖点进行更具传播力的语言转换，如将护脊功能转换成不歪脖子躺，将移动大沙发变成更有记忆点的蝴蝶车。

第四，发现了用户的产品痛点，为产品提供了有力的产品升级建议。

项目执行

小红书倡导以"真诚分享、利他有用"的原则进行内容分享创作，并提出KFS内容营销组合策略：将用户认可的卖点与传播视角放大，打通前后链路营销，从种草到转化。

项目评估

调研后卖点的语言转换抓住妈妈们核心痛点，"蝴蝶车"昵称被深刻记忆，在快速打开新品认知的基础上强化用户心智，以一个用户忘不掉的产品名在用户心中种草，小红书站内月均搜索增长20倍。BeBeBus蝴蝶车在用户购买决策中，占据头部。

品牌携手小红书，落地前后链路高效营销模型，助推BeBeBus遛娃神器上市7天销量第一，给了老品牌们一些小小的震撼。这是"品牌好产品 + 小红书好营销"双管齐下、通力协作的圆满结果。

亲历者说 云泽　小红书市场经理

天马行空的创意的背后，是洞察趋势的火眼金睛。产品被用户种草的雀跃背后，是对营销方案的极致打磨。品效双收的背后，是商业"奇才"们的日夜鏖战。正是靠这种坚持和韧劲，团队攻克了一个个难关，让努力和汗水浇灌出了种草力满满的硕果，让创意和心意凝结成了用户高涨的呼声，在品牌和用户之间架起了沟通的桥梁，为品牌的长效增长提供了充足的"燃料"。

案例点评

点评专家：张殿元　复旦大学国家文化创新研究中心秘书长、教授

如今，社交媒体在品牌建设和发展中发挥重要作用。BeBeBus品牌在小红书平台开展营销，充分了解其目标消费者群体——年轻妈妈们的真实需求。本案例是典型的平台品牌共建、用户导向的市场营销案例。BeBeBus利用小红书中大量活跃的用户数据，通过技术分析精确筛选品牌的用户群体，在此基础上，进一步开展有针对性的市场调研，倾听用户声音，深入理解用户痛点，并把用户需求融入传播内容，向目标用户有效传达品牌价值。这体现了现代营销中以用户需求为核心的准则，其中，对社交媒体进行数据分析、精细定位、调查研究等策略也是销量增长的关键所在，这为更多品牌提供了参考。

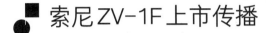 索尼 ZV-1F 上市传播

执行时间：2022年10月11日—12月12日

企业名称：索尼（中国）有限公司上海分公司

品牌名称：索尼

代理公司：宣亚国际营销科技（北京）股份有限公司上海分公司

获奖类别：2023金旗奖最具公众影响力全场大奖

项目概述

随着Z世代（新时代人群）逐渐在消费市场崭露头角，为了顺应时代发展，索尼在持续投入研发高配置专业相机的同时，开始密切关注Z世代的需求，以新一代年轻群体为目标受众推出新款Vlog相机ZV-1F。通过成熟的市场调研、市场定位分析以及完善的品牌维护和引流推广，策划及执行一系列公关营销活动，旨在拉近索尼新品与Z世代群体的距离，使更多年轻人对索尼品牌和产品有更深了解并与品牌产生更多连接。

项目策划

1.项目调研

除了专业摄影用户外，Z世代群体对于摄影的需求不断增长，占据非常大的用户基数。随着新媒体平台的发展，各短视频平台爆火，自媒体人群不断壮大，Vlog成为时下年轻人记录、分享生活的潮流趋势。与此同时，索尼意识到相机市场中非专业用户——影像爱好者的需求还处于未饱和状态。基于这些情况，索尼推出适合这一群体的Vlog相机是顺势而为，不仅能与Z世代建立更多连接，而且能促进他们成为索尼的品牌追随者。

2.项目策略

（1）"粉圈"营销：Z世代画像调研结果显示，Z世代群体兴趣圈层中，明星相关内容是影响消费决策的重要因素。因此ZV-1F上市传播充分结合了"粉圈"营销方式，通过与多位年轻Z世代明星的多样合作，利用明星的影响力，打造多样玩法，提升新品曝光率，触达"粉圈"群体。

（2）场景营销：针对Z世代圈层偏好，制定SNS（社交网络服务）场景化传播策略，将产品与使用场景和兴趣场景相结合，既体现产品的功能应用，又能通过兴趣场景激发需求。

（3）圈层营销：通过涟漪式传播策略抓住"粉圈"及更大的Z世代群体。通过明星代言，首先带动核心粉丝群体购买；再通过KOL进一步推广，带动"泛粉圈"购买；最后通过兴趣和场景营销打动更广大的Z世代群体。遵循"5A"法则（感知、吸引、询问、行动、拥护），由点到面，层层辐射，最终实现目标群体触达。

3.传播规划

第一阶段，官方平台发布倒计时海报，与嘉宾互动并为其制作海报，创建新品话题并进行预热引流。为媒体准备产品新闻稿件，与KOL共同定制相关产品视频。

第二阶段，新品发布会于索尼中国官方平台及天猫京东旗舰店直播，同步进行直播推流工作，直播期间推进新品声量监测和舆情监测，及时了解舆情，分析新品传播有效性，以及时调整下一步传播规划。

第三阶段，合作年轻摄影师和SNS平台校园类博主，多平台维持传播声量，实现线上广曝光；打造"1+N"明星营销策略，一位代言人搭配高声量明星和高契合度艺人，形成明星营销涟漪；举办校园Vlogger培养沙龙活动，提升新品在Z世代学生群体中的曝光量，将线下的沟通优势与线上传播优势相结合。

第四阶段，策划产品测评向内容，覆盖SNS平台数码类垂直领域用户，为了缓解Z世代的购买压力，索尼打造了专属校园教育优惠，并与Vlog博主合作共同创作专属入门Vlog拍摄课程，随产品免费赠给用户，助力年轻群体成为新一代创作者。

项目执行

筹备阶段：预热嘉宾及媒体提前沟通，在确保产品信息保密的前提下沟通内容档期。同时做好舆情应对准备，分别制订品牌舆情公关方案、产品口碑舆情方案，以便及时做好应对，响应突发状况。

发布阶段：实时监测新品发布会声量及舆情，产出24小时速报。发布会结束后，同步上线合作媒体新闻稿及合作KOL的SNS平台定制视频，并针对SNS平台"自来水"内容及首发合作KOL评论区内容进行实时监测，及时了解产品舆情，分析新品传播有效性。

爆发阶段：合作7位明星代言人，在预热和直播发布会过后，由他们进行新一波推广。协调核心明星代言人拍摄及授权问题，外围软植入，明星拍摄及发布档期协调。选择代言、公关礼盒等多种明星合作形式，联络粉丝群体组织不同形式互动。征集筛选校园创作者，邀请其参与线下沙龙活动。组织外拍环节，制作外拍手册引导周围拍摄点打卡，并鼓励内容发布。

长尾阶段：持续进行产品舆情监测分析，洞察到对于该产品的讨论和疑惑集中于其相对专业产品线稍弱的性能及参数上，因此，除了正常推进产品优惠政策及课程上线外，特别策划了产品测评向内容于 B 站和知乎平台传播，厘清该产品线对于索尼整个产品线的意义，以减少垂直领域用户对新品的不正确讨论。

项目评估

区别于传统的新品发布会，ZV-1F 上市产品发布会结合年轻人喜闻乐见的"脱口秀"综艺形式，邀请具有 Z 世代标签的艺人作为发布会特邀嘉宾，现场学习体验产品，体现产品简单上手的特点。同时邀请专业摄影师和 SNS 平台具备 Z 世代标签的年轻 Vlogger，并设计趣味互动环节和产品体验分享活动，氛围轻松，更符合年轻受众的兴趣偏好。

截至 2022 年 10 月 24 日 18：00，新品发布会的观看次数达到了 230 万次，逾 50 家媒体对产品发布进行报道，相关信息在各大 SNS 平台获得高讨论量。

明星合作方面，ZV-1F 传播爆发阶段共有 7 位艺人参与合作发布内容，粉丝群体活跃度高，数量庞大，外围传播话题登上一次微博热搜，形成新品上市高峰，共获得 4171513 次互动，所有艺人传播数据均远超预期。其中，王鹤棣和吴宣仪的单条推广微博更是获得了超百万次的互动量。

该项目共有 39 名 KOL 发布合作视频，以小红书、微博、抖音和 B 站为主要传播平台，传播期间共发布 58 条推广内容，涵盖日常 Vlog、相机开箱、写真摄影等。收获了总计 81459 次互动（点赞、评论和收藏）。其中日常 Vlog 和相机开箱类的内容热度更加突出。

整个上市期外围累计获得 500 万次以上讨论量，各平台互动话题均获得高关注，成功达到了预期传播目标。

线下举办的校园 Vlogger 培养沙龙活动中，索尼派出专业讲师现场教学，与校园创作者进行面对面沟通，品牌方能第一时间了解最真实的产品反馈和使用需求；活动中设置的外拍环节及外拍后的创作分享活动，让参与的年轻创作者高效学习产品使用技巧，并提供了友好的交流舞台。活动结束后通过问卷调查的形式收集参与者对本次活动的反馈，好评率高达 100%。

总体来说，索尼 ZV-1F 的上市传播各渠道、各合作方都交出了令人满意的答卷，让"属于年轻人的第一台 Vlog 相机"认知真正地走进了年轻群体中。

亲历者说 **毛雷雷　宣亚国际高级副总裁**

这是一场由 Z 世代团队打造的面向 Z 世代受众的营销活动，团队成员年龄最大的也是"95 后"，只有年轻人最懂年轻人的梗，项目成功离不开对于市场和受众的精准洞察。从筹备到落地执行，时间紧、任务重，项目组成员虽然年轻，但顶住重重压力完成了漂亮的一仗。Z 世代用过人的毅力、高效的执行力证明了他们是营销领域的"明日之星"。

案例点评

点评专家：董斌　科大讯飞品牌市场中心副总经理兼讯飞医疗品牌市场总监

营销的成功越来越不再靠一方面的努力，而是品牌、产品、场景、沟通等综合发力的结果。从这一案例可以看出，无论是品牌基础、用户洞察、产品创新，还是媒介传播、粉丝运营、促销推广，各环节严丝合缝，合力成就。索尼在影像领域的认知基础是毫无疑问的，但在当前手机变相机的时代，要打动年轻的Z世代，还是要找准用户需求——Vlog相机。在传播上，用户画像精准瞄向了粉丝，通过与Z世代明星合作首先带动其粉丝购买，并由此向外辐射年轻摄影师和校园博主。在形式上，发布会创新采用了年轻人喜欢的脱口秀形式，生动活泼，线下用户好评多，也证明了这次营销的成功。

康师傅控股有限公司——"去瓶空想象岛与万物共生"一个让低碳循环经济变得既有趣又"有料"的案例

执行时间：2023年4月13日—4月24日

企业名称：康师傅控股有限公司

品牌名称：康师傅

获奖类别：2023金旗奖最具公众影响力全场大奖

项目概述

康师傅作为大品牌，紧跟国家"双碳"政策，秉持"家园常青 健康是福"的可持续发展理念，进一步探索可持续的eESG①模式，以开放的心态与社会各界合作，与各方共享自身可持续发展实践经验，带领全产业链一起碳绿而行，实现绿色高质量发展。2023年4月22日，在第五十四个世界地球日，康师傅由公关部门驱动，联合方便面事业、康饮事业的品牌、电商、供应链中心、研发等部门，在线上平台展开了以"去瓶空想象岛 与万物共生"的绿色低碳主题营销活动。

通过与知名箱包品牌CROWN 皇冠、天猫超市自有品牌"喵满分"等跨界合作，以及与环保解决方案合作伙伴共创，康师傅实现了用废弃饮料瓶制作拉杆箱、野餐垫、收纳盒等环保周边产品，实现eESG模式下的饮料瓶回收再利用商业化项目落地。短时间内打通"回收饮料瓶/工厂废弃料→制成环保材料→制作专利优质板材→环保潮商品上线"的完整商业化链条，用可盈利再生循环进行消费者沟通，通过线上渠道与商业场景、低碳产品承接，实现eESG，为行业探索可持续发展新模式。

---

① eESG 的 e 指 economic（经济）。

康师傅"去瓶空想象岛　与万物共生"海报

项目策划

1.目标

渠道方面：联合更多平台、品牌共同推动低碳消费趋势。传播目标指数：全网曝光超3000万次。减碳数据：项目第一阶段，世界地球日活动期间消耗至少27万个饮料瓶，减少13吨二氧化碳排放。

2.整体策略

从高性价比产品、品质方面做消费者沟通，拉动电商平台和产品关注度，赢得品牌认同，进而带动消费趋势，让低碳消费成为潮流。通过新的减碳产品发布，线上全渠道与商业场景、低碳产品承接，实现eESG，为行业可持续发展探索新模式。结合绿色消费观念，通过eESG模式下的饮料瓶回收再利用商业化项目落地，将"rPET造万物"的品牌形象植入受众心智。通过商业化再生循环进行消费者教育，把低碳消费渗透到全场景，真正实现品牌产品口碑与销量全面提升。

3.受众

年轻人、中产及其他关心环保的人群。

4.传播内容

（1）新媒体平台发布全电商平台"去瓶空想象岛　与万物共生"减碳主题活动入口。

（2）康师傅将联手爱马仕设计师设计的野餐垫、手提袋，与天猫超市自有品牌"喵满分"合作的收纳盒、CROWN皇冠rPET手提箱等作为买赠互动产品，赠品均为康师傅回收饮料瓶材料的减碳产品。

（3）联合新华社快看视频号发布《一个饮料瓶的旅程超乎你想象》科普视频，通过科普的形式为品牌赋能。

（4）CROWN 皇冠天猫官方旗舰店上架用康师傅废弃饮料瓶制作的 rPET 拉杆箱。

5. 媒介策略

（1）新媒体联动，直接触达受众群体：通过微博、微信公众号等多平台，在生活方式、知识科普、美食等多个领域制造热点话题，保障传播声量。

（2）多渠道覆盖，引导消费者购买：覆盖了 B2C（企业对消费者）社区电商、生鲜、餐饮店商等业态，横跨淘宝平台、京东、拼多多、淘菜菜等在内的 10 个平台，方便消费者购买。

项目执行

通过基于市场、跨行业供需关系、物料和成本闭环等方式寻求环境和财务皆可持续的循环经济商业模式，让低碳消费成为潮流，带动生意。

（1）变废为宝，rPET 的诞生：2023 年 4 月中旬，康师傅与 CROWN 皇冠电商平台、阿里巴巴、全球知名环境服务商威立雅、板材制造商等合作伙伴跨界联动，计划共同打造一个环保产品。

（2）技术创新，首个项目落地：在构思了多个品类的商品后，最终确定拉杆箱这一可满足多场景使用的商品，合作板材制造商在康师傅需求的基础上进行技术创新，运用高新技术制造出性能满足应用场景的 rPET 板材，并做成拉杆箱。

（3）低碳潮流：在拉杆箱成功打响消费者心智教育"第一枪"后，康师傅联合爱马仕设计师设计的野餐垫、手提袋及与天猫超市自有品牌"喵满分"合作的收纳盒上市，通过不断上新的产品持续触达消费者，让低碳成为潮流。

（4）结合生意，形成闭环：通过多平台，将红烧牛肉面、纯萃零糖系列茶饮、无标签冰红茶等康师傅低碳商品渗透到消费全场景，形成商业闭环。

项目评估

1. 效果综述

多渠道、多领域、全平台的传播矩阵，持续扩大品牌传播声量。实现包括阿里巴巴、CROWN 皇冠箱包、法国威立雅环境集团、环保解决方案合作伙伴等多个合作方的跨界合作。

2. 受众反应

世界地球日活动期间制造的 4500 只箱子约消耗了 27 万个饮料瓶，约减少了 13 吨二氧化碳排放；受众群体积极参与，并主动将活动及相关产品信息发布到个人社交账号，获得大量关注，进一步提升了品牌影响力。

3.市场反应

康师傅电商平台3天实现了3800万元的销售额；跨界合作CROWN 皇冠环保拉杆箱成为CROWN皇冠天猫旗舰店销冠商品，单月销量超过店内同等价位（其他材质）产品销量的6倍。

4.媒体统计

全网曝光超3000万次，新华财经客户端首发内容单篇阅读量超110万次；新华社矩阵（新华网、《半月谈》、客户端）的头部效应，使传播快速达到目标人群，并在特定热点日期宣传；《人民日报》、阿里巴巴官方微信及行业媒体（消费品论坛、Foodaily、小食代等）进行扩散传播。

亲历者说 王世琦　康师傅控股有限公司执行长室副总裁

2023年世界地球日，康师傅借力低碳热点，带动上下游伙伴、饮品资源工作组、方便面资源工作组、产品研发工作组与沟通传播工作组协作，把环保减碳和线上商业场景相结合：既有回收再利用的环保元素与康师傅众多低碳产品结合，又有跨界"饮料瓶变拉杆箱"等的创新模式，为行业提供了减碳新思路，同时让企业和消费者都看到了循环经济的创新与可持续新模式。康师傅在eESG的投入是企业现在和未来发展的保障。未来，我们有理由从更高层面和更长远发展来看待eESG，把eESG作为康师傅商业模式的核心，持续推进下去。

案例点评

点评专家：张殿元　复旦大学国家文化创新研究中心秘书长、教授

案例生动展示了现代科技支撑的循环经济模式下，企业如何巧妙结合新兴技术进行商业模式创新，创造出一种可以应对环保挑战且具有商业价值的模式。康师傅把废旧饮料瓶转化为拉杆箱和环保周边，既实现了废弃物有效利用，也让更多人了解和接纳环保理念。同时，本案例进一步强调了康师傅在ESG基础上，走向经济环境可持续发展的道路，品牌将环保理念与商业价值进行结合，不仅能在社会范围内推广低碳生活方式，同时能够让消费者在购买产品时感知到品牌的环保初心和责任，提升消费者对品牌的认可度和美誉度，实现品牌社会价值与商业价值双赢。

▪ 亚马逊全球开店 "成为光" 品牌出海故事传播①

执行时间：2022年5月1日—9月30日

企业名称：亚马逊（中国）投资有限公司

品牌名称：亚马逊全球开店

代理公司：明思力中国

获奖类别：2023金旗奖最具公众影响力全场大奖

项目概述

新跨境时代，做品牌不再是大企业的专属。越来越多中国企业借助跨境电商走向世界舞台，赢得海外消费者的喜爱和尊重，打造点亮世界的中国品牌。通过《成为光》这一人物纪实短片，项目组与亚马逊全球开店共同见证从点点星光到光芒万丈的成长之路。

人物纪实短片《成为光》

---

① 本文中所涉及的视频及图片，亚马逊（中国）投资有限公司均已得到被拍摄者的使用许可。

项目策划

1. 项目背景

亚马逊全球开店业务进入中国，帮助中国卖家抓住全球跨境市场机遇，已有数十万中国卖家通过亚马逊在全球市场乘风破浪。亚马逊作为全球电商的领航者，面向全新的跨境时代，提出新的品牌战略"共创全球品牌新格局"，倡议"长期主义"，胸怀全球市场做深、做强、做大，号召中国卖家一起通过打造出海品牌实现长期、共赢、可持续发展。

2. 目标与挑战

成功卖家故事一直是亚马逊全球开店官方微信上的重要内容板块，也是多次卖家调研数据显示极受卖家群体欢迎的内容。本次项目目标是通过人物纪实短片放大成功卖家故事，剖析卖家在出海品牌打造之路上的心路历程，直击目标群体痛点的同时展现品牌打造所带来的收获，建立深层次共鸣，从而认可亚马逊全球开店所倡导的"长期主义"道路，提升新卖家入驻亚马逊全球开店以及老卖家建立品牌的意愿。

3. 传播洞察与策略

抓住身处不同阶段的中国品牌所面临的痛点，讲述殊途同归的"成为光"的故事。选取三种代表性卖家，挖掘他们在建立品牌之初的痛点，出海过程中面临的挑战和挫折，提炼让他们决心从世界舞台的背光处走到聚光灯下，成为中国出海品牌的一道光的人物故事。

人物自身第一视角陈述，结合客观实景记录拍摄，从第一视角讲述内心的所思所想，与广大卖家群体产生情感共鸣，呈现卖家打造出海品牌的心路历程，传递亚马逊全球开店所坚持的"长期主义"价值观，助力中国卖家每一步发展、打造成功的出海品牌、走向全球市场。

4. 传播内容规划

面向精准的跨境卖家人群，合作头部行业媒体虎嗅，利用其兼具优质内容创作能力和目标人群流量聚集的优势，围绕三个有代表性的中国品牌创始人，提炼针对新手起步卖家、外贸转型卖家、中国品牌全球化卖家的痛点，以"成为光"为主题梳理以情动人的人物故事视频，借助虎嗅微信、微博、网站等全网渠道发布，触达目标人群。

借势公众与大众媒体对"中国品牌出海"的高关注度，合作微博打造品牌话题页"点亮世界的中国品牌"聚合话题声量，联动新周刊、光明网、澎湃新闻在内的蓝V媒体、行业意见领袖引发对中国品牌出海话题的讨论，进一步提振中国卖家打造出海品牌的信心，助推亚马逊全球开店品牌影响力的扩散。

项目执行

项目组主导了传播全链路策划及传播，包括策划传播方案、挖掘痛点、确定创意主题、筛选合作媒体和内容管理、上线传播物料。

2022年5月项目立项，项目组与亚马逊团队完成了传播执行方案细化、传播核心信息梳理、拍摄卖家人选筛选和敲定。

2022年6月，项目组与虎嗅主创团队一起完成人物前采、脚本制作、制定为期1周的拍摄计划。

2022年7月10日—7月20日于深圳、东莞、广州、金华四地，针对三个卖家个人及其企业工厂实地拍摄，经过剪辑、后期制作，虎嗅视频与微博话题在8月16日正式上线。

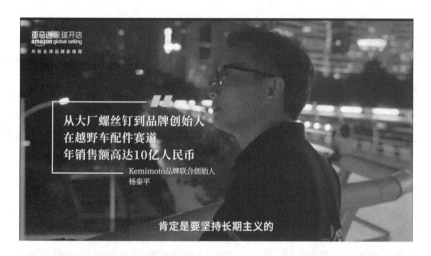

《成为光》画面

项目评估

1. 效果综述

项目获得超2亿次总曝光，微博话题页阅读量超1.1亿次，全网视频播放量超过618万次。项目在亚马逊全球开店内部获得高度认可，作为中国市场的明星案例在内部周报中同步全球市场的同事。亚马逊全球开店微信公众号以"闪耀吧，中国品牌"为主题，开设专题栏目，长期收录具有代表性的中国品牌故事。

2. 受众反馈

19家蓝V媒体微博发声，关注中国品牌走出"微笑曲线"底端，成为闪耀全球的中国卖家代表。

3. 市场反馈

主角之一的企业品牌致欧科技被称为"中国宜家"，已经成长为拥有3大子品牌、涉及300多种细分品类的全场景家居品牌，年销售额超60亿元，销售市场覆盖欧洲、北美、日本等国家和地区。"成为光"视频拍摄期间启动IPO（首次公开募股），2023年6月其已正式在深圳证券交易所创业板上市，股价上市首日高开，一度涨至16.77%。

主角之一的企业品牌KEMIMOTO，深耕国内鲜为人知的小众细分赛道——极限越野车车型配件，成为当今全球UTV（全地形越野车）配件类目领军品牌。在美国和日本建立海外分公司，并荣登第二届全球品牌出海峰会"2022年新锐出海品牌30强榜单"。

亲历者说 黄晨昊　明思力中国高级顾问

拍摄期间，由于各创始人日程繁忙，拍摄中会穿插真实的会议和业务讨论，我深刻感受到中国出海人的执着与热情，主角之一的宋川带领的致欧科技在视频拍摄期间处于冲刺IPO的关键时期，结束一整天的拍摄安排已经到深夜，致欧团队一直默默等着宋川拍完继续未尽的业务讨论。致欧科技完成创业板上市，成为又一个从亚马逊全球开店走向全球的明星中国品牌之一。

案例点评

点评专家：李兴国　中国公共关系协会第三、四、五届常务副会长，中共中央党校（国家行政学院）教授

这个案例反映了企业发展的时代步伐，体现了中国软实力。公共关系的主要手段是用事实说话，本案例用生动的视觉短片讲述主人公努力让中国品牌出海过程，他们面临挑战和挫折，并排除万难。用真人讲故事来与公众沟通是公共关系的特色，这种触动受众情感进行传播的成功做法，在数字移动媒体时代效果更加显著，值得提倡。

《一万杯如初见》隅田川 × 王家卫光影之旅

执行时间：2022年9月26日—2023年10月31日

企业名称：杭州羽嬉贸易有限公司

品牌名称：隅田川

代理公司：上海麦彼攸斯广告有限公司

获奖类别：2023金旗奖最具公众影响力全场大奖

项目概述

2021年以来，隅田川咖啡拉动品牌引擎，先是成为杭州第19届亚运会官方指定咖啡，进而官宣肖战为全球品牌代言人，品牌声量迅速提升。

项目组希望以短片将品牌的理念传递给更多热爱咖啡、热爱光影的人们，为亚运增添一份光影色彩和咖啡鲜香，从而实现品牌分享与连接的初心，为品牌增值，完成品牌势能的提升，同时带来丰富感官体验，实现更广泛更深入用户触达。

项目策划

1. 策略

通过组合创意营销，将亚运会、王家卫和肖战三大运动界、艺术界、流行文化界的顶级IP融合，把咖啡文化、品牌初心、光影艺术和杭州底蕴融合，打通线上线下传播渠道，最大范围与用户对话，搭建情感互动桥梁，给大众更好的品牌体验。

2. 洞察

咖啡既是一种大众日常饮品，也是连接人与人之间关系的一座桥。隅田川咖啡的品牌初心亦在于此——将三个圈Logo作为两人分享一杯咖啡的抽象图形，希望用咖啡连接人与人之间的善意。

3. 创意

故事创意：王家卫导演及团队以"初心"为创作灵感，结合隅田川咖啡液的特点，将一杯咖啡延伸成生活中无数种可能，通过极具美感的光影营造出属于咖啡的浪漫氛围。

视觉创意：运用王家卫的镜头语言和美学风格表现咖啡的魅力及其文化精神，还启用了一套全新的且具有强烈光影艺术美感的视觉超体，承载并提升《一万杯如初见》品牌短片的传播表现。

4.媒介策略

线上线下多媒介组合投放，开启隅田川咖啡光影之旅，集成亚运、明星、艺术三大IP的品牌资产矩阵，通过一系列超级IP的联合，隅田川咖啡将产品底蕴经由品牌势能助推，以"鲜"破圈，逐渐向当"红"国民咖啡品牌迈进。

5.传播规划

品牌短片《一万杯如初见》全国官宣。

多城市户外投放短片：活动期间，户外投放覆盖北京、上海、杭州、重庆、深圳等多个城市，在杭州地标性大屏西湖天幕、重庆地标性巨幕3788"亚洲之光"、北京核心商圈国贸百米地铁通道，可以欣赏到品牌短片震撼性视觉呈现。

举办多元线下活动：在上海浪漫地标——静安大悦城摩天轮广场举办"隅田川露影咖啡"活动，向所有公众放映品牌短片《一万杯如初见》，与上海市民一同品味艺术咖啡人生。现场以沉浸式短片同款置景，设主题展示墙和互动打卡区，带来观影新体验，并结合露营式咖啡社交氛围，用短片主角产品打造了多款限定特调咖啡，创意呈现一万种咖啡的可能，让更多人感受到短片传递的浪漫主张与生活态度。

在故事发生地杭州环西湖附近，打造带有咖啡香气的公交候车亭，将短片中的浪漫表达转化为生活中的美好感受。当人们在公交站台下，或等车、或休息、或遮阳避雨时，便可闻到阵阵咖啡香，让等待的时光变得不再无聊，让焦躁的情绪变得舒缓。

项目执行

2022年9月26日，品牌短片《一万杯如初见》官宣，携手国际顶级导演王家卫及团队和全球品牌代言人肖战，以隅田川产品为故事原点，讲述一个充满西湖韵味的故事。

2022年9月26日—10月26日，短片户外投放、开展线下活动。

项目评估

一个多月时间，《一万杯如初见》品牌短片全网播放量为12.82亿次，线上线下媒体总曝光量达13亿次，促成天猫旗舰店成交3146万元，品牌短片同名礼盒成交1366万元，占比全店成交量的43%。

亲历者说 程婷婷　**上海麦彼攸斯广告有限公司创始人＆总经理**

这个项目的执行难度是非常大的，如前期与导演接触、沟通、交流概念，包括对产品和对"鲜如初见"的深刻理解，在拍摄时间和地点等多方协调上都出现了很多困难，需要一一克服。我们非常感恩所有人对于项目的付出，最终我们以接近电影的质感和光影效果，打造了这一宣传片。

案例点评

点评专家：郭为文　周末酒店App合伙人、首席营销官

隅田川勇于投入打造品牌，这是一家创业企业、一个新创品牌的大胆之举。从成功品牌的发展历史来看，其在初创期都是敢于冒险、奋勇朝着伟大品牌目标前行的。在现今精准营销、兴趣电商、直播带货的低品牌要求氛围下，能依然坚信品牌的力量、坚持品牌的影响，是一种长期主义的表现。品牌的作用不仅是为销售产品，还是让消费者主动找寻、降低推销成本，更是推动非精准人群加入、扩大市场规模、通过差异化影响力带来溢价利润。隅田川这次把亚运会、王家卫和肖战三个IP融合，把咖啡文化、品牌初心、光影艺术和杭州底蕴融合，使品牌与更多消费者对话，把产品推广给大众体验，未来品牌发展空间更可期。

GOLDEN
FLAG
AWARD
金旗奖
—
品 牌 向 上

2023
—
金旗奖最具公众影响力
智能营销金奖

2022华为云创业者峰会整合传播

执行时间：2022年8月1日—9月30日
企业名称：华为云计算技术有限公司
品牌名称：华为云
代理公司：北京华瑞成业管理顾问有限公司
获奖类别：2023金旗奖最具公众影响力智能营销金奖

项目概述

初创企业数字化转型成必然趋势，具有巨大需求空间，但受制于规模、成本、人才等困难，初创企业转型举步维艰。在此背景下，2022华为云创业者峰会举行，旨在以技术创新与创业实践的深厚积累，全发展周期赋能初创企业。此项目以峰会为契机，聚焦创业者群体，提升华为云品牌影响力。

项目策划

1.传播策略

整体传播以"预见创业者的力量"为主题，抓住创业群体的痛点，传达华为云的赋能价值。

传播节奏方面，以2022华为云创业者峰会举行时间为节点，将项目划分为三阶段，分别以"引关注"（引发三大受众群体关注）、"亮价值"（传播华为云对受众群体的赋能价值）、"拓格局"（对传播内容进行高度升华）为阶段重点，通过视频、条漫、文字稿件等丰富的内容形式立体传播。

内容策略方面，以丰富的内容呈现形式，对话三大核心受众，传递细分话题。预见创业者：通过TVC（商业电视广告）、条漫等创意形式，展示华为云对创业者的深刻洞察，对初创企业的全面赋能。预见ICT（信息与通信技术）行业：在行业内打造华为云初创生态相关声量，提升行业影响力。预见政府：深度解读政策趋势，展现华为云对"双创"政策的积极响应，对数字经济的助推价值。

媒体策略方面，打出立体组合拳，多类媒体并用，广泛触达目标受众。财经媒体着重格局论调，创业者关注度高；泛ICT媒体垂直、专业，影响行业及创业者；资讯媒体社会关注度高，贴近三大受众；地方媒体与受众紧密相关，地方政府较关注；权威媒体增强可信度。

2022华为云创业者峰会整合传播视频截图

2. 内容规划

在项目整体传播策略基础上，结合时代背景对整体传播内容进行详细规划。2022华为云创业者峰会链接创业群体、升级华为云初创生态、发布华为云加速器，多维度赋能创业者。华为云聚焦创业者，读懂创业痛点、增强创业者信心、对初创企业赋能，助力初创企业专注业务创新，在云上实现创业梦想。

内容传播围绕"预见创业者的力量"核心主题，面向核心受众，以不同内容形式传达差异化内容。

面向创业者，突出懂创业者、帮创业者两大核心内容主题。懂创业者：以"追梦的人，前行必有光"为主题，制作系列TVC，讲述创业者的故事，展现华为云懂创业者、给予初创者们前进的力量。帮创业者：结合经典IP《西游记》，产出创意条漫，形象展示华为云在创业不同时期的具体赋能价值。

面向ICT行业，突出连接行业、深挖市场两大核心内容主题。连接行业：华为云升级初创生态战略，链接内外部资源，与业内各方携手共赢。深挖市场：打造华为云链接创投圈的一张名片，推动初创企业数字化需求升级，深挖转型需求，开拓行业市场。

面向政府，突出促经济、助转型两大核心内容主题。促经济：通过升级初创生态战略、赋能初创企业，推动社会经济提升活力。助转型：通过赋能初创企业数字化转型，助推数字经济发展。

项目执行

2022华为云创业者峰会于9月15日正式举行，以此时间为核心节点，将传播周期划分为会前预热期、会中爆发期、会后发酵期。

9月5日至9月14日为会前预热期，通过发布峰会亮点剧透预热视频，制造悬念；发布聚焦创业者群体转型现状与痛点的创意条漫、系列TVC，精准吸引创业者群体，吸引受众广泛关注。

9月15日至9月16日为会中爆发期，就峰会现场重磅嘉宾发言内容等展开大规模传播，媒体KOL解读、嘉宾金句、峰会后采视频、峰会亮点视频等内容，在科技媒体、资讯媒体、财经媒体、地方媒体等多类型媒体中传播，将峰会声量推至高点。

9月17日至9月30日为会后发酵期，持续传播优质案例、拉长峰会影响周期，形成华为云品牌在创业者群体中的长尾传播效应。

项目评估

1. 效果综述

此项目整体达成14000余篇媒体报道、3亿多次曝光，远超项目最初传播目标。华为云相关内容通过多渠道进行了立体式传播，广泛覆盖创投客户、投资人、合作伙伴等，有效传递华为云初创生态关键信息，在创投领域形成华为云品牌的独家影响力，快速打开创投市场。

初创生态相关报道超2820篇，覆盖微信、微博、今日头条、百家号等700余家媒体及平台；阅读量超1035万次；曝光量超5000万次。

2. 项目亮点

摆脱峰会活动较为传统的传播形式，创新性将沟通内容以视频、条漫等形式加以表达，更加形象、生动还原核心受众创业者群体的日常困境，贴近受众心理。针对三类受众群体，制定差异化的媒体策略，精准聚焦、多维触达。

（1）预见创业故事，吹响初创生态"集结号"。以创业者视角制作3支视频《追梦的人，前行必有光》《遇见创业者的力量》《云上有为》，讲述在创业者们不畏艰难、奋力拼搏的道路上，华为云初创计划与其并肩前进，激励创业者们在困境下重拾信心，快速吸引受众关注。

（2）经典IP创新演绎，再度阐释品牌价值。结合传统经典IP《西游记》，以"唐僧团队如何创业成功"为创意概念，形象演绎唐僧师徒的创业难题，传递华为云创新云平台、创

2022华为云创业者峰会整合传播视频截图

业赋能、商业资源三大关键举措，引发创业者共鸣。

（3）组合式传播出击，触达三大核心受众。面向创业者群体："创投媒体＋精准解读"，突出赋能传播价值。36氪、《中国企业家》、i黑马、中国经营网等创投媒体及KOL进行精准解读，强化华为云对初创企业的赋能价值，吸引创业者群体关注选择。

面向ICT行业："科技KOL＋深度稿件"，强调生态，加强链接。TechForWhat、张戈BP、雷峰网、数智前线等泛ICT媒体及KOL，产出多篇深度文章，强调行业上下游链接的价值，提升行业影响力。

面向政府："权威媒体＋战略扩散"，响应政策，助推发展。环球网、《中国新闻周刊》、中国青年网、中国网、《南方都市报》、《深圳晚报》等重磅媒体传播，突显华为云响应政策号召、助推数字经济发展形象。

亲历者说 程婕　北京华瑞成业管理顾问有限公司客户总监

初创企业是经济社会发展的动力和活力所在，华为云希望在创投领域形成品牌的影响力，快速打开创投市场。本次在传播上，突破技术型传播传统，借助典故以通俗易懂的漫画长图开篇，再以创业者视角制作3支视频，传达敢想敢做、打破常规的创新创业态度，阐释赋能初创企业发展的愿景与价值主张，多内容多形式进行组合传播扩散，内容更具体，代入感高，互动性强，引发共鸣，从而激励创业者们在困境下重拾信心。

案例点评

点评专家：胡涵　美团高级总监

　　与群体情绪共鸣，是传播的根基所在。云上的企业服务生意，也更需要借情绪的杠杆直入大地。此次传播，实现了客户价值、传播需求、时代氛围等合一。中小创业者处在转型迷茫期，产业与市场急需效率提振，峰会提炼出了懂创业者与帮创业者的主题，并循序传播推进。借情绪共鸣确保传播效果，从而水到渠成引出华为云对创业者的真实帮助，此次传播帮助华为云在核心客户中实现了破圈。

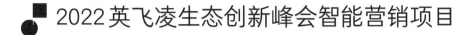 2022英飞凌生态创新峰会智能营销项目

执行时间：2022年11月1日—12月31日

企业名称：英飞凌科技（中国）有限公司

品牌名称：英飞凌

代理公司：霍夫曼公关顾问（北京）有限公司（简称霍夫曼中国）

获奖类别：2023金旗奖最具公众影响力智能营销金奖

项目概述

低碳化、数字化的大潮正在全球范围内推动半导体产业不断发生碰撞、裂变和重组，并在变化中酝酿和塑造新的秩序。当机遇与挑战并存，"全价值链生态圈"的重要性就更加突出。

2022年，由英飞凌主办的全球技术峰会以"数字智能 低碳未来"为主题，旨在展示前瞻性的技术创新如何推动低碳化和数字化。在回顾并展示英飞凌生态圈建设的最新阶段性成果的同时，重点围绕"拓展全价值链生态体系"和"全方位持续创新"，共商未来发展方向。

本届峰会为线上活动，四场论坛分别聚焦英飞凌及其各事业部，旨在利用数字化手段来提高用户体验，增强客户黏度与活跃度；同时做好精准化营销，横纵向多维发力，全面提高活动热度，展示英飞凌企业价值、技术及产品战略的前瞻性，进而强化英飞凌的传播体系与品牌影响力；在本项目中，英飞凌希望能将多平台数据融合与共享，借助营销自动化工具为各事业部挖掘更多潜在业务机会，赋能销售的目标，并为英飞凌后续的营销策略及活动规划提供更全面的可靠洞察支持。

项目策划

为给用户提供多样化、智能化且个性化的活动体验，本次活动前后端协调发力，借助多个数字平台为用户打造智慧场景和智能体验；通过用户与平台间交互，以"点线面"的逻辑建立连接并集成数据，进一步实现用户动态数据沉淀，高效实现营销闭环。

1.（创意体验）构建专属活动微站，打造英飞凌虚拟展厅，双向助力，线上体验再升级

为提高用户的活动参与友好度，本次英飞凌搭建了集活动详情、咨询、回放等内容于

一体的活动微站，用户可"一站式"自助获取活动信息。此外，借助元宇宙概念，融合数字低碳浪潮，英飞凌打造了一个全新的"未来世界"——虚拟展厅，从一个小小传感器件，到一整套解决方案，为用户讲述半导体技术如何赋能低碳生活的故事。产品与本次活动同期宣发，用户将通过互动化及视觉化的设计更生动、深入了解英飞凌技术与产品。

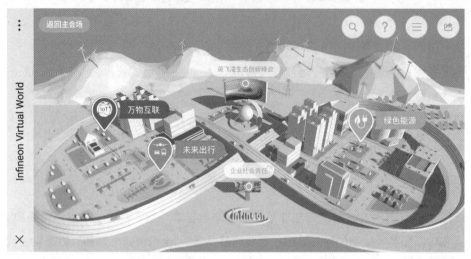

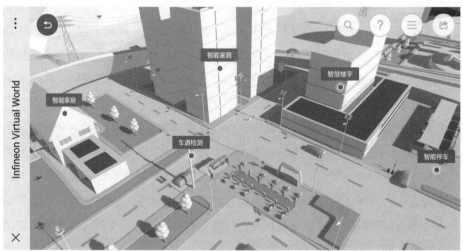

专属活动微站

2.（多元推广）海内外多渠道协同发力，拉新促活，全域提升声量

在活动推广阶段，英飞凌借力自有媒体矩阵（包括官网、微信、微博、B站、领英、邮件）发布预热内容，扩大活动在海内外的影响力；与行业权威媒体进行合作，利用第三方视角为项目进行宣传和深入解析，提升目标受众对本次活动的认知和对英飞凌技术力的认可；此外，在微信朋友圈英飞凌借助定向广告投放活动倒计时海报，精准触达更多潜在目标受众，为本次活动提供流量支持，冲刺曝光量和注册量峰值。在活动举办阶段，微吼、

B站、视频号多平台同步直播，实现活动内容价值和传播效益最大化。

3.（效果追踪）定制化互动旅程，构建营销数据中台，打通微信生态全链路营销场景

在整个活动中，英飞凌将营销自动化应用至全场景，利用营销自动化工具对接活动中所有营销触点，通过标签梳理、埋点、跨平台智能跳转等方式沉淀全触点用户数据，进而实现多个数字化平台数据动态打通。在此背景下，英飞凌将微信作为构建营销数据中台的重要平台——通过积极引导新用户对英飞凌官微的关注，以内容为支点，以SCRM（社会化客户关系管理）为杠杆，为用户搭建个性化、智能化的活动参与体系，高效促进新老用户的参与及高频互动。本次活动设计使用户体验路径更简洁流畅、信息获取更简单易得，这大大提高了各环节的转化率。与此同时，多维度数据的高效融合使得英飞凌获取了更完整、更高精度的用户行为数据，为后续的营销策略提供了有效指导；对于各事业部的业务发展来说，用户数据资产的集中化管理也将有利于持续孵化潜在销售线索——借助长效的高质量内容输出，可以在赋能品牌形象的同时培育潜在商机，进而驱动业务增长。

项目执行

在该项目的执行过程中，各团队针对平台搭建、数据联动和推广渠道方面做了充分准备，保证了整个活动从前期规划到中期落地再到后期维护的连贯性、灵活度和有效性。

10月中旬至11月底：项目启动，英飞凌与各团队计划及敲定整体方案，为了保证项目顺利进行，团队特别预留了充足的准备周期，并与技术人员深度沟通，保证各数字化平台间元数据的一致性、可用性及互通性，在确保活动和产品信息传递的准确及完整性的情况下，最大限度地提高了用户体验的流畅性及趣味性；在此期间，英飞凌也针对活动的核心部分安排指定负责人，合理分工、高效合作。团队成功完成了各线上平台及体系的搭建、数据同步的技术沟通与设置、成品及活动流程测试与调整的前期准备工作。

11月底至12月初：活动报名开始，海内外多渠道一同官宣，定制化活动微站正式上线。

12月8日：英飞凌虚拟展厅正式上线，与活动微站双向引流。

12月10日至12月13日：在微信朋友圈定向投放倒计时海报，借助付费媒体及内部员工转发分享营造紧张气氛，吸引更多用户报名参与。

12月14日至12月15日：多渠道联合直播，覆盖更多人群，在活动后的窗口期内及时跟进潜在销售线索，促进销售转化。

活动上线后，各团队负责人每周持续定期地关注数据变化，并与客户及时分享传播效果，在必要时调整传播策略，并针对突发事件保持灵活应对的态度。活动结束后，及时跟进销售线索、整理活动数据及复盘活动表现，以此为后续活动持续优化和完善提供数据支持及经验启发。

项目评估

互动量超5400次，其中近3千名用户报名了线上直播活动，包含半导体、汽车、电池等众多卓越企业员工及高等院校学生；在活动当天，参与线上直播观众超出实际报名量约数十倍，近20%的用户观看时长超1小时；活动获得98%的好评，并为各事业部带来数千条销售线索。在整个活动期间，活动微站有超3000次浏览，超5000人次体验虚拟展厅，公众号共计增粉超2000人，活动结束一个月内，新粉留存率高达97%。

本次活动的突破在于，英飞凌实现了在跨平台数据层面的打通及联动，是企业数字化应用的先行者。在营销自动化工具的支持下，此次活动不仅提供了用户友好的"一站式"智能体验，还使用户对英飞凌产品及品牌价值有了更深层次了解与认知。而对于英飞凌来说，SCRM工具多种功能打破多平台的数据孤岛，更全面的用户行为洞察，将为英飞凌在后续的内容策略、活动优化及挖掘潜在业务机会方面提供更有力的支持。

> **亲历者说** 吕赟　霍夫曼中国数字业务负责人

作为半导体行业的领先企业品牌，英飞凌持续推进品牌传播数字化战略，探索传统行业的营销转型路径。充分激活行业大会等传统场景，英飞凌借助智能营销工具，为用户提供友好、定制化的场景体验，并优化提升沟通效率，使市场传播活动触达更精准、数据可追踪、效果可衡量，从而实现对业务增长的推动。

> **案例点评**

点评专家：郑威　华硕电脑中国业务总部副总经理兼新闻发言人

如何站在企业尤其是科技企业的视角，来展望全球最前沿的课题？英飞凌给出了很好的答案。

峰会和论坛让项目更有权威感，不仅提供了有行业指导性的视野观点，也让目标客户和业内人士有深度交流互动机会；在整个峰会和论坛上，通过一个个单元板块，自然巧妙将英飞凌的业务与优势，结合智能化、低碳化的命题深入探讨和植入，英飞凌的企业价值得到全面传播。

项目的一大亮点是在场域中用虚拟展厅的方式提供沉浸式的体验。用一站式智能体验，把相对抽象的概念具体化，直观展现了技术创新如何推动低碳化和数字化。配合直播等矩阵化扩散传播活动，项目触及了更多的目标人群，有更好的能见度，进一步扩大品牌的影响力。

联想集团：《不可居无竹》

执行时间：2023年8月24日
企业名称：联想控股股份有限公司（联想集团）
品牌名称：联想
获奖类别：2023金旗奖最具公众影响力智能营销金奖

项目概述

人工智能浪潮席卷全球，而算力正是其幕后的核心引擎。早在几年前，企业便已经明确智能化转型战略，前瞻性地卡位AI（人工智能）技术变革趋势，聚焦AI与普慧算力，致力于成为智能化变革的引领者和赋能者。但是，当前受众对联想仍然有以PC（个人计算机）业务为主、品牌高端度认知不足等固有印象。

项目以关注科技、追赶潮流的一线城市年轻群体为核心受众，通过对AIGC（生成式人工智能）技术的运用，展现联想在算力时代的绿色创新与突破，进而突显联想在智能化变革中的技术力与行业领导力，刷新受众认知。

项目策划

联想作为全球最大的算力基础设施提供商，通过与先锋时尚媒体及顶级时尚设计师合作，将"绿色算力"这一联想代表性的科技理念以时尚单品的艺术化形式进行呈现，这种艺术化的表达，能够让人们对新计算时代的理性、浪漫以及时代精神有更加多元的认识。尤其是创意性采用AIGC技术助力项目物料制作，突破性提升品牌传播与物料制作的效率与生产力；让无形的算力与时尚理念和传统文化结合，融入年轻人群日常化、潮流化的生活方式。

在确定"绿色算力的艺术化呈现"这一创意主题后，确定不同层级的创意主题。

以算力为灵感，融入传统文化，打造"山中客"时尚桌椅单品。联想与顶级时尚媒体《智族GQ》和路易威登合作设计师周宸宸共同创作了"山中客"系列竹桌椅时尚单品。竹桌椅以联想"绿色算力"的代表——温水水冷高性能计算中心为设计灵感，通过竹子这一可再生的绿色环保材料，打造新的消费潮流风尚。项目主题定为"不可居无竹"，而桌椅是竹与算力的结合体，古时不可居无竹，而新时代则不可居无算力，借用古意比喻如今算力在日常生活中不可或缺。

致敬算力也使用算力，采用AIGC技术助力传播物料制作。应用AIGC技术助力包括创意海报与主题视频在内的视觉物料制作。联想作为全球前三的AI基础设施和服务器供应商，致力于算力在各行各业中的广泛应用，探寻艺术创作与科技发展结合的新趋势；同时这一全新制作方式尝试，极大提升了物料制作的生产效率，是品牌营销迈入智能化时代的全新探索。

项目主题视频以重力、摩擦力等世界上存在的各种力切入，引出这些力来源于人类的思考力，最终点出"在新计算时代，算力将成为支撑人类思考的原动力"这一核心主题。以人类不断探索世界、发现世界的脚步为连接线索，最终生成主题视频。

创意海报则是以竹桌椅所代表的思考力为主要出发点，巧妙利用底座缝隙的空间，把其转变为算力世界的空间，将中外历史上著名的艺术家、思想家等及他们的代表作，呈现在这个算力世界的空间中，体现着算力的日常化与艺术化表达等核心信息。

创意推文融合当下社交媒体表达。GQ实验室推文以"欢迎来到新世界"为主题，结合互联网热点词汇，生成"新世界词典"。以幽默、调侃的态度，结合富有科技美学的视觉设计，从城市生活的方方面面切入，层层递进，最终揭晓"思考力"这一关键词，将此前的核心传播信息串联起来，引出联想品牌与相关物料。

在传播层面，以"内外联动，直指核心"为主要传播策略。在外部传播上，以GQ实验室这一头部时尚媒体账号为核心，从而触达关注时尚信息与潮流风尚的一线城市年轻群体，集中微信平台发力，以优质内容驱动受众自发传播，收获更多私域流量。在内部，同时运用联想官方微信公众号、视频号等自有媒体矩阵提升内部声量，利用已有的品牌传播资产。最终实现传播内外联动，增强项目整体影响力。

项目执行

经过创意碰撞与AIGC技术助力，项目最终选择在8月24日正式上线，历史上的8月24日是Windows 95正式发布的日子，其开启了视窗系统的统治时代，给整个世界带来了科技变迁，而新的变迁也正在悄然发生。

围绕核心物料"山中客"系列竹桌椅，从不同的多媒体形式出发，全方位、多角度地诠释其蕴含的科技与艺术交融的美学内涵。联想携手顶级时尚媒体和路易威登合作设计师周宸宸，以其强大的时尚界公信力与号召力背书，精准触达一线城市的年轻"时尚达人"核心受众，建立联想作为智能化变革的引领者与赋能者的品牌认知，树立高端品牌形象。集中微信平台发力，以GQ实验室和企业自有社交媒体矩阵提高声量，内外联动以期更大影响力。

项目评估

项目全网曝光量超 500 万次，其中，合作媒体微信公众号推文阅读量超 10 万次，核心物料获得各类互动 5000 次以上。项目亮点总结如下。

（1）AIGC 助力视觉物料制作：通过对 AIGC 技术使用，平面和视频物料产出效率均提升 30% 左右。将技术融于每一个传播细节当中，为项目执行降本增效的同时，增强受众对于联想致力于成为智能化变革的引领者和赋能者的有效认知。

（2）以时尚艺术跨界的形式解读前沿科技概念：将科学与艺术相结合，以艺术化的形式呈现"绿色算力"这一前沿科技理念，诠释全新时尚潮流，在日常生活场景中体现算力的价值。

（3）将传统文化元素与科技理念创意结合：竹是绿色环保材料，同时是中国传统文化的代表之一，将现代可持续发展绿色低碳理念和中国传统文化传承融于一体，古意新解，打造联想作为中国科技领军企业的 ESG 强标签。

亲历者说　邹阳　联想全球品牌市场部中国负责人

如今，我们正处于智能革命的浪潮之中，联想始终致力于通过普慧算力与 AI 技术，助力中国产业智能化转型，促进高质量发展。我们希望通过这个项目的有益探索，与大众一起畅想，科技与艺术都将以什么形式来呈现，又会碰撞出怎样的火花。联想将在这种对新式科技美学的理解中不断前进，以普慧算力推动普慧智能，与更多伙伴携手探索这个时代。

案例点评

点评专家：李兴国　中国公共关系协会第三、四、五届常务副会长，中共中央党校（国家行政学院）教授

这是一个很有追求的案例，作为算力基础设施提供商，联想运用 AIGC，以算力为灵感，让科技与艺术交融，让高科技绿色算力同传统文化艺术表达结合，非常难能可贵，也值得提倡学习。

企业及品牌智能营销分发传播

执行时间： 2022年1月1日—12月31日

企业名称： 上汽通用汽车有限公司

品牌名称： 上汽通用汽车

代理公司： 宣亚国际营销科技（北京）股份有限公司上海分公司

获奖类别： 2023金旗奖最具公众影响力智能营销金奖

项目概述

上汽通用汽车作为主流合资企业品牌之一，于2021年发布全新品牌Logo，开启了企业"电动化、智能化、网联化"转型新篇章。因此，需要将上汽通用汽车及旗下品牌的新战略、新规划、新产品、新技术等内容，广泛传播，以触达消费者。但随着互联网流量红利减弱，以及汽车行业由增量变为存量市场，车企面临着营销成本上升、转化效率降低等问题，迫切需要通过数字化的手段，优化品牌、产品、服务传播推广，降低营销成本。

项目策划

在智能化的大背景之下，传统的内容广告从"移动互联网+"时代，进入"AI+"时代。其中，在新媒体流量平台，"人找信息"演变为"信息找人"，这要求在新兴平台的内容产出和传播工作更加精准化，在各种渠道中更加合理分配有限的营销资源。同时，AIGC成为营销传播领域的新技术之一。在AI人工智能的辅助下，通过算法、预训练模型、大数据分析，短时间内可快速生成高质量的内容，还可针对不同的内容要求，生产出不同形式、主题、风格的传播内容，这提高了内容生产效率，同时扩宽了内容的广度。

项目组采取以下整体策略：利用AIGC技术，高效赋能项目主题，并根据各渠道平台传播特点及优势，进行多渠道多平台组合传播。在开展个性化营销活动的同时，保证品牌及产品传播信息覆盖的快速时效性，实现流量精准、广泛覆盖，提升上汽通用汽车企业及品牌"电动化、智能化、网联化"转型升级的认知和影响，助力企业降低营销传播成本。

内容生产方面，项目组积极拥抱技术变革，联合多家生态合作伙伴共同推进"大数据+AI"技术发展和运营，助力长短文稿、视频剪辑、海报图片等生成。AIGC可以为企业及品牌营销提供更加智能化、个性化的传播服务，提高生产效率，助力企业降低营销成本。

在媒介方面，考虑到在移动互联网的大背景下，一方面用户出现明显的圈层化，要求内容生产和平台发布更加垂直细分；另一方面头部和区域性融媒体突破了圈层限制，实现流量广泛覆盖，根据全年不同类型的传播专题，对应选取头部或区域性融媒体，再配合汽车、财经、科技、生活资讯等多领域、多等级、多类型的自媒体账号，形成"融媒体 + 自媒体 +KOL+KOC"的组合模式，完成企业及品牌内容传播新闻化、垂直化，实现流量在广度和精度上的双重覆盖。

在实际传播规划中，根据现状，在模式和策略上进行创新。通过整合平台端和媒介端，以及"大数据 +AI"赋能内容生产，形成品牌内容、传播渠道、媒体评估筛选一体的"1+N+X"智能营销传播模式，配合企业及品牌的传播内容和传播节奏，全年分阶段、动态化持续输出核心信息。"1"指以企业品牌为中心，产品生命周期、技术专题、品牌事件等单一细分专项都围绕品牌转型升级进行内容规划和传播；"N"指多平台多渠道，包含抖音、今日头条、百度、汽车之家、懂车帝、微博等主流核心平台和汽车垂直平台；"X"指"融媒体 + 自媒体 +KOL+KOC"等多领域、多等级、多类型账号组合，实现全方位、全覆盖的品牌营销传播和市场推广。

项目执行

结合企业品牌营销子项目的内容，同时基于文案、图片、视频等传播内容资产的积累，以及多元化内容框架模版、内容标签的个性化组合等条件，通过 AIGC 助力长短图文、短视频快速组合性内容输出，覆盖品牌发展、产品生命周期、技术专题、企业公益等不同方向。

根据项目主题和目标用户，匹配融媒体、自媒体、KOL、KOC 等不同类型的账号资源组合，保证内容更精准释放，完成多平台信息落地传播。

整合主流核心平台、汽车垂直平台等不同传播渠道，利用包含数字化分析在内的多种手段和工具，对内容投放的平台、账号以及传播形式和内容进行实时监控和优化，实现各平台流量广泛覆盖，助推品牌及产品话题曝光量提升。

项目评估

本次传播共完成了 24 个子项目，全面涵盖品牌转型发展战略、产品生命周期、技术专题、企业公益等方向，实现全年阶段性、动态化传播上汽通用汽车转型升级、新品上市等综合信息。部分亮点子项目如下。

2022 通用汽车 Tech Day 科技展望日项目，旨在向媒体展示企业新进展和旗下多个品牌的未来产品规划。针对项目名称和重点内容，设置 # 通用汽车科技展望日 # # 上汽通用 700 亿加速电动化智能化转型 # 两个重点话题。媒体方面，采用区域和财经融媒体组合，进行兼具高度和深度报道，再配合汽车账号等在主流平台进行图文内容分发，共同推动品牌重点信息传播，总曝光量超过1.3亿次，互动量达到7.2万次。

针对上汽通用汽车"电动化"转型的重要举措——武汉奥特能工厂投产，将"车型端与企业端"信息双向结合，设置双话题 #别克首款奥特能纯电车别克E5下线#和#武汉奥特能工厂投产#。在保证传递企业核心技术和平台优势的同时，对别克E5新车下线做阶段性信息输出，实现两个话题的双向曝光和引流，推高整体热度。在抖音采用综合资讯类和湖北区域民生类融媒体进行短视频新闻性报道，在今日头条选取行业头腰部的汽车、科技、区域资讯类账号组合，进行图文内容的综合释放，广泛覆盖各圈层人群，总曝光量超过1.1亿次，互动量超过11.8万次。

全年共合作41家融媒体账号，其中包含中国网、中国日报等头部融媒体，大象新闻、四川观察等区域级融媒体，以及数十家财经、交通、民生、文化教育等细分领域融媒体账号。

通过产品场景化、技术形象化、内容故事化等，在行业内引发热议，在公众层面也受到广泛关注。其中，相关内容在主流核心平台总曝光量超过12亿次，累计互动量超过150万次，辅助推动约15个品牌和产品话题登上微博、今日头条、抖音、懂车帝的热搜榜单，有效提升了用户对上汽通用汽车企业及品牌"电动化、智能化、网联化"转型升级的认知，成功让企业及品牌转型发展触达用户心智。在实现了多渠道、多平台深化传播，提升用户对企业转型发展好感度的同时，有效降低企业传播成本，使项目营销费效比低于0.01。

亲历者说 张志豪　宣亚国际营销科技（北京）股份有限公司上海分公司客户总监

当下，面对众多汽车客户转型路程中传播需求变更，以及营销传播成本上升等痛点问题，我们一直持续致力于营销技术在垂直应用层与营销场景需求的优化匹配，将利用两者有机融合来解决客户内容营销痛点视为核心目标之一。

基于团队过往多年在汽车内容营销中对投放效果动态评估及内容传播的经验积累，结合公司在"大数据+AI"技术的优势，我们在项目执行过程中不断优化各专题内容标签和内容框架模板。同时，我们充分利用公司层级整合媒体、融媒体资源，实现内容生产、内容传播高效连接，完成了从0到1搭建智能营销传播链路体系，这是一次对于技术赋能的新营销模式及经验的宝贵实践积累。

未来，团队将紧随公司战略，不断迭代研发汽车垂直行业系列价值产品的同时，为更多不同行业的客户输出更为领先的定制化解决方案，助力营销产业"数据+技术+内容"进化，为营销深度赋能。

案例点评

点评专家：刘晓程　兰州大学新闻与传播学院教授、副院长、博士生导师，中国新闻史学会公共关系专业委员会理事长

上汽通用汽车积极适应数字化转型趋势，锚定产品升级目标，改变品牌营销方法，全方位强化公众对本品牌"电动化、智能化、网联化"转型的认识。该项目打造了"1+N+X"的智能营销传播模式，组建新媒体营销矩阵，充分发挥不同媒体的长处，在内容生产和传播平台上做到了聚合性、垂直性、圈层化和全覆盖。与此同时，面对公众对智能汽车持有的"期待+焦虑"的双重态度，该项目迎合公众数字化、个性化的信息获取习惯和消费认知习惯，采取"大数据+AI"的方式，从品牌事件、产品生命周期、技术专题、企业公益等不同层面输出有效内容，从而抓住用户痛点。总之，拥抱技术变革，创新智能传播，是当前所有品牌都应积极发力探索的方向。

GOLDEN
FLAG
AWARD
金 旗 奖
—
品 牌 向 上

2023
—
金旗奖最具公众影响力
文旅创新金奖

2022 "上合之夏" 嘉年华①

执行时间: 2022年7月28日—8月7日

企业名称: 青岛上合文旅海洋发展有限公司（上合文旅集团）

品牌名称: 上合之夏

代理公司: 青岛深度传媒有限公司（深度传播集团）

获奖类别: 2023金旗奖最具公众影响力文旅创新金奖

项目概述

    深入挖掘上合会议及上合组织（上海合作组织）所蕴藏的巨大价值，以品牌思维，深植上合主题元素，推动上合多元文化的集聚、交汇、融合，将2022 "上合之夏" 嘉年华打造成国际化、时尚化、普惠化、科技化的上合节日盛会，并全面整合城市文旅资源，带动地区经济发展、文化繁盛，打造胶州城市新名片，为加快建设上合示范区对外开放新高地做出积极贡献。

2022 "上合之夏" 嘉年华全场景

---

① 本文中所涉及的视频及图片，青岛上合文旅产业有限公司均已得到被拍摄者的使用许可。

项目策划

1.整体策略

（1）升维思考，降维落实。坚持国家战略与国际视野统筹，与上合组织国家展开开放友好的交流互动，提升"上合之夏"的IP影响能级，打造展示中国的新样板。

（2）全域联动，普惠民生。坚持用系统观念、全域理念谋划活动，把重要项目、特色活动、公益惠民等资源统筹调度、整合开发，真正使"上合之夏"与当地政府联动起来、与群众互动起来。

（3）平台思维，跨界融合。努力把活动打造成创新发展平台，面向全市人民和国内外游客，供给经贸、文艺、体育等跨领域服务，集聚社会各界优质资源，提升"上合之夏"系列衍生品价值。

（4）政府主导，市场运作。坚持用市场的逻辑谋事、用资本的力量干事，用好"政府+平台公司+头部企业+社会资本"的合作模式，形成一套重大节事活动市场化推进的规范创新做法。

2.创意内容

确定"上和筑梦 和美与共"的活动主题，并将30000余平方米的场地规划为上合活力街区、上合筑梦园、上合如意市集、上合聚光舞台四大板块。

上合活力街区：以"集装箱集市"为设计灵感，打造集上合组织成员国传统特色展示、网红美食、网红拍照打卡区、文创市集于一体的多元化活力街区，营造丰富的潮流休闲业态。

上合筑梦园：为全面打造全民参与的夏日盛会，进一步激发全市夏季旅游市场活力，在园区内设置上合筑梦园，融合互动游乐设施，规划文化娱乐设施，全面促进文化交流，提高整体趣味性和市民参与感。

上合如意市集：以IP形象延伸设计的各个展位和市集篷房的形式，集中展示上合组织各国传统文化和优质资源，打造好物市集。全面整合城市文旅资源，弘扬胶州特色传统文化，打造胶州特色市集。

上合聚光舞台：作为2022"上合之夏"嘉年华开幕式和每日主题演出的主舞台，根据每日不同的活动主题设置不同的演艺节目，全面展现上合精神和华夏风采。

项目执行

此次活动由中国—上海合作组织地方经贸合作示范区整体牵头。为提升"上合之夏"的IP影响能级，扩大核心区旺季旅游市场，围绕2022"上合之夏"嘉年华开幕式、特色主题日演出、嘉年华常态化运营、商业化运作等重点工作，成立综合协调组、公关传播

2022"上合之夏"嘉年华开幕式

组、接待联络组、招商运营组、工程搭建组、活动运营组、安全保障组、综合保障组等数十个专项小组，同时开展项目推进。

项目评估

1.效果综述

深入弘扬"上海精神"，深化团结协作，打造融合国际交流、媒体智库合作、展览展示、美食及传统艺术等多元要素的文化IP，搭建上合组织国家人文领域多维度、深层次的交流平台。一方面提升"上合之夏"IP认知度，彰显"上合之夏"的国际化活力，另一方面借助品牌，提振当地旺季旅游市场，增强广大市民的获得感和幸福感。

2.受众反应

7月28日晚，2022"上合之夏"嘉年华在中国—上海合作组织地方经贸合作示范区开幕。山东省、青岛市有关领导、外国驻鲁总领事、中外企业家联谊会嘉宾、外国友好人士嘉宾、驻华大使馆参赞等海内外宾朋以及现场观众共2200余人出席开幕式。从7月29日至8月7日共计42941人参与活动，市场化营收200余万元。

3.媒体统计

微信公众号从7月28日开始每天发布原创推文，数量为4~5篇/日。截至8月9日，公

众号总粉丝数量为10807人，创作并发布原创图文内容48篇，总阅读量36147次，其中《夏日狂欢！如意湖畔刮起"上合风"！| 2022"上合之夏"嘉年华盛大开幕》单篇阅读次数高达6118次。

视频号从7月28日开始每天发布原创视频，数量为1~4支/日。截至8月9日，创作并发布原创视频21支，总浏览量19.8万次，总点赞量6368次，其中《一封特殊的"邀请函"》单条视频播放量达5.7万次，点评赞总量超5000人次。

亲历者说 王训　深度传播集团高级总监

很荣幸能作为项目负责人参与2022"上合之夏"嘉年华，深入了解上合组织文化，并跟随项目充分了解上合组织所蕴藏的巨大价值，为此我感到自豪。看到整台演出完美呈现，看到所有的嘉宾、市民观众齐齐鼓掌称赞时，我深知付出得到了所有人的认可，这得益于我们每一个人的努力。

案例点评

点评专家：陈小桃　海南大学国际旅游与公共管理学院教授

如何才能做到既符合要求带动当地文旅发展，又能够引发公众关注、吸引公众参与形成有影响力的品牌公关活动？该案例给出了答案。该案例最大的特点在于抓住了上合组织这一点，借势打造了"上合之夏"嘉年华，将上海精神内核与上合组织的多元文化外在影响贯彻本次的文旅传播活动，充分挖掘上合组织所具有的巨大价值，以品牌运作的思维，围绕上海精神主线和上合组织多元文化与当地文化集聚、交融的特点，将"上合之夏"嘉年华，打造成与时俱进的节日盛会，带动当地经济发展、文化繁荣，为城市塑造了新名片。

《风起洛阳》VR全感剧场整合公关传播

执行时间：2022年7月1日—2023年10月31日
企业名称：北京爱奇艺科技有限公司
品牌名称：爱奇艺
获奖类别：2023金旗奖最具公众影响力文旅创新金奖

项目概述

AR（增强现实）、VR（虚拟现实）的迅猛发展驱动着各行各业的变革与生产生活方式的创新。娱乐消费成为元宇宙首要落地场景。在此背景下，爱奇艺围绕热播剧《风起洛阳》，开发"实景+VR全感"沉浸式娱乐项目，联合上海、洛阳、北京、西安等城市，基于IP和城市文旅特色，打造线下娱乐消费形态。一场围绕"科技+IP+文旅"的整合公关传播拉开序幕。

项目策划

1.公关概念创新：从传播产品力，到展现一种未来娱乐方式

规避了让用户觉得爱奇艺只是在做一个普通"VR游戏体验店"，对项目进行整体概念及定位包装。在官宣新闻及媒体沟通中，突出项目的差异性，同时在媒体侧发起2轮媒体探店体验活动，邀请媒体在项目内测及正式开放两个阶段参与现场体验，借助媒体探店后的话题引导，定调爱奇艺科技赋能娱乐，打造改变"下一代娱乐方式"的全新娱乐消费体验。

2.行业传播创新：从媒体影响用户，到用户种草媒体

《风起洛阳》VR全感剧场的强体验属性，决定了如果仅依靠传统PR（公关）去做媒体报道，会让公众产生距离感。对于普通用户来说，硬件有多优秀、技术有多新潮只能成为吸引其关注的第一环，从关注、种草到完成消费的决策链路中，口碑的作用不容小觑。"注意力经济"时代，媒体渠道的去中心化及信息碎片化，使媒体在选择报道话题时会考虑社交媒体上的用户反馈。

《风起洛阳》VR全感剧场在上海正式开业后，项目组重点聚焦用户心智的培养，在微博、微信、知乎、小红书等社交媒体渠道，联合上海门店运营方，邀请近500位KOL打卡，在小红书发布种草笔记、在知乎发布话题讨论、在微博/微信借势明星及节日热点发布《风起洛阳》VR全感剧场概念视频、种草新媒体稿件等，以更有趣及更具网感的内容，化身用户的身边老

友，推荐《风起洛阳》VR全感剧场，在用户侧建立良好的口碑，二次推动媒体关注及报道。

3.渠道合作创新：从辐射科技媒体，到推动专家学者、地方文旅协同传播

《风起洛阳》VR全感剧场因能吸引消费者到旅游目的地"打卡"的创新体验，天然具备文旅属性。传播上，除覆盖科技类媒体外，从文旅角度切入，更能激发天然的话题讨论，扩大传播影响力。

在上海、洛阳等地《风起洛阳》VR全感剧场正式落地营业后，瞄准2023年中秋、国庆假期连放的热点，结合门店运营数据，以双节文旅消费新亮点系列话题传播，展现爱奇艺科技赋能地方文旅创新，以"科技+IP+文旅"打造内容消费新场景的行业站位。

项目执行

项目主要分4个阶段进行了集中传播。

（1）2022年7月至2022年12月：门店内部调试、开发阶段。开业前传播筹备，在北京《风起洛阳》VR全感剧场实验室举办媒体内测活动，共邀请16家媒体参与；沟通新声Pro、极客公园、品玩、深响四家参与体验的文娱媒体专访业务负责高管，定调爱奇艺以《风起洛阳》VR全感剧场打造"下一代娱乐"的公关概念。

（2）2023年1月至2023年3月：上海落地首家门店，早鸟票试运营阶段。B端："官方主新闻+4篇高管专访"发布，定调项目价值，引导媒体。C端：官方SNS（微博、微信）发布《风起洛阳》VR全感剧场概念宣传视频、系列C端门店种草稿件等；第三方社区平台知乎话题运营"上海开业的《风起洛阳》VR全感剧场体验如何？值得去吗？"；联动门店运营方邀请超500位KOL打卡探店，输出种草笔记。

（3）2023年4月至2022年7月：上海首家门店正式开业，传播爆发阶段。6月上海电视节期间，组建"《风起洛阳》VR全感剧场上海媒体品鉴团"，发起第二轮媒体探店活动。邀约科技、文娱、海外、商业全国各界16家媒体集中探店，结合上海电视节期间电视剧IP开发热点及端午假期文旅热点，再次引发媒体关注。同时陆续接待其他关注到该项目、希望前往体验的组织。

（4）2023年7月至2023年10月：上海门店开业传播热度延续期，同时为洛阳门店开业传播造势。二次回收上海首家门店落地的成果数据及行业影响力进行PR稿件、文旅向话题营销传播，在维系上海门店热度及口碑的同时，借势中秋国庆假期热点，联合洛阳景区运营方及地方文旅媒体、文旅专家共同传播，提升洛阳门店开业的传播声量。

项目评估

媒体侧：项目全球媒体报道总计超500篇。《风起洛阳》VR全感剧场自开业后，获《人民日报》、《北京日报》、《文汇报》、《上海日报》、一财全球、CNBC、全球知名娱乐期刊 *Variety*、文娱价值官、VR陀螺、东西文娱、新声Pro、极客公园、品玩、深响等影响力媒

体原创报道超50篇，认可爱奇艺科技赋能未来娱乐方式升级的创新性及内容IP开发的商业价值，报道中关于"下一代娱乐"及"VR全感剧场是金字塔顶端内容消费体验"的观点被多家媒体二次引用。中国国庆假期期间 #双节期间VR文旅在洛阳火了#话题传播，引发隋唐洛阳城、洛阳旅游、寻美河南、寻美洛阳、河南法治频道等超10家地方文旅矩阵账号、媒体自主跟进传播，引发话题进一步发酵。

用户侧：上海门店开业至发稿前，累计KOL打卡超500次；小红书、大众点评等社交媒体渠道超2500条真实UGC评价，用户侧几乎"0差评"，树立爱奇艺VR全感剧场品牌在用户中的良好声誉；项目C端互动话题"上海开业的《风起洛阳》VR全感剧场体验如何？值得去吗？"引发用户广泛讨论，登上知乎热榜第22位，话题浏览量超19万次，上榜超12小时。

社会侧：项目在用户中形成的良好口碑，促使上海市消费者权益保护委员会、人民网等自发前往体验，并在下属公众号、人民网网站自发宣传报道；项目在B、C端形成的品牌声量，也使《风起洛阳》VR全感剧场上海门店，自2023年4月正式开业后，持续位居上海VR休闲玩乐销量榜TOP1，大众点评热销指数超100万；在文旅及政府方面，上海市文化旅游局重点关注该项目，《风起洛阳》VR全感剧场，与上海迪士尼、上海天文馆一同被评为上海文旅元宇宙创新示范项目，并入选文化和旅游部公布的第一批全国智慧旅游沉浸式体验新空间培育试点名单。

亲历者说 爱奇艺市场公关团队

此次传播就像是一个升级的过程。2023年2月，《风起洛阳》VR全感剧场在上海正式落地，开启试运营。项目传播有序推进，上海门店在2023年4月迎来了正式开业，截至2023年10月，该门店已有超过3万人体验。我们都很欣喜地看到爱奇艺首个VR全感剧场体验活动能被大众所喜爱。

案例点评

点评专家：王晓晖　国际关系学院文化与传播系副教授，中国国际公共关系协会学术工作委员会委员

项目从策划到执行都称得上精彩，效果也十分亮眼。出彩的有三点：一是核心信息下一代娱乐方式站位高、把握准，既使项目与上海众多的VR体验店有效区隔开，又勾勒出项目方爱奇艺以科技引领行业发展的形象；二是很好兼顾、平衡了主流媒体和自媒体，打造"媒体影响用户—用户种草媒体"的闭环，实现了传播良性循环；三是与地方文旅部门深度合作，既有助于获得支持，也进一步吸引了主流媒体的关注，有利于项目可持续发展。

GOLDEN
FLAG
AWARD
金 旗 奖
—
品 牌 向 上

2023
—
金旗奖最具公众影响力
品牌焕新金奖

爱立信进入中国市场130周年品牌传播

执行时间：2022年1月1日—12月31日

企业名称：爱立信（中国）通信有限公司

品牌名称：爱立信

代理公司：北京科闻领睿咨询服务有限公司

获奖类别：2023金旗奖最具公众影响力品牌焕新金奖

项目概述

2022年，爱立信进入中国市场130年，这是爱立信在中国发展的重要里程碑。爱立信开展系列传播项目，旨在重申对中国市场的坚定承诺。目标是展现爱立信对中国通信产业的贡献，并强调其可信赖合作伙伴角色。

项目策划

1. 项目目标

项目的第一个目标是突出爱立信在中国市场130年的发展历程中为中国通信产业发展做出的贡献。通过展示爱立信的成就、创新与合作，唤起目标受众对爱立信的积极记忆与认可。

项目的第二个目标是重申爱立信对中国市场的坚定承诺。通过强调爱立信的长期愿景、投资计划与合作关系，将爱立信定位为中国通信行业可持续发展的可信赖合作伙伴。这些信息有助于重建人们对爱立信致力于推动中国通信产业发展的信任。

项目的第三个目标是通过开展有针对性的公关传播活动，强调爱立信的诚信、道德与合规实践，打造爱立信品牌的正面形象。

2. 内容策略

始终如一传达爱立信是可信赖合作伙伴、爱立信在中国市场已经有130年的历史。为了确保信息易于记忆和推广，提出以下三个关键任务。

（1）打造高品质5G连接，共同探索6G未来：强调爱立信致力于帮助中国建立高质量5G连接，为未来的技术进步奠定基础。此外，强调爱立信致力于联合中国合作伙伴共同探索6G技术，进而将爱立信定位为中国移动通信产业进步的创新与前瞻性合作伙伴。

（2）助力 5G 创新，发展产业生态系统：展示爱立信促进充满活力的生态系统在推动 5G 创新方面所发挥的作用。强调爱立信与初创企业和研究机构等的合作，表明爱立信致力于推动技术进步，为中国的企业和行业创造新机遇。

（3）履行可持续发展承诺，走科技公益之路：强调爱立信对可持续发展的执着追求，以及利用技术造福社会的愿望。突出强调爱立信在减少能源消耗、提升数字包容性以及利用技术应对社会挑战等方面的举措。通过强调爱立信对可持续发展和企业责任的关注，将爱立信定位为中国追求可持续发展过程中值得信赖的合作伙伴。

3.媒体策略

为了有效接触目标受众，采用多方面的媒体策略：通过与顶级媒体建立合作关系，并利用数字资产和社交媒体渠道，确保爱立信信息广泛传播，有效接触到目标受众并与他们互动。

（1）与顶级媒体合作：与财新网、《财经》、《第一财经日报》、央视、新华社、中国新闻社（简称中新社）等知名媒体建立合作关系。通过这些合作，确保爱立信的信息能够广泛、有影响力传播给受众，提高品牌的知名度和可信度。

（2）利用数字资产和多样化的社交媒体渠道：制作引人入胜、通俗易懂的预告视频、gif 图片和文章来讲述爱立信的故事。利用企业社交媒体平台，包括官方微信账号和视频账号，向更广泛的受众扩大品牌故事的影响力。

项目执行

第一阶段，召开媒体沟通会议，重申对中国市场的承诺。在北京组织高规格媒体会议，邀请了40多位企业和行业等媒体的高层代表。借助爱立信进入中国市场 130 周年的重要契机，这次会议成为重申爱立信对中国市场承诺的平台，并概述了需要完成的三项关键任务。结果超出预期，各种媒体平台上产出了30多篇原创文章和 2000 多次转帖。

第二阶段，在中国国际进口博览会（CIIE，简称进博会）期间进行一系列顶级媒体采访，制造话题。在2022年进博会期间，战略性利用展会对外国公司的关注，为爱立信制造话题。争取到了央视、第一财经、新华社、中新社等有影响力的媒体的采访机会。爱立信高管接受了采访，分享了爱立信在中国的发展故事，并强调了公司致力于利用先进技术和实践经验为中国通信产业和经济发展服务的承诺。

第三阶段，穿越时空，唤起美好回忆，开启新征程。为纪念爱立信进入中国市场 130 周年，制作了一部引人入胜的品牌短片，唤起人们对爱立信的美好回忆，并象征着爱立信的新征程。该短片通过爱立信的视频账户发布，获得了极大关注。在一周内，该短片就获得了 20 万次观看，在视频分享平台新片场上，该短片获得了超过 12 万次观看，被评为 11月最佳视频。故事讲述了两位爱立信员工在梦中展开了一场穿越时空的冒险。视频将爱立信在过去一个多世纪中的突破性技术创新和贡献融入其中，为中国通信产业的未来发展送上了祝福。

项目评估

活动取得了超出预期的效果，有效加强了目标受众对于品牌的了解，并提升了爱立信品牌在中国市场的美誉度。在具体的执行过程中，创造广告总价值超过 200 万美元。通过与权威媒体如央视、第一财经、新华社等知名媒体开展合作，项目有效传递了企业品牌的声音。比如，在进博会期间的媒体报道中，央视和第一财经的访谈视频触达人群超过 5000 万次，在网络媒体平台和应用程序上发布的访谈文章总浏览量超过 100 万次。而在围绕项目组织实施的线下媒体沟通活动期间，传播结果也超出预期。

亲历者说 苑仲凛　北京科闻领睿咨询服务有限公司首席顾问

面对预算、业务表现等方面的挑战，如何通过一个能够唤起目标受众对于品牌美好回忆的事件，将品牌对于中国市场的不变承诺、对于推进技术前进的决心和行动展现给公众，是整个项目团队面临的课题。感谢品牌方在策略上的支持与认同，以及高效协作，这让项目得以落地。我们未来会继续坚持在B2B（企业对企业）科技企业传播上深耕，用传播为品牌方创造价值。

案例点评

点评专家：吴翀　霍尼韦尔能源与可持续技术集团亚太区市场总监

要改变品牌形象不是一件简单的事，尤其是当这个品牌已拥有超过100年的历史，大众的既定印象很难改变，需要更多创意和更广泛渠道推广才能实现。在传统和数字媒体平台上，爱立信进行了全面的品牌推广活动，并选择了一个很好的时机即进博会，来建立一个全方位的品牌传播网络，尽可能扩大内容的影响力，并且实现了受众触达。短视频的内容设计考虑周到，巧妙地运用了大众对爱立信的美好回忆来提高品牌的形象，传递出一种亲切又可靠的感觉，并且让老用户有强烈的认同，是一个贴心合适的安排。

碧迪医疗年度品牌焕新项目

执行时间： 2023年1月1日—8月31日

企业名称： 碧迪医疗器械（上海）有限公司（简称碧迪医疗）

品牌名称： 碧迪医疗

获奖类别： 2023金旗奖最具公众影响力品牌焕新金奖

项目概述

碧迪医疗全球品牌焕新启幕，以"更亮/靓，更聚力量"的主题诠释全新品牌形象。为了更有效传播碧迪医疗这一医疗行业标杆品牌，持续以更规范且统一的标准建设本土化跨国公司形象，碧迪医疗品牌传播团队于2023年陆续推出碧迪医疗元宇宙虚拟人、碧迪医疗文创中心、碧迪医疗本土化品牌创新等品牌焕新项目。该项目是碧迪医疗在引领产业未来方向的发展理念基础上，秉承"in China，for China（植根中国，服务中国）"的战略理念的本土化品牌相关举措集合，也体现企业积极打造本土创新生态圈、推动国内医疗技术创新发展的决心和承诺。

项目策划

1. 碧迪医疗元宇宙虚拟人

近几年，受益于人工智能技术的飞速突破，一众虚拟人如雨后春笋般出现。元宇宙品牌代言人与Z世代群体的社交和审美需求擦出了火花。乘着元宇宙发展的大趋势，碧迪医疗将大中华区4000余名员工的人脸照片进行识别合成，模拟出一个具有"碧迪人"特征的人物形象，创新推出具备服务功能的虚拟人。碧迪医疗元宇宙虚拟人集品牌代言人、产品展示官、用户体验官、员工发言人等多功能于一身，创新助力市场营销和业务覆盖、客户体验和内外沟通、品牌宣传和项目策划。

碧迪医疗元宇宙虚拟人迪首次以品牌代言人的身份亮相第五届进博会碧迪医疗展台，以全息裸眼3D形式带领参观者共同进入碧迪医疗未来健康新纪元，打造了医疗技术行业的元宇宙品牌形象代言人。2023年，碧迪更以品牌数智客服的身份上线渠道百事通客服机器人，实时响应，一应俱全解答日常业务咨询难题。

2. 碧迪医疗品牌文创中心

以引领世界健康为宗旨，以高雅创意文化为碧迪医疗品牌全新赋能，碧迪医疗品牌传播团队焕新推出碧迪医疗品牌文创中心，通过创意设计打造全新的品牌形象，以"医疗文创联名／艺术跨界"为主题打造专业品牌，提升和整合各部门品牌提示物以及各部门自有的IP形象，同时为公司大型项目、内外部活动及公益活动等提供定制化服务。

为了更好整合和规范化品牌IP，碧迪医疗品牌文创中心先后结合125周年纪念主题推出为未来健康而生文创礼盒、结合碧迪医疗年度企业品牌主题推出矢志·碧行文创礼盒、结合碧迪医疗大中华区创新中心开业典礼推出碧迪医疗大中华区创新中心（GCTIC）开业纪念纸雕文创礼盒，它们作为企业品牌提示物向外界传递碧迪医疗的本土化医疗企业品牌形象。同时，结合多个文创礼盒设计元素为碧迪医疗内部员工推出系列Logo胸针、丝巾、领带等配饰，其在进博会、开业典礼等多个对外大型会议活动现场用于企业员工品牌形象文化展示。

在上海总部客户体验中心新增展示点，增加客人沉浸式参观体验，以参观后赠送文创伴手礼的方式，推广碧迪医疗品牌的同时增强企业的社会影响力。

3. 碧迪医疗本土化品牌创新

"矢志·碧行"年度企业品牌主题：碧迪医疗推出年度企业品牌主题 We are the makers of possible "矢志·碧行"，向企业内外部传递"我们是无限可能的创造者"这一振奋人心的口号，深度融入碧迪医疗日常工作环境及内部活动项目中（包括但不限于碧迪医疗女神节、地球日活动、公益关爱项目、进博会等），并在内外部企业号和官方微信号、视频号等全年露出相关内容。

结合国风元素进行品牌延展：品牌传播团队将全球总部的 We are the makers of possible 翻译成"矢志·碧行"这一具有中国文化元素的口号，同时用中式印章设计赋予口号阴刻和阳刻形式以便在不同场景中使用。此外，结合碧迪医疗设计元素和"矢志·碧行"主题，运用中式祥云、典雅纹样等装饰元素，赋予矢志·碧行文创礼盒强烈的新中式国风设计，推出创新且实用的本土品牌提示物。

全新推出碧迪医疗中国传统色：为了焕新碧迪医疗品牌数智化用户体验，品牌传播团队根据全球品牌标准，创新推出碧迪医疗中国传统色，并以企业品牌宣传、以客户为中心和以患者为中心的业务端宣传、人才雇主品牌以及社会责任关怀四大场景进行碧迪医疗中国传统色应用划分，全方位覆盖，在日常内外部视觉宣传中打造碧迪医疗本土化品牌创新。

项目执行

碧迪医疗元宇宙虚拟人作为品牌主理人，一经推出在医疗技术行业反响热烈，现正逐步深入碧迪医疗患者关爱之旅宣传视频、碧迪医疗产品介绍及会议直播等业务项目。

碧迪医疗品牌文创中心已官宣上线并已推出三款不同主题的定制款文创礼盒，丰富了碧迪医疗品牌提示物列表，后续将结合上海以及杭州客户体验中心、内外部大型活动等，定制专属文创周边，礼品收入计划全部进行捐赠，推广碧迪医疗品牌的同时增强企业的社会影响力。

碧迪医疗本土化品牌创新，以新中式文化设计推出的系列企业年度主题、文创礼盒和中国传统色已经同步应用到公司业务部门的新品发布、论坛会议、直播活动等项目，更贴近中国患者，继续深化植根中国、服务中国的理念。

项目评估

碧迪医疗元宇宙虚拟人于碧迪医疗视频号正式对外官宣，截至发稿前收获2008次转发、919个点赞、279个好评以及17条精品评论。

碧迪医疗品牌文创中心上线后，为未来健康而生文创礼盒收获3580套订单，预售款矢志·碧行文创礼盒收获2005套订单。

亲历者说 李力 碧迪医疗企业品牌传播经理

引领世界健康、持续以更有影响力的创意和标杆打造本土化跨国医疗企业品牌形象，是碧迪医疗一直以来的宗旨。无论是结合人工智能的品牌代言虚拟人，还是结合本土文化特色的企业品牌主题和中国传统色，我们始终坚持用创新跨界的形式赋予企业更有活力、更加新颖、更有文化底蕴形象，持续深化根植中国、服务中国的企业理念。

案例点评

点评专家：陈永东 上海戏剧学院创意学院教授、硕士生导师，《赢在新媒体思维：内容、产品、市场及管理的革命》作者

该案例中医疗品牌陆续推出的碧迪医疗元宇宙虚拟人、碧迪医疗文创中心、碧迪医疗本土化品牌创新等项目，体现了品牌紧跟潮流、与时俱进的理念。后两个项目能够较好体现新中式文化设计并将其融入品牌各类相关营销活动。第一个项目是在医疗技术行业的率先尝试，让人眼前一亮。首先，碧迪医疗元宇宙虚拟人将四千多员工的形象融入其中，体现了虚拟人与员工紧密联系；其次，品牌基于该形象推出了具备服务功能的形象身份虚拟人，其在提供服务时所展示的形象中也有每位员工的影子；最后，虚拟人兼具品牌代言人、产品展示官、用户体验官、员工发言人等多种角色，无疑成了品牌的一个新IP，同时其多种身份降低了品牌的公关、营销及客服预算。期待该品牌通过这些焕新项目展示更佳的形象，进而获得更多青睐。

◗ 重塑客户品牌感知 彰显企业战略核心

执行时间：2023年2月27日—7月31日

企业名称：上海诺基亚贝尔股份有限公司

品牌名称：诺基亚贝尔

代理公司：北京博美创新文化传媒有限公司

获奖类别：2023金旗奖最具公众影响力品牌焕新金奖

2023金旗奖最具公众影响力To B 行业案例金奖

项目概述

提起诺基亚（NOKIA），很多人首先联想到的是当年家喻户晓的手机产品和诺基亚蓝。但事实上，面对市场的重大变革，诺基亚早已悄然改变。今天的诺基亚，已经成为全球固定、移动以及云网技术创新企业，正以B2B技术创新引领者的姿态，致力于通过创新技术释放网络无限潜能，并满足未来元宇宙需要。

为全面展示诺基亚的新面貌，明确公司全新战略重心，重构客户及合作伙伴的品牌感知，诺基亚于2023年2月正式宣布重塑企业战略和技术战略，同时推出全新企业品牌形象。作为诺基亚在华独家运营平台，诺基亚贝尔以"n的力量"为主题，开展了由系列传播活动组成的品牌焕新行动。品牌焕新在全面、深入诠释企业焕新战略的同时重塑品牌形象，让诺基亚贝尔品牌以热情、活力、现代的全新面貌出现，并彰显诺基亚贝尔的B2B技术创新引领者地位。

项目策划

1. 传播目标

展现诺基亚的真实形象：在数字化转型的背景下，以诺基亚品牌标识焕新为契机，进一步打造诺基亚贝尔是中国数字化转型过程中值得信赖的合作伙伴的形象；持续传递、强化诺基亚贝尔战略核心，强化本土客户合作信心，逐步赢得客户认可和美誉。

2. 传播规划

以"先声、诠释、展现、见证"四个维度递进"n的力量"传播主线索，对诺基亚贝尔品牌焕新和战略重塑分阶段开展传播，推动客户和利益相关方"认知—理解—认同—美誉"过程。

3.传播形式

结合市场及公关活动，制作丰富的传播内容，包括视频宣传片、深度访谈稿、KOL深入解读、媒体直播等。利用展会及论坛活动，组织媒体、KOL现场参观体验、探班交流，提升报道内容的互动性和公信力。借著名的全球科技殿堂——诺基亚旗下的贝尔实验室的科技前瞻能力和强大的研发理解，树立诺基亚贝尔在2B市场的领先形象。

4.媒介策略

通过自有媒体矩阵，提升既有关注者对诺基亚贝尔战略重塑的理解。通过重量级电视台、大众/科技自媒体、微博等社交媒体实现品牌焕新对大众及机构的广泛覆盖。通过行业媒体、KOL实现对战略深度解读及对客户和合作伙伴的精准触达。

项目执行

2月27日，同步全球品牌焕新，面向媒体广泛发布诺基亚品牌焕新新闻。引发媒体极大关注和广泛刊载；让"n的力量"先声夺人。

3月21日，举办诺基亚贝尔品牌焕新及无线专网运营中心发布会，抛出见证"n的力量"叙事主线索，引发媒体关注。

5月17日（世界电信日），发布致辞，阐明"n的力量"落地中国精髓。

借力6月4日至6月6日中国国际信息通信展览会，围绕焕新企业品牌，安排现场媒体采访和现场参观，并重磅发布《算力未来：构筑数智时代新基石》《诺基亚2030技术愿景白皮书》和趋势报告，集中诠释、展现诺基亚贝尔"n的力量"。

借力6月底MWC上海世界移动通信大会，举办"聚力工业元宇宙"论坛及诺基亚贝尔工业元宇宙实验室正式启动新闻发布会，展现"n的力量"实际举措。

后续围绕品牌焕新传播计划，通过客户案例故事分享等多重方式，持续强化受众对诺基亚贝尔企业焕新战略理解及认同，并与合作伙伴及媒体持续见证诺基亚贝尔"n的力量"。

项目评估

1.效果综述

（1）通过分阶段、目标明确的多样化、多渠道传播，赢得强烈的媒体关注和报道热情，极大提升了诺基亚贝尔在通信行业和企业市场的传播声量。

（2）媒体对于诺基亚和诺基亚贝尔品牌有了全新的印象和理解，项目吸引、强化了更广泛的诺基亚贝尔核心媒体朋友圈，为今后的公关工作开展打造了更强大的宣传矩阵。

（3）不断深化的媒体传播和对品牌在2B市场积极进展的曝光，展现了品牌的真实活力，极大提振了合作伙伴和利益相关方的信心，为销售工作开展提供了有效助力。

（4）在2023年中国国际信息通信展览会上，品牌焕新的诺基亚贝尔展台吸引了包括行业主管领导和众多媒体的驻足关切。

2. 媒体统计

（1）引发电视台、权威大众/财经及行业媒体等极大关注。据权威媒体监测机构Meltwater统计，执行期间参与报道媒体500余家，产生媒体报道800余篇，总曝光量累计超过176亿次。

（2）重点媒体公关活动吸引了中新社、小央视频、《中国日报》、北京广播电视台、澎湃新闻、界面新闻、新浪财经等重要媒体广泛报道关注。

见证"n的力量"发布会媒体报道阅读量超过90万次，众多高权重媒体的采访报道实现了诺基亚贝尔品牌百度SEO（搜索引擎优化）目标。中国国际信息通信展览会系列采访活动吸引《中国日报》刊发大篇幅独家专访报道，系列媒体活动累计媒体主动报道量达576篇。"聚力工业元宇宙论坛"采访活动中，中新社的报道单篇阅读量超84万次，论坛活动总报道量达200篇。

3. 媒体反馈

作为大众知名品牌，诺基亚贝尔的品牌焕新展现出了让人耳目一新的科技时尚感，通过参加相关活动采访，我进一步了解到在当前技术发展新浪潮下，诺基亚贝尔仍然保持强大的续航能力。

——中新社夏宾

诺基亚贝尔的品牌焕新体现出了其出色的行业前瞻性和洞察。通过与企业领导访谈，我体会到，企业的这种能力将有助于在创新科技带动的新经济发展中发挥重要作用。

——《经济日报》资深记者袁勇

作为中国四大运营商的传统合作伙伴，诺基亚贝尔通过企业战略重塑不断强化云网时代的核心技术优势，通过一系列的采访活动，诺基亚贝尔确实传递出在5G物联网及未来工业元宇宙发展中，其将是全球主要的解决方案领导者之一。

——《人民邮电》王兵

以往，诺基亚贝尔在行业企业领域的传播较少，我们对这一品牌的认知不足。通过参与诺基亚贝尔品牌焕新媒体采访活动，我对于诺基亚贝尔在助力行业企业数字化转型中的重要角色有了更加深入的理解。

——《中国电力报》资深记者杨娜

（亲历者说）徐静　诺基亚贝尔市场传播部负责人

我们的公关活动计划基于"n的力量"故事主线，旨在同步全球传播并精准满足中国市场的用户需求。我们明晰、有节奏、阶段性实施计划，根据市场进展灵活调整，始终保持高度敏感性和可调性。我们的成功不仅在于正确策略的制定，更在于实际执行中的坚持和改进。通过前期细致沟通和对媒体反馈积极回应，我们赢得了媒体的广泛关注支持。这不仅提高了品牌的曝光度，还有效传递了我们的信息。更重要的是，我们的实际投入产出效果远远超出了计划预期，这证明了我们的公关整体传播策略的成功。在此次传播中，我们不仅仅是见证者，更是创造者。我们也相信，我们刷新了客户、合作伙伴和大众对诺基亚贝尔的品牌认知。

案例点评

点评专家：王晓乐　中央财经大学教授、金融品牌研究所所长

中国消费者对诺基亚有很深的印象，它是一代人的回忆，这为品牌焕新带来了机遇与挑战。诺基亚贝尔以"n的力量"为主题开展品牌焕新，是品牌策略服务企业战略与技术战略转型的代表之作。诺基亚贝尔在全球统一部署下的本土化运作也取得了令人瞩目的传播效果。令人印象深刻的是，项目继承了诺基亚2C产品的优秀认知基因，将之转为2B业务的坚实起点。对"n的力量"进行四个阶段逐级阐释，也使之与目标人群产生更多的关联与共鸣。

德芙焕新品牌愿景——"尽愉悦之力"

执行时间：2023年3月1日—9月6日

企业名称：玛氏箭牌糖果（中国）有限公司（简称玛氏箭牌中国）

品牌名称：德芙（DOVE）

获奖类别：2023金旗奖最具公众影响力品牌焕新金奖

项目概述

德芙一直在倡导追求愉悦感受：既有从精细研磨带来丝滑口感的巧克力中获得的愉悦，也鼓励越来越多的女性在日常生活、工作中优先考虑和追求自己的愉悦感受。德芙一直以来所建立和传递的愉悦体验进一步升华，为消费者带来更丰富、充盈的愉悦感受，使自身代表一种生活态度和主张。

德芙全球品牌愿景"尽愉悦之力"正式焕新，在此之际，德芙推出为中国乡村女性赋能举措——德芙"她学院"，旨在助力更多乡村女性的发展。

项目策划

1.整体策略

无论是从产品元素设计、影响力扩张角度还是从产品营销角度，德芙始终在探索不一样的传播方式，着力于与她们"共创"。

与乡村女性共创产品礼盒设计。设计之初，德芙旨在激发大家行动，采用春日外带盒的形式，激发更多随行愉悦感受。与此同时，德芙因地制宜结合蓝染技术，与当地的女性共创产品礼盒设计，以帮助更多的人了解她们。

与多维度达人共创沉浸式全新体验。德芙通过旅游博主的视角，打造德芙首次沉浸式愉悦直播，通过与留守女性进行互动交流，参与蜡染等各式各样的体验活动，为观众带来沉浸式愉悦体验。

与消费者共创见证公益的美好时刻。德芙在淘宝、京东等电商平台设置"99元任选区"，消费者可根据自身情况组合选购商品，用户购买该公益组合可为当地留守妇女延长德芙"她学院"的培训课时。

2.项目创意

携手协作，探索更多"愉悦"之力：德芙与中国乡村发展基金会开展协作，并与媒体等形成合力，旨在建立一个长期、可持续的系统，把对女性的支持落到实处，帮助女性成长。

"商业模式巩固＋互动形式创新"，让更多人了解她们的故事：深化部门协作，帮助每一个进入"德芙DOVE"官方微信小程序的用户在购买产品的同时，通过分享更多她们的故事，延长德芙"她学院"的课时，旨在让每一份愉悦都产生希望的涟漪，帮助身在家乡的她们提升技能，发现自身的闪光点。

整合多方资源，进一步扩大影响力：与淘宝、京东等电商平台合作，不断扩大影响力，实现更高效资源整合。通过"明星号召＋核心KOL扩大"的方式，进一步提升话题热度。

3.媒介策略

头部媒体定调：权威媒体对德芙"她学院"携手中国乡村发展基金会首期乡村留守女性赋能计划展开报道，对于活动的属性、意义进行定调和背书；同时，邀约德芙高层，接受权威主流媒体专访。

主流媒体扩散：全国知名的主流媒体以及贵州本地的主流媒体对于活动进行不同形式的报道，挖掘真实故事、倾听不同声音以形成不同角度的媒体内容。

媒体分发覆盖：将核心媒体内容进行分发，覆盖新闻门户、女性、公益、行业等不同门类媒体以及各大资讯平台，扩大事件影响力。

社交媒体端引流：推出差异化直播体验和多维度达人内容，如打造德芙首次沉浸式愉悦直播，在官方微信视频号、抖音等社交媒体平台转播，与旅游博主一同探索愉悦之力。

4.传播规划

前期预热：德芙在焕新品牌愿景"尽愉悦之力"之下，推出为女性赋能举措，推出德芙"她学院"项目。

活动当日：德芙"她学院"赋能中国乡村产业，助力乡村女性发展。2023年3月8日，德芙"她学院"携手中国乡村发展基金会启动乡村女性人才发展项目，首期项目计划支持贵州省内250位乡村女性进入为期6天的培训营学习技能，增强贵州省乡村妇女多方面知识技能。

活动延续："尽愉悦之力"愿景将通过更多行动被落实。

项目执行

德芙"她学院"通过提供免费技能培训，结合当地特色与支柱性产业提供因地制宜的定制化培训课程，帮助女性身在家乡也能找到合适的自我发展机会，为家乡的建设带来了积极的影响。

2023年3月8日，德芙"她学院"携手中国乡村发展基金会启动乡村女性人才发展项目，首期项目计划支持贵州省内250位乡村女性进入为期6天的培训营学习技能，增强贵州省乡村妇女就民宿服务、民俗文化推广、当地特产推广等方面的知识和技能，为其在乡村本地从业创富增收提供技能培训支持。

同时，该项目组织多期线上课程，依托中国乡村发展基金会的平台，邀请省内外的优秀专业讲师进行授课，学习方式包括研究及交流分享国内外案例、实地观摩当地民宿服务规范、角色扮演模拟工作场景、实战演练等。培训内容涉及民宿基础知识、民宿服务技能、民俗文化活动营销推广、电商知识、本地特产推广、综合管理等，最终以"笔试+实践"的办法进行考核，确保每一位学员都能学以致用，覆盖更多女性和她们的家庭。

德芙将继续通过一系列的行动对当地乃至全球产生更多积极影响，在为全球可可种植社区的女性赋能的基础上，结合全球各个国家地区的当地条件，因地制宜制订具体的本土计划。

项目评估

1. 效果综述

根据品牌官方小程序的数据，截至2023年8月，德芙"她学院"课程时长已累计超过1.2万小时。德芙"她学院"为超过5000位中国乡村妇女提供技能培训，让她们在家门口也能自力更生，帮助实现乡村振兴。

2. 受众反应

根据数据统计，"愉悦"一词与品牌同时被提及的比例为70%，这也是德芙品牌历史最高水平，这表明受众逐渐开始熟悉焕新的品牌愿景。

3. 市场反应

包括与当地女性共创的产品礼盒在内，本次活动相关德芙产品一经上线就广受消费者欢迎。抖音电商平台的销售额与上年同期相比有所增长，在天猫平台销售额也相比常规促销时间窗口期内的销售额有所增长。

4. 媒体统计

活动引起了媒体的广泛讨论，累计媒体报道超过500篇。不仅如此，本次活动的总曝光量超过7900万次，其中非付费曝光占比为96%。

亲历者说 万金玲（Jelina Wan） 玛氏箭牌中国市场营销副总裁

我非常高兴地看到在国际劳动妇女节之际，德芙在"尽愉悦之力"焕新愿景的引领下，启动了德芙"她学院"项目。这次德芙"她学院"的启动，是真正体现品牌愿景新内涵的切实行动。我们正在进一步探索如何与更多利益相关方联合起来，赋能女性成长，并鼓励更多人参与我们的行动，激起更大的涟漪，共创美好未来。

案例点评

点评专家：李兴国　中国公共关系协会第三、四、五届常务副会长，中共中央党校（国家行政学院）教授

这是一个非常成功的案例。公关策划要瞄准什么？德芙把世界性议题转化为品牌议题是非常有公关战略眼光的做法，也符合公关的本质——双赢多赢。公关怎么做？德芙不是大范围投放广告，也不简单投资赞助，而是结合农村发展战略培养女性人才。做到什么程度？德芙不是直接把钱给学校，而是通过分享故事、使用当地妇女制作的礼盒等，形成多方沉浸式互动，借助互联网 KOL 扩大影响，比一般公关赞助和促销创造了更多的感受和更深刻的体验。虽然媒体报道的总量没有那么多，但是培训了 5000 多名中国乡村妇女，新的技能将改变她们今后的生活状态，德芙的公关活动将产生更持续的影响。

"欢乐西游"文旅产品品牌创建

执行时间：2022年2月1日—10月31日
企业名称：华侨城西部投资有限公司（华侨城西部集团）
品牌名称：欢乐西游
代理公司：上海哲基数字科技有限公司
获奖类别：2023金旗奖最具公众影响力品牌焕新金奖

项目概述

为进一步推动文旅产业高质量发展，华侨城西部集团以品牌为驱动力，以促进区域协调发展进入新阶段为目标，积极谋划新发展格局下的旅游服务、产品和产业，继续挖掘内生潜力，将旗下众多文旅产品形成集群，增强区域品牌竞争力，提升区域品牌价值，探索"品牌区域化"到"区域品牌化"发展新路径，助力西部文旅产业发展提升。

基于此，2022年，项目组助力华侨城西部集团以产业逻辑、全国视野、品牌驱动，创新创建"欢乐西游"品牌，并开启了一场以"欢乐西游"为名的新征程，将"为西部持续造欢乐"作为目标，将欢乐的种子洒向西部的山川大地、城市乡村，以欢乐的名义，向线上线下的游客，发起一次探索西部美好生活的邀约。

项目策划

1.核心策略

从策略上，项目组提出了华侨城西部集团创建华侨城在西部的文旅品牌的重要历史契机：从"品牌区域化"到"区域品牌化"。

"品牌区域化"是上一个时期华侨城西部集团初步完成的历史使命。华侨城西部集团过去根植西部，将品牌与产业不断落地，打造华侨城在西部的文旅样板间，是标准意义上的"去扎根当地"。

"区域品牌化"则是新时期华侨城在西部的品牌策略升维。在新的发展时期与机遇面前，文旅高质量发展与区域融合，为西部文旅释放了新的增长极，依托旗下多元、丰富的产业和创新平台模式，打造华侨城在西部的文旅品牌，助力西部文旅产业融合发展，从而将"为本地代言"作为品牌打造的最终目标。

通过对华侨城母品牌文化中"欢乐"DNA（基因）提取，以及对高势能词汇"西游"有机整合，提出并策划了"欢乐西游"这一区域品牌，并设计了可延展的、覆盖全业态、全天候、全人群、全场景的品牌标语"欢乐在身边、乐趣大不同"，将华侨城西部集团的都市类、古镇类、田园类、山川类、文创类产品线一举囊括，从白天到夜晚、从大人到小孩、从节日到每一个日子，传递每个人都能在欢乐西游文旅产品项目中，找到属于自己的欢乐这一品牌理念。

2.推广节奏

短期：强化日常品牌建设，将"欢乐西游"品牌融入外界趋势、热门话题等，结合产品及项目营销联动，延展于各产品线及日常营销活动。

中期：以品牌价值为核心，规划品牌发布会、文化旅游节及各重要节庆节点的品牌营销活动。

长期：将"欢乐西游"打造成为西部文旅的标志性名片，以及融合发展的平台。

项目执行

1.品牌Logo创造

以传递欢乐的整体品牌调性和形象为目标，通过图形符号的象征意义及颜色搭配的悦动感觉等来实现，并需要涵盖华侨城在西部丰富的产品类型，最终选择归拢简化的处理方式。

在多轮尝试过后，最终确定方案。该Logo与"Yo!"同音，与"游"同音。分别用五种颜色代表了五大产品系列游·古镇、游·文创、游·都市、游·山川、游·田园，且保留了极强的延展能力。Logo寓意"一声赞叹（惊喜），一个招呼（相遇），一个出游的号召（与惊喜相遇）"。

2.产品体系梳理

梳理伊始即打破传统意义上的产品形态限制，以消费者体验出发，除了具象的产品实体之外，提炼并突显演艺、节庆、IP等，以增强和丰富品牌内涵，并在此基础上，进一步梳理华侨城西部文旅的十大体验。进一步高度概括凝练产品形态和体验模式，最终提出了"欢乐西游"品牌的五大产品序列：游·古镇、游·文创、游·都市、游·山川、游·田园。

3.品牌产品发布

2022年4月26日，以华侨城西部集团旗下龙泉驿欢乐田园、东安阁及东安阁酒店、锦绣天府绽Fun里商业街三大文旅项目同时开业为契机，举办礼献大运·华侨城西部集团文旅项目三开仪式，并在仪式上正式发布了"欢乐西游"品牌及"欢乐在身边、乐趣大不同"

的品牌理念。

由人民日报社、经济日报社、中新社、央广网、《四川日报》、《成都日报》、学习强国等单位的媒体记者、专家学者组成的参访团，通过参观活动、媒体沟通会等形式，深入走访华侨城西部集团旗下文旅项目，沟通深度分享华侨城西部集团文旅发展成果。在面向目标消费者的品牌推广层面，组织了5位达人分别代表游客打卡体验五大产品线。

4.产品营销推广

强化产品营销的支撑力度：形成对品牌传播工作的支持，以多种可以适当免费的资源、票价上的让利等来强化新品牌后续传播。

优化产品的市场化设计：将产品组合、产品联动设计充分市场化，积极宣传，如从西部区域文旅品牌的角度做产品的推广和宣传。

聚焦主打核心产品项目：针对五大产品体系中的核心典型文旅产品，设计广泛带动消费的销售组合与政策，形成强吸引力。

项目评估

整体传播实现报纸、电视台、微博、新浪号、搜狐号、网易号、凤凰号、头条号、一点号等十大传播，60余家媒体关注，上百篇正面报道，全网曝光量突破2200万人次。

自2022年4月26日品牌发布开启首场抖音直播，到2022年10月，围绕线上的品牌整合营销推广，累计实现抖音短视频投放超3100条，官方抖音直播10场，总曝光量突破1.2亿人次，并实现GMV超600万元。众多专家学者关注认可。

整体设计很好，区域的战略性，在中国品牌界并不多见，是很好的创新。

——中国人民大学新闻学院教授、博士生导师黄河

从"品牌区域化"到"区域品牌化"，这一转变让人眼前一亮，目前各大品牌和企业的区隔度比较小，华侨城有很多作品在当地比较突出，面向全国的统一品牌很重要，区域子品牌的建立有助于产品、品牌的建设，非常必要。

——复旦大学新闻学院广告系副教授，博士、硕士生导师王迪

品牌焕新为品牌注入了活力，形成与母品牌的差异性，创造了新的可能性，"欢乐西游"用更为柔软亲和的品牌人格、敏捷轻灵的市场行动、与西部社会人文网络更为紧密糅合，更接地气做在地化沟通。西部地区辽阔疆土的自然地理景观、多元民族共生的社会场景、历史人文传统的文化资源，让"欢乐西游"可以作为华侨城探索和创新文旅品牌管理新思路的试验田。

——中山大学新闻传播学院副教授、公共传播学系主任邓理峰

从"品牌区域化"到"区域品牌化"，从"扎根"到"代言"的转向，极具战略价值，

在区域化分析方面，比如标语设计，则充分结合了现在的消费者出行方式定位，以西游为主题线索贯穿整个品牌，整合五大产品线，有效地将整个工作进行了归总。

——四川大学文学与新闻学院副院长、教授、博士生导师胡易容

站位高远：结合西部发展内在需要，从区域的高度，对打造华侨城西部文旅品牌进行创新布局，实现从"品牌区域化"到"区域品牌化"的品牌战略迭代，通过区域品牌建设助力区域协调发展。

创意精巧：品牌Logo设计，既体现华侨城品牌的整体"欢乐"调性，又凸显西部集团的鲜明特色，并巧妙借用国人青睐的"西游"IP文化内涵，具有较强的专有度、联想度、知名度、文化度和认同度。品牌Logo中英融合，色彩奔放，动感时尚，极具感染力和冲击力。"欢乐在身边、乐趣大不同"的品牌口号也直击人心，饱含精神魅力。

规划合理：品牌Logo的五种颜色巧妙地将五大产品系列融为一体，彰显了华侨城西部集团文旅产品的多元结构和强大实力，也体现出企业相对区域同行的特色优势与核心竞争力。整体传播规划也思路清晰，专业科学。

——浙江大学传媒与国际文化学院院长韦路

亲历者说 周浩宇　上海哲基数字科技有限公司副总经理

本项目的核心命题、任务、挑战，都聚焦在西部区域文旅品牌的创建。品牌创建是一个长期的过程，品牌本身也在不断成长，这要求我们的工作既要为今天的需求服务，也要为未来留出成长空间。

从接到项目委托伊始，经过多轮与企业、外部行业专家学者的碰撞交流，我们确立并贯彻了以下几大核心策略与原则。

公关上为本项目提炼从"品牌区域化"到"区域品牌化"的阶段论，为"欢乐西游"这一品牌的诞生做好议题设置，阐明了华侨城西部集团从扎根区域到为区域代言的品牌愿景，撑起了足够广阔的品牌成长空间。

传播上充分运用立体载体，让品牌成为引领市场活动及用户对话的核心抓手，在品牌的整合下，让西部丰富多元的文旅产品更体系化地呈现在公众面前，并进一步带动内部城市/产品的创新联动，使项目超越了本身的意义，进一步尝试为企业激发活力与创新增长赋能。

参与本项目也超越了单纯的品牌创建工作，使我们有机会与华侨城品牌一同，以全国的视野看华侨城在西部的故事，将内心对西部这片土地的致敬充分表达，并向全国游客发出"欢乐西游"的邀请与号召。

案例点评

点评专家：郭为文　周末酒店 App 合伙人、首席营销官

这是一个文旅品牌从规划、传播到执行的完整案例。首先在市场调研基础上，对华侨城西部集团的文旅项目规划了区域品牌的策略，提出了欢乐西游品牌名及相应的口号、视觉形象等，为品牌传播建立了核心识别内容；然后以消费者体验角度梳理产品线，使品牌旗下的众多产品得到清晰区分，易于消费者选择；最后在传播执行上，发挥了传统公关公司核心优势，又结合网络新媒体特性，达到了整体性传播效果。

本案例反映了公关公司服务模式的转型和提升，从原来以公关活动传播执行为主，到现在提供传播前的品牌规划、策略制定、核心识别内容设计，以及品牌传播后的产品营销推广，服务职能扩展到品牌咨询、创意范畴。品牌服务和公关服务分久必合，是市场的需要。

宁畅 "冷静计算" 品牌战略传播项目[①]

执行时间：2023年1月1日—1月31日
企业名称：宁畅信息产业（北京）有限公司
品牌名称：宁畅
代理公司：北京洞见广告有限公司（简称北京洞见）
获奖类别：2023金旗奖最具公众影响力品牌焕新金奖

项目概述

宁畅作为集研发、生产、部署、运维一体的IT系统解决方案提供商，为全行业客户提供基于X86架构通用机架、人工智能、多节点、边缘计算及JDM全生命周期定制等多类型服务器及IT基础设施产品。1月12日，宁畅新品暨品牌战略发布会在京举办，为提升宁畅品牌形象，触达目标客户、潜在人群，促进伙伴关系，宁畅推出"冷静计算"品牌概念，借液冷技术优势，打造行业第一梯队品牌。

宁畅发布"冷静计算"战略

① 本文中所涉及的视频及图片，宁畅信息产业（北京）有限公司均已得到被拍摄者的使用许可。

项目策划

1.核心思路

（1）品牌传播：基于液冷散热核心技术形成战略主张，结合产业需求变化，树立宁畅区隔化的品牌形象。

（2）产品传播：基于核心产品特点，以多样化形式呈现，以多角度内容、多渠道方式传播亮点，树立第一梯队形象。

2.价值主张

宁畅基于"冷静计算"战略，结合自身在服务器产品、液冷散热技术、定制化服务方面的优势，为客户算力服务带来以下价值。

（1）理性的算力洞察：洞悉客户当下主力核心业务所需算力的同时，为客户发展中、潜力业务提供前瞻性算力保障，统筹当下与未来。

（2）务实的计算方案：平衡动力与能耗，根据不同地区、不同计算场景提供能效比高的计算解决方案，精准匹配。

（3）包容的计算生态：兼顾创新与合作，以做大产业蛋糕为基准，兼顾企业自身的研发创新，以及与产业伙伴的强强联合。

3.传播策略

以一撬众，实现"冷静计算"概念的逐级传播。

上层定调：借助高影响力账号背书，抛出核心概念，影响核心人群。中层夯实：多角度深入解读，有效辐射专业人群。下层扩散：多形式内容输出，影响目标受众，影响更广泛圈层。

4.传播动作

多角度多渠道说深讲透，主要传播动作包含海报预热、品牌宣传片等；聚焦"冷静计算"战略与新品发布解读，设计会后专访环节，联合权威媒体、行业媒体输出多角度深度内容。

会前，从新品、新战略、新愿景等多维视角，策划倒计时预热海报，计划发布于官方自有矩阵、楼宇+微信广告+行业媒体横幅位、媒体/销售社群等渠道。会后，媒体传播多角度拆解发布会核心信息，以"冷静计算"概念串联品牌战略，并借时代热点，从技术与理念双重角度解读"冷静计算"。

项目执行

项目筹备期：围绕宁畅差异化认知传播目标，历经市场调研后，锁定液冷技术领先优势作为破题点。在思考战略时，视角不仅从宁畅自身出发，还升维俯瞰算力行业发展现状，

宁畅"冷静计算"战略价值

洞察到市场痛点问题，从而确定下"冷静计算"这一品牌战略。

项目启动期：因"冷静计算"是个新概念，想把新概念打透，需要"上中下"传播合力。结合战略及新品发布情况，确定了多角度多渠道的内容和媒介策略，确保从行业到用户覆盖全面，从战略到技术说深讲透。

项目执行期：在客户沟通方面，团队随时响应需求，积极解决突发难题；在媒体沟通方面，以真诚、贴心的专业态度与记者沟通，既赢得了媒体好感，也保障了媒体出席率及传播效果。

项目评估

1.效果综述

累计曝光量超590万次，约146篇内容报道，46家权威媒体参会，媒体到场率90%。

2.项目亮点

（1）策略洞察有深度：基于行业与业务洞察，提出"冷静计算"战略，精准传递宁畅业务价值，树立品牌前瞻形象。

（2）内容策划有广度：以多层次、多角度、多形式内容，自上而下打透"冷静计算"概念认知。

（3）协调统筹有速度：积极解决突发难题，高效推动项目进展。

（4）媒体资源有高度：邀请光明网、环球网、《经济日报》《科技日报》等媒体参会，并输出多篇深度报道。

亲历者说 李优　北京洞见高级客户经理

本次挑战在于，如何从繁杂火热的市场现状中，抽丝剥茧找到品牌占位机会。在与客户数轮沟通后，我们将宁畅技术优势、产业洞察、用户价值有机融合，确定了"冷静计算"这一概念。我们希望，"冷静计算"不仅精准传递宁畅液冷业务的核心优势与价值；其理性、务实、包容的核心主张，也能为计算产业带来一些新的思考。

案例点评

> **点评专家：汪珺　GE航空航天大中华区公关传播总监**
>
> 品牌发布会的打法基本已成套路，如何抓住媒体和公众吸引力，为受众留下口口相传的"金句"和品牌概念？主题设计是关键第一步。宁畅所处IT行业以理性为特点，一般传播内容易枯燥、难记忆，但通过"冷静计算"这一品牌概念设计，宁畅将品牌特性和产品信息实现了逐级传播，不仅精准传达出液冷业务的核心优势与价值，且朗朗上口便于理解传播，达到了触动核心专业人群并辐射大众群体的效果。

探寻冰山下的硬实力，技术五菱品牌焕新营销

执行时间：2022年10月31日—2023年2月11日
企业名称：上汽通用五菱汽车股份有限公司
品牌名称：五菱
代理公司：迪思传媒
获奖类别：2023金旗奖最具公众影响力品牌焕新金奖

项目概述

迪思传媒为五菱挖掘冰山下的硬实力，发起行业专家对新能源代步车探讨，并开源共享"新能源代步车九大标准"，形成"潮流五菱"到"技术五菱"转变。基于随之而来的用户冬季用车痛点，打造"48小时冰封挑战"，建立五菱不怕冷、续航真的抗寒新标准，打开了全民对五菱技术优势认知，也让消费者看到五菱作为市场领导者的实力和格局。

项目策划

活动海报

随着越来越多的自主品牌进军微型电动车市场，以五菱宏光MINIEV为代表的五菱新能源车，面临着"冰山困境"。

品牌不知其能：冰山上只看到五菱"时尚潮玩"的品牌形象，冰山下并未看到五菱在新能源赛道的技术实力。

产品不知其值：冰山上对于代步车的理解停留在"代步"层面，认知冰山上显露的是"颜值即价值"，冰山下并不知晓五菱宏光MINIEV是全球新能源车销冠，代步车科技引领全球。

竞争不知其强：冰山上作为行业的开创者，产品不断被模仿，冰山下已形成代步车九大标准，只会被模仿从未被超越。

面对产品设计、品牌形象、个性营销与潮流改装差异化缩小，小而精的技术之战开启，五菱锐化技术认知，让行业到用户看到五菱新能源冰山下的硬实力。

项目执行

小车大讨论：《人民代步车会客厅》围绕人民关心的问题"代步车是不是好？代步车是不是强？代步车是不是值？"通过直播讨论，为代步车正名，也让消费者看到了代步车的前景和五菱的价值。

小车大格局：在话题热度的基础上，"新能源代步车求是大会暨五菱新能源GSEV科技进化日"发布会应势而开，以九大标准技术解析，展现代步车不是简单"代步"，而是代表中国科技进步的力量走向全球。同时，五菱作为行业内将标准开源的品牌，真正肩负起"人民的五菱"的时代承诺，用开门造车的态度，兑现"新能源代步车领导者"形象。

小车硬核测："48小时冰封挑战"，以实力创造先例。一反行业内产品挑战以媒体见证和视频线上自测为核心，以人民亲眼见证的形式打造"48小时冰封挑战"线下大事件，树立不怕冷、续航真、百万碰撞0自燃的新能源代步车抗寒新标准。

活动现场

项目评估

通过以小见大，解析冰山下的硬实力，实现五菱的全面焕新。

从潮玩五菱到技术五菱：改变对于五菱品牌"个性潮玩"的单一认知，展示"技术五菱"的实力冰山。从价格竞争到价值竞争：面对跟进模仿者，以"全球小型车纯电动架构"为起点，以不怕冷、续航真、百万碰撞0自燃为核心，建立高价值的竞争门槛。从销量领先到创新领先：全球销冠的背后是五菱作为新能源代步车品类发明者、标准制定者和技术引领者的创新驱动。

亲历者说 王苹 迪思传媒五菱项目负责人

在此之前，人们对五菱新能源的印象，普遍是"潮流、个性、时尚"等，甚至很多人会质疑代步车是否有技术可言。此次传播展现了五菱新能源时尚外表下的技术面。

案例点评

点评专家：周朝霞 浙江传媒学院教授

该案例既简洁又有精准性和实效性，并且比较经济，是很不错的营销创意案例。策划者非常精准地找到品牌当下面临的问题，用简洁精准的语言列出：品牌不知其能、产品不知其值、竞争不知其强。找准了问题，随即确定与问题对应的策划目标：明确一个身份、刷新一个认识、树立一个门槛。根据背景和目标设计了三个创新行动：话题策划、线下大事件、行业背书。这三个创新行动直击三个目标，环环相扣，——中的。既有人物访谈、理论分析也有实际行动、事实说话。理论与实践相结合。既有现场活动也有网络隔空传送，实现线上线下互相呼应。项目生动形象，使公众接受、理解不费力，对五菱品牌产生了全新的认识和理解，最终达到品牌传播的目的。

与"实"俱进2023京准通升级发布会传播

执行时间：2023年5月1日—6月16日
企业名称：北京京东世纪贸易有限公司
品牌名称：京准通
代理公司：北京阶承新动力公关顾问有限公司
获奖类别：2023金旗奖最具公众影响力品牌焕新金奖

项目概述

5月17日，与"实"俱进2023京准通升级发布会在北京京东总部举行。作为京东旗下的数智营销服务品牌，自2014年上线以来，京准通始终坚持智能化、生态化、数字化的核心设计理念，不断打磨迭代产品。2023年京准通从品牌夯"实"、产品丰"实"、体验从"实"、效果务"实"四大升级方向，以顾问式服务助力商家稳健达成营销目标。围绕此次发布会，项目组通过稿件发布、视频传播、知乎问答等渠道，扩大活动影响力，并提升京准通品牌知名度。

项目策划

1. 项目洞察

面对现在更碎片化、更多元、多场景的全域营销时代，品牌商家如何才能产品出圈，找到生意增量？这是无数商家面临的难题，也是京准通想要努力解决的问题。商家需要更加深入、全面的营销服务，打通不同营销场景的壁垒，才能实现长效增长。京准通敏锐洞察到市场的转变，在营销服务理念的基础上，更加注重服务力的打造与提升。

自2014年上线以来，京准通始终坚持倾听客户声音，根据需求进行产品更新迭代，以帮助品牌商家更好提升营销效率。针对京准通旗下营销工具繁多，使用门槛、学习成本高，产品操作复杂等问题，2023年京准通以"智简经营"为核心理念，不断打磨迭代产品，为多行业、多元化的营销场景保驾护航。

2. 项目策略

双线联动，共同聚焦与"实"俱进。线上：呈现行业力，带动关注度，联动新老商家、营销KOL共创新内容话题。线下：打造事件性、促进实效性，联动媒体大咖，引流关注平台本身。

3. 项目创意

以京准通发布会为节点，持续全面更新平台核心价值点输出内容。在传播内容上，提炼升级核心要点，以更直接、自然的文字及视频内容，更视觉性、创新性的方式加强用户记忆，强化升级理念；在传播渠道上，以矩阵化渠道和传播手段，覆盖搜索引擎、抖音、微信公众号、知乎等平台，强吸引核心商家用户，助力产品出圈；在价值落地上，邀请多位电商营销领域KOL站台背书，撰写多篇深度解析文章，总结此次京准通升级意义，增强权威性。

4. 媒介策略

网媒策略：深度运作升级内容。知乎策略：问答发酵提升认知。短视频策略：发力抖音扩大传播。

全网多维度传播，涵盖抖音、知乎、微信公众号、朋友圈等，以图文、视频、知乎问答等多元内容方式，精准触达核心受众，扩大传播范围。

5. 传播规划

筹备期：拍摄及制作关于京准通升级的相关视频，共产出2支MG动画视频、9支产品视频、3支客户视频。其中客户视频奔赴厦门、上海等地，实际探访京准通商家，了解品牌商家在使用京准通营销产品过程中产生的改变，京准通对其经营效率的提升、实实在在助力生意稳健增长。

MG动画视频通过形象生动的视觉传达及精炼的文字内容，深入浅出地介绍了此次京准通的升级要点，作为预热视频释放升级信息，吸引受众注意力。

产品视频选取此次升级的九个数智营销产品：搜索广告、站外广告、推荐广告、营销方略、互动广告、付佣广告、智能投放、营销工具、B端营销，以拟人化的创新方式将京准通品牌人格化，更生动有趣地传递产品升级亮点，提升受众认知。

客户视频选取京准通具有代表性的合作商家，通过实地拍摄取景，切实反映商家在日常营销中通过京准通实现高效投流、用户触达及流量转化，获得了稳定性的生意增长，京准通提供落在实处、看得见的营销助力。

预热期：通过套拍客户视频的商家心声海报，列出不同价值点，将京准通对商家的营销助力清晰传递，以及制作预热亮点长图提前释放活动信息，并通过垂直社群转发文章扩散，形成朋友圈裂变，吸引目标受众关注。

爆发期：5月17日，与"实"俱进2023京准通升级发布会正式召开，以京准通微信公众号为主平台，发布两篇稿件、一张大会议程长图、一张6·18营销图、三张商家海报，稿件详细具体报道京准通整体升级内容并阐述品牌理念及未来规划；海报及长图更形象将大会内容亮点清晰传递，为后续传播积累扎实的内容素材。

持续期：在发布会结束后，京东6·18即将开启之际，通过知乎平台释放京准通升级内容及6·18优惠政策，加深商家对京准通的认知；通过京准通抖音短视频官方号发布产品视频，以更轻松、有趣的短视频内容，形象生动介绍京准通旗下营销产品的功能特点，触达更广泛的受众。

项目执行

此次传播目标有两个，一是针对京东的品牌商家介绍京准通的升级内容；二是提升京准通的知名度，让更多的人知道京准通是什么。因此，在媒介渠道的选择上，针对品牌商家，通过知乎平台、垂直社群来释放此次升级内容，并加深认知；针对广泛大众，通过网络媒体及抖音平台，释放发布会信息，用更形象直观的视频趣味性介绍京准通产品，扩大此次发布会的传播范围，并为京东6·18大促起到一定的宣传导流作用。

项目评估

5月17日，在京东总部4号楼举办线下发布会，现场邀请170余位客户到场，线上PC端通过京东直播，手机端通过京准通视频号同步直播，线上直播观看人数总计2749人，其中通过PC端观看人数为872人，手机端观看人数1877。截止到6月2日，共产出海报、长图、稿件等素材11篇（张），发布次数124条，共计可追踪阅读量超121万次。

知乎平台方面，截止到6月15日，可统计阅读量总计50189次，回答总计62条，包括4条长回答，19条短回答，39条自由回答。

抖音平台方面，截止到6月27日，京准通抖音官号"了不起的京准通"共发布12条短视频，累计点赞量10412次，视频播放量103万次。

京准通品牌升级理念MG视频：从品牌层面诠释此次京准通升级主要内容，在发布会现场作为暖场视频进行播放，同时在视频号、抖音、快手、百度等线上渠道进行发布，总计观看量62920次。

心声系列商家故事：邀约客户拍摄商家故事视频为京准通进行背书，通过视频号、抖音、快手、百度渠道进行发布，截止到6月2日，总计观看量超35万次。

产品系列短视频：拍摄9个产品线短视频，自5月29日起在视频号、抖音、快手、百家号等渠道陆续发布，总计观看量超103万次。

亲历者说 徐瑞雪　北京阶承新动力公关顾问有限公司副总经理

在项目的具体执行中，从筹备期的视频拍摄到持续期的知乎问答及抖音投放，周期长，一方面保证宣传热度不退，另一方面保证传播节奏不掉链，是这次执行的重点。我们在拍摄京准通合作商家的过程中，通过实地走访，真正感受到数智化时代营销工具对品牌营销的助力，前期的营销策略、人群洞察，中期的精准广告投放，以及后期的数据复盘，是能够真正帮助商家实现生意增长的。

案例点评

点评专家：韩红星　华南理工大学新闻与传播学院教授、博士生导师，福建省"闽江学者"讲座教授

　　京准通作为京东旗下的数智营销服务品牌因致力于对接服务平台商家，在大众中的品牌认知度较弱。此次发布会，一方面需要提升活动影响力，另一方面要扩大京准通的品牌知名度。项目组提出了品牌升级主张与"实"俱进，简明扼要，既表达了品牌、产品升级特点，也把商家用户需要放到第一位，并借助于线上、线下媒介传播，双线发力，形成传播矩阵，围绕品牌宣传，向商家传达品牌夯"实"、产品丰"实"、体验从"实"、效果务"实"的升级方向，以此满足商家用户的服务需求。本次活动宣传进行了品牌形象与内容营销，从知乎、抖音、百度等多平台、多形式、多内容传播来解读京准通的产品构架、智能服务、大数据支持等数智营销服务特色，一方面促进商家对于京准通服务体验产生期待，另一方面提升了大众对京准通的品牌认知度，形成了活动效应与品牌认知叠加。

GOLDEN
FLAG
AWARD
金 旗 奖
—
品 牌 向 上

2023
—
金旗奖最具公众影响力
企业社会责任金奖

拜耳可持续发展志愿者行动

执行时间： 2022年1月1日—12月31日
企业名称： 拜耳（中国）有限公司（简称拜耳中国）
品牌名称： 拜耳中国志愿者平台
代理公司： 明思力中国
获奖类别： 2023金旗奖最具公众影响力企业社会责任金奖

项目概述

2022年，拜耳中国志愿者平台行动与公司可持续发展目标达成战略一致性的同时，积极响应着健康中国等理念，但仍面临如何落实创新实践和扩大可持续影响力、转化行业及公众对拜耳社会责任表现认同的新挑战。

借由拜耳中国志愿者平台参与和发起的针对促进优质教育、良好健康、保护水资源等与可持续发展目标保持一致的公益行动，多元化展现企业自身应对可持续性挑战的创新发展能力，树立从践行社会责任迈向创造可持续价值的突破性领军形象。

项目策划

1. 项目传播策略

外联内引，拓展影响力。借由与公益组织、高校等社会力量的协同合作，在对外传播中提升拜耳中国志愿者平台公信力的同时，通过对内传播志愿服务行动以增强员工对拜耳可持续发展目标的认同感和使命感。内外同驱，发挥对目标人群的独特传播作用，实现影响力扩大化。

多元视角，加强传播力。通过图文、视频、播客等多样化传播形式，将拜耳高管、员工志愿者和公益合作伙伴的个人故事等，通过不同媒体平台向目标利益相关者进行精准、有效传播，既提升传播全面性，也增强内容可读性。

数字赋能，展现创新力。以数字技术赋能拜耳中国志愿者可持续发展行动中的受众服务、合作沟通、数据收集等应用实践，例证拜耳"科技创造美好+"的企业突破实践，巩固创新型生命科学企业品牌形象。

2. 媒介策略及传播规划

联动多方资源，实现跨圈传播。除了通过各大媒体平台对公益项目进行对外传播，同时借助拜耳、合作公益组织、高校等的自有平台打造矩阵效应，在项目征集、入围公示、实践分享、成果总结等多个节点，通过网站、微信（视频号）、微博、抖音、小红书等渠道实现跨圈层传播，横向拓宽公益事业从业者、高校师生等多元化的圈层受众。

图文声像并茂，全维内容展现。公益项目开展期间，从拜耳中国志愿者平台、合作公益组织、高校青年志愿团体等多个视角输出丰富图文内容，并邀请媒体与拜耳发言人、拜耳员工志愿者、公益伙伴、帮扶对象等进行线下访谈，以深度报道加强传递拜耳可持续发展战略内涵和社会意义。

携手权威媒体打造公益项目声音纪录片，通过项目亲历者的口述表达，更直观、生动地让受众用耳朵"看见"拜耳的可持续创新实践。同期，邀请多家媒体进行视频报道，进一步借力新媒体技术建构立体化传播模式。

线上线下聚合传播，拉近受众距离。借助云端平台打破时间、空间限制，将线上培训、线上授课、线上打卡与线下支教、线下实践、线下帮扶进行连接，打造线上和线下全链路公益模式，以提升拜耳可持续发展志愿者行动对各参与方的触达力和影响力。

在公益项目的成果总结节点以可持续发展为主题开展线下主题活动，并同步进行线上直播，达到兼具广度和深度的传播成效。

北大支教团为乡村学校进行线上授课

项目执行

统筹公益资源以推动可持续行动落地。以拜耳可持续发展目标为指导，聚焦提高健康可及性、促进多样性和包容性、倡导低碳生活方式三大可持续课题，拜耳中国志愿者平台多年来持续发起志愿行动，并根据帮扶人群及公益目标甄选多方合作伙伴，如公益机构、青年平台等。

整合多元渠道以深化可持续战略价值。在公益项目招募、开展和成果发布节点，拜耳中国志愿者平台通过线上企业电子内刊、推文等形式持续向员工传递可持续志愿行动的进展及成果，同步借助云平台、H5等数字工具提供技能辅导、进行进度追踪等，以优化员工参与志愿服务体验。同时，协同公益合作方，整合多类别、全平台的媒体渠道，同步发力线上渠道和线下宣传，以网站文章、微信推文、海报张贴、路演宣讲等形式，扩大目标受益群体触达范围，以达到矩阵式可持续发展传播的成效。

项目评估

1. 成果综述

2022年，拜耳中国志愿者平台的3项核心可持续发展项目如下。

携手"有爱有未来企业志愿行动"启动拜耳云支教STEAM乡村小课堂助学计划以提高健康教育可及性。携手中国大学生知行促进计划发起"健康向未来"大学生乡村支教行动以推动实现全民健康。携手益社公益发起"拜耳中国2022线上'益'起跑"公益活动以倡导水资源保护。

超7800名目标利益相关者在行动中获益，包括实际参与支教的全国47所高校127个大学生团队（共计104名大学生），受益于线上线下支教行动的近1700名乡村师生，云南受帮扶的5000名孩子，以及参与公益活动的1000多名拜耳员工志愿者。

2. 受众反馈

员工志愿者对拜耳可持续发展志愿者行动整体好评如潮，满意度约为70%，尽数愿意继续参与并向他人推荐。员工志愿者也表示感受到了可持续发展项目的积极价值，发挥个人能力、传递专业知识的同时，实现了自我价值。

接受帮扶的乡村师生们表现出高度热情，他们表示，不仅感受到了新颖的课程体验，更有机会了解更广阔的世界，填补了知识上的空缺，拜耳一个个可持续行动激励着他们与外界有更多交流互动。

3. 媒体统计

全网累计曝光达1050000次，共计产出近200篇报道文章，互动量超过2000次，路演宣讲、海报张贴等线下传播方式影响量达296337人次，有效提高对拜耳可持续发展理念及创新实践成果的认同。

拜耳云支教STEAM乡村小课堂在曲麻莱县叶格乡寄宿制小学正式揭牌启用

亲历者说 顾新嫣　拜耳中国传播部传播经理

作为一家在全球运营的生命科学企业，我们将可持续发展纳入业务战略，始终坚持用科学助力焕发无限生命力。其实，这些项目只是我们众多企业社会责任行动的一个缩影，自平台成立以来，拜耳员工已经走入23个城市的200多个社区，累计服务近9万个小时，超5万人次，努力将"共享健康，消除饥饿"使命变为现实，为社会、环境和美好生活创造积极影响。

案例点评

点评专家：陈永泰　香港中文大学广告系讲师

拜耳中国一直以可持续发展为目标，这个志愿者平台也如出一辙，积极响应。项目面临的挑战是如何进一步落实创新实践和扩大可持续影响力，提升行业和公众对拜耳中国社会责任表现的认同感。项目通过整合多元渠道，深化了可持续战略价值，线上和线下渠道结合，扩大了目标受众的触达范围，从多方面达到可持续发展传播的落地成效。

碧迪医疗三大本土工厂绿色节能减排系列项目

执行时间：2022年1月1日—2023年4月22日

企业名称：碧迪医疗

品牌名称：碧迪医疗

获奖类别：2023金旗奖最具公众影响力企业社会责任金奖

项目概述

人类的健康与地球环境息息相关。2023年4月22日是第54个世界地球日，主题为"众生的地球"，碧迪医疗作为植根中国、服务中国的公司，积极响应国家号召，在华三大生产基地助力美丽中国建设，秉持低碳环保理念，深入践行绿色生产，打造出一系列中国制造专属"绿色故事"。

项目策划

1. 作为绿色低碳生产先锋，碧迪医疗是善用光的追光者：苏州二厂太阳能光伏项目

积极响应二十大报告中明确提出的"推动形成绿色低碳的生产方式"，同时支持企业2030年可持续发展战略，实现温室气体减排量46%的目标。碧迪医疗苏州二厂为所有可利用的屋面及新建停车场顶部安装了1346片光伏板、8组逆变器、2组并网柜并网发电。

项目效益为太阳能绿电发电量预计750000度每年，年节约成本2.38万美元，温室气体减排747.7吨每年。

2. 一路向"绿"，碧迪医疗本土生产升级全球领先系统：苏州一厂Lesni EO催化氧化系统正式投入使用

为深入推进环境污染防治，碧迪医疗苏州一厂采购先进的Lesni环氧乙烷催化氧化系统，于2023年2月22日正式投入使用，环氧乙烷被氧化为水和二氧化碳，每年可减少危废约32吨；废气处理效率进一步提高，排放浓度由小于5ppm变为小于1ppm。在进行环氧乙烷催化氧化设备设计选型时，充分考虑了设备的能源消耗和安全性，采用高效的热能回收技术。

3. "高质量发展"环保，碧迪医疗多维度实现绿色生产：宜兴工厂环保系列项目

绿色生产成为环保的突破方向，碧迪医疗宜兴工厂在建设过程中始终关注如何更好节能减废可循环，积极采用各项节能环保技术与措施，实行节能减废系列项目。

4. 推进碳达峰碳中和，碧迪医疗持"证"上岗：苏州一厂 ISO 50001 能源管理体系认证

随着我国持续发展，对能源管理的要求相应提高，尤其是在工业领域，能源是工厂运行的血液，能源使用逐步向绿色低碳方向发展。碧迪医疗苏州一厂本着履行社会责任和提升自身能源使用效率的初衷，持续降低能耗，不断提升能源管理系统，通过近一年建立体系、审核管理、提升软硬件的努力，于 2023 年 4 月通过了 ISO 50001 能源管理体系认证，为工厂的绿色用能奠定了坚实的基础。

5. 节能降碳无微不至，碧迪本土生产加速绿色转型

（1）苏州二厂冷冻水泵升级改造项目。碧迪医疗本土生产始终以应对气候变化、污染防治为己任。苏州二厂将水泵更换为高效节能的永磁电机水泵，拥有效率高、功率因数高、调速性能优、电机结构简单灵活、可靠性高、体积小、功率密度大、启动力矩大、噪声小、温升低等众多优点。

项目效益为节约用电量预计 115200 度每年，温室气体减排 114.9 吨每年。

（2）苏州二厂办公区空调集中控制系统。办公室区域空调在不同季节有建议设定的温度范围以达到节能效果，之前存在员工随便更改温度范围及允许模式的现象，另外存在下班忘记关闭空调的情况，造成能源浪费。改造后办公室区域空调进行集中控制，通过空调开启时间设定、定时关机、温度范围设定等到达节能目的。

项目效益为年节约用电量预计 27329 度每年，温室气体减排 27.2 吨每年。

项目执行

作为始终坚持善尽社会责任的企业，碧迪医疗不仅取得商业成就，亦不断在 ESG 方面做出不懈努力。碧迪医疗全球战略包含全球 ESG 可持续发展战略：为全社会提供完善的医疗解决方案，以满足日益变化的行业需求。持续在公司治理、环境治理、公共卫生、人类健康四大板块不断做出贡献。

项目评估

碧迪医疗苏州一厂在进行环氧乙烷催化氧化设备设计选型时，充分考虑了设备的能源消耗和安全性，采用高效的热能回收技术，将环氧乙烷催化氧化时产生的热能进行回收，回收率超过 70%，进一步降低了能源消耗，每年节约用电超过 15 万度。

碧迪医疗宜兴工厂取得节能减排成果如下：在冬季使用热交换器来取代冷冻机，达到冷冻水效果的同时可以节能节电，每年可节电 10 万度；安装水冷空调，俗称环保空调，可减少氟排放，有利于减缓温室效应，每年可节电 2 万度。

亲历者说 **朱建良　碧迪医疗苏州一厂厂长**

能源，贯穿整个社会方方面面的动力源，小到家庭，大到整个世界，无一例外离不开它。在工业领域，能源成本占据较大比例的成本，逐步转向精细化管理模式，从管理能源中寻求利润，已成当务之急。

苏州一厂积极承担社会责任，持续降低能耗，不断提升能源管理系统，并在2022年5月正式立项ISO 50001能源管理体系认证项目，经管理层和各部门努力，结合内外部资源，我们用近一年时间，于2023年4月通过了ISO 50001能源管理体系认证。未来，苏州一厂将持续节能减排，坚定绿色发展，建立资源节约环境友好型的工厂。

案例点评

点评专家：钟育赣　广东外语外贸大学教授，中国高等院校市场学研究会顾问

从公共关系的角度，企业社会责任包括三个层面：企业或组织能够很好完成自身基本任务；重视、关切与组织行为相关的任何问题——不仅努力满足社会需要和公众期待，还对与自身行为有关的一切能够担当；对一般社会问题关注和贡献，为建设更健全、更美好的社会尽心尽力。这是一个完整的、不可顾此失彼的内容体系，强调超越视利润为唯一目标的理念，强调运营中对人的价值的关注，对环境、消费者以及社会有贡献。

碧迪医疗积极响应号召，本土生产基地助力美丽中国建设，践行绿色生产，打造出一系列中国制造专属的"绿色故事"。它们一路向"绿"，升级全球领先系统；"高质量发展"环保，多维度实现绿色生产；节能降碳，本土生产加速绿色转型。该项目体现了对企业社会责任的担当，取得了令人瞩目的良好效果，也为2023年世界地球日交上了令人满意的答卷。

罗氏无虑人生品牌传播

执行时间：2023年4月1日—8月31日

企业名称：上海罗氏制药有限公司/荷小朵（北京）健康管理有限公司

品牌名称：罗氏制药中国/淋巴瘤之家

代理公司：达睿思国际传播咨询公司

获奖类别：2023金旗奖最具公众影响力企业社会责任金奖

项目概述

为更好支持及关爱患者，罗氏制药中国携手中国淋巴瘤患者组织——淋巴瘤之家，于2022年5月6日共同创立全球首个滤泡性淋巴瘤患者公益日。"56"谐音无虑，旨在鼓励滤泡性淋巴瘤患者们积极追寻无虑人生。2023年第二届滤泡性淋巴瘤患者公益日，罗氏制药中国希望再次携手多方力量，持续改善淋巴瘤患者生活状况，并予患者精神上的支持与鼓舞，助力患者回归社会。

项目策划

1.传播策略

深度挖掘及洞察滤泡性淋巴瘤医患心声，并将其演绎为一首原创抒情歌曲，以歌曲作为传播内核，通过一系列走心、有温度、有态度的传播活动，扩大影响力。

通过原创歌曲及MV（音乐短片）破圈传播，提升公众认知。延续品牌长期"佳音嘹亮"的传播概念，为淋巴瘤医患献上一首专属于他们的歌曲。为获取真实洞察，邀请4位滤泡性淋巴瘤患者和4位医生分享他们面对疾病的态度、治疗经验和生活感悟，继而打造《唱响无虑人生》，医患出镜参与MV拍摄，"现身说法"。

5月至8月期间，通过数月的疾病患教项目及媒体报道，助力患者建立与疾病持久斗争的勇气，用知识扫除恐惧，重获无虑生活。此外，在9月世界淋巴瘤日到来前夕，《南方周末》发声，呼吁关注"与肿瘤共生的执炬者们"，讲述患者真实故事。

2.媒介策略

（1）发布渠道及形式丰富多元化，国内外音乐平台发行，颠覆传统医疗公关传播模式。《唱响无虑人生》原创歌曲上线34个国内外音乐平台，以全新创意形式为载体，借力音乐平台引发更广泛公众的情感共鸣，实现破圈。

（2）主流媒体发声，引领无虑人生关爱主基调；多维度媒体广扩散，进一步拓宽影响力。超30家主流媒体发布活动报道，为淋巴瘤患者发声，覆盖大众、行业、健康等不同类型媒体，深化疾病公众认知，诠释患者关爱。

（3）《南方周末》报道深度患者故事，讲述真实的无虑人生。深度人文报道《生命啊，它热烈如歌：与肿瘤共生的执炬者们》于8月28日在其微信公众号发布，文章细腻感人，引发共鸣。同日在该媒体平台，MV重磅首发。

（4）患者组织全程报道，让关爱直达患者。在本项目中，淋巴瘤之家作为共同发起方给予平台传播支持，全程在其论坛、App和公众号上宣传，引起广泛共鸣，直线联结与沟通淋巴瘤患者。

3.传播规划

（1）预热传播：2023年4月项目由淋巴瘤之家正式发起，前期开展无虑同行人招募与活动造势，通过对招募的4位滤泡性淋巴瘤患者进行1对1深度采访，挖掘患者心声及故事经历，并联合专业音乐人以此为基础作词及编曲，最终打造一首专属于滤泡性淋巴瘤患者的歌曲。

（2）高光传播：2023年5月6日，在上海展开无虑人生线下嘉年华活动，活动获得近30家国内主流、大众以及医疗专业垂直媒体的报道；与此同时，首支由淋巴瘤患者参与演绎的歌曲于6月28日正式上线国内外各大音乐平台，以音乐发行的非传统传播模式，令社会大众聆听患者心声。

（3）延续传播：8月28日，关于4位滤泡性淋巴瘤患者的深度故事以及《唱响无虑人生》MV首次发布于南方周末微信公众号与淋巴瘤之家平台，在歌曲基础上深化表达医患心声故事。

项目执行

（1）"无虑人生"嘉年华活动：2023年5月6日，由淋巴瘤之家主办、罗氏制药中国支持的第二届"无虑人生"嘉年华活动于上海启动。活动现场与线上全国14个分会场及41个分站点联动，逾千名淋巴瘤患者和医生共同加入此次公益系列活动。

活动通过具象化一场治愈身心的无虑探索之旅，向公众科普疾病知识的同时展现淋巴瘤患者积极抗击疾病的精神。活动中，展区以象征淋巴瘤防治的绿丝带造型为动线轨迹，将全病程管理各个环节转化为游戏互动环节，帮助参与的患者在每一环节通过沉浸式体验增强对疾病的认知、强化治愈信心。

（2）《唱响无虑人生》全球发行：2023年6月28日，首支由淋巴瘤患者与临床医生自编自唱，取材于真实医患故事的歌曲《唱响无虑人生》全球发行，上线34个海内海外平台。

（3）《唱响无虑人生》MV发布：2023年8月28日，《唱响无虑人生》MV重磅发布于南方周末微信公众号平台，通过医患真挚的心声表达及真情演绎，引发公众情感共鸣，进一步深化大众对滤泡性淋巴瘤疾病的关注。

（4）深度患者故事采访：2023年8月28日，南方周末微信公众号发布深度患者故事采访，深入讲述患者求医经历和真实就医故事，淋巴瘤之家转发进一步扩大影响力，打造滤泡性淋巴瘤疾病领域的口碑传播活动。

项目评估

1. 效果综述

整个项目共联动超过1000名淋巴瘤领域头部专家学者与淋巴瘤患者，共覆盖社会公众超959万人，温情科普医学知识及心路历程，多方齐心共聚，一同呼吁社会各界携手守护关爱患者。

2. 媒体统计

媒体传播总覆盖数超9596550人，传播内容以视频、歌曲、图文等多元形式露出。中国新闻网、《新民晚报》、《文汇报》、《新华日报》、上观新闻等近30家全国主流媒体领衔发布报道，大众及健康领域垂直媒体共同报道。淋巴瘤之家全程报道，共发布10余篇相关稿件，线下联结逾千名淋巴瘤患者和医生参与嘉年华活动，线上覆盖超120000名淋巴瘤患者，将患者积极美好的治愈之旅定格并延续，汇聚微光终点亮更多淋巴瘤患者的生活。

传播期间，多层次、多渠道、多形式媒体曝光频频提升传播声量——5月7日，关键词"无虑人生"微信指数达到顶峰，超64000；6月歌曲发布后又突破新高，一周累计微信指数超过150000；歌曲上线后迅速覆盖200余个国家与地区，淋巴瘤患者与临床医生的温暖歌声传至世界；8月，南方周末微信公众号发布深度患者故事，淋巴瘤之家转发扩散，共收获超105000人次阅读。

亲历者说 顾洪飞 淋巴瘤之家创始人

很高兴能够在社会各界的支持下，唱响专属于我们的歌曲，此次活动让我们备受鼓舞，这首歌蕴含巨大情感和能量，成了病友间汲取正能量的纽带。我见证了来咨询的患者从非常焦虑和不安的状态到对未来生活充满了希望，见证了医生给予患者帮助后的满足和幸福，见证了参与活动的大众从零到基本了解这个疾病、更关注自身健康。我感触到做这种活动是真的非常有意义的，未来，这首生命之歌也将载着我们的希望一同前行。也希望无虑人生品牌项目能够持续做下去，鼓励更多淋巴瘤患者朋友。

案例点评

点评专家：陈永东　上海戏剧学院创意学院教授、硕士生导师，《赢在新媒体思维：内容、产品、市场及管理的革命》作者

在该案例中，品牌通过项目携手线上线下媒体，在向公众科普疾病知识的同时，展现了淋巴瘤患者积极抗击疾病的精神，传递了品牌、媒体及社会对淋巴瘤患者的关爱，进一步让项目活动具象化为一场有温度的、治愈身心的无虑探索之旅，为患者树立生活信心、减轻不适与焦虑、回归正常生活创造更多的条件。在项目活动中，患者代表亲自参与 MV 录制，医患代表共同制作《唱响无虑人生》原创歌曲，各类媒体共同传播 MV，并且通过深度报道患者真实故事及经历引起更多淋巴瘤患者、家属等公众关注。这些做法不仅达成了一定的传播效果，形成了一定的社会影响力，引发了更多的关爱，而且彰显了品牌社会责任——携手全社会一起为淋巴瘤患者创造无虑人生。

◢ QQ星奶粉"燃梦的雏鹰"

执行时间：2023年5月10日—8月31日

企业名称：内蒙古伊利实业集团股份有限公司金山分公司

品牌名称：QQ星奶粉

代理公司：重庆灵狐科技股份有限公司

获奖类别：2023金旗奖最具公众影响力企业社会责任金奖

项目概述

QQ星奶粉始终关注着山区儿童的成长情况，并联合中国红十字基金会发起"伊利营养2030·大山雏鹰成长计划"，提出"儿童营养教育""儿童营养支持""儿童营养科研"三位一体的公益规划，多次向四川凉山儿童送去营养支持、举办营养科普讲座，并邀请凉山黑鹰队参加"小小CBA·QQ星榛高篮球夏令营"，帮助他们勇敢追梦。

2023年，QQ星奶粉进行公益行动升级，联合中国红十字基金会为云南省香格里拉白水台小学捐赠奶粉，帮助学校成立"博爱篮球校队"，邀请CBA球星阿不都沙拉木、四川大学华西公共卫生学院曾果教授以及伊利员工来到现场，以实际行动送去关怀与温暖。此后，QQ星奶粉带领山区儿童走出大山来到草原，参加一场特殊的研学之旅，还选拔队员到男篮世界杯赛场为中国队加油，实现篮球梦想。

项目策划

1.营销策略

（1）聚焦公益本身，洞察真实需求，更好帮助山区儿童成长：成立"博爱篮球校队"，提供软硬件帮助，助力孩子们逐梦；升级三位一体行动——开授营养讲座，让营养教育理念更全面，从凉山到云南山区，让营养支持帮扶面更广，开展专业配方研究，让营养研究更专业。

（2）聚集内容打造，以公益人视角讲故事，建设品牌：2023年，突破常规叙事，组织伊利员工远赴山区，以实际行动践行公益，从公益人角度创新内容，拍摄雇主品牌视频。

（3）聚集事件传播，整合资源引流销售，形成传播闭环：整合各方资源，让极具情感价值的公益事件破圈传播，依靠公益声量转化销售。借势六一国际儿童节聚拢流量，联合新华网强势背书，引发本地媒体向外扩散，借助抖音流量转化销售。

2.创意阐述

（1）一支逐梦的"博爱篮球校队"：白水台小学是云南香格里拉市的一所全寄宿制小学。学校校队的孩子们拥有对篮球的热爱和拼搏精神，女队获得了市级比赛冠军和州级比赛亚军。但这里缺乏专业的训练设备和教练指导，在篮球训练方面存在的困难不容忽视。

QQ星奶粉通过中国红十字基金会送去篮球、队服、战术板、标志杆、锥桶等专业篮球设备及训练器材，配备专业篮球教练定期来此为孩子们进行专业篮球训练，同时提供营养支持，帮助孩子们在专业运动培训和科学营养补充两方面获得成长。

（2）一位来自CBA的篮球教练：QQ星奶粉邀请CBA球星阿不都沙拉木作为篮球教练，为孩子们指导运球、投篮等技巧，帮助他们提高球技。

（3）一场专业趣味的营养科普：QQ星奶粉邀请知名儿童营养学专家曾果教授来到白水台小学，为孩子们带来了趣味的营养科普讲座。

（4）一次火上热搜的课间操：伊利员工与白水台小学全体师生共跳学校老师原创的课间操，经过云南当地媒体抖音号报道，登上区域热搜。

（5）一面画满梦想的高墙：篮球场正对着一面斑驳的墙壁，于是伊利QQ星奶粉组织重新粉刷了墙壁，并让伊利设计师带着孩子们在上面画出梦想，激励所有的孩子们拥有梦想

伊利员工和孩子们画满梦想，刷新7.2米学校高墙

并勇敢追梦。

（6）一群满怀热情的伊利人：在本次公益活动中，伊利员工用切实行动体现每位伊利人都是公益践行者，为山区孩子带去关爱与温暖。

项目执行

行动扩展到云南等更多山区，不仅为山区孩子带去温暖和关爱，还将雇主品牌建设、公益营销和品牌传播结合，实现品牌声誉等多项提升。

4月，QQ星奶粉提前一个月开始筹备公益物料，联合中国红十字基金会为学校送去营养物资（奶粉）、篮球、球服、训练器材等，并聘请专业篮球教练，长期指导校队成员。

5月18日，QQ星奶粉在云南白水台小学落地公益活动，捐赠价值30万元的QQ星奶粉，并组建了白水台小学"博爱篮球校队"，邀请CBA球星阿不都沙拉木以"QQ星奶粉梦想大使"的身份来到现场，为校队成员们带来了专业的篮球指导。此外，来自QQ星奶粉各个部门的员工加入公益行动，他们中有品牌代表、研发专家，也有"00后"的年轻员工，每个人都贡献出自己的公益力量，以实际行动为山区儿童送去关怀与温暖。

这个过程中，QQ星奶粉邀请新华网来此拍摄纪录片，邀请云南卫视、迪庆电视台、《云南日报》、云南网、《都市时报》等当地媒体对此进行报道，并且联合抖音公益打造专题活动，结合爱心好物多维资源提升活动声量。

6月1日国际儿童节，QQ星奶粉和新华网的联名纪录片《燃梦的雏鹰》正式上线，在微博、微信、抖音、小红书以及新华网App端进行发布，视频播放量1643万次。

8月5日至8月7日，QQ星奶粉邀请白水台小学"博爱篮球校队"的成员走出大山，来到草原，参与篮球训练营呼和浩特站，并进行了一场特殊的研学之旅，参观了伊利现代智慧健康谷、敕勒川生态智慧牧场以及草原乳文化博物馆。伊利集团董事长兼总裁潘刚与孩子们一起组起"奶局"，畅聊梦想，共同度过了一段美好时光。

8月15日至8月18日，QQ星奶粉邀请白水台小学"博爱篮球校队"的成员来到青岛，参与QQ星榛高篮球夏令营，CBA球星翟晓川、男篮前国手马健也来到现场，对孩子们进行篮球指导，山区儿童与全国各地选拔的儿童组成篮球队，与"青岛国信小雄鹰"进行了篮球比拼。

8月底，QQ星奶粉带着白水台小学"博爱篮球校队"代表"妞妞"（本名：达鹫鹭伽媄）去往马尼拉，加入伊利热爱33队，为中国男篮加油助威。

11月24日至11月29日，QQ星奶粉"燃梦的雏鹰"公益照片、梦想车票、公益画作等内容亮相尤伦斯，以艺术作为媒介，通过多元的艺术作品，带大家一起走进孩子们的璀璨梦想世界，也让更多人看到山区儿童的成长和梦想。

QQ星奶粉"燃梦的雏鹰"内容亮相尤伦斯

项目评估

1.效果综述

QQ星奶粉聚焦山区乡村儿童成长，提出三位一体公益规划，联合中国红十字基金会打造"伊利营养2030·大山雏鹰成长计划"，通过营养物资捐赠、营养知识科普、梦想关爱行动三大举措，持续关爱孩子，特别是国家重点关注的已脱贫、防返贫地区的孩子，助力脱贫攻坚与乡村振兴有效衔接，守护祖国美好未来。

QQ星奶粉邀请员工志愿者一起参与这场公益活动，品牌方成员代表换下西装和孩子们一起打篮球；设计师把作品"搬"到斑驳墙壁上，和孩子们"刷"新梦想；"00后"年轻员工，像"大姐姐"一样和孩子们玩在一起；午餐时，伊利员工冲泡奶粉为孩子们补充营养。QQ星奶粉坚持员工价值领先，积极建设雇主品牌，以公益持续推动人才价值精耕，为共创全球健康事业注入活力与力量。

2.市场反应

结合CBA等资源，让公益和"篮球场景"深度关联，聚焦QQ星奶粉，强化产品利益点，实现销量提升。

3.媒体统计

全平台整体传播声量超百亿，微博#成长快人一步#话题阅读量2.7亿次，抖音#QQ星榛高奶粉#话题播放量6.2亿次，系列视频播放量总计6500万次。

本地媒体主动扩散报道，多渠道辐射目标人群：公益活动在云南电视台、迪庆电视台报道，《都市时报》通栏报道，以及《云南日报》、《云南经济日报》、昆明网、云视网等8家媒体扩散，其中云南日报抖音号发布内容登上本地热搜。

联动新华网打造公益纪录片，实现强势背书：联合新华网呈现公益纪录片《燃梦的雏鹰》，于国际儿童节当天在新华网首页核心位置曝光，因内容优质获得新华云企首页及大图位置、公众号发布位置升次条等溢出资源，让更多人看见伊利员工以实际行动助力山区孩子梦想。

联合抖音公益专题引流，形成传播闭环：公益内容在抖音儿童节公益专题上线，产品申请"爱心好物"引流销售形成闭环，KOL为公益事件引流，实现口碑与销量双赢。

亲历者说 程敏杰　伊利婴幼儿营养品事业部公关经理

"燃梦的雏鹰"是一个聚焦山区乡村儿童健康成长、勇敢追梦的公益项目，基于QQ星奶粉定位，我们希望通过"运动+营养"结合的形式，以及物资捐赠、营养科普、梦想关爱等切实行动，为更多山区儿童的成长和梦想助力。在这个过程中，我们看到山区儿童需要的不仅是营养物资、运动物资等"硬件"，他们更需要篮球教练、营养老师等"软件"。每个山区乡村儿童都让我们看到了梦想的可贵，无论他们来自哪里，QQ星奶粉都希望帮助每一个孩子成长，帮助他们勇敢追梦。未来，QQ星奶粉会将公益当作长期使命，并持续关注中国儿童的营养和健康需求，持续用科技创新为产品赋能，以专业营养配方研究助力更多中国儿童健康，帮助他们成长快人一步。

案例点评

点评专家：沈健　中国国际公共关系协会理事，中国商务广告协会内容营销委员会秘书长，迪思传媒高级副总裁

该项目聚焦公益本身，洞察真实需求。在前期调研的基础上，进行公益行动升级，联合中国红十字基金会为云南省香格里拉白水台小学捐赠奶粉、篮球、球服、训练器材等物资，帮助学校成立"博爱篮球校队"，邀请CBA球星阿不都沙拉木以"QQ星奶粉梦想大使"的身份作为篮球教练带来专业的篮球指导，特别邀请知名儿童营养学专家曾果教授，为孩子们带来营养科普的讲座。

该项目在传播上比较巧妙，伊利员工与小学全体师生共跳学校老师原创的课间操，经过云南当地媒体抖音号报道，登上区域热搜。整合资源引流销售，形成传播闭环。

在利益相关方的参与方面，除了让孩子参与，伊利各个部门的员工加入公益品牌传播，在公司内部形成了良好的影响。在传播效果上，本地媒体主动扩散报道，联动新华网打造公益纪录片，联合抖音公益专题进行引流，实现传播效果扩大化。

万华化学可持续发展战略

执行时间：2005年9月21日—2023年7月19日

企业名称：万华化学集团股份有限公司

品牌名称：万华化学

获奖类别：2023金旗奖最具公众影响力企业社会责任金奖

项目概述

作为一家全球化运营的化工新材料公司，万华化学有效运用ESG框架推动自身变革，在实现经营目标的同时，对利益相关方产生正向影响，从而助力全球可持续发展。

项目策划

1.项目目标

（1）根据国际领先的ESG框架、评级机构框架内容和同行优秀实践等，以专属的方法论，制定适合万华化学的可持续发展战略。

（2）为了保证可持续发展战略持续实践和落地，需要设计覆盖公司未来5~10年以及更长时间的ESG发展目标体系，并根据目标制订相应的实施计划，包括目标名称、时间表、关键里程碑等。

（3）在公司既有可持续发展委员会的基础上，以全新的ESG管理框架优化公司的可持续发展管理组织架构，并梳理各ESG工作小组的具体工作、负责人，形成完整的关键管理机制。

（4）根据国际可持续发展披露标准如GRI、ISSB等，编制并发布公司高质量的年度ESG报告。

2.整体策略

（1）分析公司ESG情况，包括公司业务所处的监管环境、资本市场的要求、供应商及下游客户关于低碳发展和可持续循环材料的要求，并对标行业领先企业，提炼属于万华化学的ESG目标、举措等。

（2）通过重要性评估识别适合公司的ESG实质性议题，并进行重要性排序，梳理上述各议题万华化学的发展现状，并根据此确定是否要设置相关的跟踪指标和绩效目标。

可持续发展战略框架

可持续发展战略框架

（3）通过与管理层、各利益相关方访谈交流，了解董事会对于可持续发展的认知程度，确立公司可持续发展的雄心，并确定可持续发展的愿景、使命和关键ESG议题的具体目标等。

（4）将确定的可持续发展愿景、绩效输入当前公司发展战略和品牌定位，规划实现各项关键ESG议题的关键举措，并持续推动相应关键举措与示范项目落地，打造集团内外部的影响力。

3.媒介策略

可持续的公众品牌：着眼大众，以实力铸造可持续发展现象级热点，形成可持续发展整合营销，线上线下渠道多角度发声。以企业的展厅、人才中心和CSR（企业社会责任）活动为抓手，与社区公众、客户、投资者、协会等进行互动。

可持续的行业品牌：作为一家化工新材料公司，更要精准定位市场，把握自身发展脉搏，尝试从目前公司主推的新能源领域、新行业应用和新材料循环三个方面进行可持续性特点的深度挖掘和推广。

可持续的雇主品牌：发掘更加富有活力的可持续宣传点，扩展可持续活动。从公司员工培养、员工招聘、人才发展等环节持续不断宣传公司的可持续发展理念，将每一个万华人都打造成企业品牌可持续发展的第一代言人，以此焕新可持续形象。

4.传播规划

传播内容：挖掘公司在ESG方面的众多亮点和关键举措，包括能耗管理、循环经济、员工安全与健康、人才发展和企业治理等方面，定制几个可持续发展项目，在品牌传播过程中持续强化宣传，提升品牌声誉与影响力。

宣传平台：扩充国内外媒体宣传矩阵，开发区域发声平台，结合实际营销情况，定制可持续内容，包括品牌主办活动、路演发布会、第三方活动/展览/会议、自媒体发布内容、期刊媒体和在线搜索引擎相关内容，将营销渠道与客户采购决策渠道相匹配，传递可持续品牌信息，与决策者建立信任。

宣传项目：根据亮点举措，结合ESG框架内容策划相应的宣传项目，形成一系列的项目清单，参与国际性的可持续发展奖项评比，邀请公司高管作为企业发言人参与国际研讨会议，并加强海外媒体合作，从各个可持续角度彰显公司所做出的种种努力。

项目执行

自发展之初，万华化学就一直努力践行ESG理念，将可持续发展融进公司的愿景和发展战略，并在国内外不断传播ESG内容，逐步提升公司的品牌美誉度和影响力。

公司2005年在世界安全健康大会《世界安全宣言》上签字承诺，2015年签署《责任关怀全球宪章》，2017年成为Ecovadis会员，2019年加入联合国全球契约，2020年加入碳信息披露项目（CDP）。

万华化学在2019年就提出了公司的可持续发展规划及2025发展目标，经过持续努力，多项目标已提前完成。公司根据最新的内外部环境，通过与利益相关方深入调研，组织公司所有相关部门共同参与，升级了更完善的可持续发展战略。制定了万华化学的双碳目标，即不晚于2030年实现碳达峰，力争2048年实现碳中和。

项目评估

1.项目综述

通过长期以来在ESG领域的努力实践，万华化学的可持续发展和责任关怀形象已经得到利益相关方广泛认可，万华化学充分利用线上线下渠道优势，彰显在实质性议题领域资源赋能的现状和潜力，以可持续发展差异性战略定位强化品牌形象，极大地增强了消费者认可度和忠实度。

2.受众反应

万华化学所有受众纷纷给出积极反馈，对于万华化学通过ESG驱动自身变革，在应对气候变化、创造社会价值、提升技术创新能力和卓越运营水平等方面的努力和实践高度评价，希望万华化学继续秉持ESG的愿景与行业领导力，进一步强化自身在各内外部利益相关方中的品牌声誉及影响力。

3.媒体统计

公司近年来在ESG相关的宣传量一直保持在20万以上，尤其是最新的可持续发展战略和ESG报告发布以来，得到了中国周刊网、《经济日报》、能源界、中国发展网、《中国化工报》、ZAKER新闻、百家号的广泛转发。

亲历者说 王亮亮　万华化学集团股份有限公司可持续发展负责人

在公司将近20年的ESG精进之路中，我这次非常有幸能够参与公司可持续发展战略项目，充分感受到公司ESG实践和传播的信心、雄心和决心，将可持续发展切实纳入公司愿景和发展战略，搭建监督、决策治理、规划执行三层管理架构，积极践行ESG理念，并通过卓有成效的传播，真正致力于通过化学的力量，在推动自身变革的同时，为人类面临的共同挑战提供解决方案，助力可持续发展未来。

案例点评

点评专家：姚利权　博士、副教授、硕士生导师，浙江工业大学广告学系系主任、信息与传播研究所副所长

万华化学秉持可持续发展理念，在ESG领域不断创新实践，始终遵循"化学，让生活更美好"的总体愿景，在绿色环保、安全健康、可持续发展等方面，为社会做出诸多贡献，充分体现了企业社会责任。

本项目的亮点为：第一，持续实践ESG理念，公司近20年来一直在实践ESG理念，将可持续发展切实纳入公司愿景和发展战略，这体现了企业富有前瞻性的发展思路；第二，对ESG理念进行本土化创新，公司结合自身现状和潜力，不断对ESG理念进行优化创新，利用线上线下多种渠道，使ESG工作更为系统和完整，得到相关利益方广泛认可，更好地发挥了企业在行业中的引领作用。

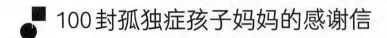

100封孤独症孩子妈妈的感谢信

执行时间：2022年3月23日—4月2日

企业名称：内蒙古伊利实业集团股份有限公司

品牌名称：伊利QQ星

代理公司：北京黄橙广告有限公司

获奖类别：2023金旗奖最具公众影响力企业社会责任金奖

项目概述

伊利QQ星持续关注自闭症（孤独症）群体，希望通过品牌公益活动进一步强化"儿童专属牛奶"定位，建立"儿童专属牛奶 当然QQ星"品牌自然联想，推动全新品牌主张"让爱守护成长"落地的同时提升用户品牌好感度和美誉度，增加用户产品信赖感。实现伊利QQ星孤独症儿童公益活动落地，通过品牌公益活动进一步强化孤独症公益成为伊利QQ星的品牌资产。聚焦孤独症儿童公益，联合权威媒体、公益机构进行孤独症儿童传播扩散，继续深入和0—12岁儿童的父母沟通，深化伊利QQ星孤独症品牌公益活动。

项目策划

1.策略

坚持最真实的故事才最动人的原则，以孤独症孩子妈妈的手写感谢信为创意切入点，联合权威媒体搭建发声通道，以信为"媒"向社会表达感谢。以4月2日世界自闭症日为节点，围绕100封孤独症孩子妈妈的手写感谢信，通过多种媒介形式强势发声，以被看见、被感动、被关注、被守护作为核心操盘逻辑串联整体传播链路。

2.创意阐述

伊利QQ星以收到的100封孤独症孩子妈妈的手写感谢信作为核心物料，联合央视新闻打造《孤独症孩子妈妈的感谢信》视频，以央视新闻7平台账号作为核心资源为妈妈创建发声通道。

结合品牌、权威公益机构、妈妈KOL等规划发声角色，在4月2日世界自闭症日聚拢资源，吸引地方媒体、微博/微信KOL自发转发＃不要用异样眼光看孤独症孩子＃社会倡议；线下创新传播模式，在北京核心区域候车亭对100封妈妈的手写感谢信以"一亭一信一故事一感谢"的模式进行长达两周投放。

项目执行

视频传播上以央视新闻全媒体平台为主，以 #破防了!100 封妈妈的信# 作为统一话题，在央视新闻微博、微信、视频号、抖音、B 站、快手、App 7 平台进行了充分展示。

充分运用央视新闻的平台属性，以央视新闻作为平等对待孤独症孩子社会倡议的发起者。视频在央视新闻微博发布后，观看量达 2076 万次，博文阅读量达 1.28 亿次；大家被三位妈妈的故事所感动，纷纷感谢伊利 QQ 星为孤独症孩子和妈妈创建发声平台，伊利 QQ 星品牌全新主张#让爱守护成长#的话题也充满了微博评论区。

伊利 QQ 星、壹基金等账号分别从品牌、机构等角度在微博平台转发央视新闻正确对待孤独症孩子的倡议，参与视频拍摄的三位妈妈也纷纷以发微博、朋友圈等形式对来自社会各界的善意、伊利 QQ 星和央视新闻所做的这一善举表达感谢。

55 家头部媒体、地方媒体、机构纷纷转发央视新闻微博，助力孤独症孩子妈妈的感谢能够被更多人看到。

五位妈妈类微博 KOL 以视频读信的方式，对孤独症孩子妈妈的感谢信进行了充满感情的诠释。身为孤独症孩子家长的轩轩爸爸和妈妈，通过轩轩弹《大鱼海棠》钢琴曲、妈妈读信的方式表达了对帮助过轩轩的各个群体的感谢。儿童领域专业自媒体创作者年糕妈妈，在微信对三位妈妈的故事进行了深度报道，以三位妈妈和孩子的故事为原点，从专业自媒体的角度科普如何和孤独症孩子更好相处，报道获得了超 20 万次阅读量和海量评论。

为了对 100 位孤独症孩子妈妈的感谢信进行全方位展示，伊利 QQ 星在北京核心区域购买了 100 块候车亭广告，以"一亭一信一故事一感谢"的形式，对来自 100 位孤独症孩子妈妈的感谢信进行长达两周充分展示。

项目评估

全网累计 4.5 亿人次关注，平均每 3 个人中就有 1 个关注到孤独症孩子。

央视新闻为此首次开放抖音内容合作。联合打造的《孤独症孩子妈妈的感谢信》视频，在微信公众号、视频号、微博、官方 App、快手、B 站等平台深度传播，曝光量 3.5 亿次、全网互动量达 38 万次；视频号内容获得超 6.6 万次转评赞。

预测当日话题方向，紧扣#关爱星星的孩子##不要用异样眼光看孤独症孩子#两个自然高位热搜。无资源助推情况下共计话题阅读量 2.4 亿次，讨论量 2.3 万次，其中#不要用异样眼光看孤独症孩子#话题登上自然热搜 TOP31。公益内容引发 55 家主流媒体、蓝 V 媒体如澎湃新闻等免费助力，累计覆盖用户 5900 万人。

对 100 封来自不同妈妈的手写感谢信，首次以"一亭一信一故事一感谢"的投放形式，在北京核心区域候车亭进行投放，曝光量5044万次。

各头部平台关键词搜索均位于前列：百度搜索关键词首屏展示伊利QQ星内容，视频单项排序TOP1；抖音搜索"孤独症"关键词，内容呈现TOP1；B站搜索"孤独症"关键词，内容呈现TOP4；快手搜索"孤独症"关键词，内容呈现TOP20。

亲历者说 **朱晴　北京黄橙广告有限公司客户总监**

2022年4月2日世界自闭症日到来前，伊利QQ星收到了100封来自全国各地的孤独症孩子妈妈的感谢信。妈妈们以自己手中的笔，向在生活中对孤独症孩子和家庭给予过帮助或释放出温暖善意的人群表达感谢，同时表达了希望未来大家能够携手给孤独症孩子创造更加包容的社会环境的期望。在和央视新闻团队的老师不辞辛劳看了数十份壹基金及相关机构提供的妈妈资料后，我们决定以电话采访和实地采访相结合的方式，对孤独症孩子妈妈的故事进行深度采访，奔波大理、北京两地对三位妈妈进行视频拍摄，以三位妈妈的讲述，从平等看待的视角让普罗大众更好了解孤独症孩子以及如何和这些孩子更好相处。

案例点评

点评专家：赵晖　众行传播集团首席策略官

案例非常打动人，孤独症孩子是一个很特殊的群体，也受到了社会各界的关心。以100封孤独症孩子妈妈的感谢信为出发点，有情有义，项目组能坚持做踏实采访，寻找真实故事，并且以候车亭快闪等方式，让这些充满真情实感的感谢信，以新颖的方式被公众看到。这些遇到很大困难的妈妈，仍然不失希望，全力爱护孩子，其中体现的母爱让人更为动容。对品牌主来说，能坚持做公益IP，也值得称赞。整个案例，切入角度、表现方式、互动环节等都很扎实，是这几年难得的公益好案例。

早防早治共同参与——帕金森病日患教义诊活动

执行时间：2023年4月9日—4月13日

企业名称：灵北（北京）医药信息咨询有限公司

品牌名称：灵北中国

获奖类别：2023金旗奖最具公众影响力企业社会责任金奖

项目概述

2023年4月11日是第27个世界帕金森病日。应社会呼声、时代所需，灵北中国携手中国帕金森联盟在北京市马家堡社区卫生服务中心举办患教义诊活动。活动旨在号召社会关注帕金森病，强化医生和患者对于帕金森病"医院＋社区＋家庭"三位一体联合管理的认识。通过与中国帕金森联盟联合举办本次公益科普活动，灵北中国积极聆听帕金森病患者未被满足的医疗需求，以期未来能为患者提供更具针对性的治疗方案，并通过活动，为患者提供科学的帕金森病知识，提升企业认知度，提升品牌好感度，建立灵北中国的积极形象。

项目策划

1. 洞察

流行病学调查数据显示，我国有260万左右帕金森病患者[1]。到2030年，我国帕金森病患者数将达500万人[2]，几乎占到全球患者数的一半。其中，65岁以上人群帕金森病患病率为1.7%[3]，且随着年龄增长，患病风险逐渐增加。帕金森病已成为继肿瘤、心脑血管疾病之后危害我国中老年人健康的"第三大杀手"[4]。帕金森病早防早治，是实现健康老龄化的关键举措。

2. 项目目标

多年来，灵北中国一直积极倡导呼吁为帕金森病患者提供更多关爱，并提高公众对疾病的认识，以及对三位一体联合管理的了解，从而更好帮助患者恢复脑部健康。本次活动旨在号召社会关注帕金森病，强化医生和患者对于帕金森病"医院＋社区＋家庭"三位一体

---

[1] 中华医学会等.帕金森病基层诊疗指南（2019年）.中华全科医师杂志，2020年19卷01期.

[2] 中华医学会神经病学分会帕金森病及运动障碍学组，中国医师协会神经内科医师分会帕金森病及运动障碍学组.中国帕金森病治疗指南（第四版）.中华神经科杂志，2020年53卷12期.

[3] 同[2].

[4] 中华医学会神经病学分会.血管性帕金森综合征的诊断与治疗.健康指南，2017年第10期.

联合管理的认识，为帕金森病患者提供切实的帮助。

3.创意

本次活动是灵北中国组织的患教公益活动第一次走进社区，活动现场设置多项以服务患者为导向的活动，包括手册发放、专家知识分享、专家义诊咨询服务，以及带教八段锦等康复训练操。

4.媒介策略

本次活动邀请了具有影响力的行业媒体、门户网站等共同参与采访报道，包括人民网健康频道、《光明日报》、新华网、环球健康网、《科技日报》、《新京报》、搜狐网在内的数家媒体在现场与患者共同听取了专家分享，并与北京医院神经内科专家陈海波、首都医科大学宣武医院神经内科马敬红等专家进行了深度交流。

5.活动规划

活动邀请多位帕金森病领域权威专家，就帕金森病的全病程管理、帕金森病的社区早期筛查等话题进行了专题讲解，同时带教前来参与的患者及家属练习八段锦等康复训练操，并对患者进行义诊咨询。为帮助大众更好认识和管理帕金森病，会中发布了由全国12位帕金森病领域专家、帕金森病友会与灵北学院联合汇编的针对患者关注的问题进行解答的《帕金森病疑问医答》手册，并将其送给参与活动的患者及家属朋友。同时，灵北中国总经理霍衍思（Jens Hoeyer）和三位专家接受了媒体专访，分享了他们对于帕金森病的见解等。

项目执行

2023年4月，活动开展前，灵北中国完成了媒体的邀请工作，并由中国帕金森联盟完成患者及专家邀约。4月9日患教义诊活动在北京市马家堡社区卫生服务中心成功举办。活动结束后，各大媒体针对本次活动进行了报道，将帕金森病的相关知识通过线上传递给更广泛的受众。

项目评估

此次活动聚焦于帕金森病的早期识别、治疗和患者教育，旨在提高社会大众对帕金森病的认识，并为患者提供医疗和康复指导。活动吸引了早期帕金森病患者及其家属、医学专家和媒体的广泛参与。据统计，共有40多位早期帕金森病患者及其家属参与了此次活动，另外有8位医学专家和多位媒体记者参与。

活动现场，专家们就帕金森病的早期识别、诊断、治疗和管理进行了深入浅出的讲解，并回答了患者和家属的提问。此外，现场设置了八段锦康复训练环节，患者积极参与，通过学习八段锦等康复训练动作，增强了对疾病康复的信心。

此次活动产生了显著的效果和广泛的社会反响。通过专家讲解和患者分享，参与者对帕金森病有了更深入的了解，对早期识别和治疗的重要性有了更清晰的认识。这不仅提高了患者的健康意识，也为患者提供了科学可靠的疾病知识和健康管理建议。

活动受到了媒体的广泛关注。截至2023年4月18日，共收集到41篇活动相关报道，其中包括17篇原创报道和24篇转载报道，覆盖人数约265万人。首发媒体包括人民网健康频道、《光明日报》、新华网、环球健康网、《科技日报》、《新京报》、搜狐网等行业及新闻门户媒体。活动报道获得多次主流媒体转载。这为活动传播和影响力扩大起到了关键作用，进一步提高了公众对帕金森病的关注度。

活动新闻报道中多次提及帕金森病的早期识别和治疗、共同参与、帕金森病的"医院＋社区＋家庭"管理、灵北中国、世界帕金森病日等关键词。这表明活动对于推动帕金森病的防治工作起到了积极的作用，也提高了相关主题的关注度和影响力。

亲历者说 **张丽娜　灵北中国企业传播、IT、行政及可持续发展总监**

在灵北中国，我们不懈努力，帮助患者恢复脑部健康，使每个人都成为最好的自己。每年的帕金森病日，我们都会通过各种形式的活动为患者发声，开展疾病教育活动，呼吁全社会采取行动提高社会对帕金森病患者及家属理解和支持，从而使他们在治疗基础之上获得更多帮助。2023年的世界帕金森病日，我们携手合作伙伴，进入社区，打造了患教义诊活动。我们希望通过线下患教活动及媒体宣传，近距离了解到患者未被满足的需求，帮助患者及其家人更好了解帕金森病、提高认知、改善全病程管理，最终帮助提升患者的生命质量。

案例点评

点评专家：胡远珍　湖北大学新闻传播学院教授

灵北中国携手中国帕金森联盟，在世界帕金森病日，通过深入社区、患教义诊的具体行动，打造了患教公益活动。项目号召全社会关注老年人帕金森病，将早防早治的观念和灵北中国倡导的"医院＋社区＋家庭"三位一体机制，嵌入患者问答手册发放、专家义诊咨询服务和知识分享、带教八段锦等具体活动，并充分发挥专家和权威主流媒体的叠加效应，达到了"多主体协同发力、多层次活动聚力、多效能情感共力"的传播力、影响力。

活动在策划上借世界帕金森病日进行巧妙借势；在创意策略上注重行动深入、观念嵌入、协同发力、整合传播；最终传播效果达到了与患者建立信任、形成事件广泛的社会影响力、建立灵北中国良好企业形象的目的。

GOLDEN
FLAG
AWARD
金旗奖
—
品 牌 向 上

2023
—
金旗奖最具公众影响力
ESG传播金奖

DHL 快递年度 ESG 传播项目

执行时间： 2022年7月1日—2023年7月31日
企业名称： 中外运－敦豪国际航空快件有限公司（DHL快递中国区）
品牌名称： DHL快递
获奖类别： 2023金旗奖最具公众影响力ESG传播金奖

项目概述

2021年，DHL集团发布了全新可持续发展路线图，并设定了至2030年的ESG中长期目标。此后，DHL快递在此路线图指引下，积极推进清洁运营、打造全体员工心中的伟大企业以及建设备受信任的公司，并取得了众多阶段性成果。

传播层面，可持续的话题需要以可持续的方式进行传播。项目团队制订了长期传播规划，对公司在ESG领域的优秀实践进行持续传播。2022年7月至2023年7月，团队也根据这一传播策略，通过深挖内容、拓展渠道等，持续广泛介绍DHL快递在ESG方面的举措和成果，进一步提升企业形象和品牌美誉度。

项目策划

1.传播策略

项目团队秉承可持续的话题需要以可持续的方式进行传播这一核心理念，为公司ESG传播制订了长期规划，以DHL快递在相关领域的举措和各项成果为基础，体系化对其中具有传播价值的内容进行编纂，并针对不同受众有侧重制作传播内容，实现长期、稳定、持续传播。

内容上，一方面对全球内容中与中国有更大关联度或本地媒体更感兴趣的内容进行本地化，另一方面深挖本地案例，从而让传播兼顾"大视野"和"小视角"，既有宏观规划，又有本地实践，更完整展示公司ESG举措及成果。此外，在内容制作方面，力求以通俗易懂的语言来阐释专业话题，将内容说透、说清楚，让未接触过航空物流等领域的读者也能理解并对这一话题感兴趣。

传播渠道上，由于ESG话题契合主流媒体的关注点，在传播中重点对接主流媒体（如综合、财经类），以及垂直和行业媒体（如物流、能源、CSR类），通过系列稿件发布不断加强媒体沟通，引发媒体兴趣和落稿。

形式上，以更多样的可视化手段让专业话题传播更生动。以新闻稿等"硬素材"为基础制作一系列短视频，并与抖音财经自媒体合作，拉近与受众的距离，从而扩大传播面。

此外，在传播节奏上，提前梳理进博会、世界地球日、世界环境日和世界献血者日等年度热点，充分借势热点，更系统对ESG各领域内的举措加以展示。以进博会为例，在规划进博会相关传播时，除紧扣跨境电商等业务话题外，将ESG作为重要切入点，以翔实的内容结合展台中对货机等的展示，成功吸引众多媒体报道。

2. 传播规划

将整体传播划分为新闻即时性传播和短视频扩大传播，通过不同媒介不断加强内容影响力。

（1）新闻即时性传播：在约一年间，集团与DHL快递均有多个ESG领域的重要新闻。对部分重要且与中国区关联度更高的英文稿件进行及时编译，同时充分挖掘本地素材，做即时性发布和媒体沟通。

传统媒体覆盖：向近200家媒体推送新闻稿及图片资料。自有微信渠道传播：充分利用DHL快递两个分别以媒体和客户为主要受众的微信公众号，根据新闻角度选择不同发布群体。内部传播：除面向中国员工的内部传播外，将中国区ESG最佳实践制作成英文素材，推送到全球总部，通过英文网站予以传播。

（2）短视频扩大传播：立足新闻素材制作短视频，进一步介绍企业ESG方面的举措与成果。

自有微信视频号传播：深度挖掘新闻素材中有社交媒体传播价值的内容，自主制作短视频并发布。抖音传播：借势进博会等热点事件，与抖音自媒体合作以短视频的形式展示DHL快递在绿色物流等方面的举措。结合KOL建议以及主要信息点，自主制作数支2分钟以内的短视频，并在KOL的抖音账号进行发布。

项目执行

活动期间，确保每月都有ESG相关内容发布，累计发布超过20篇ESG相关新闻稿、9支视频号视频，以及2支抖音视频，其中九成工作由企业方独立完成。

项目评估

通过提前规划，让ESG相关内容每月均有露出，并在全年传播中保持高声量。这一年度传播项目不仅在主流及垂直和行业媒体中获得了较高的关注度，在抖音平台也取得了较好的热度。与此同时，公司在推动绿色物流和承担企业社会责任方面的决心与行动得到了客户、业界和社会大众的肯定与好评。

在新闻媒体报道方面，实现项目期间连续每月发布稿件，且平均每篇新闻的转发达数百篇。发布媒体包括传统媒体平台和微博、微信等社交媒体平台，传统媒体涵盖财经、商业、能源、CSR、物流等多领域媒体。部分报道媒体如下。

权威媒体：央视新闻、《经济日报》、中华人民共和国国家邮政局官网、中国快递协会官网等。财经媒体：财新网、新浪财经、网易财经、凤凰财经等。商业媒体：《国际商报》《中国经营报》、界面新闻等。物流垂直媒体：《中国民航》《中国民航报》《中国邮政快递报》《中国物流与采购杂志》等。能源类媒体：国际能源网、中国能源网等。CSR类媒体：中国公益新闻网、中国公益之声、中国公益在线等。

抖音视频共收获4000万次播放，8万个赞，4000多条评论（几乎全部为正面评论），以及超过5700次分享，让更多抖音用户关注绿色物流发展，真正让企业新闻进入大众视野。

亲历者说 黄怡 DHL快递中国区企业传播经理

ESG既是企业寻求高质量发展的需求，也要求具备可持续性和影响力的品牌宣传方式。DHL快递作为绿色物流领域的先行者之一，以"真金白银"和实际行动聚焦ESG具体实践。在充分利用公司丰富的传播素材的基础上，为最大化传播效果，我们以公关思维讲故事、做宣传，将复杂专业的评价体系与企业优势相结合，面向公众讲好企业的价值故事，让企业好声音传播得更远。

案例点评

点评专家：杨晨 上海外国语大学公共关系学系系主任

DHL快递中国区是较早一批响应践行ESG理念并积累了成功传播经验的企业之一，本案例在内容的持续性和媒介的立体性两个方面表现尤其突出。经过认真规划，在2022年7月至2023年7月的传播项目中，每月都有一个相关主题内容露出，提供了稳定持续新闻报道。整合覆盖财经、物流、能源、CSR等领域的传统媒体，以及企业微信公众号、视频号和抖音两位财经KOL渠道，发布新闻稿、长图、短视频，利于提升企业声量和公众认知度。

芬必得：带给大山女孩一场梦想营①

执行时间：2022年7月1日—2023年6月30日

企业名称：赫力昂（中国）有限公司

品牌名称：芬必得

代理公司：明思力中国

获奖类别：2023金旗奖最具公众影响力ESG传播金奖

项目概述

芬必得是知名疼痛管理品牌，秉承着"梦想不为疼痛止步"的理念开展企业社会责任活动，赋能弱势群体追逐梦想。项目组洞察到大山女孩的美育需求，为芬必得策划了本项目，联合公益机构和权威媒体，不仅借助美育互动对弱势群体进行帮助，也产生了切实的成果——因引发公众共鸣而创造了远超预期的传播影响力，帮助芬必得实现了市场销售强劲复苏。

芬必得：带给大山女孩一场梦想营主视觉设计

---

① 本文中所涉及的视频及图片，赫力昂（中国）有限公司均已得到被拍摄者的使用许可。

项目策划

社会话题营销策略模型

1.项目策略

聚焦于需要美育鼓励的大山女孩，帮助女孩们激发梦想力、建立自信心，并提升对未来的美好期待。通过议题分析模型进行策略聚焦，从弱势青少年群体，聚焦到大山青少年，再落到大山女孩。在此基础上，团队从大山女孩的教育扶贫、生理卫生及美育素质三类重点议题中筛选出了美育议题作为核心抓手。

2.项目创意

借助机构协同共创的美育项目，帮助女孩们对否定勇敢说"不"，打破"不可能"，用梦想的力量建立克服障碍的信心。团队为芬必得品牌锁定了有灵且美这个在美育议题上有着独特视角的公益机构进行合作。借助舞蹈、戏剧、手工绘画、自由写作等方式，有灵且美帮助乡村女孩有意识地看到不同阶段的身心转变，从女孩的内心深处助力她们蜕变，使她们在身体、心智、关系层面都能更积极健康发展。基于有灵且美既有的项目基础，项目组深度参与合作共创，添加更多创意元素，打造了本项目，为大山女孩带去有价值的美育课的同时，充分展现芬必得的品牌理念"梦想不为疼痛止步"。

3.媒介策略

动员整个公益生态圈，引入《人民日报》和能量中国作为合作伙伴，并充分发挥其价值。

《人民日报》主打"高度"，通过其新媒体平台将"大山女孩美育"打造成一个具有权威影响力的社会议题，并背书了芬必得品牌在该议题上的先锋形象。芬必得与《人民日报》

共创的视频故事线，达成微博热搜。

能量中国则主打"温度"，通过明星效益引发大众与大山女孩共情，建立大众与芬必得品牌之间的共鸣。芬必得与能量中国共同投放具有公益破圈力的北京地铁广告，内容为4名女明星组成的"筑梦姐姐团"号召大众参与筑梦接力行动，另配套线上发布的优质内容和原创视频，用高性价比资源引起社会广泛关注。

4.传播规划

开端：利用明星公益微博和线下公益广告，"线上＋线下"场景联动提升公众对活动的关注和参与。

高潮：开展线下活动为女孩们赋能。邀请全国性及当地权威媒体参与活动，共同打造即时影响目标群体的内容，扩大公众影响力并获得公益合作伙伴认可。

扩散：联合主流媒体及社交媒体KOL发布活动新闻及活动总结，持续1周报道热度，在检索平台形成新闻堆。

项目执行

（1）专业导师定制课程：7月在四川通江县涪阳中学，有灵且美公益组织的专业导师为大山女孩带去定制课程，包括音乐、戏剧和绘画等。在美育赋能课程中，孩子们发现自己

女孩们在"粉碎不可以"仪式中跨越"不可以"障碍

的美，摆脱怀疑和不自信，并大胆表达自己的梦想。

（2）主流媒体现场参观报道：多家省级和地方媒体在现场聆听了女孩们的"成长的烦恼"，见证了她们打破自我怀疑和外界否定的过程。活动结束后生动真实的图文及视频媒体报道引发了社交媒体大量转发。

（3）权威媒体背书引发社会热议：芬必得与《人民日报》联合制作的微纪录片在人民日报微博上发布。两篇新闻文章、一篇原创漫画推文，以及一段回应视频在《人民日报》客户端和多家主流媒体上发布，扩大了影响力。

（4）2023年后续新落地3场梦想营计划，覆盖200多名大山女孩。

项目评估

1.效果综述

议题传播层面：通过《人民日报》及公益机构资源，将大山孩子梦想及精神赋能的迫切性这一社会议题带入公众视野，引发公众共鸣。商业影响层面：因引发公众共鸣而创造了远超预期的传播影响力，帮助芬必得实现中国市场销售强劲复苏。

2.受众反应

参与梦想艺术营的女孩们提升了自信，她们说：

"之前我会羡慕别人比我瘦，但现在只是欣赏，我也很美。"

"参加了此次梦想艺术营，哥哥姐姐让我觉得自己本来就很好，我也有让别人感觉到美好的能力。"

"我也想长大之后也能成为哥哥姐姐这样的志愿者，用自己的能量帮助到更多的女孩们。"

3.媒体统计

产生远超预期的媒体影响力。公关活动曝光超过2.52亿次。芬必得与《人民日报》相关内容获微博阅读量超1.6亿次，视频观看量超3289万次（是其CSR相关视频的18倍），App浏览量4368万次。芬必得与能量中国相关内容获超1200万次媒体发稿曝光量，ROI（投资回报率）达到12倍能量中国地广传媒价值。获得70多家微博认证官方媒体转发。

亲历者说 赵玮岚　明思力中国副总监

乡村振兴是中国ESG关键议题中非常重要的议题之一。很高兴通过本项目，将企业、公益组织和媒体有机地联结在一起，共同深度讨论乡村振兴社会议题，寻找"美好向善"交汇点，探索乡村美育的更多可能性，让更多人参与这场向善活动。

案例点评

点评专家：樊传果　江苏师范大学传媒与影视学院教授、硕士生导师、文化创意产业研究院院长、广告研究所所长

这是一则将品牌精神与公益传播紧密融合的成功案例。

芬必得作为赫力昂旗下的知名疼痛管理品牌，围绕梦想不为疼痛止步的品牌理念，精准洞察大山女孩的梦想痛点，策划组织了主题活动，赋能大山女孩积极追逐梦想。CSR 项目传播对象及传播主题不仅清晰、准确，而且将品牌理念巧妙融入其中。

通过富有创意的内容生产，生动讲述了品牌与 CSR 项目之间的感人故事，展示了大山女孩真实的生活场景，以及芬必得如何帮助她们摆脱标签，不仅增强了品牌的亲和力与社会责任感，更让大众对芬必得品牌理念有了更深刻理解认同。在媒体选择上，芬必得构建了线上线下相结合的传播矩阵，确保信息有效触达与广泛传播，引发公众共鸣，创造了远超预期的传播影响力，帮助芬必得实现了中国市场销售强劲复苏。

 嘉吉 推动变革 Social Impact Initiative①

执行时间：2023年1月1日—8月23日

企业名称：嘉吉投资（中国）有限公司

品牌名称：嘉吉

获奖类别：2023金旗奖最具公众影响力ESG传播金奖

项目概述

嘉吉的使命是以安全、负责任和可持续的方式滋养世界。嘉吉以创新驱动，始终致力于服务客户，为中国消费者提供安全优质的食品等，同时，积极为中国高质量发展和乡村振兴战略贡献企业力量。嘉吉携手中国美国商会等合作伙伴通过搭建智库、企业和国际组织等多方参与的开放性平台，为绿色发展、乡村振兴和数字经济等领域探索创新、有效的解决方案，汇聚不同利益相关者的力量，传播ESG理念，共同推动社会发展。

项目策划

本项目聚焦绿色发展、乡村振兴和数字经济三大主题，邀请相关智库、国际组织和中外企业通过政策分析、国际经验讨论、案例分享、实地探访和高端论坛等活动，为上述三大主题产出建议和实践案例。

1.活动一，国际可持续发展政策分享

目标：分享可持续发展领域的政策进展。

受众：中国美国商会和会员企业。

传播策略：邀请国际上有影响力的研究学者，通过线上会议的形式，为在华企业分享可持续发展领域的国际政策进展和热点话题。会后通过微信、网站等资源分享会议总结，扩大影响力。

传播内容：如何衡量企业影响力与当前人力资本信息披露；经济脱碳对全球经济运作方式及投资者行为产生的影响。

---

① 社会影响力计划。

2.活动二，绿色发展和乡村振兴主题研讨会

目标：围绕绿色发展和乡村振兴进行政策研究及案例分享，促进在 ESG 领域的沟通。

受众：智库、国际组织、行业协会和企业等。

传播策略：邀请国际组织等就相关话题的最新政策进展进行分享，企业对这些政策的实施情况进行反馈，并就最佳实施案例进行分享。会后通过微信、网站、邮件等形式就会议成果进行宣传。通过分享和对话形式促进 ESG 相关政策及实践的传播。

传播内容：中国乡村经济、女性赋能和绿色低碳发展的政策及工作进展，企业及国际组织在上述领域的最佳实践和政策建议。

3.活动三，数字经济政企座谈会

目标：就数字经济的相关政策建议与相关机构进行直接对话，推动政企交流与合作。

受众：政府机构及部分企业代表。

传播策略：政企直接面对面沟通，会后就主要信息通过网站、微信和邮件的形式进行传播。

传播内容：中国在数字经济方面的政策进展，外资企业助力中国中小企业数字化转型的挑战与机遇。

4.活动四，乡村振兴之旅

目标：展示部门合作成果，推广创新、可持续的乡村振兴解决方案。

受众：智库、行业协会、企业和国际组织等。

传播策略：通过基层实地探访，传播乡村振兴相关解决方案。

传播内容：部门合作的成功案例，外资企业为改善当地小学运营所做出的努力及对乡村振兴的积极影响。

5.活动五，社会影响力·汇话

目标：增强企业 ESG 传播。

受众：智库、行业协会、国际组织和企业等。

传播策略：《中国美国商会季刊》为企业做双语杂志专访，发布于中国美国商会的网站、微信及 LinkedIn（领英）账号；中国美国商会及企业官方微信号同步互动传播。

传播内容：企业可持续发展战略，企业为实现其可持续发展目标采取的行动及产生的积极影响。

6.活动六，社会影响力峰会

目标：总结项目实施以来取得的成果并表彰对绿色发展、乡村振兴和数字经济有贡献的会员企业。

受众：行业协会、国际组织、智库和企业等。

传播策略：主题演讲和专题研讨，发布双语社会影响力报告，中国美国商会网站、微

信推广本次峰会的成果，参与企业官方微信互动传播。

传播内容：在华外资企业为助力中国可持续发展目标实现所做出的努力，以及政府等对在华外资企业所做努力的肯定和期望。

项目执行

（1）国际可持续发展政策分享：2023年1月及2月分别邀请来自哈佛大学商学院及哥伦比亚大学的教授举办两场研讨会。

（2）绿色发展和乡村振兴主题研讨会：2023年4月及6月分别邀请相关国际组织、智库及企业等举办主题研讨会。

（3）数字经济政企座谈会：2023年6月分别与赛迪研究院及中国信息通信研究院举办两场围绕数字经济的政企座谈会。

（4）乡村振兴之旅：2023年4月中国美国商会和部分会员企业代表等赴四川省广安市和仪陇县就ESG领域合作情况展开调研。

（5）社会影响力·汇话：《中国美国商会季刊》对企业的可持续发展战略进行专访。

（6）社会影响力峰会：2023年8月举办，来自智库、国际组织和企业的代表围绕绿色发展、乡村振兴和数字经济发表了演讲或对话，发布社会影响力报告。

项目评估

1. 效果综述

本项目围绕绿色发展、乡村振兴和数字经济三个对中国高质量发展至关重要的领域，构建公开对话平台，进行深入分享交流，传播ESG理念，为可持续和高质量发展寻找解决方案。

项目期内听取了中华人民共和国商务部、中华人民共和国生态环境部、中华人民共和国科学技术部、中华人民共和国工业和信息化部、联合国儿童基金会、联合国开发计划署、中国发展研究基金会、中国乡村发展基金会等有关部门负责人和哈佛大学、哥伦比亚大学和清华大学等中外学术机构的资深学者对外资企业参与相关工作的专业指导，同时来自不同行业的外资企业为推动上述三大领域的发展贡献了大量的实践案例。

除此之外发布了社会影响力报告（中英双语），该报告对三大领域相关政策进行了深入分析，同时收录了来自26家在华外资企业的近60个实践案例。

通过这些线上和线下活动，会员企业在可持续发展发展领域建言献策、向行业专家学习前沿的ESG知识、与商业伙伴交流项目经验、向大众传播负责任的企业形象。

2. 媒体统计

8场主题活动累计参与人数近400人，网站及微信发布报道14篇，累计浏览量近

10000次。2篇社会影响力·汇话专访文章的累计点击量近4000次。

3. 受众反应

（1）参与企业：项目为跨行业的企业搭建了一个高效、透明的沟通平台，帮助企业与行业伙伴进行深入沟通，既推动了企业ESG品牌的传播，也为推动全社会发展贡献力量。

（2）智库及国际组织：可持续发展目标的实现，需要所有利益相关者的共同努力，非常高兴看到企业等各利益相关者在社会影响力项目中的互动合作，也从企业分享的案例中受到很多启发，希望一些好的实践案例可以得到进一步推广。

亲历者说 吕晴　嘉吉投资（中国）有限公司政府事务经理

嘉吉的使命是以安全、负责任和可持续的方式滋养世界，嘉吉在全球的近16万名员工每一天都在为实现这个目标而努力。嘉吉积极携手合作伙伴，为中国可持续发展战略贡献企业力量。我们非常高兴加入这一项目，并看到这个项目汇聚了来自不同部门的多方力量，为可持续发展目标实现寻找创新、有效的解决方案。

案例点评

点评专家：李志军　中央财经大学文化与传媒学院广告系教授

ESG话题近年来逐步受到更多关注，但ESG传播仍处于探讨和摸索阶段，品牌的实践案例可以为后来者提供更多的思考。嘉吉围绕企业关心的绿色发展、乡村振兴以及数字经济等议题展开了非常务实、有效的行动。首先，开展形式上，组织了多场主题活动，主要形式为会议，传统但有效，特别是聚集了相关领域的专业机构、研究机构等，含金量很高；其次，成果上，发布了社会影响力报告（中英双语），同时收录了几十个实践案例，为有关企业提供了非常有价值的参考；最后，传播方式上，采用双语杂志专访，相关内容发布于中国美国商会的网站、微信及LinkedIn账号等，都具有较强针对性和实效，对于开展ESG传播具有借鉴意义。

"举手之间，美有瓶替"
——资生堂中国替换装战略创意传播项目

执行时间：2022年10月1日—11月30日

企业名称：资生堂（中国）投资有限公司

品牌名称：资生堂中国

代理公司：罗德（上海）传播有限公司

获奖类别：2023金旗奖最具公众影响力 ESG 传播金奖

项目概述

全球可持续发展浪潮不断推进，绿色消费已成为一种新的生活方式。作为重视美丽可持续的百年企业，资生堂集团早在1926年便首次推出替换装产品，不断通过产品与技术引领绿色消费。2022年11月，在集团成立150周年发布会上，资生堂中国发布了绿色增长计划，并聚焦集团优势领域——护肤品替换装。基于此计划，资生堂中国以无泵瓶、替换芯、自立袋三种替换装形式，给消费者带来全新环保护肤体验。

项目策划

1.洞察

大美妆类绿色货品有望成为替换装市场的下阶段增长点，但针对替换装还未形成深度传播。因此消费者对于替换装的使用，仍存在不同程度的认知限制。

2.策略

通过打造"瓶替"IP，以引领使用替换装为生活方式趋势为长期目标，制订五年持续性规划，贯穿消费者"认知—决策—购买"等全链路营销中。2022年是打造"瓶替"IP的第一年，资生堂中国以强化消费者认知为目的，在内容上化繁为简，通过简明的方式将概念传达给消费者，并激发消费者尝试。在渠道上，除了将自有媒体作为官方渠道发布"瓶替"内容，资生堂中国联合微博、微信公众号、视频号、手淘平台进行深度内容合作，扩大传播范围。

3.创意

为向消费者传达使用替换装是轻松易得的绿色选择，资生堂中国以"举手之间，美有瓶替"作为指导全平台沟通的口号，点明使用替换装是轻松简单、举手之间即可完成的一件生活小事。

4.媒介策略&传播规划

（1）资生堂中国在集团150周年发布会做出重要承诺，邀请媒体共同见证绿色增长计划及深耕态度。官方媒体及垂直媒体结合当下趋势对资生堂集团150周年发布会及绿色增长进行报道，为集团和替换装战略背书，同时将集团和替换装战略深入传播至目标人群。

（2）自媒体化身官方发言人铺垫话题，发布视频科普替换装的环保意义。资生堂中国将自有媒体作为品牌发声平台，从2022年预埋替换装相关话题，展示集团底蕴。配合150周年替换装战略的发布，在自有媒体全平台发布官方"举手之间，美有瓶替"相关视频，同时联动旗下品牌社交账户，进一步扩大影响力。视频在替换动作与自然环境的切换中展示"举手之间"即可完成的便捷与轻松。同时，通过展示确切数据让消费者感知替换装的环保价值，并辅以丰富的替换装产品展示，体现出资生堂集团在替换装领域的深耕。视频创意物料由资生堂中国员工共同创作，将集团层面的可持续理念自上而下传播并深化至员工层面。

（3）资生堂中国发布替换装白皮书，用调研数据深刻洞察消费者需求。资生堂中国联合生态环境部宣传教育中心以及阿里巴巴集团，联合推出《美妆替换装消费者调研白皮书》，洞察消费者需求，为替换装战略提供可靠的反馈与洞察，同时让集团在替换装领域更具权威性。

（4）资生堂中国联手KOL内容共创，生动展现"举手之间"的替换装美学生活方式。时尚博主Sunnie-Sun倡导并践行可持续时尚，将环保理念贯彻在日常生活中，把使用替换装变成一件随手可做的时髦小事。SavisLook将自身创意运用于瓶替传播，在花艺过程与替换装之间类比切换，展现替换装的易操作性和随手让地球更美的价值理念。

（5）《新周刊》再度深化"瓶替"话题，宣传扩展至绿色消费人群。《新周刊》新媒体粉丝群体中35岁以下的占70%，以北上广等城市群体为主，文化素养高，与资生堂集团替换装的目标用户高度契合。此次合作深刻洞察了大众情绪和年轻人消费导向，将"瓶替"打造成为新潮又治愈的美好循环，引发消费者共鸣。

（6）朋友圈投放"瓶替"视频广告，引导消费者互动参与"瓶替"话题。朋友圈广告呈现"瓶替"视频，科普替换装形式。通过点击跳转至内容页，沉浸式海报分别以海、陆、空三个创意视角，展现"使用替换装让地球更美"的愿景。内容页底部按钮为各品牌小程序引流，让消费者直观感受清晰、可靠的替换装产品信息。

（7）多平台传播引流，将"美有瓶替"触达更广领域消费人群。除资生堂中国及旗下品牌的平台传播外，"美有瓶替"的相关物料以淘宝及天猫App、微博开屏，以及视频网站贴片广告等不同形式进行传播。

（8）资生堂中国携手淘宝打造"88减碳日"，打造行业标杆，替换装产品高效触达至绿色人群。发挥两大集团影响力，传递"举手之间，美有瓶替"的低碳主张；"88减碳日"为资生堂搭建专属低碳场景。活动期间，消费者通过淘宝App可进入"88碳账户"的资生堂中国替换装专属页面，了解减碳知识的同时在页面中随手下单现有的各款替换装产品，养成减碳消费习惯。以阿里巴巴集团平台绿色消费人群为替换装主要传播人群，通过传播减碳价值、替换方式，让潜在核心人群对替换装产品建立认知。

项目执行

以资生堂集团150周年发布会为起点，资生堂中国不断强化推动绿色消费的可持续承诺，收获数千家媒体见证报道。同时资生堂中国以"举手之间，美有瓶替"为指导全平台的传播口号，进行广泛深度传播。与合作伙伴对替换装消费人群进行洞察，确定传播的目标和方向。根据潜在消费人群进行层层有针对性传播。通过KOL共创、自媒体持续传播、权威媒体报道、朋友圈广告等，将资生堂中国与替换装深度关联。

项目评估

1.效果综述

项目在传播声量上将概念传达至粉丝群体、时尚圈层及更广泛年轻人群，同时在评价度上反映出受众对瓶替概念的认可和接受。从整体传播来看，项目传播触达超6000万全网用户，触达142万用户阅读，同时自发形成177万次热门互动。

2.市场反应

通过合作媒体与KOL内容共创的优质内容，吸引一批潜在绿色消费人群关注到资生堂中国在可持续领域所做的努力，增强消费者对资生堂集团及旗下品牌的好感度。资生堂中国替换装理念与针对绿色消费市场趋势的前瞻性布局，无疑是在助力行业提升标准与推动社会绿色消费实施。

3.媒体统计

瓶替内容传播共收获1500余次媒体露出，同时资生堂中国官方微信公众号及微博账号也通过数篇文章发布可持续的相关内容。在深度内容产出上，生活方式媒体《新周刊》在微信平台面向粉丝群体进行深度传播，同时微博KOL对"瓶替"话题进行创意延展，引发社交媒体用户自发讨论。

亲历者说 陈智玑　资生堂中国企业传播部高级经理

近几年，ESG成为热门话题，资生堂中国也不断思考，如何将经营战略与可持续发展战略相结合。我们从原料采购、产品研发、生产等方面，致力于减少经营活动对环境影响，也着眼于携手消费者共同打造可持续的美。因此我们作为全球较早开展可持续产品开发的化妆品企业之一，结合集团优势推广替换装，致力于推动替换装消费趋势，倡导绿色消费。

案例点评

点评专家：王洪波　中国对外文化集团有限公司新闻总监

环保是理念，更是美。对于环保理念的追求与承诺，是很多大企业的责任。如何兑现这份承诺，则是一种考验。把环保与企业自身的核心理念融为一体，让用户一起享受环保的荣光，同时为用户提供更好的体验，才是最恰当的安排。资生堂集团推出替换装，体现了集团作为全球早期开展可持续产品开发的化妆品企业之一，倡导绿色消费，推动替换装环保消费趋势的坚定决心，也展示了一个百年企业不断焕发青春的勇气。而"举手之间，美有瓶替"这八个字，又赞美了消费者对环保事业的参与，体现了企业对用户的情感。

科德宝《年度可持续发展进展报告》发布项目

执行时间：2022年10月1日—11月30日
企业名称：科德宝企业管理（上海）有限公司
品牌名称：科德宝
获奖类别：2023金旗奖最具公众影响力ESG传播金奖

项目概述

面对能源危机、"双碳"目标，各界对企业ESG治理提出了更高的要求。可持续发展是刻入科德宝集团发展基因的重要元素。可持续发展于科德宝而言意味着材料和能源的资源效率，包含两个维度：足迹和手印。足迹表示科德宝使用多少资源来创造产品与服务；手印代表科德宝的服务让客户提升了多少资源效率。在提出到2045年成为气候中性企业的目标后，科德宝不断加强创新，立足自身减能减排，极力为所在行业带来能源、材料、排放、水资源、废物处理等维度的可持续发展解决方案，通过足迹最小化和手印最大化助力提高全球可持续发展，此外科德宝定期发布可持续进展报告，公开集团迈向上述目标的进展，展现集团践行可持续发展承诺的成果。

项目策划

1.传播策略

借助绿色低碳理念在进博会上搭建与目标受众的沟通桥梁，提高科德宝在大众、主流媒体、客户群体和合作伙伴中的传播声量，进一步提升科德宝的品牌认知度和美誉度。聚焦交通行业可持续发展，利用自身的产业生态伙伴关系网络汇集产业链上下游企业，共同探讨减排降碳的目标路径，共建绿色高效的产业链生态模式，助力合作共赢。

内容角度上，多维度展现品牌可持续发展理念，从战略规划、实践案例到未来愿景。科德宝集团CEO（首席执行官）与CTO（首席技术官）通过视频首度公开了科德宝集团可持续发展战略和路线图。紧扣进博会主旨，与各方嘉宾共同交流行业挑战，分享科德宝的交通运输行业低碳发展案例。论坛现场发布《年度可持续发展进展报告》，提出集团力争到2045年成为气候中性企业，并通过减排、电气化、绿色能源和碳补偿四大步骤，实现碳中和。科德宝位于南通、顺德、太仓、重庆等地的工厂纷纷利用创新技术提高资源利用效率，减排降碳。

活动设置上，邀请产业上下游及相关行业专家进行多元化思维碰撞。建立多元的发言人矩阵，挖掘论坛纵深意义：来自浦东区政府、中国国际进口博览局的领导，以及上下游企业、咨询公司代表，和科德宝集团技术专家、高管齐聚一堂。带来不同视角对交通运输行业创新发展的洞察。

媒介策略上，根据论坛内容与活动目标精准匹配不同媒体类型。借助线上直播，让更多受众了解论坛实况，扩大本次论坛影响力，展现科德宝坚持可持续发展理念的决心。利用头部媒体，提升科德宝品牌知名度，彰显可持续发展使命；借助垂直类媒体，深挖科德宝集团技术与产品优势，加强行业话语权和影响力。

2.传播周期

10月底至11月4日：前期声量铺垫。围绕首次参加进博会、发布报告、技术创新论坛等亮点，配合当期媒体关注焦点，梳理科德宝集团关键信息，配合媒体有关进博会的预热报道进行宣传。

11月5日至11月8日：媒体集中报道。利用平面、视频、直播等多种传播形式，结合进博会热度，对论坛主题、科德宝《年度可持续发展进展报告》和科德宝集团致力于在2045年实现气候中性目标进行广泛宣传，持续提高科德宝品牌声量和在可持续发展领域内的影响力。

项目执行

项目准备期间，集团通过集思广益，结合参展亮点，拟定论坛主旨。并敲定与会嘉宾。此外，科德宝集团与合作伙伴定期开展项目进度会议，确保项目按时推进。

进博会期间，科德宝集团与代理公司紧密合作，收集线上线下媒体咨询信息，并收获了许多现场临时针对论坛和科德宝集团的采访传播机遇，进一步提高了品牌传播声量。

项目评估

截止到11月17日，科德宝集团参加第五届进博会并举办创新与技术峰会的相关内容总共收获307余篇报道，覆盖电视、报纸、客户端、微信等多个渠道。本次论坛科德宝邀请到《文汇报》、浦东发布、《中国汽车报》、界面新闻等近10家主流一线媒体来到论坛现场共同交流。此外，科德宝集团借助进博会溢出效应，通过新华社、《人民日报》等主流媒体，在场外对本次论坛进行了报道，进一步提高了本次活动的曝光量。科德宝在进博会展台与论坛现场共计接待了24位媒体记者，并通过线上线下紧密沟通，最终收获70余篇媒体主动报道，超出预期。清洁能源技术、投资中国、可持续发展等热词频频出现，既凸显了科德宝本次参展的亮点，也直接表明科德宝始终将可持续发展理念立于未来发展规划的首要位置。

最终，根据进博会官方发布的《第五届进博会传播影响力报告》，科德宝入选了智慧出行专区"传播影响力十强展商"。

亲历者说 **李鸣号　科德宝集团亚洲地区企业中心企业传播总监**

如今可持续发展已是企业传播数一数二的热点，制造业企业更需要抓住风口。科德宝在百余年发展中，不断通过"足迹+手印"的模式提高自身和客户的资源效率，由此积累了大量的实践经验和可持续发展朋友圈。我们深知想要到2045年实现气候中性的目标，离不开产业链上下游的支持。因此在本次论坛中，科德宝通过公开可持续发展路线图等，结合市场、技术等角度，让这场多方对话变得更加全面、生动、意义深远。

案例点评

点评专家：左跃　国家核应急协调委专家委危机处理专家、硕士生导师

科德宝会整合，一场论坛，首次展示，充分展现。科德宝《年度可持续发展进展报告》发布项目充分整合了平台与媒体资源，让一场发布会变成了连接大会，变成了企业品牌价值传播大会，不仅拓展了科德宝的品牌知名度，彰显了企业可持续发展理念，而且凸显了科德宝技术与产品优势，有效提升行业话语权和影响力。

■ 肯德基食物驿站

执行时间：2022 年 9 月 30 日—2023 年 6 月 30 日
企业名称：百胜（中国）投资有限公司
品牌名称：肯德基中国
代理公司：上海日班文化传播有限公司
获奖类别：2023 金旗奖最具公众影响力 ESG 传播金奖

项目概述

2020 年 9 月，我国宣布了"双碳"目标。同年，肯德基提出"自然自在"可持续发展宣言。肯德基食物驿站是"自然自在"体系中的一大主要项目，肯德基经过许多内部学习、试点和不断优化，于 2020 年正式创立食物驿站，将尚在保质期内的余量食物免费发放给有需要的人。

面对"余量食物与传统观念之间的冲击""以公益美化余量食物"的质疑与调整，肯德基食物驿站计划在 2022 年世界粮食日之际在传播内容方面遵循实事求是原则，奠定谦逊的传播基调，凸显品牌的气量与格局；延续肯德基品牌随手公益、注重实效的公益核心理念，结合多样化传播形式，力争传播效益最大化。

活动海报

项目策划

1.项目目标

肯德基食物驿站公益模式科普与推广；最大化消费者参与，降低互动门槛，加强公众对肯德基减碳公益活动的参与度；进一步提升肯德基公益影响力，从各大品牌的可持续发展、减碳公益传播中突破重围，实现差异化出圈。

通过肯德基食物驿站公益推广，提升公众对肯德基可持续发展公益的好感度，扩大肯德基"自然自在"公益影响力，带动更多消费者、合作伙伴共同践行绿色低碳行为。

持续优化肯德基品牌形象：强化品牌正面形象与担当，承上启下延续肯德基一直以来的可持续发展主张，并推出形式更丰富的可持续发展公益项目。

2.传播策略

（1）传播内容遵循实事求是原则：通过文字、图文、视频等传播物料，将肯德基食物驿站执行流程与标准公开，提升公众对食物安全性的信任；权威第三方对于肯德基食物驿站减碳成果认证与公开，提升公众参与公益的信心；受助群体真人事迹分享，让公众成为公益带来积极改变的见证人，助力营造良好社会风气。

（2）奠定谦逊的传播基调，凸显品牌的气量与格局：将"坚持"作为肯德基品牌公益、社会责任相关的传播核心词，围绕"大胆、创新、果断"讲述肯德基食物驿站模式建立和推行的过程，将"尊重"作为食物驿站相关传播的初心描述。尊重粮食，珍惜粮食，尊重余量食物，是一种正确；反复强调肯德基、合作伙伴，每个参与肯德基食物驿站公益行动的人和接收余量食物的弱势群体，心中都有对食物的尊重，对节约粮食、绿色减碳行动进行情感和立意升华，进而提升公众情感共鸣。

（3）延续肯德基品牌随手公益、注重实效的公益核心理念：利用肯德基规模优势，令公众低门槛、多切口参与公益的同时，注重项目实效性，及时给予参与者正向反馈。

（4）传播形式多样化：结合品牌自身特点和优势资源，借助明星、节日热点、社交热梗打造等方式，让商业品牌的公益故事年轻化、时尚化、趣味化，更具亲和力和传播力，带动公众参与品牌环保行动。

主要传播节奏

项目执行

1.肯德基食物驿站日常传播

不断规范化全国肯德基食物驿站视觉、建立传播规范/食品安全标准及明确品牌标识；科普操作流程、强调安全性，以坦诚透明的态度，打消顾虑，建立消费者对余量食物、肯德基食物驿站的正面认知。

2.2022年世界粮食日活动：一起食尽其用，自然更有爱

（1）企业内部传播：百胜集团、肯德基品牌领导层现身说法，让每个肯德基人成为肯德基食物驿站的传播中心，辐射社交圈，实现一次真正的肯德基全员传播行动。

（2）行业联动，影响更多有影响力的品牌与团体，一起食尽其用：携手上下游合作伙伴OATLY（噢麦力）、圣农、中粮三个品牌联动发声，向更多消费者倡导珍惜粮食、食尽其用。

（3）品牌公益赋能销售，大胆创新营销模式：原味鸡爱心买捐活动试点。在日常促销活动中融入公益买捐模式，降低消费者参与公益的门槛，倡行随手公益。对传统销售物料大胆改革，减销售信息、重公益信息。

项目评估

肯德基食物驿站将粮食节约与社区关爱相结合，坚持注重实效：2022年7月1日至2023年6月30日，肯德基食物驿站送出余量食物，珍惜粮食，减少碳排近470吨。2022年世界粮食日期间，肯德基携手3个合作品牌，在全国41座城市的341个社区，送出2万份余量食物礼包。肯德基食物驿站不断完善食安标准，获得中国消费者协会、新华社等权威认可。#一起食尽其用，自然更有爱#环保话题在社交媒体引发广大网友互动，实现超8126万次曝光。

联动长期减碳专区——肯德基线上小绿店，在线上小绿店号召公众打卡减碳任务、了解肯德基食物驿站。肯德基打开减碳环保新思路，持续投入零碳产品开发。

案例点评

点评专家：龚妍奇　劲霸男装董事、品牌副总裁

在这一品牌公益活动模式的科普和推广项目中，线上线下结合、明星助力、新颖互动技术应用、影响和带动品牌业务链合作伙伴共同参与等常规操作之外，最大的亮点在于策略层面用"于物尊重（尊重粮食，珍惜粮食，尊重余量食物），于人感谢（对食物尊重的人，都值得一声谢谢）"的谦虚姿态进行触达，产生共鸣和同理的情绪价值，问题自然迎刃而解。公益项目的温度和传播内容的温度叠加，自然传递出温暖、向上的品牌公益力量。

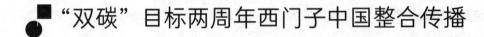 "双碳"目标两周年西门子中国整合传播

执行时间：2022年7月1日—11月30日

企业名称：西门子（中国）有限公司

品牌名称：西门子

代理公司：财新传媒有限公司

获奖类别：2023金旗奖最具公众影响力ESG传播金奖

项目概述

实现"双碳"目标，是中国向全世界作出的庄严宣示，也是践行ESG发展理念的重要体现，行业头部企业的引领具有示范意义。如何更有权威性、有吸引力且有持续性展示企业的ESG实践，显著增强潜在用户对企业ESG实践的认知，进而提升品牌美誉度？对此，在2022年9月这一"双碳"目标提出两周年的特别节点，作为可持续发展的先锋，西门子联合财新传媒有限公司，以企业助力"双碳"战略实践为切入点，通过引入权威嘉宾进行深度对话和会议，进而发起相关调研报告，形成系列整合策划方案，立体传播西门子践行ESG助力中国高质量发展的内容。

项目策划

1.前期调研

企业ESG议题相对复杂且内涵丰富，企业需找到大众相对熟悉的切入点，这个切入点既要与企业ESG的主体业务有强关联，又要是企业愿意对外展示和传播的内容。据此选择西门子作为一家B2B类科技企业，以在数字科技、减碳技术等领域的技术、产业、经验赋能助力不同合作伙伴协力实现"双碳"目标，助力ESG和可持续发展。

2.活动策略

（1）2022年9月，西门子借力ESG领域的权威平台——中国ESG30人论坛，依托其在ESG领域的嘉宾、传播和内容传递优势，植入西门子的ESG理念和实践。西门子在财新云会场发布定制专场，与其他媒体合作，将对话视频传播至更多新闻门户、财经、产业界媒体，实现传播覆盖人次和效果倍增。

（2）按照院士级别的标准，邀请专业嘉宾与西门子高管深度对话，产出原生视频等高

质量内容。通过邀请行业专家等参与，为西门子在"双碳"、ESG领域的实践提供权威性对话和背书。启动财新智库与西门子支持合作的一份数字化支持"双碳"和实体企业转型发展的调研报告，为整个项目收官。

3. 内容创意

西门子联合财新云会场，做一场主题为"数字引领 零碳未来"的云会议，同时围绕该场云会议对话的嘉宾、议题、内容和传播做精细规划，并以此为契机宣布财新智库与西门子支持合作的一份数字化支持"双碳"和实体企业转型发展的调研报告启动，该报告最终在2022年11月进博会期间发布。

4. 媒介策略

西门子此次传播选择与财新传媒有限公司合作，依托其在产业意见领袖尤其是企业生态伙伴圈层的精准用户群，深度传播西门子的ESG理念，实现市场转化。除了聚焦财经、产业以及ESG相关的新闻门户等流量精准平台外，西门子选择与新华社等权威媒体合作，展示权威性和公信力。

5. 传播规划

（1）项目活动传播：推出热点话题；在财新云会场系列线上会议上线前中后期利用多渠道推广；会议结束后整合宣传"财新云会场+解读稿件系列"，发布于财新网、微信公众号、外部合作媒体等，进行二次传播。制作了金句短视频进行私域和社交传播；除了解读文章外，还有电子版可视化报告等丰富形式。

（2）启动调研项目，形成长尾传播：发起工业数字化转型调研并输出报告，持续深度传播西门子企业如何赋能绿色发展、如何助力企业生态伙伴的责任担当。最终一本题为《数字平台新生态：企业虚实融合洞察与实践》的报告，在2022年进博会期间发布。

项目执行

筹备阶段：2022年7月至8月，项目组筹备启动，邀请财新云会场嘉宾，拟定议题议程。

执行阶段：2022年9月，开启西门子×财新云会场"数字引领 零碳未来"专场执行和传播；西门子与财新智库发起ESG主题下细分领域的调研，并输出报告，持续深度传播西门子如何赋能绿色发展、如何助力企业生态伙伴的责任担当。

实施阶段：2022年10月至11月，落地调研，对调研企业开展深度访谈，整理分析调研资料，进入报告撰写阶段。最后于进博会发布报告，同时进行多媒介、多介质传播。

项目评估

1.效果综述

邀请到2位大咖嘉宾；联动了清华大学、中国信息通信研究院、浪潮信息、特步集团、埃安汽车、宁波博威合金、广东富加科技等20多家智库、高校和产业伙伴圈层；新华社、财新网、腾讯新闻、金融界、中国财富网等数十家媒体进行了二次转载报道；形成了丰富的企业ESG实践成果品牌资产：1场云会场，1套大咖嘉宾背书金句海报，1份深度调研报告。

2.市场反应

面向西门子所涵盖的制造、低碳、产业等领域上下游企业，让B端决策者知悉西门子在ESG、数字化、低碳化技术和解决方案上的能力优势，进而提升品牌ESG的美誉度和市场转化率。

3.受众反应

通过立体成果和媒介、极具公信力的嘉宾引述对话，以及调研报告等公信力成果，向公众充分展示了西门子在全球市场推动的数字技术和智能制造技术，充分展现出一个高科技企业的领先优势和ESG理念。

4.媒体统计

全网传播覆盖量高达2000万人次，超过50家主流媒体参与主动报道和二次传播。其中第一阶段云会场视频播放量超过300万次，合作媒体平台涵盖财新网、腾讯新闻、金融界、ZAKER财经等不同渠道；第二阶段报告电子版下载量超过20万次，报告解读和转载媒体覆盖量超过800万人次，涵盖财新网、新华社客户端、中国财富网等数十家财经、新闻门户等。

亲历者说 周长春　财新传媒有限公司产品策划中心策划执行总监

企业的ESG实践和理念传达是一个持续的过程，也是一个去粗取精的过程，其中企业自身的ESG实践和可持续发展理念是根本和基础。此次传播项目中，根据双方充分了解，我们选择以助力"双碳"目标实现以及对中国本地企业生态伙伴的责任担当作为切入点，并发挥了公司在ESG领域的积淀（嘉宾邀请和沟通内容、调研报告、内容解读、媒体联动二次传播等），最终达成目标受众对西门子ESG、可持续发展实践的深度认知，提升了西门子企业及品牌美誉度。

案例点评

点评专家：王薇　蓝色光标集团副总裁，蓝标智库总裁

考量企业不能只看财务指标，更要从环境等多方面推动长期可持续良性发展。在"双碳"目标下，工业企业的实践更是重中之重。西门子作为全球领先的工业品牌，在中国践行 ESG 理念，联合生态伙伴共同推动落地示范实践，先"做"到——推动建设工业数字化平台新生态，有效实践，再"说"到——与关注践行 ESG 的垂直影响力媒体发起传播活动，专业话题专业发声，在云端同样践行 ESG 绿色会议理念，以工业数字转型大话题传播带动整个生态链关注，取得好传播效果，具有领先示范作用和深远的社会意义。

随申行·绿色出行主题传播

执行时间：2023年7月1日—7月20日

企业名称：上海随申行智慧交通科技有限公司

品牌名称：随申行

代理公司：上海哲基数字科技有限公司

获奖类别：2023金旗奖最具公众影响力ESG传播金奖

项目概述

本项目是一个由随申行出行平台与相关政府部门联合发起的主题传播项目，旨在推广绿色出行理念，促进交通可持续发展。在这一合作项目中，随申行出行平台与相关机构紧密合作，共同致力于推动城市交通环保和可持续发展。项目期望能够成为城市绿色出行的典范，为绿色城市的未来发展奠定坚实基础。

项目策划

1. 传播目标

充分发挥品牌优势，通过活动组织和宣传，扩大品牌的影响力和知名度，进一步提升公众对随申行品牌的认知和好感度。为上海带来更多积极影响。

2. 传播策略

提出随申行·绿色出行主题活动，通过倡导和践行低碳、绿色出行，联动企业、社会组织等共同促进可持续发展。

为品牌设计持续性建设与推广节奏：短期，通过热门话题、线下活动激发市民积极参与，提高社会参与度，并迅速引起公众对环保出行的认知，增大品牌曝光度。中期，持续性开展与推广品牌线下活动、线上互动等，让随申行品牌在环保出行领域的市场份额逐步提升，同时吸引更多环保机构、企业等合作伙伴联动，扩大知名度。长期，在公众心中深植品牌形象，使随申行成为环保出行领域的知名品牌。

3. 传播受众

践行绿色出行的18至40岁的青壮年人群是绿色出行的主要群体，通常在上班早高峰时间，会进行绿色出行；同时包含中产家庭成员，他们事业有成、生活规律、注重身心健康。

4. 传播内容

通过与上海市的城市联动，激发更多受众参与，共同打造环保城市，引领未来出行新风尚。同时联动企业、社会组织等各方紧密合作，共同推动绿色出行理念，彰显随申行的社会责任感。

随申行通过三大事件传播，在流量助力下凸显特色，形成叠加效应。倡导绿色出行，让城市人群更多采用清洁、环保的交通方式，形成全社会的环保共识，增强市民对城市可持续发展的参与感和责任感，凸显随申行品牌的社会责任感，增强美誉度。

5. 媒介策略

（1）权威媒体高度站位，行业媒体纷纷报道：4家市级政务平台联合发布相关信息，开启新合作，上海交通、上海教育、门户网站线上渠道推广。

（2）全平台露出，传播内容多样化：从报纸到电视，再到微信、微博、抖音、今日头条，本地新闻媒体、重要门户网站等多角度解读。

项目执行

1. 预热期：官方 IP 形象"申兜兜"上线

为进一步生动形象讲述上海绿色出行故事，打造全国绿色智慧出行的标杆形象，随申行官方 IP 形象"申兜兜"于 7 月 10 日上海市节能宣传周开幕首日正式"出道"，为推广绿色出行理念注入了新的活力。

2. 活动期：品牌事件营销

三大事件传播为品牌带来持续曝光和广泛关注。以节能宣传周、上海市绿色出行达人评选和上海市碳普惠绿色出行示范场景为主，围绕绿色出行开启内容传递。

节能宣传周：2023 年 7 月上海市节能宣传周开幕式上增加"2023 年上海市绿色出行主题活动"介绍环节，通过用户推广和企业联合倡议，结合绿色出行主题活动进行传播和宣传。

上海市绿色出行达人评选：以立品牌、聚流量、占心智，提升活动知名度，通过随申行 App 公共出行征集并表彰绿色出行达人，与广大用户进行互动，加强公众黏性。

上海市碳普惠绿色出行示范场景：打造出行领域 TBD 碳普惠平台，带给大众节能减碳行为激励，推动市民公益成就达成、多元福利消纳。

3. 后续期：品牌持续曝光

为品牌带来持续曝光和广泛关注，有效提升随申行在环保出行领域的知名度和影响力，助力品牌持续发展。

项目评估

1.效果综述

权威媒体、公关新闻媒体、合作平台、官方社交平台四大渠道，分别围绕三大事件，进行全方面内容传播。共计核心媒体报道326篇、曝光量884万次，自然注册用户49113人（日均环比6月上升363%）、相关渠道拉新23607人。

2.受众反应

项目期内，众多用户参与互动活动，评论表示赞同的占大多数，对项目活动表示认同的较多，基本为总评论的80%以上。

3.媒体统计

权威媒体：围绕三大主题事件传播，涵盖16个区级平台，如上海松江、上海徐汇、上海宝山等。

公关新闻媒体：融媒体多端传播，包含本地新闻媒体、重要门户网站、电台、报纸等多角度解读，共计集中报道3轮、发布新闻326篇、转发新闻440篇、新闻曝光量2105750人次。

合作平台：联动上海市节能协会、EDG电子竞技俱乐部主题直播，收获超15万人参与，阅读量超300万次。

官方社交平台：微信公众号发布推文10篇、微博发布内容11篇，收获较多的阅读量、分享数，进而吸引粉丝关注。

亲历者说 贡钟瑞　中国银联股份有限公司上海分公司总经理

云闪付乘车码，倡导绿色出行，银联与您共同守"沪"美好家园。

案例点评

点评专家：储门　nihaooo你好品牌咨询创始人兼首席策略官

该项目达成了传播效果和参与效果的双赢，不仅获得了可观的传播覆盖率，更真实有效拉动消费者参与，是一个非常务实、高效、精准的ESG案例示范。在活动内容上，多元出行契合上海市民出行的真实需求，因而会得到更广泛参与，举办环保出行竞赛等互动又将参与度进一步提高，进一步影响更多群体。在媒体形式上，项目借助了不同类型的媒体，确保覆盖的广泛性和复合性，因而可以促成完善、有效落地，打造有着极好实践价值的ESG主题活动。

GOLDEN
FLAG
AWARD
金 旗 奖
—
品 牌 向 上

2023
—
金旗奖最具公众影响力
环境保护金奖

拜耳作物科学再生农业公关传播①

执行时间：2023年3月1日—9月6日
企业名称：**拜耳（中国）有限公司**
品牌名称：**拜耳作物科学**
代理公司：**爱德曼国际公关（中国）有限公司**
获奖类别：**2023金旗奖最具公众影响力环境保护金奖**

项目概述

为确保未来粮食安全，再生农业越来越多地得到科技创新、学术研究等各方的关注和提倡。在拜耳看来，再生农业是旨在"提质增效，以少产多，丰产复苏"的一种农业系统，其最显著的特点是对农业生态系统恢复。作为全球农业发展的领军者，拜耳始终紧随农业长期发展趋势，以耘远农场率先实践再生农业理念。拜耳耘远农场已联合全球近30家具有企业家精神的独立农场合作，展示定制化解决方案，提供先进工具、积极主动的管理措施等，使再生农业理念付诸实践。

在此背景下，拜耳作物科学于2023年9月6日在上海举行了相关活动，邀请农业各领域专业人士共话再生农业，一同见证可持续农业实践，探讨再生农业未来。

项目策划

1.策略推导

通过5C分析法，从竞品（Competitors）、受众（Customers）、行业（Category）、自身（Company）、传播环境（Climates）几个方面，就再生农业这一理念在华实践传播进行深入调研。根据研究数据及结果，以SWOT模型对拜耳再生农业传播活动进行了梳理总结。导出了"以核心覆盖广博，以理念影响行动"的策略。期待通过对于拜耳再生农业在华实践案例的传播，直接影响行业协会、价值链合作伙伴、公众等，强化对再生农业的认知，提升企业声誉。

---

① 本文中所涉及的视频及图片，拜耳作物科学（中国）有限公司均已得到被拍摄者的使用许可。

再生农业中国前沿实践活动 2023 年 9 月 6 日在上海市浦东新区举行

2. 创意

在传播行动中邀请受众亲身参与、体验再生农业项目，希望受众通过深度体验再生农业的多种技术与解决方案，能够对晦涩艰深的前沿理念有直观感受，同时能够对再生农业赋能行业、赋能环境、赋能高质量发展的未来有更深认知。

3. 媒介策略

制定了以传统媒体为主，以拜耳作物科学自媒体为辅，以点带面的媒介策略。即在传播过程中，联合核心媒体、深入体验再生农业项目。项目覆盖了中英媒体，纸媒、网媒、电视台等。

4. 传播规划

2023 年 9 月 6 日，拜耳作物科学举办了"再生农业 生生不息"主题活动，邀请产学研用及媒体等多方伙伴亲临再生农业实践农场（上海呱呱叫农产品专业合作社），对再生农业的理念和实践展开深入交流。

除邀请利益相关方及价值链伙伴外，邀请了权威媒体、农业垂直媒体、财经媒体等核心媒体亲临现场，深入田间地头参观了直播稻试验田、昆虫旅馆、水乐洁 Phytobac® mini 应用等。让媒体对于再生农业在华实践，有了更直观了解和体验。

圆桌对话：共话再生农业的知与行

项目执行

初始阶段，进行前期调研与策略推导，同时团队成员对再生农业这一专业概念及农业可持续的相关专业知识进行系统学习。探访阶段针对媒体进行广泛调研，通过问卷、拜访、对谈等形式，与媒体就再生农业概念进行了深入探讨，包括对于再生农业的了解程度、传播需求、传播目标等。策划阶段，结合各方需求，基于前期策略和创意进行了活动策划。执行阶段，联合了各利益相关方、价值链合作伙伴及媒体资源，基于活动执行的各项细节，进行筹备与执行。

项目评估

1.效果综述

为期约半年的项目，强化了公众、利益相关方、价值链合作伙伴、媒体等对于再生农业的认知，也让参与项目的各方都准确传达了各自对于这一理念的期待、明确了各方在项目中的角色与价值。令人欣喜的是，项目引发了核心媒体圈层的广泛讨论，从而引发公众在农业可持续话题下的行动，助力中国农业高质量发展。

2.受众及市场反应

项目获得了受众的广泛好评，并且获得了千万级人次的媒体曝光量，覆盖了广泛的公众，有效地推动了前沿概念的公众认知。

政府机构认可再生农业对资源管理、生态保护和农业生产效率的贡献，并将其视为农业领域可持续发展的重要举措。时任上海市浦东新区农业农村委员会综合发展处副处长李永航表示，希望一系列引领未来农业发展的作业模式在农场试点推广，使其成为浦东新区可持续农业发展的展示窗口和培训基地。也期待与更多全球优秀农业企业开展深度合作，共同推进全球农业可持续发展。

农业产业链及价值链上各个环节的参与者，如农场经营者、农资供应方等，对再生农业的前景表示乐观，认为该项目有助于推动农业可持续发展，提高产品质量，满足市场需求。时任中国绿色食品协会执行副会长王运浩介绍，再生农业在中国农业食品领域拥有广阔前景，再生农业的推广将有助于国内食品行业往更加生态、安全和可持续的方向发展。

而农业科技企业、农场主等利益相关者对项目所展示的再生农业实践和创新技术表现出浓厚的兴趣。当谈到如何进一步紧握全球再生农业的中国机遇、合力打造全球再生农业的"中国样本"时，中国农业科学院农业环境与可持续发展研究所秦晓波表示，再生农业发展的多位一体的框架已经构建完成，快速发展黄金时期已经到来。推动再生农业的进一步发展，未来可从发挥公司技术力量、开展与学术机构深度合作、打造示范工程、借助金融手段助力绿色低碳质量转型等方面着手。这为再生农业的发展和市场推广奠定了坚实的基础。

3.媒体统计

新华网、*China Daily*（《中国日报》）、人民网、央广网、《环球时报》等权威媒体，财新、中国经济网等头部财经媒体，澎湃新闻、界面新闻等头部大众媒体，以及《新闻晨报》、上观新闻等地区重点媒体均深度参与了本次传播。从前期调研到传播执行，全程超过30家媒体参与，最终达成了千万级人次的传播量级，覆盖了传播的主要受众。

亲历者说 傅瑜 拜耳（中国）有限公司企业传播部传播经理

在项目的策划和执行过程中，如何拆解、传播、可视化再生农业概念始终是项目的焦点。再生农业概念先于拜耳、高于拜耳而存在，但如何将它与中国农业的国情相联系，将其与拜耳中国强绑定是团队探索思考，并希望通过项目实现的一个目标。我坚信将再生农业理念，和可复制、可规模化发展的实践传播得更广，服务中国乃至世界的可持续发展目标才是本项目的终极目标。回归工作日常，最大的挑战来自协调不同时区和领域的合作伙伴，我们致力打破沟通壁垒，在综合全球不同市场对再生农业话题的关注热点的基础之上，侧重中国市场的受众需求与传播语境，力促一场能听懂且言之有物的可持续农业对话。

案例点评

点评专家：顾杨丽　浙大城市学院新闻与传播学院副院长

　　拜耳开展的再生农业项目，以连接为传播核心，主动连接了农业的相关利益方、价值链合作伙伴和社会公众，在"以核心覆盖广博，以理念影响行动"的策略指导下，邀请受众亲身参与、深度体验再生农业的多种技术与解决方案，生动直观地解释了可持续农业这一抽象又艰涩的话题，同时能够提高公众对再生农业的普遍认知，对可持续农业和农业安全增进理解，从而实现赋能行业、赋能环境、赋能高质量发展的传播目标。活动得到了媒体有力传播，使公众覆盖面得到拓展，也让这样有社会意义和面向未来发展的议题得以被更多人关注。

宝马可持续发展峰会及六五环境日整合传播

执行时间：2023年5月6日—6月30日

企业名称：宝马集团

品牌名称：BMW（宝马）

代理公司：佳枒仕品牌管理咨询（北京）有限公司

获奖类别：2023金旗奖最具公众影响力环境保护金奖

项目概述

宝马可持续发展峰会是宝马分享交流对可持续发展的思考、定期披露宝马在可持续发展层面的最新进展和成果的重要平台，已举办三届。2023年第三届宝马集团中国可持续发展峰会聚焦"全链减碳"与"循环永续"，借助六五环境日（世界环境日）的契机，首次发布《宝马集团中国可持续发展报告》，通过线上线下的沉浸式体验与行业论坛，创新开展可持续传播，大力推广循环经济理念，倡导绿色生产生活方式。

第三届宝马集团中国可持续发展峰会主视觉，融入活动当地元素

项目策划

1. 项目目标

以公开透明的方式向公众展示宝马集团在中国全面、科学、负责任的可持续发展进程。传

递宝马可持续发展的观点、实践和成果，深化与权威机构、专家学者、行业人士、媒体等各方在可持续领域的交流。在深度影响行业及专业受众同时，更大范围促进公众对可持续发展的认知与行动。

2. 整体策略

（1）聚焦的、差异化的沟通主张：以可持续发展中的循环经济为核心话题，分享宝马与中国式现代化同频共振的可持续发展之道。

（2）中西结合的沉浸式体验：通过将可持续发展理念与东方传统美学、当地人文元素相融合，打造沉浸式体验，展现宝马"无永续、不豪华"的品牌价值观。

（3）独特生动的故事化叙事：以事实与数字说话，通过赋予可持续发展话题以温度，提升公众对于话题的兴趣度、认知度与参与度。

（4）创新开展可持续传播：针对线上线下不同的目标受众群体，综合运用多样化的内容形式，并借助全方位、立体化的传播渠道，力争传播效果最大化。

3. 媒介策略

（1）构建全方位、立体化的媒体传播矩阵：以权威媒体，以及财经类、汽车垂直类、生活方式类等多领域的媒体，匹配多样化的内容，实现更加精准有效受众触达。

（2）新媒体联动，提升传播声量：除常规新闻报道之外，全面打通各大权威媒体的微博、微信、抖音等社交传播平台，并与科技、生活方式类等跨界意见领袖联动，实现传播有效下沉。

4. 传播规划

（1）峰会当天：发布峰会新闻稿；在各大权威媒体平台高频播出宝马绿色工厂视频；以"宝马小绿书"的创新形式，在《人民日报》、BMW自媒体平台生动解读可持续发展报告；在BMW自媒体平台发布献礼世界环境日的主题视频。

（2）峰会后一周：官方权威媒体、财经类、汽车垂直类、生活方式类等不同类型的媒体密集发布相关图文内容，从可持续发展报告、循环经济、水资源管理、绿色供应链、绿色零售、可持续设计等角度，对宝马可持续发展理念与创新实践进行深度解读。

（3）峰会后两周及之后：借助跨界意见领袖，从设计、科技、建筑、生活方式、自然保护等不同角度对宝马实践进行解读。

项目执行

2023年6月5日，第三届宝马集团中国可持续发展峰会在无锡锡宝行举行，各大权威媒体、产业链合作伙伴、产学研界的意见领袖，与宝马中国管理层、基层员工、经销商代表齐聚一堂，共同见证首份《宝马集团中国可持续发展报告》的发布。主场活动穿插了与会嘉宾、媒体对锡宝行绿色环保理念的沉浸式体验环节，以及宝马设计师、供应链合作伙伴、内部员工等多位嘉宾对于"全链减碳"的分享环节，生动阐述了宝马的可持续发展之道。

当天下午，宝马分别以"让可持续被'看见'""与城市和谐共生""与自然和谐共生"为主题，举办三场平行分论坛，同参会嘉宾一起探讨在可持续发展方面的思考和实践。

项目评估

1. 效果综述

借助多领域、多样化的媒体平台，提升传播声量，并得到了《人民日报》、央视、新华网等权威媒体的深度报道；生动有趣的沉浸式体验和故事化的叙事方式，获得与会嘉宾、媒体的广泛好评；全面联动环保公益类微博账号、BMW 自媒体平台，以及拥有近 1000 万用户的 My BMW App 平台，实现传播效果扩大化。

2. 受众反应

联合国全球契约组织亚太区总代表刘萌："今天的所见所闻和沉浸式体验让我感受到，我们参加的还真不是一个普通会议，更像是一场真人出演的话剧，每一个人都在讲述他们和宝马共同致力于促进绿色循环、可持续发展的故事和感受，大家的关系也并不仅仅是合作伙伴，更像是一家人。"

同济大学可持续发展与管理研究所所长诸大建："我参加过几次宝马的可持续峰会，今天上午确实很有感触，这是我参加过包括外企在内的可持续峰会中最好的。"

中国汽车工业协会副秘书长柳燕："（《循环之美》视频）世界环境日最佳，没有之一，质感太棒了。"

3. 媒体统计

峰会举办日的 24 小时媒体触达 4200 万次，48 小时达到 9390 万次；截至 2023 年 6 月 26 日，媒体报道超过 3819 篇，累计媒体触达量超 1 亿 5300 万次。

献礼世界环境日：《循环之美》宣传视频

亲历者说 谢晓茵　宝马集团大中华区企业事务部可持续发展传播公关经理

峰会的成功源自宝马可持续小分队每一位成员的努力。不论是中外嘉宾的积极反馈，还是活动的传播数据都证明，我们在项目执行过程中熬的每一个夜、写的每一个字、打的每一个电话、改的每一页PPT、做的每一张表单，每一次的讨论，每一次的挑战与被挑战，都算数！我们在一起做了一件非常有意义的事情。

案例点评

点评专家：张文轩　霍夫曼中国区总经理

宝马在项目中展现了出色的执行能力。其以公开透明的方式向公众展示了宝马在中国可持续发展领域的新成果，并成功将相关可持续发展的观点传递给了学术、传媒界的意见领袖。通过创新沉浸式体验、故事化叙事等手段，项目将宝马的可持续发展理念生动地呈现给了受众，取得了良好的传播效果。同时，精准的媒介策略和多样化的传播规划为项目成功执行提供了有力支持，使得宝马可持续发展的声音得以传播到更广泛的受众中。

960万平方公里可持续计划

执行时间：2022年10月20日—11月13日
企业名称：广西京东新杰电子商务有限公司
品牌名称：京东手机
代理公司：北京沃姆互动行销策划有限公司
获奖类别：2023金旗奖最具公众影响力环境保护金奖

项目概述

为助力早日实现"双碳"目标，2022年京东手机宣布与华为联袂打造可持续计划，希望用科技赋能环保行动，利用"以旧换新"服务帮助企业、品牌乃至消费者提升减碳效能。项目组强化可持续计划IP，树立买手机以旧换新环保认知。

项目策划

作为新型实体企业，京东始终致力于推动可持续发展，并鼓励消费者采取环保行动，积极践行绿色消费。为了实现这个目标，京东手机联合中国国家地理发起了一项名为960万平方公里可持续计划的倡议。这个计划的目标是在全国范围内，通过倡导绿色消费，呼吁大家在购买手机时选择"以旧换新"，从而为保护环境贡献自己的力量。

"以旧换新"是一种鼓励消费者升级旧设备的可持续消费方式。通过这种方式，消费者可以将不再使用的旧手机交给京东回收并换购新款手机。这不仅有利于减少电子废弃物的产生，还有助于提高资源的利用效率。中国国家地理与京东手机的这次合作，旨在通过深入报道，提升公众对环境保护的意识。同时，它们将一同探索更多的绿色消费模式，以推动可持续发展在中国的实践。这一计划不仅对环境友好，也为消费者带来了实际的好处。通过"以旧换新"的方式，消费者可以享受到更新的技术和产品，同时能减少对环境的影响。此外，京东手机提供了额外的优惠和折扣，鼓励消费者参与。

项目执行

（1）媒体合作：携手中国国家地理共同发起960万平方公里可持续计划。聚焦循环经济、绿色消费以及京东手机"以旧换新"，联合中国国家地理共同发起计划，并在中国国家地理微信公众号、中国国家地理官网等进行解读传播。

（2）品牌互动：联动多家手机品牌参与，提升京东手机行业影响力。基于#960万平方公里可持续计划#及#用手机记录祖国大好河山#微博征集活动，联动京东、京东手机通讯等京东侧账号以及小米、荣耀、一加、vivo、moto品牌官微参与互动。

（3）话题策划：#一块旧电池会污染六万升水#，引导消费者"以旧换新"购机。结合京东"以旧换新"优势，从绿色环保科普角度策划#一块旧电池会污染六万升水##负责任的消费也是一种环保#双话题，在微博引导消费者通过"以旧换新"购机，放大京东手机的社会价值，话题登上上海同城榜第4位。

（4）解读扩散：全方位解读，传播"以旧换新"优势。结合京东手机与品牌合作以及绿色环保角度，突出"以旧换新"优势，在网易、新浪、环球网、《北京日报》、亿欧网等媒体平台进行传播。

项目评估

960万平方公里可持续计划全网共计发布相关报道170频次；微博话题阅读量5600万次；微信平台阅读量超10万次；视频播放量38万次。宣传涵盖了不同的媒体形式，包括新闻报道、社交媒体推广、电视广告等。

亲历者说 吴琴　北京沃姆互动行销策划有限公司高级媒介总监

为强化可持续计划相关IP，积极推行绿色低碳生活方式，为公众参与碳减排活动提供多元化的路径选择，京东联合中国国家地理发起960万平方公里可持续计划，强调在京东"以旧换新"买手机不仅环保，还可享受补贴，充分调动用户参与积极性。

案例点评

点评专家：孙玲玲　百威中国公关副总监

数量不断增多的旧手机如何妥善处理是当下环境保护的一大难题，但旧手机回收除了面临价值评估、个人数据安全和回收物流配套等方面的困难，还有不知如何联动广大消费者共同行动的难题。京东不仅拥有众多手机品牌商资源、完善的估值与物流体系，还拥有巨大的消费者流量。本项目既是社会需要的，更是企业责任使然。

该项目通过用手机拍摄的大好河山的美好画面，引发消费者关注，唤醒公众保护美好自然的责任感和对新手机的渴望，再通过"以旧换新"激励措施，将消费者的情绪转化为实际行动，形成了引发关注、启发心智、转化行动的完整闭环。京东手机在联动消费者保护环境的同时带动了手机销售业务增长，这是真正可持续的项目。

康宁2022国际玻璃年可持续发展传播项目

执行时间：2022年5月1日—2023年4月30日
企业名称：康宁（上海）管理有限公司
品牌名称：康宁中国
获奖类别：2023金旗奖最具公众影响力环境保护金奖

项目概述

2022年是由联合国确立的国际玻璃年，旨在展示玻璃在现代社会中的重要性和多样性。康宁中国作为在玻璃科技领域拥有丰富技术积累的创新引领者之一，怀抱着对玻璃科技无限潜能的信念，推出康宁2022国际玻璃年可持续发展传播项目，期望通过展示玻璃的无限潜能，与社会大众共祝这一特殊时刻，并提高人们对可持续利用玻璃资源的认知。

项目策划

1.策略

针对不同的受众群体（大众、行业及员工），撰写整理具备不同侧重点、更符合其偏好的传播信息和物料，让核心信息同步高效传达。构建面对不同受众群体的传播活动并匹配传播平台，提升传播效率、广度及深度。寻求选择契合伙伴，主导不同平台项目推进，确保项目高质量、高认可。

2.创意

面对大众：以未定义UNDEFINED为主题，邀请6位艺术家利用企业工厂的回收材料进行创作，呈现艺术作品集并进行展出，形成艺术科普项目。公司自2018年起持续推动的科学素养启蒙项目——康宁玻璃课堂，作为与上海玻璃博物馆合作的重要科普项目首先落地，加入其面向公众的环球之旅半日游——美国站活动中。来自康宁各个领域的志愿者们，在博物馆中对参与的中小学生进行科学素养启蒙，把材料科学知识传递给孩子们。

未定义 UNDEFINED 委任作品集

面对行业：在艺术作品集展出揭幕的同时，主办媒体日活动，广邀全国大众、商业、行业媒体在线上和线下参与。

面对员工：充分利用内部活跃的雇员沟通平台及渠道，同步推广项目信息。

3.媒介策略

利用上海玻璃博物馆广受艺术界及大众认可的影响力，主导艺术、展出角度的信息传播。

媒体日活动现场

将康宁玻璃课堂内容加入上海玻璃博物馆环球之旅半日游——美国站活动中，实现康宁专家与大众面对面互动，在人文介绍里融入玻璃信息，结合趣味展示，体现玻璃无限的可能性。

通过媒体日活动，线上及线下广泛覆盖各类媒体伙伴参与，针对大众、商业和行业不同媒体，传达多层次信息——艺术作品集展出、康宁公司2022动态、玻璃应用领域及技术进展、不同行业市场最新洞察等，讲述多角度的故事。

通过内部传播平台同步发布相关信息，从内部开始激活参与及体验的口碑塑造，进一步扩展触及范围。

项目执行

2022年5月，与上海玻璃博物馆开始接触，讨论合作可能性及方案。

2022年6月，与上海玻璃博物馆确认合作意向，开始细化合作内容及执行时间点。

2022年7月，确认项目合作内容，开始进行康宁玻璃课堂内部讲解志愿者招募和员工体验推广、艺术家邀请及选择、确认传播内容等细节。同时，上海玻璃博物馆开启环球之旅半日游——美国站活动大众招募。

2022年8月，携手上海玻璃博物馆确认委任6名艺术家使用康宁在中国工厂的回收材料进行艺术创作。康宁玻璃课堂正式走进上海玻璃博物馆。通过多元化的内部沟通宣传渠道，共招募到35名康宁员工志愿者加入项目。

2022年9月，陆续提供回收材料帮助进行艺术创作。同时，安排专业技术人员为艺术家提供咨询和技术支持。

2022年10月至11月，6位艺术家们积极进行艺术创作，在康宁中国及上海玻璃博物馆的帮助支持下，开始进行布展。

12月1日，举办主题为"创新之火，光耀未来"的2022康宁中国媒体日活动，并在当天揭幕未定义UNDEFINED作品集展出。同步开启项目不同内容和平台传播。

2022年12月2日至2023年4月9日，未定义UNDEFINED作品集于上海玻璃博物馆对公众开放展出。

项目评估

1.效果综述

通过多平台和渠道，在多类别及领域的媒体平台，广泛触及大众、行业及康宁员工群体，创造强劲且持续的传播效果。

2.受众反应

未定义UNDEFINED作品集《多宝阁》创作者、艺术家黄季表示：康宁对于玻璃艺术家来说很重要。比如说，康宁玻璃博物馆，基本上对所有喜欢玻璃、学习玻璃的艺术家来说，是一个圣地。我们作为艺术家创作的作品和康宁现在做的一些高科技的产品之间，产生这样的联系，给我们这些艺术家非常有意思的启发，这是一个新作品的起点。

3. 市场反应

康宁2022国际玻璃年可持续发展传播项目收获了多方认可。公司与上海玻璃博物馆借此契机开启长期合作，持续开展科普和艺术项目，进一步助力提升公众对于玻璃的认知；公司各个业务部收获了很多不同行业客户及合作伙伴的认可，表示期待康宁中国未来能够参与更多领域发展，助力促进应用创新，携手推进行业和市场发展；参与媒体对于此次项目表达了认可，期望未来有机会参与更多由企业主办的类似活动中，为推广可持续发展理念、提升大众认知贡献力量。

4. 媒体统计

项目收获共495篇报道，涵盖大众、商业、科技、行业类的媒体，PV（浏览量）共计4785571486次。其中98篇报道聚焦相关活动，PV共计599741602次；344篇报道通过与康宁五大事业部负责人的深度对话，展示出玻璃在当前社会及行业中的创新应用，PV共计3914340043次；53篇深度阐述康宁中国携手上海玻璃博物馆谱写的佳话，PV共计271489841次，从多个维度提高社会对玻璃行业的关注和对玻璃科技的了解。

同时，企业官方渠道发起#国际玻璃年##探索未定义##康宁玻璃焕发艺术之美#社交媒体话题，发布一系列玻璃材料科普及展览、媒体日相关推文和视频，共获65000次阅读和互动。

亲历者说 阳昕　上海玻璃博物馆学术研究经理

在这个非常棒的展览的准备过程当中，我们非常荣幸地和康宁中国合作，利用公司提供的回收材料，开阔艺术家的眼界，让他们从不同的角度重新看待回收材料。

案例点评

点评专家：张蕾　拜耳大中华区传播副总裁

在B2B行业如何通过有效科普项目讲述有感染力的故事来触达大众，一直是个传播难题。作为在玻璃科技领域拥有上百年科技沉淀的康宁，借助国际玻璃年与上海玻璃博物馆合作，以新颖的方式展示玻璃的创新科技和应用场景，提高受众对玻璃的认知，以及对可回收材料和可持续发展的关注和思考。

　　项目吸引受众线上与线下参与，通过媒体传播帮助大众了解玻璃在当前社会及行业中的创新应用，并积极运用上海玻璃博物馆的影响力，激发公众的关注度与参与度。同时，项目通过企业内部沟通平台，招募员工参与玻璃课堂志愿者和体验项目，在对参与的中小学生进行材料科学素养启蒙的同时，提升了员工的自豪感与敬业度。

李锦记的绿色可持续发展之道

执行时间：2022年1月1日—2023年9月6日
企业名称：李锦记（中国）销售有限公司（简称李锦记）
品牌名称：李锦记
获奖类别：2023金旗奖最具公众影响力环境保护金奖

项目概述

作为一家百年酱料品牌，李锦记致力于降低对环境的影响，推动可持续发展，在多方面推动"绿色营运"理念和模式，在产品的原材料、包装设计、运输、使用感受等方面持续更新升级。

李锦记拥有一套完整的节能环保体系，其中，亮眼的有可再生能源设施、人工湿地公园、氢能源车绿色物流等。各项目节约资源，进一步加大清洁新能源使用，保护自然环境。

项目策划

1.解决方案

李锦记通过更新能源系统、建设污水处理厂和人工湿地公园、改良产品包装、打造绿色物流专线等措施，努力完善绿色生产链，持续不断为节能减排贡献力量。李锦记善用绿色能源，推动可持续消费，将低碳减排融入产品生产的各个环节，总投资额逾7600万港元。李锦记引导员工将环保理念融入日常工作，营造勤俭节约、绿色低碳的文化氛围，倡导节约用电、节约用水、低碳出行等，让绿色低碳成为每个人自觉的行动。

2.传播策略

李锦记在日常运营中，持续关注可持续发展相关议题，总结、提炼企业故事，借助多元化渠道开展传播活动，展示李锦记的环保举措及可持续消费发展理念，与各界伙伴交流经验。同时在全媒体传播环境下，通过社交媒体推文、短视频、直播互动等手段进行传播。

从2022年起，李锦记凭借企业的生态站位与业务优势，参与社会可持续发展重要议题，将可持续发展理念融入产品生产、制造的各个环节，推动供应链绿色化发展，保护环境、造福社会、共享成果。在第二届中国国际消费品博览会上，李锦记积极参与第二届可持续消费高峰论坛等多项分享活动，向大众展现绿色发展之路。

2023年，李锦记通过参与国际绿色零碳节等活动，同相关部门和企业代表一道，分享和探讨可持续发展的热点、趋势和协力方向。

3.媒介策略

李锦记邀请全国主流媒体走进绿色工厂，探寻李锦记的环保秘诀。联合媒体及美食达人，开展探厂直播，带领大家了解李锦记的可持续发展设施，探索酱油的奥秘。李锦记携手《广州日报》、大洋网举行环保主题摄影大赛及绘画写生等活动，邀请公众走进李锦记新会工厂，置身湿地公园，近距离了解生态环保理念，通过镜头及画笔，展现李锦记的绿色工业王国。

联合合作企业，倡导零废弃理念，举办"从零开始 自在生活"的线下公益体验活动，号召大家一起减少垃圾产生，让零废弃成为一种生活常态。李锦记在世界湿地日、世界地球日通过自媒体平台发布环保倡议，号召网友用实际行动守护地球。李锦记通过可持续发展报告、环保短视频等形式，宣传可持续发展举措，让公众更多了解李锦记可持续发展理念。通过开展环保培训、日常工作中提倡使用可循环纸张、组织绿色环保行等活动，培养员工的环保意识。

项目执行

2022年6月，李锦记首台零碳氢能源物流专车正式投入试用，专车往返李锦记广州黄埔和新会生产基地，运输过程实现零碳排放，开创了中国调味品行业绿色物流里程碑。

2022年，太阳能光伏发电系统避免超过4500兆瓦时的电量，能为超过六万辆电动车充电。李锦记新会生产基地约50000平方米的屋顶空间用于设置该系统。而在李锦记香港大埔生产基地，超过500平方米屋顶空间安装太阳能光伏发电板。

李锦记是全球首家将地源热泵应用于生产酱油的企业，2022年，第一期系统节省超过2010兆瓦时电量，能源效益是普通冷水机系统的两倍。地源磁悬浮冷水系统进一步加强地源热泵系统。2022年新系统开始使用，帮助提高能源效益，比2021年节省超过350000千瓦时电量。

李锦记建设并投入沼气发电，实现转废为能，减少对传统能源使用。该系统于2022年年初试行，年内产生1330兆瓦时的电量，减少化石燃料使用。

李锦记所有生产基地均设有污水处理设施，将工业污水净化，约580000立方米污水经循环再用，有效减少了水资源的消耗和污水排放。李锦记还致力于打造良好生态系统，建设了占地共16000平方米的人工湿地公园，每天以天然方式处理污水量达4000立方米。

首台零碳氢能源专车，使李锦记向绿色物流迈进

项目评估

1.经济成效

李锦记每年所节约的能源大幅节省了集团的能源开支，提高了公司的责任竞争力。清洁能源如太阳能光伏发电系统、可再生燃料蒸气锅炉系统、地源热泵系统等项目投入，大幅度节省了公司的能源费用，而自给自足的电力供应系统也保证了李锦记能够降低成本，获得竞争力项目。整体上为企业带来了可观的经济效益和企业声誉，从而反哺企业可持续发展。

李锦记获LEED铂金认证

2.所获荣誉

李锦记围绕可持续消费发展理念的活动，获得媒体肯定。李锦记新会生产基地荣获"国家绿色工厂"称号。李锦记成为获得"能源与环境设计先锋评级体系（LEED）"铂金认证的企业，这体现国际对李锦记在节能、环保、减少浪费等方面的高度认可。2022年，李锦记荣获CSR环球网颁发的"向善企业——绿色低碳先锋"奖。《将节能减排融入生产环节，打造可持续的绿色工厂》的案例作为调味品行业可持续发展的行动标杆，入选《可持续消费中国企业行动报告》。2023年，李锦记入选首批"金钥匙·SDG领跑企业"名单。2023年，李锦记获颁"亚洲制造大奖2023-中国可持续制造项目年度大奖"。

亲历者说 赖洁珊　李锦记中国企业事务总监

可持续发展的目标，是人与自然和谐共生，是保持经济和社会良性发展。作为百年品牌，李锦记在不断满足消费者对更高品质生活的追求的同时，秉承绿色可持续发展理念，与产业链伙伴、消费者一起推动"零碳"实践，促进商业价值与社会价值融合发展，为环境添绿色。

案例点评

点评专家：张文涛　万卓睿桥企业传播总经理兼北京办公室总经理

李锦记在可持续发展方面的理念和行动在同行中都是佼佼者，难能可贵的是李锦记切实把可持续发展战略融入企业运营的各个环节，从能源运用到生产制造，从绿色物流到行业赋能，可持续发展的元素体现在方方面面，这体现了非常务实的企业作风。同样，在这个案例中，李锦记也做出了很多投入，多元化项目、内容创作以及平台运用十分完善。综合来看，李锦记的实践值得很多企业参考学习。

联想《你好，中国竹》项目[①]

执行时间：2022年12月13日—2023年3月21日
企业名称：联想集团
品牌名称：联想集团
代理公司：凡人广告（上海）有限公司（简称凡人广告）
获奖类别：2023金旗奖最具公众影响力环境保护金奖

项目概述

为响应我国和国际竹藤组织联合发起的"以竹代塑"倡议，推动中国竹产业振兴、竹文化走向全球，联想集团联合人民日报新媒体、国际竹藤组织、贵州赤水市，启动以竹代塑全球传播计划，挖掘具有代表性的竹产业振兴故事，向全球推动竹材料应用、竹文化传播、竹消费风尚。于此背景下，联想集团创作了先导概念视频，不仅让大家了解到联想集团作为国际科技企业率先使用竹包装，对人类未来命运的担当，更让大家重新认识中国竹已广泛应用在各行各业，呈现出无限可能。

联想《你好，中国竹》

---

① 本文中所涉及的视频及图片，联想集团均已得到被拍摄者的使用许可。

项目策划

1.整体策略

（1）巧借竹题：中国是竹文化与资源大国。而竹子在低碳环保层面的作用，更是不容忽视。

联想集团与竹，结缘已久。竹纤维包装代表了联想集团低碳之路上工艺和智慧的结合，竹纤维包装是企业坚守绿色责任的最好见证。而今，"以竹代塑"新题之下，中国企业角色不可或缺。联想集团以先行者身份携手权威机构，引领社会共识，外化自身经验，推动实践落地。此次短片以竹切入讲述联想集团故事，具有丰富内涵、解读空间，易被感知接受，可同时承载更广全球话题，让大家重新认识中国竹。

（2）极致发挥人民日报新媒体的影响力和公信力：助力推动生态文明建设，实现可持续发展。

联动权威媒体讲中国文化再出海新故事，人民日报新媒体有极强的话题传播能力，可配合多个核心议题实现全网广泛讨论。

（3）与权威机构并肩：携手国际竹藤组织及竹纤维包装材料原产地赤水市政府，共同从业务事实出发，开启行动倡议。

（4）打造内涵丰富的品牌资产：多角度讲述，实现商业价值呈现与创新、绿色、中国故事等多重价值串联整合。

2.媒介策略与传播规划

（1）上线先导概念片：于春分联合人民日报新媒体、赤水当地政府正式发布先导概念视频，在多元的古今对比中形象展示联想集团通过绿色创新赋予竹子新价值，为项目四方合作打响声量，同时传播联想集团创新驱动科技，引领低碳绿色竹风尚的品牌实践。

（2）多点传播，立体讲述品牌故事：以人民日报新媒体作为联想官方合作的主要媒体，配合微信公众号聚合发声，以国风视频引发文化情怀，"以竹代塑"助力可持续发展引发共鸣。

项目执行

《你好，中国竹》深度阐释"竹如君子"，一位舞蹈演员分饰古今两位舞者，用舞蹈贯穿全片。配乐充满东方神韵又欢快动感。具体到分屏内容的呈现上，并非使用寻常线性叙事，而是通过古今竹应用同屏交互，到最后时空交融，使画面更具观赏性和冲击力。最终呈现给观众的，是一支逻辑清晰、内容灵动、调性写意的中国竹春分亮相视频。

联想竹纤维包装

项目评估

1. 联动权威媒体，讲中国文化再出海新故事

人民日报新媒体积极发挥主流媒体的影响力和公信力，项目直接触达国际竹藤组织、赤水市、曹雪等相关权威机构与个人，完成多元整合。

原生曝光量超过217万次，其中新闻稿件互动量1500次，视频内容互动量600次，触达更多受众，有效提升了联想集团核心信息的传播声量。先导视频《你好，中国竹》吸引广泛好评，播放量达51万次，超出均值13%；新闻稿件多端口落地，浏览量达到120万次；微信公众号以竹文化对话大众，预热内容阅读量46万次。

2. 携手多方，共同启动"最联想"的现场仪式

在中国竹都赤水，携手人民日报新媒体、国际竹藤组织共同举办了启动仪式，以联想集团的长期业务事实为原点，多方背书、延展探讨多元社会价值，并邀请央视新闻、《光明日报》、《国家地理杂志》等媒体进行深度报道，此次活动媒体报道2822篇，全网互动量近4万次。

3. 打造全国首个"以竹代塑"绿色示范点

赤水凭借竹实现乡村振兴，活动揭牌全国首个"以竹代塑"绿色示范点，讲述联想集团绿色创新助力当地脱贫振兴、建立品牌业务事实。从此在乡村振兴、共同富裕的题材上，联想集团有了对大众、对行业阐释的最佳样板。

亲历者说　**顾伟健　凡人广告创意总监**

在非熊猫即君子的固有印象之外，如何以更现代的方式表现中国竹的灵动，用竹子传递出希望成为最让我们"挠头"的部分。最终我们锁定了概念方向：时空流转。这份流转，不是竹子生长的时间而是一代又一代与人类息息相关的轨迹，即人类使用竹子的经历。因

为人类文明的演化，人类对安定生活、探索未知等的需求，竹子才留下一条时空概念上的"竹迹"。

案例点评

点评专家：王洪波　中国对外文化集团有限公司新闻总监

送人玫瑰，手有余香。联想《你好，中国竹》项目所做的就是这样一件事。第一，项目通过"以竹代塑"很好倡导了环保理念，既科学又时尚；第二，工业助农，乡村振兴，帮助中国南方众多竹产地打响了中国竹的名号，尤其是竹都赤水，更是直接大大受益；第三，《你好，中国竹》视频极其自然地让人产生许多联想，联想到中国文化、君子之风、国宝熊猫以及很多精妙的竹编非遗手工艺品。如此立意，如此行事，不正是一种君子之风吗？做善事而不贪功，一句轻轻问候"你好，中国竹"，可谓不费点染，尽得风流。

10万中国宝宝在阿拉善"种"春天

执行时间：2023年2月17日—4月30日

企业名称：内蒙古伊利实业集团股份有限公司金山分公司

品牌名称：金领冠塞纳牧

代理公司：重庆灵狐科技股份有限公司

获奖类别：2023金旗奖最具公众影响力环境保护金奖

项目概述

金领冠塞纳牧延续与中国绿化基金会的公益合作，借势植树节，在线上发起"我有一棵梭梭树"公益活动，让宝宝们在阿拉善沙漠认养一棵专属梭梭树，参加自己人生的第一次公益活动，并获得中国绿化基金会颁发的全球唯一编号捐赠证书，让小树陪伴宝宝一起成长。借助阿拉善当地"网红"沙漠邮局定制化礼物为招募活动吸引关注，掀起梭梭树认养热潮、联合新华网共创《"种"春天》纪录片，自然流量登上知乎热榜、联动"领婴汇"38个系统伙伴亲赴沙漠，以公益植树行动提升品牌好感度、联合渠道与电商用热点拉动销量。

项目策划

1.项目背景

2022年5月，金领冠塞纳牧获得全球知名国际检验认证集团——必维颁发的碳中和核查声明（PAS 2060），成为婴幼儿配方奶粉行业"零碳"[①]有机奶粉。从牧场养殖，到工厂生产，再到包装回收，每听奶粉（3段）能为地球减少约8.8KG碳排放，每箱能减少约53KG碳排放[②]，以实际行动响应国家号召，同时深度践行社会价值领先目标，践行绿色发展。

2.策略

（1）通过种植梭梭树，帮助阿拉善地区实现多重效益。生态效益：防风固沙、道路保护、生物多样性保护。社会效益：增加当地就业岗位、助力地区乡村振兴、提高生态保护意识。经济效益：本项目实施后，经过3年的抚育管理，梭梭林可为牧民增加经济收入60

---

① 实现温室气体相对"零排放"，为广告用语。

② 数据来源为碳交易网。

万元/年，使农牧民经济来源更为多元化。

（2）借助植树节节点，提升公益声量，号召更多的人关注环境。

（3）强化品牌绿色理念，提升消费者好感度，体现社会价值。

项目执行

1."我有一棵梭梭树"公益活动吸引消费者，10万中国宝宝在阿拉善"种"春天

在线上发起"我有一棵梭梭树"公益活动，每位消费者可为宝宝认领一棵专属梭梭树，获得唯一编号和证书，以此号召更多亲子家庭加入绿化家园的行动，让环保的种子在宝宝们的心中萌芽。

2.联动阿拉善当地"网红"IP沙漠邮局，提升号召力

森林治愈沙漠，信件温暖人心。金领冠塞纳牧与沙漠邮局，联合定制"我有一棵梭梭树"明信片和许愿沙瓶，通过这份特殊的礼物提升公益活动的趣味性，提高宝宝和家长的参与热情，也感谢他们为环保事业做出的贡献。

3.联合新华网打造真实纪录片，阿拉善宝宝真情实感演绎

金领冠塞纳牧联系到中国绿化基金会阿拉善当地绿化工程师巴志峡，深入了解当地荒漠化治理情况，邀请新华网工作人员和主持人蔡紫共同实地走访，与多名阿拉善宝宝及家长沟通，在与当地宝宝煜泽的交谈中，挖掘出"种"春天的故事。

植树节当天，新华网联名纪录片《"种"春天》获得大量正向评论，并通过自然流量登知乎热榜。纪录片上线新华网客户端首页轮播图、公益频道焦点图、公益频道视频大图，因内容好，获得"云企频道焦点图+企业品牌区点位"，多点位聚焦。

4.带领38个系统伙伴亲赴沙漠植树，以身作则践行社会责任

金领冠塞纳牧邀请"领婴汇"核心会员南国宝宝等38个重点母婴连锁系统合作伙伴共同开启植树活动，前往内蒙古阿拉善，亲手为参与活动的宝宝们种下梭梭树，以实际行动践行社会责任，同时为消费者提供更有温度的母婴服务和人文关怀。

5.加入"全球植万亿棵树领军者倡议"中国行动

金领冠塞纳牧始终积极践行低碳可持续发展，加入"全球植万亿棵树领军者倡议——中国行动"，以身作则，继续围绕绿色发展、公益环保等进行长期传播。带动更多产业链伙伴及消费者，共同参与生态建设，让世界共享健康，让全人类共享美好生活。

项目评估

在阿拉善荒漠化地区建立"金领冠塞纳牧梭梭保护林"，10万棵梭梭树全部种植完毕。预计未来每棵梭梭树可增加绿地10平方米、固定流动沙丘15平方米，聚集碳汇18.6公斤；沙漠绿地增加100万平方米（10平方公里），可使150万平方米（15平方公里）草场的林、

草植被盖度达到30%以上，免受风沙危害。#我有一棵梭梭树#活动阅读量超100万次，8000套沙漠邮局定制明信片及许愿沙瓶全部为消费者寄出。全平台整体传播声量3.1亿，公益纪录片播放量418万次，公益行动收获消费者认可。

亲历者说 王楠 重庆灵狐科技股份有限公司项目总监

我们延续与中国绿化基金会的公益合作，掀起梭梭树认养热潮，借各方所长，实现公益植树事件破圈传播，传播品牌社会价值，提升消费者好感度。

案例点评

点评专家：沈健 中国国际公共关系协会理事，中国商务广告协会内容营销委员会秘书长，迪思传媒高级副总裁

10万中国宝宝在阿拉善"种"春天项目，在项目选择上紧贴社会需求。项目通过在内蒙古阿拉善地区种植10万棵梭梭树，构起绿色生态屏障，实现生态效益、社会效益和综合效益。

该项目的实施地点在偏远地区，如何让更多的人参与其中并扩大影响力，是一个较大的挑战。该项目在具体的实施中，除了线下的种树活动之外在线上发起"我有一棵梭梭树"公益活动，让宝宝们在阿拉善沙漠认养一棵专属梭梭树，不仅扩大了项目参与人群，还将种树和目标客户群3—10岁的宝宝相关联。项目亮点如下。

第一，让公益更有趣。联动"网红"沙漠邮局，引发用户植树兴趣。定制的明信片和许愿沙瓶提升项目的趣味性和参与热情。第二，让公益更真实。联合新华网深入当地，并以阿拉善当地宝宝的视角真实展现阿拉善的环境，打造公益纪录片《"种"春天》，在植树节登上知乎热榜。第三，让更多利益相关方参与。除了通过线上鼓励孩子及家长积极参与以外，还邀请"领婴汇"系统合作伙伴及消费者去阿拉善现场种树。同时，该项目通过抚育管理增加当地牧民经济收入。

通过努力，该项目体现出高度的专业性，传播效果也非常亮眼。该项目在公益传播策划方面创造了范例。

VMware 中国可持续发展战略传播项目

执行时间：2023年4月1日—8月31日
企业名称：威睿信息技术（中国）有限公司
品牌名称：VMware
代理公司：北京科闻领睿咨询服务有限公司
获奖类别：2023金旗奖最具公众影响力环境保护金奖

项目概述

可持续发展是VMware全球发展的战略重点之一。品牌希望能将VMware可持续发展战略及取得的成就在客户、员工、合作伙伴、IT行业人士等中广为传播，树立VMware借助软件创新推动ICT行业能源转型的领先形象。同时，保证核心信息有效触达内部员工、客户及合作伙伴等利益相关方，并将受众扩大为更广泛的公众。

VMware 中国可持续发展战略传播项目

项目策划

1. 整体策略

可持续发展是热点话题，但不同受众的关注重点不同，需要对传播内容量体裁衣。项目宣传要摒弃高投入付费商业推广，转而借势热点话题和高端媒体平台，用四两拨千斤的方法触达目标受众，在潜移默化中讲好VMware的可持续发展故事。针对IT行业受众、高端商务人群、员工等分别设计了符合其特点的内容，希望借助有针对性的内容和传播渠道，有效触达目标受众，让他们对VMware可持续发展留下深刻印象。

2.媒介策略

针对不同受众量体裁衣：对于VMware所处的IT行业受众，用技术语言详细说明VMware软件如何解决高能耗问题；针对高端商务人群，需要从商业和热门技术趋势角度切入，站在一定高度思考可持续发展全盘规划；针对内部员工，除了公司战略，更要加入研发成果介绍，让员工切身体会到公司在可持续发展方面的努力；针对普通大众，用浅显易懂的短视频传播可持续环保理念，带出公司过往环保成就，更契合世界地球日主题。

分阶段全面触达目标受众：第一阶段从核心科技、商业和大众媒体开始，以创新技术背书公司的可持续发展战略；第二阶段正值世界地球日，利用热点话题带出公司的可持续发展理念，表明亮点成就，扩大信息覆盖范围；第三阶段利用高管访华，通过高端商业媒体放大高光，有效触达潜在客户；第四阶段针对内部员工，利用"线上+线下"方式让大家了解公司的可持续发展理念，介绍研发成果，提升认同感和荣誉感。

四两拨千斤，小预算办大事：摒弃高预算商业推广，有效利用热点话题，借助高端媒体平台免费推广公司的可持续发展理念，扩大信息覆盖范围。完全利用公司自有账号及高管的朋友圈，有效触达公司核心的利益相关群体，包括客户、合作伙伴及行业内人士。

3.传播规划

第一阶段：可持续发展媒体介绍会。从技术角度阐述VMware软件如何破解高能耗困局，支持企业数据中心能源转型。重点关注科技创新推动可持续发展，携手合作伙伴共同节能减排。

第二阶段：世界地球日社交传播。三位高管出镜制作短视频，一方面讲述如何在日常生活中通过一点小改变实现节能环保，如调高空调温度、少用一次性用品，另一方面介绍VMware在过去二十年的绿色成就，已帮助客户减少24亿兆瓦能源消耗和12亿吨温室气体排放。

第三阶段：高端商业媒体专访。聚焦虚拟化技术如何助力ICT行业能源转型和可持续发展，以电信云等为例，介绍VMware软件如何克服算力提升带来的大幅能源消耗，实现节能减排目标。

第四阶段：VMware科技向善日。重点分享公司的ESG战略以及智能和低碳洞察。介绍VMware中国研发中心和英特尔、云创远景共同研发的智能能源优化平台DeepCooling，依靠AI和边缘计算技术，平均帮助客户节省用电能耗超20%。

项目执行

第一阶段：2023年4月初，针对16家核心媒体，VMware CTO（首席技术官）从技术角度阐述VMware软件如何破解高能耗困局。

第二阶段：在世界地球日当天，通过社交媒体平台发布VMware助力多云可持续发展短视频，三位高管出镜讲述日常生活中的节能环保和VMware过去绿色成就。

第三阶段：5月中旬，为VMware亚太区总裁安排高端商业媒体专访，传播重点针对高端商务人群。

第四阶段：5月底，VMware举办了科技向善日员工内部活动，重点分享公司的ESG战略以及智能和低碳洞察。

项目评估

1.效果综述

可持续发展媒体介绍会共收获50余篇深度报道，传播媒体包括《中国经营报》、环球网、界面新闻、51CTO等核心IT、商业及大众类媒体，有效提升知名度和影响力。世界地球日社交传播活动利用社交媒体将VMware可持续理念传播给核心利益相关群体，收获了超过20000次浏览量，进一步增强了项目传播效果。

借势AI和其他热点话题，以及高端媒体平台（网站访问量累计超5亿次，订阅者超300万名），重点针对高端商务人群发布深度文章，取得了显著的传播回报率。

2.项目亮点

借势传播是此次公关传播项目的精华所在，项目将"大人物"、大话题、大媒体策略发挥至极致。VMware首席技术官和亚太区总裁是此次传播的"大人物"，大话题是可持续发展以及更为具体的ICT能源转型话题，大媒体是高端商业、科技、大众媒体以及主流社交媒体平台。三者紧密结合，通过"大人物"讲大话题，借助大媒体扩大传播效应，从而在低预算前提下达到四两拨千斤的传播效果，在目标受众人群中有效传播VMware可持续发展理念和成就，提升公司品牌的知名度和美誉度。

亲历者说 **刘珺颐　北京科闻领睿咨询服务有限公司助理客户顾问**

完成这个项目后，我再次深刻感受到了可持续发展的重要性及其对VMware乃至整个行业的积极影响。通过多个阶段精心策划和执行，我们成功传达了VMware的可持续发展使命，并有效触达不同受众。我们不仅帮助VMware树立了在可持续发展方面的领先形象，还有效提高了品牌的知名度和美誉度。我为能够参与其中感到自豪，也希望能为可持续发展事业继续贡献自己的绵薄之力。

案例点评

点评专家：**韩红星　华南理工大学新闻与传播学院教授、博士生导师，福建省"闽江学者"讲座教授**

在新技术赋能时代如何高质量可持续发展是当今企业思考的重要问题。本项目围绕企业可持续发展理念进行了实施，做好了两点。一是细分人群并使可持续发展概念深入人心。为了传播公司可持续发展形象，项目组在同一主题之下根据不同人群选择不同媒体讲述不同故事，目的是以传播对象能听懂的话去进行传播。二是分阶段筹划并实施，在认知、理解、领会、参与的渐进逻辑中提升传播效应，同时让大众形成对公司形象的认知。围绕主题举办的一系列活动，既有大话题来引起热度，也有小故事、深体验让员工、大众感受到公司ESG战略实施下的科技向善主张，构建了企业可持续发展的形象工程。

GOLDEN
FLAG
AWARD
金旗奖
—
品牌向上

2023
—
金旗奖最具公众影响力
公益传播金奖

◢ 布布生花BROMPTON中国十周年公益活动

执行时间：2022年10月9日—2023年1月20日

企业名称：伯龙腾商贸（上海）有限公司

品牌名称：BROMPTON折叠自行车

代理公司：上海睿狮市场营销策划有限公司

获奖类别：2023金旗奖最具公众影响力公益传播金奖

项目概述

2022年是BROMPTON在中国的十周年。BROMPTON一直坚持手工精造并持续关注与技艺有关的内容。品牌粉丝习惯称其为小布，在十周年之际，BROMPTON通过携手延川布堆画女性赋能项目，以非遗技艺布堆画与小布产生联结，致敬匠心，同时实现以下目标。

借助公益平台与项目扩大品牌影响力，讲好BROMPTON工匠精神故事，用公益形式达到用户共创的目的；持续拓展用户圈层，触及更多女性消费者；通过线上线下活动结合，拉近与消费者的距离。

活动主视觉

项目策划

1.整体策略

通过布堆画项目，赋能中国本土文化的可持续发展与传播，同时助力品牌实现自有文化传播。联合品牌线上小程序和线下门店，通过粉丝共创、衍生周边制作、公益售卖等形式，实现品牌与粉丝共庆纪念日。同时对传统文化进行潮流再创，一同推进传统工匠精神的发展及传播。拍摄活动纪录片，进行长尾宣传，让中国的传统文化和匠人精神能被更多人了解、传承并热爱，同时传递品牌公益精神。整合品牌自有传播渠道及公共媒介资源，通过全方位立体式传播提升声量与影响。

布堆画作品在BROMPTON折叠自行车店内和谐陈列

2.媒介策略

将BROMPTON官方小程序作为主要传播平台，建立布布生花专题活动页，发起创意征集活动并提供粉丝创作交流平台。BROMPTON品牌自媒体矩阵作为官方发声通道，率先、及时、全面发布活动动态，记录活动过程，传达品牌态度。社交平台以小红书作为主要传播平台，骑行、lifestyle等KOL引领，配合粉丝UGC，在社交平台形成声量，扩大传播范围与影响力。传统媒体公关传播，触达更多人群；核心媒体专访深度报道，权威背书，进一步加深活动价值与影响力。

3.传播规划

（1）粉丝共创，深度体验："在线创意征集+线下体验"。

（2）公益售卖，深入支持：挑选优秀创意，经布堆画手艺人制作成艺术作品并进行公益售卖，部分收入用于支持延川布堆画女性赋能项目。挑选优质创意作品制作衍生周边，陪伴粉丝日常骑行。

（3）媒体传播，扩大影响：利用"品牌自媒体矩阵发声+社交平台KOL传播+粉丝UGC+传统媒体公关传播"，触达更多人群。拍摄活动纪录片，进行长尾宣传，让中国的传统文化和匠人精神，能被更多人了解，同时传递品牌公益精神。

项目执行

1.预热期

2022年10月9日：BROMPTON官方小程序建立布布生花活动页，向粉丝征集创意。

2.执行期

2022年10月9日至11月10日：灵感征集期，粉丝反响热烈。

2022年10月29日：在BROMPTON全国6家JUNCTION门店同时开展布布生花布堆画公益项目线下粉丝共创活动。

2022年11月11日至11月20日：BROMPTON与布堆画传承人共同评选3幅最具表现力的作品。

2022年11月21日至12月18日：制作活动纪念周边和布堆画创意艺术作品。

2022年10月至12月：拍摄活动纪录片。品牌自媒体矩阵发布活动相关内容，记录活动并表达品牌公益态度。通过社交平台多类型KOL、KOC传播等提高声量和权威背书。

3.长尾期

2022年12月19日：公布征集活动获奖人选并授予其"共创大使"称号。发布活动纪录片。上线十周年限量纪念周边。

2022年12月19日至2023年1月20日：媒体公关宣传，进一步扩大影响力。

项目评估

1.效果综述

小布与布堆画二者结合，开启布布生花之路，获得粉丝热烈支持，活动以创意形式，让粉丝都能参与品牌里程碑式的纪念日，增强粉丝黏性的同时为中国传统民俗文化发展和传承助力。通过多种媒体组合，提升了品牌知名度和整体曝光度。

2.受众反应

征集活动上线后粉丝反响迅速，第一周项目组就收到了20多幅创意投稿，最终的投稿作品共百余幅，其中不乏高质量精美之作。品牌粉丝们发挥所长，作品形式多样。作品构思丰富，表现骑行途中的风景和心情、纪念参与过的骑行活动，也有充满想象的夸张画面。BROMPTON跟随着粉丝的回忆和想象，"出现"在不同的城市、国家。

3.媒体统计

征集作品超100幅，线下活动参与人数超180人，线上传播总曝光量超330000000次，话题讨论超2800次，官方小程序UV（独立访客）超5000人。

亲历者说 段旭　BROMPTON中国区总经理

BROMPTON不仅追求业务增长，我们更关注品牌在成长过程中能否做些有意义的事。布堆画的历史和工匠精神深深感染了我们，BROMPTON的有趣和个性，同样表达了对生活的热爱。这次，我们能够借助骑行理念日益普及的趋势，助力让更多的人了解布堆画这个项目，同时粉丝参与其中，在推动中国传统民俗文化发展的同时为他们带去关于BROMPTON的独有回忆。

案例点评

点评专家：陈永泰　香港中文大学广告系讲师

通过与延川布堆画女性赋能项目合作，BROMPTON将传统手工技艺与自身品牌文化相结合，致敬工匠精神，彰显了品牌对传统文化的尊重和推崇。这种创意跨界合作不仅有助于传承和发展中国传统文化，也为品牌注入了更深层次的文化内涵，提升了品牌的文化价值。

企业通过公益项目讲好BROMPTON工匠精神的故事，提升了品牌的影响力和知名度，同时为品牌树立了正面的形象，提升了消费者对品牌的认同感和好感度。这种通过公益活动传播品牌理念的做法，能够引起消费者深深的情感共鸣，促使消费者更加愿意与品牌产生连接，特别是触及更多的女性消费者，这样可以持续拓展客户圈。随着女性购买力增强，品牌应该提升对女性消费群体的吸引力和亲和力。

2022年安慕希乡村振兴项目

执行时间： 2022年5月1日—12月31日
企业名称： 内蒙古伊利实业集团股份有限公司
品牌名称： 安慕希
代理公司： 内蒙古众拓营销管理有限公司
获奖类别： 2023金旗奖最具公众影响力公益传播金奖

项目概述

本项目主要围绕中国品牌使用中国食材的品牌主张，将广东徐闻作为首发站，结合地域特色创新打造清甜菠萝口味酸奶，不断强化原产地直采产品力，推广徐闻菠萝产地知名度，并带出其余三款中国地域水果口味酸奶，溯源其水果原产地。借助"原产地直采"这一核心产品力，强化水果原材料优质、产品健康美味的信息点，最终实现"品牌＋地域"营销双赢。安慕希携手友成企业家乡村发展基金会发起"友你安心"计划，实现长线助农，项目全程采用"线上线下创业赋能培训＋创业孵化指导＋创业运营资源对接"模式，让更多的县域青年参与乡村振兴，助力乡村经济发展。

项目策划

2022年5月10日中国品牌日，安慕希携手友成企业家乡村发展基金会发起"友你安心"计划，为探索特色长线乡村振兴路线，特别制订长线发展新农人赋能培训计划，希望带领当地人员开拓职业新领域，了解电商行业运营逻辑及盈利模式。助力产地食材标准化，从采摘、存储、运输、加工制作等环节，帮助农产品制作业品质提升。

聚焦产品原料产地，并着力新农人全面帮扶，从人才培养到当地经济联动，展现安慕希品牌责任与担当。同时宣传安慕希品牌主张，倡导中国品牌使用中国食材，致力于挖掘中国地域好味道，将水果与酸奶组合碰撞出的"中国好风味"带向世界。

安慕希占位2022年5月10日中国品牌日，提出中国品牌使用中国食材的品牌主张。发布徐闻风物海报，通过徐闻当地果农形象，展现当地人文气息，通过一组强视觉海报，让受众感受田埂的风带来的清甜气息，品尝中国水果好味道，凸显安慕希"挑剔"的选品标准。

创意短片释出，点明中国品牌使用中国食材，致力于挖掘中国好味道。随后，安慕希发起中国好水果图鉴线上征集活动，号召全民为家乡水果代言，持续推广中国水果好味。继而发布中国好水果大赛，发起"中国好水果图鉴"消费者互动，号召消费者支持家乡水果，引发社会讨论。同时安慕希官方微信公众号发布推文，通过徐闻当地果农形象，展现当地人文气息，传递安慕希持续挖掘中国水果并将其带向世界的品牌理念。

传播期间，安慕希联合友成企业家乡村发展基金会，发起"友你安心"计划，招收徐闻50名产业带头人，进行6个月创业孵化指导，帮其掌握产业发展、经营管理、产品打造以及直播电商等方面的知识技能。安慕希以"授人以渔"为根本，助力落实乡村振兴，同时发布徐闻培训Vlog，持续追踪新农人培训情况。

收尾阶段，安慕希发布四款地域水果口味酸奶实拍产品力海报和视频，打造强力物料，深度关联产品与地域水果，向消费者持续输出地域水果优势，直观放大地域水果优势，强化产品健康品质信息。同时，借助品牌助力乡村振兴、带动产业链升级，宣传安慕希品牌理念及社会担当。安慕希官方微信公众号发布创意推文，通过创意提案的形式，展现地域水果与产品力健康品质的同时，传递安慕希在原产地如何帮助新农人，持续为中国风味正名。

项目执行

项目基于"地域＋水果"的产品创新点，根据"产地直采"和"地域限定"的营销新路径，携手公益组织给予新农人专项培训及长期指导，能够借助品牌力量帮助当地经济发展，为当地农业提供良性发展策略。依靠本土原料企业先进性标准化管理，能将当地行业生产标准与国际一流原料公司对齐，不仅能让当地农业进一步发展壮大，甚至可以在未来帮助中国水果原料走出国门、走向世界。

项目评估

微博话题＃安慕希友你安心计划＃总阅读量超2276.7万次，讨论次数超2.6万次，微博相关内容传播覆盖量超5000万人次。多方媒体关注"友你安心"计划，《中国食品报》、中国质量新闻网、《消费日报》、《经济日报》、《华商报》等超100家公益及媒体平台集中报道，首波媒体传播即获千万级关注。

安慕希在响应乡村振兴战略的同时，很好结合了品牌思考，开拓农产品和企业品牌合作模式的新路径。

安慕希坚持优质奶源加上中国地域优质水果，用成熟的供应链及创新思路突破了壁垒；安慕希坚持倡导使用中国食材，并持续向消费者输出中国地域水果的优势，拔高占位，在提升当地农产品的附加值、拉动当地经济的同时，反哺品牌力和产品力，真正意义上实现"品牌＋地域"营销双赢。

亲历者说 邓若玢　内蒙古众拓营销管理有限公司高级客户经理

安慕希连续获得人民网、环球网、《中国日报》等主流媒体点赞，不断在社交媒体平台积极宣传品牌健康理念及社会担当。在积极践行社会责任、开展品牌助农的公益行动中，安慕希获得了两个层面的品牌助力，一是品牌水果成就品牌好味道，二是践行乡村振兴形成品牌良好的社会形象。

案例点评

点评专家：陈永泰　香港中文大学广告系讲师

安慕希的"友你安心"计划是一个充满责任与担当的计划。它不仅仅是一场慈善行动，更是对乡村振兴战略的积极响应。安慕希不仅仅以品牌传播作为优先考量。例如，其着眼于长期发展，通过为当地农民提供创业孵化指导和资源对接，帮助他们实现自我发展，实现了"授人以渔"的理念。公益行动不仅有助于提升收入水平，还有助于当地产业长期稳定发展，为乡村经济增添新的活力。

安慕希中国品牌使用中国食材的主张，挖掘出中国地域水果的特色和优势，不仅在产品上实现了差异化竞争，还为中国水果正名，提升了其国际竞争力。总体来说，希望品牌能够继续坚持这一责任担当，为社会可持续发展做出贡献。

2023年斑海豹宣传保护日活动营销方案

执行时间：2023年3月1日—5月30日
企业名称：大连老虎滩海洋公园有限公司
品牌名称：老虎滩
获奖类别：2023金旗奖最具公众影响力公益传播金奖

项目概述

活动提升大众对斑海豹的关注和保护、减少人类活动对斑海豹栖息地和上岸点的影响、树立我国在迁徙物种以及海洋生态保护方面的良好形象。

项目策划

1.项目目标

提升大众对斑海豹的关注和保护；最大限度减少人类活动对斑海豹栖息地和上岸点的影响；树立我国在迁徙物种以及海洋生态保护方面的良好形象。

2.整体策略

利用已经持续多年、在区域内拥有一定品牌影响力的活动和本地户外媒体推广拉长活动预热期，扩大活动影响范围，获取更多社会关注；在执行期创新活动形式，通过"主会场＋权威媒体线上直播＋线下各海洋馆联动＋海上放归斑海豹"等完成整体项目目标，在举行公益活动同时传递品牌价值；通过活动拉升品牌势能，深化品牌认可度。

3.受众人群

定向对行业专家、媒体代表、高校师生、其他社会人士和中小学生进行邀约，预热期面向全城本地市民和游客进行传播，执行期利用各级媒体覆盖网友尤其是热爱公益人士，后续活动主要面向亲子家庭和中小学生开展。

4.传播规划

（1）预热期（3月1日—4月15日）：利用老虎滩3月斑海豹保护月的营销活动预热本次活动；利用4月海昌公益月加深活动公益属性；邀请相关部门为活动指导；邀请社科专家、高校师生共同参与活动。

（2）执行期（4月16日）：启动2023年全国的斑海豹保护宣传工作；表彰在斑海豹救

助方面做出突出贡献的机构单位；介绍近几年我国在斑海豹救助和保护方面取得的成果；放归7只被救助和自主繁育的斑海豹；邀请权威媒体记者和自媒体博主共同为活动发声、为公益发声。

（3）长尾期（4月17日—5月4日）：做好长尾期官方媒体账号宣传工作；邀请自媒体博主针对斑海豹进行延伸内容共创，包括鳍足类动物区别、斑海豹的饮食生活习惯等。

5. 传播策略

充分利用本地媒体进行线下宣传预热，增大活动曝光量；活动采用"线下主会场＋线上直播＋线下各海洋馆联动"的形式，实现活动传播品效合一；邀请新华社、央视对活动进行全程直播和后续报道，全国各级电视台、官方媒体网络号自发转载，使活动更有品牌影响力和曝光量；线下户外媒体融合线上各新媒体联动传播，多领域、全方位立体式宣传，核心在辽东湾（大连）、覆盖环渤海（斑海豹生活区）、辐射全国各地媒体及海洋馆，在新媒体领域，除微博、微信、抖音外，有效利用小红书和权威媒体直播平台进行线上传播。

项目执行

1. 前期宣传

在活动开始前利用户外媒体广告进行为期15天的线下预热，打造辐射大连本地市民及游客的交通枢纽全覆盖计划，包装6列大连地铁1、2号线车辆、利用大连周水子国际机场47块电子轮播屏；使用中山路交通主干道的公交站亭和户外媒体，拉长预热期、扩大活动影响力、获取更多社会关注。

2. 现场科普

主会场外设置了由大量现场科普展示牌组成的入场通道，由极地馆的科普讲师、斑海豹驯养员、现场讲解员组成的工作人员团队为到场的游客进行现场科普。

3. 主会场活动

2023年斑海豹保护宣传日活动以"保护斑海豹，你我同行动"为主题，活动由中华人民共和国农业农村部渔业渔政管理局和辽宁省农业农村厅指导，由中国野生动物保护协会水生野生动物保护分会、大连市海洋发展局、斑海豹保护联盟主办，由大连老虎滩海洋公园有限公司、辽宁省海洋水产科学研究院等单位承办，于2023年4月16日在大连老虎滩海洋公园极地馆盛大举办。

为表彰大连老虎滩海洋公园有限公司在斑海豹救助方面做出的突出贡献，中国野生动物保护协会水生野生动物保护分会李彦亮会长向其授予了"斑海豹救助中心"荣誉称号。

启动仪式现场照片

4.海上放归

主会场活动结束后，大连老虎滩海洋公园极地馆与主办单位一起在旅顺海域将7只斑海豹放归大海。为了让这些斑海豹提前适应野外生活，驯养师们对斑海豹进行了为期一个月左右的"野化"训练。为了让斑海豹学会保护自己，适应深海中的生存环境，驯养师通过训练，让斑海豹保持警惕，学会自己捕食活鱼。放归前，专业人员还在斑海豹体内植入了芯片并安装了卫星跟踪装置，以便后期通过卫星信号实现对斑海豹跟踪监测。

放归斑海豹

项目评估

通过前期预热，活动取得了很好的效果。活动现场直接参与超过5000人次，在新华社、央视网App线上直播观看量超过189万人次，活动被CCTV-2《经济信息联播》、CCTV-13新闻频道、新华社、央广网、《中国日报》等超过20家权威媒体和凤凰新闻、北京卫视、辽宁卫视等超过48家省市级媒体和腾讯新闻、网易、搜狐等媒体转发，曝光量超过800万人次，斑海豹主题活动全年参与量超过150万人次。活动取得了践行公益、企业肯定、媒体关注、院校欢迎、刺激消费的效果。

亲历者说 王淼淼　大连老虎滩海洋公园有限公司市场营销部部长

很荣幸我们策划并承办本次活动。大连老虎滩海洋公园不断践行保护海洋生态、救助海洋动物、传递海洋文化、科普海洋知识的使命，这次活动也是如此。基于我们强大的动物保育能力和人工繁育实力，我们打通营销传播链路，并邀请新华社和CCTV全程直播，配合一系列斑海豹主题的营销活动，扩大活动影响的同时拉升品牌势能、深化品牌认可度。

案例点评

点评专家：张文涛　万卓睿桥企业传播总经理兼北京办公室总经理

这个案例在公益传播领域非常亮眼。首先，课题设定非常聚焦，针对特定的海洋生物斑海豹保护，开展了一系列关注、救治、放归等活动。其次，传播主题明确，传播节奏清晰，线上线下全平台发力，营造了良好的传播氛围，并不乏亮点。最后，从项目影响力来看，不仅加强了公众对斑海豹的关注和保护，也让大家重新理解海洋公园的公益使命和为社会带来的价值。从品牌和营销价值角度来看，为了进一步提供海洋公园的影响力，未来可以考虑针对斑海豹保护在全国更广泛的目标受众中创造更具话题性的内容，进而持续打造品牌口碑。

"护胃要趁早" 2023 国际护胃日科普

执行时间：2023年2月20日—4月9日

企业名称：拜耳（中国）有限公司

品牌名称：达喜

代理公司：上海释宣商务咨询有限公司（释宣公关）

获奖类别：2023金旗奖最具公众影响力公益传播金奖

2023金旗奖最具公众影响力医药行业案例金奖

项目概述

拜耳旗下的经典胃药品牌达喜持续多年以国际护胃日为契机，开展消化道健康科普教育。2023年，拜耳发起"护胃要趁早"科普传播项目，携手专家、媒体、药店等社会各界力量，共同呼吁"护胃要趁早"，让大众明白护胃要从早餐开始，规律饮食，调整作息，实现早预防、早发现、早诊断、早治疗。

"护胃要趁早" 2023 国际护胃日科普

项目策划

1.项目策略

以反映现状、击中痛点、引发共鸣为传播出发点，并通过创新的内容形式和媒体矩阵，将核心信息传递给受众，实现公众护胃意识提升、目标用户黏性增强的传播目标，制定了"一份报告—双管齐下—三端覆盖"的策略。

基于消费者洞察发布《2023打工人胃健康洞察报告》

一份报告：作为中国具有广泛影响力、公信力的新闻周报，《南方周末》善于通过精妙选题和独到观点制造话题热点。项目组携手《南方周末》，针对18岁以上人群发起胃健康问卷调研，基于真实的调研数据，从中挖掘能吸引当下年轻人关注与讨论的话题，生成反映当代打工人胃健康管理情况的报告，以此作为内容基础。

双管齐下：结合医药健康传播的特性和核心受众特点，内容上双管齐下，兼顾权威性、科学性和社交化、趣味性。路线一主打"高举高打、权威定调"，以权威媒体采访、健康类媒体直播等形式为主；路线二主打"贴近用户、生动有趣"，通过微博话题、街头采访视频和九宫格科普海报等形式输出年轻人喜闻乐见的健康科普内容。

三端覆盖：通过权威媒体率先发声，微博大V快速跟进，主流媒体大范围持续传播，实现内容在电视端、移动端和PC端覆盖，保障传播声量和影响力。

2.内容创意

（1）巧妙设计传播主题，力求与品牌强关联，与消费者强共鸣。传播主题"护胃要趁早"，一语三关。其一指护胃要从早餐开始，规律饮食，与肯德基早餐强关联；其二指生活中出现胃部不适，应尽早治疗，与达喜强关联；其三指护胃要早预防、早发现、早诊断、早治疗，击中年轻人"道理都懂但行动拖延"的痛点，引发强共鸣。

（2）一次调研多次利用，基于报告进行多角度解读、多形式传播。在项目前期，携手《南方周末》针对成人胃健康开展线上调研，形成报告。基于该报告衍生出报告解读文章、"一图读懂"长图文、九宫格海报及亮点解读小视频等多种内容，多角度同步传播。

（3）线上发布会巧妙构思，传播主题及核心信息实现强触达。发布会以"关注胃健康 护胃要趁早"为主题，发布调研报告、媒体介绍亮点、专家针对性解读，环环相扣，内容深入浅出，实现"护胃要趁早"早预防、早发现、早诊断、早治疗等核心信息触达。

（4）微博话题直击痛点吸引媒体公众讨论，提升传播热度。电视报道2023国际护胃日采访内容后，发布微博话题#胃不舒服不要总是忍和熬#直击痛点，引发公众关注讨论及微博大V互动。

3.媒介策略

央视首发、地方卫视跟进：央视向来重视社会关注度高的疾病日，且已连续多年在国际护胃日进行专题报道，同时对于其他平台媒体的影响权重非常高，在传播效果上能达到"四两拨千斤"的效果。

微博大V带热话题：通过央视新闻带话题发布微博，打通"电视端—移动端"的传播链，同时借助《南方周末》、人民日报健康客户端等不同领域的头部媒体在微博同步发力，助推话题登上热搜。

主流媒体广泛扩散：在PC端、移动端，全国性媒体、区域省级媒体、医药健康媒体陆续发稿，形成长尾传播。

4.传播规划

第一波：CCTV新闻报道开启2023国际护胃日传播。CCTV率先报道护胃日专家采访内容，主题"护胃要趁早"100%露出，相关信息得到重点科普。当日，CCTV多频道多栏目对这条报道多次复播，且多家地方卫视进行转播。

第二波：引发微博社交传播，话题登上热搜。央视新闻带话题发布2023国际护胃日采访报道，吸引多家大V跟进互动转发；同时，央视网、梨视频等同样带话题陆续发布长图、九宫格海报、科普小视频等内容，在微博形成一波传播高潮，引发网友互动讨论，助推话题登上热搜。

第三波：报告线上发布，专家全面解读。南方周末研究院副秘书长在直播中对报告详细介绍，权威专家进行针对性解答，拜耳健康消费品中国区总经理何勇介绍拜耳胃健康管理理念，并携手多家连锁药店共同呼吁"护胃要趁早"。

第四波：媒体海量报道提升声量，形成长尾效应。区域省级媒体、医药健康媒体陆续发稿，进一步扩大传播声量，形成长尾效应。

项目执行

1. 调研报告（2月20日—3月31日）

前期与《南方周末》共同探讨准备调研问卷。问卷确定后开展线上调研，收集有效样本3107份。挖掘调研数据亮点，重点呈现年轻人关注的内容，形成报告。

2. 街头采访视频（3月7日—4月9日）

与梨视频探讨街头采访方向并框定人群画像，以北京、上海两地的繁华地段为目标地，随机寻找符合画像的路人进行采访，选取优质的采访内容剪辑为短视频，在2023国际护胃日当天上线。

3. CCTV/央视网采访（3月17日—4月9日）

与媒体持续沟通选题方向及核心信息，受访专家人选确定后快速响应，沟通媒体采访。一次采访，内容多次利用，除了作为CCTV新闻报道的素材，采访内容也用于新闻稿专家引言等多种传播物料，在2023国际护胃日当天同时发布。

4. 健康直播（4月9日）

报告线上发布会涉及媒体代表、临床专家、企业代表及连锁药店代表等多方嘉宾，在直播流程及内容设计上，以街头采访视频开场，线上发布调研报告，以客观数据佐证结论，并由媒体介绍报告亮点，专家进一步解读，为公众提供科学的胃健康管理建议；企业代表阐述品牌倡导的胃健康管理理念，并携手连锁药店共同呼吁"护胃要趁早"，展现企业的公益形象。

项目评估

1. 效果综述

2023国际护胃日传播总计报道1534篇，总曝光量3000453023次。其中原发报道77篇，包含CCTV新闻报道15条；转载报道中，电视台转播11条，新闻稿转载438篇，其他内容转载1008篇。

2. 受众反应

报告线上发布会直播观看量约40.2万次。在微博平台，2023国际护胃日当天的话题#今天国际护胃日##胃不舒服不要总是忍和熬#等总浏览量破亿次，吸引3.7万人次参与讨论。街头采访视频在梨视频官方微博观看量248万次，单条微博阅读量855万次；九宫格海报由健康时报首发，并获人民网、《中国日报》等近百家媒体转发，相关热门微博话题总览量近700万次；南方周末也在报告出炉后自发制作相应九宫格海报及长图文并在微博发布，网友积极互动，收获点赞1926次，评论547条，转发1219次。

3. 市场反应

数千家线下药店和线上O2O商店也参与了此次活动。在1300多家门店中，随处可见此次传播的科普宣传材料以及达喜与肯德基早餐合作的信息。4月，达喜在参与活动的门店的销售情况大幅提升，可见传播对品牌曝光及市场销售带来的强大推力。

4. 媒体统计

电视新闻报道方面，CCTV-1、CCTV-13、CCTV-2三个频道、六档栏目，从早上6点的《朝闻天下》到晚上11点的《24小时》，共15条新闻多时段报道采访内容，主题"护胃要趁早" 100% 露出，预计总曝光量约22.5亿次。文字报道总计459篇，总曝光量6604224次。

《2023打工人胃健康洞察报告》实现约6872万次曝光，报告内容被CCTV、央视新闻、人民网、每日人物、《人物》等多家媒体相继引用，并引发其他媒体广泛转载传播。

亲历者说 冯慧凡　拜耳健康消费品治疗品类市场总监

拜耳持续关注中国百姓不断升级的健康需求，我们不仅追求消化道健康领域产品的创新迭代，也在持续探索国际护胃日如何兼顾趣味性和权威性，多元化、深层次向更多消费者传播信息。2023年，我们立足对消费者的洞察，提出了"护胃要趁早"的呼吁倡导，并通过"一份报告—双管齐下—三端覆盖"的策略，实现了项目声量提升。在这个项目中，我非常欣喜地看见传播主题被CCTV这样的头部媒体直接采用，也有幸见证了传播的力量。最直接的体现便是对市场业务直接推动，同时其在无形中进一步夯实了我们与合作伙伴之间的关系。

案例点评

点评专家：来向武　西北大学新闻传播学院副院长、教授、博士生导师

本项目精确地将目标群体和产品功能等结合在一起，从而为产品宣传从纯粹商业推广升维为公益科普定位出一个恰当的支点。这个支点极具穿透力，可以触及目标群体的痛点，引发整个社会关注。这个支点也具有相当强的生命力，可产生长久的影响。因此，我也乐见这一项目的后续传播能持久。

此外，本项目的成功还有以下亮点：一是传播策略好；二是"护胃要趁早"文案一语三关；三是以调研报告科学支撑。

禾苗守护计划

执行时间：2022年12月30日—2023年8月31日
企业名称：赫力昂（中国）有限公司
品牌名称：赫力昂
获奖类别：2023金旗奖最具公众影响力公益传播金奖

项目概述

2022年，赫力昂联合爱德基金会发起禾苗守护计划，针对乡村青少年健康需求，为其营造一个良好的健康发展环境。

项目策划

赫力昂联合公益基金会发起禾苗守护计划，依托社会组织、基层医疗体系、权威专家等合作，为欠发达地区青少年获得及时、优质、有效健康理念及行为转变提供必要支持，同时专注改善基层医务服务环境，通过软硬件提升促进以青少年为主的目标人群健康可及性，为其营造一个良好的健康发展环境。期望通过此项目来引起更多消费者和其他社会公众对乡村青少年健康的关注，打造赫力昂负责任企业的形象。

禾苗守护计划结合乡村青少年健康需求的新变化，有针对性设计了禾苗健康行和禾苗引路人两大模块项目活动：在乡村校园通过系列主题讲座等方式开展学生健康课堂，帮助乡村青少年增强营养均衡、口腔健康、骨骼发育等方面健康意识，养成良好行为；通过社区及多元化渠道宣传，建立学校、社区、家庭"三位一体"的青少年健康教育模式；利用可视化健康主题倡导公益短片在项目地区县域公共媒体传播，覆盖当地青少年及家庭，提升农村青少年健康知识水平。通过对村校教职工开展健康培训，赋能教师，提高教师健康意识，同时促进教师在实践中指导学生养成良好健康行为，营造青少年校园健康友好环境。

基于目标人群主要居住在农村地区这一点，为了扩大项目覆盖面，缩短服务距离，禾苗守护计划通过县卫健局及教育局协调，鼓励县级医院医务人员定期为所在乡镇的学校、社区开展义诊及健康宣传服务，将教育与医疗结合，全方位帮助青少年提升健康意识、培养健康习惯，营造全方位的健康成长环境。

在传播方面，以企业自身的新媒体平台为媒介，建立传播矩阵，多渠道多元化进行项目推广及企业理念宣传，倡导公益健康理念，致力于将禾苗守护计划打造为全国高透明度、强复制性、独立品牌，广为覆盖的具有社会影响力的综合性青少年健康促进专项品牌项目，计划5年内预计覆盖超400万受益人。

项目执行

项目地区为云南省绿春县和湖南省沅陵县，在项目中禾苗健康行通过共计30次学生健康课堂及30场社区健康宣传活动，帮助乡村青少年增强健康意识、养成良好行为。通过社区宣传帮助学生家长和其他社区居民更加了解青少年在生长发育过程中养成健康习惯的重要性，同时提升自我健康管理能力。赫力昂在项目地区共30所学校，为青少年学生发放齐全卫生健康物资，帮助他们养成勤剪指甲、科学洗手、勤洗澡等健康生活习惯，提升其健康意识。禾苗守护计划的卫生礼包支持，有效帮助乡村青少年提升健康自我管理能力，养成健康习惯，从而在成长过程中减少不良卫生行为导致的疾病。

项目为当地学校老师带来教师培训课程，课程主要内容为心肺复苏急救法、海姆立克法及简单包扎清创。为提升学生和教师遇险自救互救等突发事件应对能力，保护其生命与健康安全，家庭/学校急救护理常识也涵盖在健康培训中，作为教师培训的重要课题之一，在打通农村青少年急救体系"最后一公里"中起到至关重要的作用。同时在项目的执行过程中，通过卫健系统与教育系统联合，更进一步探讨教师健康赋能长期机制。

项目评估

截止到2023年7月下旬，项目为1500人次青少年学生提供学生健康课堂，发放学生卫生礼包1500份。为1500余人次乡镇、社区居民开展社区宣传教育，间接受益家庭成员数3300人次。在教师健康培训中为150余人次教师提供健康急救培训课程，为30所学校配备了急救教学教具。

项目关注到了青少年健康的可及性，通过以学校、社区、家庭"三位一体"的青少年健康教育模式，多元化多方位提升农村青少年健康水平。

禾苗守护计划走进云南省绿春县共产生新闻报道132篇，覆盖综合、民生、健康及教育类媒体，包括《中国日报》、环球网、中国网、新浪新闻、网易新闻、凤凰财经、美通社等多家核心媒体，传播潜在触达量超5000万次。

亲历者说 何文 爱德基金会副秘书长

乡村青少年健康需要我们全社会高度重视、携手努力。我们很高兴与赫力昂共同发起禾苗守护计划，且在云南省绿春县和湖南省沅陵县成功落地并取得了很好效果。我们有信心在未来把此项目推进到更多乡村地区，守护更多青少年健康成长。

傅悦　赫力昂（中国）有限公司企业事务负责人

赫力昂始终遵循"以人为本，提升每日健康"的使命，聚焦推广健康教育，提高健康可及性等重点领域。禾苗守护计划是践行公司使命与社会责任的一个重要举措，我们也会持续努力扩大该项目的覆盖地区，扩大项目影响力，带动更多利益相关方一起关注、了解、加入我们的公益项目，和我们一起为中国青少年自我健康管理赋能。

案例点评

点评专家：彭焕萍　河北大学新闻传播学院院长、教授、博士生导师

禾苗守护计划这一青少年自主健康促进项目，将焦点集中于乡村地区青少年健康成长，具有深远而重大的现实意义。项目精心策划的禾苗健康行与禾苗引路人，通过乡村校园与社区积极参与，以及多渠道、多元化媒体传播矩阵构建，有效触及并影响了目标受众群体。

在云南省绿春县和湖南省沅陵县的试点推广中，项目受到社会好评，显著提升了青少年及其家庭成员健康意识，有效提高了农村青少年健康水平，示范效应显著。

通过持续深入推进，禾苗守护计划有望发展成为全国范围内具有高透明度、强复制性且广泛覆盖的综合性青少年健康促进专项品牌项目，为更多乡村青少年提供健康成长坚实保障。

《中国血液学发展史》系列纪录片

执行时间：2020年11月5日—2023年6月30日
企业名称：武田（中国）投资有限公司（简称武田中国）
品牌名称：北京康盟慈善基金会/武田中国/南方周末
获奖类别：2023金旗奖最具公众影响力公益传播金奖

项目概述

在中华医学会血液学分会成立40周年之际，为记录中国血液学发展历程，展现血液学发展的历史沉淀、突显血液学发展的社会价值，提升公众对血液学的关注度、科普血液疾病知识，协力共助血液学学科发展，武田中国在2020年至2023年携手中华医学会血液学分会、北京康盟慈善基金会和《南方周末》，走访中国血液学领域高级别专家、汇集血液领域重要发展故事，倾力打造血液学领域大型医学人文纪录片。

项目策划

1. 传播策略

纪录片覆盖全国数十名专家，深入一线拍摄展现权威群像，并保留拍摄背后故事，充分挖掘故事人文价值；同时通过纪录片成片后的媒体发布和后续报道传播，助力提高公众对血液学相关疾病领域认知，及对中国血液学专科及相关行业发展了解，推动行业发展。

2020年进博会期间，武田中国携手北京康盟慈善基金会、《南方周末》和项目指导方中华医学会血液学分会，宣布纪录片项目正式启动。此后，项目每年借力进博会等高关注度场合，围绕项目启动、首映等重要节点开展持续性传播，提升行业认可度与大众认知度。在权威指导下，联合在医学人文领域具有显著优势的媒体《南方周末》一同打造纪录片，充分发挥各自在权威背书、人文故事领域的优势，搭建公众与血液学之间的桥梁，提升血液学学科影响力。

2. 创意思路

系列纪录片分为《奠基》《星海》《曙光》《登攀》，聚焦多种血液疾病的治疗方案，展示了许多创新前沿科技突破。纪录片历时三年时间拍摄，摄制组走访八座城市的数十家家医院，与二十余名国内血液学领域权威专家就血液学学科发展展开深入沟通交流。受访专家在系列纪录片中深入回顾了血液学领域一个个"中国方案"诞生的前前后后，几十年来中国血液学学科的飞速发展在观众面前一一重现。

项目执行

1.项目启动与筹备（2020年－2021年）

首次进博会亮相，举办开机仪式：2020年11月，武田于第三届进博会期间宣布项目正式启动，邀请医学专家和主流媒体共同围绕中国血液学专科的发展历程及血液疾病的诊疗技术突破展开讨论，展望中国血液学科创新前景，为纪录片的诞生提供策略支持和建议。

拍摄筹备：2020年11月至2021年3月，项目团队共同构思纪录片方向，在脚本准备前与多名专家沟通拍摄想法，随后打磨脚本，开展前采，为拍摄准备。

2.纪录片拍摄（2021年－2023年）

深入各地血液科一线拍摄：2021年拍摄工作正式展开。走访8城11家医院完成拍摄。2021年：完成苏州、天津、上海三地拍摄。2022年：完成北京、广州、杭州、武汉四地拍摄。2023年：完成最终在哈尔滨的拍摄。

3.项目传播（2021年－2022年）

借力进博会等关键时间节点阶段性展现项目成果。2021年隆重预热：2021年11月，在进博会期间举行首映典礼，发布6分钟先导预告片。2022年重磅发布：2022年9月，20分钟精简版纪录片首度预热；11月，借进博会契机进行精简版公映并正式宣布项目完成。

4.纪录片上线（2023年）

纪录片分集传播：2023年5月至6月，纪录片在《南方周末》《南方人物周刊》等的媒体平台分集传播，建立#光影鉴证，薪火相传#等专题页面进行汇总报道。

项目评估

1.效果综述

拍摄素材超过10000分钟，累积2500多个镜头。最终完成4集共100分钟以上成片，以及20分钟精华版短片，为中国血液学科历史贡献了重要记录史料。

借助进博会、视频媒体等多渠道，覆盖人民网、新华网、《健康报》等主流媒体，收获广泛媒体报道；2020年至2022年总共收获媒体报道约450篇，累积浏览量4700万次。2020年与2021年活动仪式直播观看量累积约150万人次；纪录片覆盖优酷、腾讯视频等主流视频网站，四集纪录片微信平台浏览量超22万次，触达受众超过800万人；微信、视频网站等平台群众反馈积极，公众影响力卓著，微信平台"点赞＋在看"数超过2000个。

2.各方评价

北京康盟慈善基金会理事长柳莺表示：能够将血液学先辈的奋斗历程记录下来，让更多的年轻医生了解这份历史，为中国血液学的人文建设增砖添瓦，是我们的初心和使命。同时，我们希望公众能够通过纪录片更加了解和关注血液疾病患者。

南方周末报社副主编朱强表示：纪录片全面系统反映了中国血液学领域多年来取得的重要临床、科研进展，同时通过领军人物讲述，串联起整个学科发展的历史脉络。真正让受众喜闻乐见的人文科普内容，除了需要专业权威的医学知识，还需要有温度的叙事、以人为本的精神关怀，该纪录片是一个典型，相信能够引发公众对生命健康与血液学关系的深刻共鸣。

南方周末报社总经理，南方周末研究院院长姚伟新表示：这是兼具科普宣教、人文关怀的纪录片，4 集内容凝聚了中国血液学几十年的发展历程，我们很欣慰能看到武田中国这样有责任感与使命感的企业，投身中国医学人文发展的最前线，与我们共同打造值得长久传播的深度好内容。

武田制药全球高级副总裁、武田中国总裁单国洪表示：武田中国很荣幸能够参与此次合作，我们相信，选择进博会这样一个鼓励合作创新、支持国际交流的平台举办本纪录片的启动仪式，对增进国际医学研究交流、聚焦全球前沿医学诊疗技术、推进学科发展将有促进作用。我们期待通过本次纪录片拍摄助力中国血液学进步，为推进中国医疗健康事业的发展做出贡献。

亲历者说 **姚云青** **武田中国企业传播部产品传播负责人**

《中国血液学发展史》历时三年完成拍摄，覆盖中国血液学发展几十年以来，前后五代数十名顶级血液学专家的主要学术成果，对中国血液学完整发展历史进行了系统性梳理，保存下了这些珍贵的记录，对于推进血液学学科建设具有深远的意义。

武田中国非常有幸能够携手中华医学会血液学分会、北京康盟慈善基金会和《南方周末》等合作伙伴共同参与纪录片制作，全面提升公众对于中国血液学发展的深刻认识，唤醒更多人对血液疾病的关注，促进社会力量加入血液学建设，为推动中国医疗健康事业的发展做出我们的贡献。在采访和拍摄血液学发展史的过程中，我们深刻感受到了中国历代血液学研究者前辈，满怀热情，付出毕生心血，攻克一个个学术难关的精神，我们也希望通过纪录片，将这种精神一代代传承下去。

案例点评

点评专家：张敏 **阳狮传播中国首席策略官**

首先，从一个普通市民的角度，看完《中国血液学发展史》系列纪录片后，我很感动，为中国在血液科学上过去几十年所取得的成就而骄傲。血液学不是一个被大众关注的课题，但纪录片以受众喜闻乐见的方式，将专业权威的医学知识，用有温度的真实人物叙事、清晰的时间线，呈现给观众，相信能够引发公众对生命健康的深刻了解与共鸣。

在传播策略上，品牌方较好利用了权威媒体《南方周末》作为内容制作和发布合作方，并利用进博会有序从启动／预告／首映／公演／多媒体平台线上传播层层推动，以提高纪录片的公关效果和影响力。

个人建议将来可以将素材剪辑成更短的微视频，在大众社交媒体上推出，以更易懂的形式为大众展现中国血液学发展的医学成就、价值和社会意义。

GOLDEN
FLAG
AWARD
金旗奖
—
品 牌 向 上

2023
—
金旗奖最具公众影响力

企业公关传播金奖

"爱自己 不emo①" 5·25心理健康日

执行时间：2023年4月26日—6月8日
企业名称：灵北（北京）医药信息咨询有限公司
品牌名称：灵北中国
获奖类别：2023金旗奖最具公众影响力企业公关传播金奖

项目概述

525谐音"我爱我"，5·25心理健康日旨在提醒大家"珍惜生命 关爱自己"。灵北中国携手好心情发起"爱自己 不emo"5·25心理健康日活动，希望通过Bilibili短视频、心理测评、心理科普、在线义诊等系列活动帮助年轻群体关注心理健康，与自己和解，告别不良情绪。活动上线后引发了Bilibili用户广泛关注，引发了年轻人的共鸣。

项目策划

1.洞察

随着社会的不断发展，人们的生活方式和生产方式也在不断变化。在这个过程中，年轻人面临学业压力、就业压力、社交压力、经济压力等。这些压力引起的心理问题，引起了社会关注。

为了帮助年轻人有效缓解心理压力、科学预防心理疾病、提升自身心理健康素养，项目组选择Bilibili作为活动传播主平台。希望通过本次活动，帮助年轻人更好关注自己和朋友的心理健康、掌握心理健康相关知识、提升心理调适能力、正确认识、处理情绪问题。

2.项目目标

一是提高年轻人的心理健康意识和素养。帮助年轻人更加深入了解心理健康问题，掌握相关的知识技能，提高自我认知和心理调适能力。二是促进社会各界对年轻人心理健康问题关注和重视。推动学校、家庭、企业和媒体等各方加强对年轻人心理健康问题的支持帮助。三是通过一系列相关科普活动，提升灵北中国在公众中的企业认知度，提升品牌好感度，树立灵北中国的积极形象。

---

① 网络流行语，有忧郁、伤感等含义。

3.媒介策略

选择Z世代聚合内容平台Bilibili，其也是Z世代和年轻化表达的高度整合平台。本次活动邀请到类型多元的UP主进行参与，涵盖学习、生活、艺术、校园、情感等领域，触达更广泛、更年轻的受众群体。引发年轻人的兴趣并激发他们的参与热情，实现有效推广活动，从而提高年轻人的心理健康意识和素养，实现活动的目标。

4.活动规划

活动期间，Bilibili官方上线"爱自己 不emo"心理健康活动专区。全国数十位UP主通过视频分享自己生活中如何应对压力，赶走坏情绪，与自己和解的故事。同时，灵北中国携手好心情，致力于为年轻人提供更多切实帮助。活动在好心情软件中展开，邀请到国内一线精神心理专家进行在线科普，聚焦年轻人关注的热点问题，进行原因剖析及解读，并给出专业建议指导。结合当代年轻人关注的热门心理话题，活动上线了自主在线测评，帮助用户实时了解自身心理状态，及时发现心理问题。另外，邀请了精神心理科医生专家进行在线义诊，为有需求的年轻人提供一对一心理问诊服务。

项目执行

2023年开始推进活动策划，与合作方进行反复商讨，确认活动主题、活动平台等关键信息。2023年4月至5月上旬，着手进行物料制作，包括设计活动主视觉、话题海报、搭建Bilibili话题页、拍摄活动视频等。2023年5月20日，开启活动预热，包括发布活动预热视频、活动主视觉、活动倒计时海报、媒体稿件等。

2023年5月25日活动正式上线。在活动主平台Bilibili，H5活动聚合页正式上线，Bilibili数十位UP主陆续发布活动视频，分享生活中如何应对心理压力。除此之外，好心情软件同步上线活动H5聚合页，包含活动视频、专家科普、在线测评、免费义诊等，在好心情全平台进行推广。

2023年6月，针对活动情况进行总结，汇总活动结案报告，并发布活动总结新闻稿件。

项目评估

1.活动数据

Bilibili站内曝光量超过1000万次，浏览量超182万次。该话题下视频播放量超过211.8万次，互动量4.1万次，其中活动公益宣导片收获了超3.5万次播放。整体活动视频累计播放时长超过1.25亿分钟。活动期间共发布新闻稿2篇，超52家媒体对活动稿件进行发布，触达量超3300万次。共计25家权威媒体报道，包括中国日报网、光明网、新浪、网易，总计触达量超1700万次。

2.受众反馈

根据Bilibili提供的活动相关数据，活动触达用户中，18~30岁的占86%，与活动主题的目标群体高度契合。同时活动引发了年轻用户群体的高度共鸣。在活动视频弹幕词云中，心理健康相关的关键词占比超60%。除此之外，活动致力于呼吁年轻人关注心理健康，积极号召UP主分享心理健康相关的经验，分享实用的科普和测评内容，弱化品牌营销，收获了用户的信任及好评。与此同时，活动得到了外部合作伙伴、数字营销KOL等业内专家的积极反馈。

亲历者说 张丽娜　灵北中国企业传播、IT、行政及可持续发展总监

我们期待在更多领域发挥更大的作用，利用我们的专业知识和经验来帮助更多的患者。我们在"爱自己 不emo"5·25心理健康日这个项目中所提供的心理测评、科普知识和在线义诊等服务，都是基于深入了解年轻人而设计的。同时，我们与好心情、Bilibili等平台合作，利用其广泛的用户基础和影响力，将心理健康知识传播给更广泛的年轻群体，而社会各界的积极参与则扩大了项目的影响力，提升了公众对心理健康的关注度。

案例点评

点评专家：彭焕萍　河北大学新闻传播学院院长、教授、博士生导师

灵北中国与好心情及Bilibili平台携手，针对年轻人群，发起"爱自己 不emo"5·25心理健康日活动。活动旨在提高年轻群体对自身及朋友心理健康的关注度，让他们真正掌握心理健康知识、增强心理调适能力，展现出显著的社会公益价值。

项目实施中充分利用Bilibili这一深受Z世代喜爱的年轻化表达平台，实现了高效传播覆盖。通过发布活动视频、专家科普讲座、在线心理测评、免费义诊等一系列丰富多彩的内容，项目产生了积极的媒介传播效应，有效触达了广大年轻群体。项目在帮助年轻人正视心理健康问题的同时，有效提升了灵北中国在公众中的企业认知度及品牌好感度，实现了双赢的效果。

阿迪达斯中国25周年宣传片《一直在场》

执行时间：2022年8月15日—11月15日
企业名称：阿迪达斯体育（中国）有限公司
品牌名称：阿迪达斯中国
代理公司：上海炫氪科技有限公司（炫氪传媒）
获奖类别：2023金旗奖最具公众影响力企业公关传播金奖

项目概述

2022年，是阿迪达斯进入中国市场的第25年。在这样的背景下，项目组制作的阿迪达斯中国25周年宣传片，有着特殊的意义。项目组以大公关思维，梳理阿迪达斯与中国、与用户共同渡过的25年精彩瞬间，唤醒用户对阿迪达斯的好感和喜爱，阐述自身与中国体育共同成长的篇章，这些集体记忆，均表达阿迪达斯在中国一直以来的热爱付出。

项目策划

1. 实施策略

做1支高品质的视频，把阿迪达斯进入中国市场以来，陪伴和帮助中国国家队获得的荣誉、逐步引入全新运动方式、融入年轻消费者群体、时尚化等方面的内容，做重要事件梳理，由此引起受众共鸣，唤醒核心消费者对阿迪达斯的喜爱，也凸显阿迪达斯与中国消费者共同成长。

2. 内容创意

经过精心挑选，汇总出核心大事件。

将宣传片命名为《一直在场》，升华主题，一方面寓意阿迪达斯在促进中国人民开展体育运动、加深每一个人的体育参与度上一直在场，让运动改变生活；另一方面表明阿迪达斯在推动中国体育事业和国际接轨上一直在场。

在视频制作环节，对历史素材进行梳理，快速明确哪些场景需要补拍。结合历史素材和新拍的素材，配上阿迪达斯运动风格的音乐，最终形成有高度、有时代感和内容，也具有阿迪达斯影像风格的企业宣传片。

宣传片片头

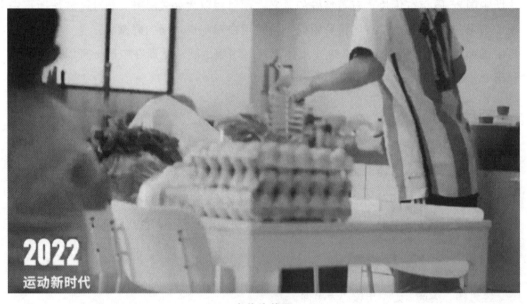

宣传片截图

3.媒介策略

采取"权威媒体定调+商业财经新媒体传播+核心业务所在区域的区域媒体做用户传播"的媒体组合。

4.传播规划

视频内容除了于2022年进博会在阿迪达斯的展台上首播外，在阿迪达斯自身的媒体账号发布，同时组织权威媒体、重点区域媒体等发布该视频，这样既得到权威媒体定调和背书，也能实现在核心区域用户中传播。作为补充，联系多家媒体对宣传片内容进行评论和转载。

项目执行

从第一次阐述初步想法，到确定总创意策略和主题只花了一周时间。然后回溯了阿迪达斯在中国的历程，确定每一个重要的节点，比如2008年北京奥运会。根据关键事件，思考具体呈现场景和现有历史素材是否匹配，对缺乏历史素材的场景组织针对性补充拍摄。历史视频素材的选题角度和品质尚可，可将过往体育大事件和目标用户个人的生活联系起来，让用户产生共鸣。全片表达充满正能量，配乐遵循阿迪达斯过往宣传片的音乐特点，凸显阿迪达斯"没有不可能"的理念。宣传片在10月底完成交付，后续组织媒体发布相关内容。

项目评估

阿迪达斯中国25周年宣传片《一直在场》，对内提振士气，对外提升形象。

宣传片在2022年进博会率先发布，同时得到多家权威媒体网络端的审稿认可予以发布，覆盖核心人群；宣传片成为阿迪达斯中国接待合作伙伴时分享的主要物料。

宣传片在36氪等年轻化用户媒体、《深圳晚报》等多个核心区域媒体发布，进行用户传播，通过内容把阿迪达斯与中国紧密联系起来。

在公司内部，宣传片在电梯、展示墙等地不断轮播，视频内容被翻译为德文和英文，成为阿迪达斯中国在全球其他分公司、董事会展示形象的主要物料，用于讲好阿迪达斯在中国的故事。

市场反应上，宣传片及时梳理了阿迪达斯与中国消费者的集体回忆，阐述了自身与中国体育共同成长的故事，帮助唤起消费者对阿迪达斯的好感，阐述了阿迪达斯在中国一直以来的付出，并最终迎来销量增长。

亲历者说 林冠朝　炫氪传媒CEO

结合宏大叙事与用户心智，以大公关思维讲述外资品牌在中国故事，是我们服务外资品牌客户的主要方法。

第一次与客户沟通项目需求时，我回顾自己的体育启蒙、对体育项目如足球的喜好和向往、对国内外赛事的记忆，发现均有阿迪达斯的身影。运动改变生活，阿迪达斯扩宽了我们的视野。可以说，阿迪达斯对我们的影响是非常深刻的。我们向客户提出来相关创意，获得客户的高度认可。执行过程中，除了前期的故事点策划和梳理外，更难的是如何在保持视频内容性的同时，兼顾历史视频素材和补拍素材匹配、偏纪实影像和阿迪达斯运动风格音乐融合等。所幸，我们完成了这次不小的挑战。

案例点评

点评专家：王洪波　中国对外文化集团有限公司新闻总监

　　大品牌需要大公关思维。本次传播案例作为阿迪达斯品牌进入中国25年的一个纪念，选择"一直在场"这个主题，讲述自己与中国体育之间的故事，品牌张力与在场感融为一体，具有震撼力量和特殊的亲切感。25年来的重大赛事，一直都有阿迪达斯的身影，既是阿迪达斯的骄傲，也在一定程度上展示了中国体育的旅程，大中见小，小中见大，可以让很多在场者通过记忆引发共情，偏纪实的风格以及富有体育精神的音乐调性直接唤起用户对阿迪达斯的好感。

拜耳在华 140 年传播项目

执行时间：2022 年 1 月 1 日—12 月 31 日

企业名称：拜耳（中国）有限公司

品牌名称：拜耳中国

获奖类别：2023 金旗奖最具公众影响力企业公关传播金奖

2023 金旗奖最具公众影响力医药行业案例金奖

项目概述

2022 年适逢拜耳进入中国市场 140 年。怀揣着"共享健康，消除饥饿"的使命，企业以在华 140 年核心故事为主线，融合线下传播与数字媒体，开展拜耳在华 140 年传播项目，加强在华生命科学企业的市场定位，打造差异化、年轻化的品牌形象，提升各利益相关方对企业的认知和关注度，维护在中国市场的良好口碑和声誉，焕发企业生命力。

项目策划

1. 项目策略

品牌力：叙事创新升级，打造差异化企业 IP。结合自身定位和优势、各利益相关方的核心需求和外部环境，将"生命力"作为传播关键词，并设定传播主题为"拜耳在华 140 年，焕发无限生命力"。

向心力：生态圈联动接力，凝结各利益相关方。细腻触达，联合专家、行业伙伴、患者、消费者、种植者、媒体等生命科学生态圈的内外部伙伴，塑造一系列去中心化的特写故事。

亲和力：媒介矩阵赋能破圈，焕发品牌年轻化表达。数字化创新传播，统筹权威媒体、社交媒体、KOL 等多元传播介质，打造平民化、多元化、全民互动参与的创新传播项目，提升品牌影响力。

2. 传播规划

品牌力：结合企业信息和宏观趋势，建立以"拜耳在华 140 年，焕发无限生命力"为主题的完整叙事，强化企业定位。

将生命力概念具象化，建立主题视觉体系，包含海报和 Logo，并设计印有标语和儿童绘画作品的礼袋作为企业创新和可持续发展理念的载体，分发给媒体与合作方；推出140年品牌及传播收官视频，梳理生命健康事业薪火相传的故事，内外部双重视角聚合价值链上的行业势能；联手非遗艺术，探索线上文化融合和线下展览，以丰富视觉持续输出大众可感知的品牌亲和力内容。

百年非遗蔚县剪纸作品——拜耳在华140年

向心力：与造就平台合作，举办线上峰会，邀请7位专家与公众共同洞见生命科学和企业发展的前沿趋势；推出事业部、外部利益方特写故事及高管采访内容传递核心信息，多平台发布视频和文章，实现广泛传播；与中国大学生知行促进计划（简称知行计划）联合发起"健康向未来"行动，支持高校大学生团队前往乡村学校，线上线下开展健康营养支教行动；以"在华140年，焕发无限生命力"为主题参展进博会，再度隆重阐述企业在华140年故事，强化与行业伙伴和消费者的情感链接。以此为基点，携手多方开启全新旅程。

亲和力：建立#给生命加点力##拜耳在华140年#微博话题页，邀请微博KOL带话题发布传播热点内容，提升公众关注度；推出答题H5，围绕个人健康管理意识等话题设计问答内容，测试生命力指数，将结果和不同的世界名画对应，趣味性引发公众主动传播，激发裂变效应；与B站知名UP主合作，通过街头采访，展现中国公众在个人健康管理和日常饮食上的理念和状态，并在视频中展现企业致力于满足中国公众全生命周期的健康需求，达到破圈传播效果。

项目执行

（1）策划与筹备：基于生命科学企业定位以及覆盖全生命周期的健康需求的业务优势基础，策划传播关键词"生命力"，确定传播主题"拜耳在华140年，焕发无限生命力"。制定核心信息手册，并以企业VI（视觉识别系统）为基础，设计主题Logo、KV等用于全年内外传播。

项目主视觉

（2）共创与爆发：展开贯穿2022全年的传播活动，打造#给生命加点力#微博话题页、企业主题视频、生命力趣味测试H5、与B站UP主共创健康科普视频、员工故事主题征集活动、系列深度文章。

（3）高潮与收官：通过和造就平台合作，举办线上峰会，擘画生命科学与公众福祉的全新蓝图。沿用传播主题参加进博会，汇聚生态圈各方势能，展现企业在医疗、农业等领域的创新产品和技术。发布收官视频，展现拜耳在华140年的历史积淀和承诺。

项目评估

打造差异化企业品牌IP：微博#拜耳在华140周年#与#给生命加点力#话题页阅读量合计达4128万次，通过社交媒体平台话题传播，大幅提升各利益相关方对品牌的认知度和关注度，助推打造差异化品牌IP。

为品牌形象注入活力与亲切感：微信H5获得超10万次互动量，B站UP主合作视频观看量达260万次，成功通过数字化媒介矩阵为品牌形象注入更多活力和亲切感，助力赢得更多目标受众的喜爱与信任。

强化生命科学企业定位：线上峰会在6大社交平台同步直播，直播观看量达200万人次，专家云集与中国公众共享生命科学盛宴，显著加强生命科学企业定位，进一步巩固在行业内的领先地位。

为企业在华运营营造更积极的传播环境：拜耳在华140年传播项目全年传播覆盖总人数3300余万人，媒体总报道量达15600篇，社交媒体总互动量超27万次，累计总阅读量超1亿次，切实产生良好口碑和影响力，为企业在华业务发展提供坚实基础。

亲历者说 张蕾　拜耳大中华区传播副总裁

立足140年的深厚积淀，项目在广度、高度和深度上实现了突破性提升，大大强化了生命科学领导企业形象，提升了企业品牌的美誉度和好感度。我们利用新颖的叙事风格，整合多方位传播策略，利用多元媒体资源，与行业伙伴、学术机构、NGO（非政府组织）、员工在内的生态圈各利益相关方共同讲述多维度全方位的故事。借助这一项目，我们让焕发百年企业生命力、为中国公众创造美好生活的拜耳被听见、被感知。

案例点评

点评专家：张宁　中国新闻史学会公共关系分会副会长，中国高等教育学会公共关系教育专业委员会副理事长，中山大学传播与设计学院教授、博导，中山大学公共传播研究所所长

该项目策略展现出了独特的品牌智慧、品牌定位和战略远见。针对在中国市场上品牌形象问题巧妙地结合了品牌力、向心力和亲和力三大要素，以拉近品牌与消费群的距离为目标，全面而富有创意。首先，通过品牌力叙事创新升级，成功将生命力概念与自身品牌紧密结合，形成了差异化的企业IP。这不仅强化了其生命科学企业定位，也为品牌形象注入了活力。其次，通过向心力生态圈联动接力，成功地将各方利益相关者紧密团结在一起，共同塑造了去中心化的特写故事，进一步巩固了在生命科学领域的领导地位。最后，通过亲和力媒介矩阵赋能破圈，巧妙运用了数字化创新传播手段，实现了品牌形象的年轻化。这不仅提升了公众对品牌的认知度和关注度，也为其在华运营营造了更积极的传播环境。

◼ DHL快递中国区第五届进博会传播项目

执行时间： 2022年10月1日—11月30日
企业名称： DHL快递中国区
品牌名称： DHL快递
获奖类别： 2023金旗奖最具公众影响力企业公关传播金奖
2023金旗奖最具公众影响力To B行业案例金奖

项目概述

作为进博会的老朋友，DHL快递通过进博会这一平台，持续展示推动可持续发展、助力跨境电商物流发展等方面的举措。2022年11月，DHL快递中国区参展第五届进博会，结合所在服贸展区聚焦的绿色减碳、供应链管理、跨境贸易等主题，继续重点展示在紧跟跨境电商新业态发展、发力可持续发展新赛道方面所取得的阶段性成果，进一步传递DHL快递在中国市场持续深耕和长远发展的信心和实力。

项目策划

1. 洞察

为更好服务中国客户，DHL快递于2022年推出了诸多新举措，包括一系列投资、基建项目，不断升级基础设施，并向更广阔的市场下沉。此外，DHL快递积极推进数字化转型，并推动清洁运营。

2022年适逢中德建交50周年，德国企业在华投资发展以及对华市场的态度备受媒体关注。DHL快递的投资举措不仅与进博会服贸展区所关注的数智、绿色、跨境贸易主题吻合，也是DHL快递践行在中国市场长期投资、发展承诺的有力证明。因此，围绕在华发展、"双碳"和跨境电商等大话题，重点与主流媒体进行充分沟通，开展持续、广泛、全面传播。

2. 传播策略

此次传播恰逢多个重要时间节点，包括中德建交50周年、中国共产党第二十次全国代表大会召开和德国总理朔尔茨访华，而相关话题都是主流媒体重点关注和报道的领域。项目团队以会前充分预热、会中密集宣传为主要传播策略，在进博会前借势几个主要的受访机会，适时植入参展进博会的内容，如在CEO采访和中德建交50周年专题报道中提及参展进博会，借助大话题带动核心媒体转发，为进博会话题预热。

在内容方面，自主撰写新闻稿、行业深度稿，并制作发布展现公司深耕中国市场不同举措的多支主题短视频，打造针对不同受众的信息内容。

展会期间，主动参与进博会官方配套论坛活动，并凭借扎实的ESG举措和成果，入选《2022外资企业ESG与"双碳"战略发展研究报告》。

3. 媒介策略

在华投资、跨境电商和绿色发展都是主流媒体感兴趣的话题。因此，项目团队主动接触财经及物流等核心媒体及权威媒体，争取在电视、平面、网站、App均有露出。选择受众广泛的抖音平台，与财经领域的大V合作完成2支短视频传播推广，展示DHL快递在护航跨境电商和可持续发展方面的成果。在自有渠道，面向媒体、客户和员工，通过微信等多渠道进行会前、会中和会后全面持续报道，实现消息传递直接、灵活、即时。

4. 传播规划

（1）预热阶段：通过微信服务号、企业微信及官方微信朋友圈，面向客户和员工发布参会信息，引起关注；制作针对跨境电商和可持续发展两个主要话题的2支短视频，并在微信视频号上发布进行预热。借助中德建交50周年等契机，在中新社、*China Daily*、《经济日报》等媒体对CEO进行的采访中提及参加进博会。与《经济参考报》沟通协商，在11月4日，即朔尔茨访华当日，发布CEO独家专访。积极接触核心参会媒体获取采访机会，并参与《国际商报》举办的进博会配套活动2022外资企业融入双循环高峰论坛。

（2）进博会活动期间：推动200多家传统媒体，包括综合、财经、物流等媒体类型发布新闻稿。制作2支短视频，分别展现DHL快递护航跨境电商和可持续发展成果，并通过与财经大V合作对视频进行抖音推广。

通过微信服务号、微信订阅号、企业微信、内网和官方微信朋友圈，按一定节奏发布新闻稿、重要媒体采访报道和参展短视频等内容，全面触及客户、媒体、员工等受众，并经员工分享进一步铺开传播面，覆盖更多客户。

（3）延续影响力阶段：以深度文章实现长尾传播。从行业等角度切入，撰写近年来全球化、数字化、电商及可持续发展的市场趋势对行业等的影响，以及DHL快递在这些方面的投资举措等，并与财经和行业媒体等定向沟通，争取陆续落稿，延续影响力。

项目执行

10月1日至10月15日：制定传播及媒体策略；权威媒体采访沟通；中德建交50周年

专题报道媒体采访沟通，在 *China Daily* 上落稿；第1支预热视频发布。

10月16日至10月31日：采访陆续通过中新社、*China Daily* 等媒体落稿，内容提及参展进博会；第2支预热视频发布。

11月1日至11月4日：朔尔茨访华相关话题采访沟通并落稿《经济参考报》。

11月5日：新闻稿发布；抖音4支短视频推送。

11月6日至11月8日：针对入选《2022外资企业ESG与"双碳"战略发展研究报告》进行传播；视频号传播DHL快递展台相关内容；展会采访持续落稿。

11月9日至11月11日：行业深度文章发布。

项目评估

得益于"会前充分预热，会中密集宣传"的传播策略，DHL快递在进博会期间传播声量全周期大幅领跑国际快递企业，媒体报道量超过1300篇，新闻触达人群超过2亿人。其中，在预热阶段，通过前期相关采访铺垫，据数据监测公司统计，DHL快递传播热度成功进入服贸展区前十，为后续活动期间的更多曝光做足准备。

进博会期间，共有超过10家主流媒体对DHL快递进行了采访。其中，《经济参考报》的报道掀起了公司乃至行业传播声量的高潮。通过媒体报道转发，DHL快递在助力跨境电商、可持续发展和深耕中国市场方面的举措进一步扩散至客户等受众群体。值得一提的是，《经济参考报》露出的专访，单篇阅读量超过60万次。

参与媒体众多，包括新华社、*China Daily*、中新社、光明网、《中国经济周刊》等权威媒体；央视新闻频道《客从海上来》节目、CCTV新媒体网络直播；《经济参考报》、《国际商报》、《国际金融报》、澎湃新闻、第一财经、《21世纪经济报道》、界面新闻、《中国贸易报》等财经商业媒体；《中国邮政快递报》、中国民航网等行业媒体。

此外，在抖音平台，4支内容合作视频共收获超过8000万次播放，超过16万个赞，近8000条评论（几乎全部为正面评论），以及近1.2万次分享，实现了较好的C端群体传播效果，引发更多公众对DHL快递在基建运力、投资发展、绿色物流方面的关注和兴趣。

亲历者说 兰嘉　DHL快递中国区企业传播总监

在进博会期间，我们通过小切口、大主题，以企业"四化"（全球化、数字化、电子商务、可持续）、加码投资中国市场等新闻素材，去呼应双循环、"双碳"目标等大主题，同时在热点发生时借势传播，实现了在预算非常有限的情况下事半功倍的传播效果。

案例点评

点评专家：尚恒志　河南工业大学新闻与传播学院教授、硕士生导师、学术委员会主任

DHL快递中国区第五届进博会传播项目是事半功倍的，成功在以下几点。

传播平台选择好。DHL是一家德国的快递公司，中国始终是其重要的市场之一。众多的国外优秀企业将通过进博会进入中国这个巨大的市场，借进博会传递DHL快递在中国市场持续深耕和长远发展的信心和实力，必将大大提高传播效果。

时间节点选择好。此次进博会恰逢多个重要时间节点。DHL快递会前借势利用几个受访机会，借助大话题带动核心媒体转发；会中主动参与官方配套论坛活动，展示DHL快递对中国市场积极投资，事半功倍。

传播媒介选择好。通过主流媒体感兴趣的话题吸引了众多核心媒体；选择了受众广泛的新媒体平台抖音展示DHL快递在护航跨境电商和可持续发展方面的成果；自有渠道又覆盖会前、会中和会后，进行全面且持续播报。多种媒介全面运用。

迪卡侬"运动向巴黎"中法运动接力赛

执行时间：2023年3月14日

企业名称：迪卡侬（上海）体育用品有限公司（简称迪卡侬中国）

品牌名称：迪卡侬

获奖类别：2023金旗奖最具公众影响力企业公关传播金奖

项目概述

运动成为许多人日常生活的标配，为推广多元运动项目，号召更多群体参与运动，同时强化企业的社会美誉度，迪卡侬积极发挥行业优势，联合法国驻华使馆及总领事馆，于2023年3月14日在深圳、北京、上海、广州、成都、武汉和大连开展"运动向巴黎"中法运动接力赛活动，旨在通过丰富多元的运动体验，分享、传递运动乐活精神和健康生活理念，推动全民健身。在传播方面，本次活动线上线下多渠道联动发声，以运动为载体，跨越城市进行对话，进一步提升业界及公众对迪卡侬专业、创新、可信赖多元运动品牌的认知，同时为中法文化交流搭建创新桥梁。

活动主视觉

项目策划

1. 活动目标

在展现蓬勃向上运动活力的同时，为中法友好文化交流开拓新视野，增添动力。

2. 策略及创意

（1）七城联动打造多元运动体验，助推全民健身事业发展。活动在深圳、北京、上海、广州、成都、武汉和大连同步开展，通过桨板、跑步、平衡车、滑板、骑行、徒步等多元运动体验，展现运动活力，号召更广泛大众共享运动的快乐。

在运动选择上，迪卡侬依据各城市的资源优势和运动特点，选择了不同的运动项目。依托得天独厚的环境优势，深圳站在大梅沙国际水上运动中心举办海上桨板竞赛活动，展现水上运动的活力与激情。北京站在城市绿心森林公园开展了老少咸宜的健康跑活动。在武汉全民健身中心广场也汇聚了数十名跑步爱好者，用脚步传递运动正能量。在成都桂溪生态公园和大连莲花山公园，分别进行了可以更亲近大自然的骑行和徒步登山活动，倡导绿色、可持续运动理念。而随着越来越多新兴运动激发出更多年轻人群的兴趣，在广州天河体育中心和上海嘉北郊野公园分别举办了趣味十足的滑板接力赛和青少年平衡车接力赛，展现新兴运动的朝气活力和青少年运动的蓬勃生机。

（2）打造创新产品和服务，以前瞻性视野满足消费者多元化需求。创新是迪卡侬的基因，迪卡侬希望通过不断创新，开发出可以满足用户日益增长以及多样化需求的产品和服务。在企业内部，迪卡侬激励团队在保证产品性能、满足用户运动需要和保护运动安全的需求基础上，跳出思维定式，大胆使用新材料、采用新工艺技术、想象新设计，以更具前瞻性和包容性的方式推动产业创新升级。

（3）以运动为载体，促进中法文化交流。作为一家起源于法国的运动品牌，迪卡侬希望可以发挥自己的行业优势，通过多元的体育活动、国际化社群等连接两国运动爱好者，倡导健康、可持续的生活方式，促进中法文化交流。本活动也是作为"法语活动月"的重要组成部分，迪卡侬携手法国驻华使馆和总领事馆共同举办的。

此外，迪卡侬通过长期开展运动、文化、可持续等多元化活动，搭建中法文化交流新平台，以打造中法文化深入交流合作的典范。

3. 传播规划

（1）七城联动，线上线下全渠道齐发声。本次活动在七座城市同步开展，通过前期预热为活动造势，活动当天邀请各地主流媒体线下参与体验并进行系列文字、视频专访以进一步提升活动影响力。

（2）紧扣热点话题，提升媒体、行业及大众关注度。迪卡侬结合本次活动主题及各城市运动特点，围绕全民健身、户外运动、青少年体育、体育消费、可持续发展等媒体、行业及大众关注热点话题，以多角度故事线进行全方位传播，从而提升大众对迪卡侬专业、创新、可信赖的品牌认知。

项目执行

统筹协调内外部资源，组建各城市项目工作组。设定明确的单项任务时间节点，定期汇报项目进展，以确保项目整体有序推进。为了让传播效果达到最大化，本次活动从前期、中期到后期，不间断制造热点话题，以延续市场关注度。同时，结合各类媒体特性及大众阅读习惯，本次传播覆盖电视台、纸媒、网络等多元渠道，让传播更加有的放矢。

项目评估

1. 活动效果

活动当日，全国各站共约500人一同参与运动。本次活动不仅覆盖了跑步、骑行等有着广泛群众基础的大众运动，更是助推桨板、滑板、平衡车等新兴运动进入更广泛人群的视野，拓宽了这些运动项目的受众圈层，也为大众提供了更多的运动选择和场景。

2. 传播效果

活动当天，新华社、中新社、环球网、东方卫视、深圳卫视、广州市广播电视台、武汉市广播电视台、大连市广播电视台、《四川日报》等约40家全国主流媒体的记者出席活动，并围绕全民健身、新兴运动、体育产业洞察与发展趋势、体育消费等热议话题进行了13场媒体采访。媒体报道总声量近3000，覆盖商业、大众综合及行业垂直等媒体。视频、图文等丰富的内容形式吸引全国近千万人关注，好评率达100%。

活动现场

亲历者说 **赵洁** **迪卡侬中国公关事务总监**

秉持着"让运动触手可及"的理念，迪卡侬时刻关注中国运动市场的变化、洞察用户的个性化需求，以覆盖80多种运动的产品线和一站式运动解决方案，助力大众及新兴运动普及和推广，以"体育+"链接各方资源，全力支持健康中国建设。我们希望通过大众关注度高、趣味性强、参与意愿强烈的话题和活动，建立与大众沟通的纽带，以自身理念和行动号召更多群体参与运动。在传播方面，我们通过整合优势传播资源，不断拓宽传播渠道，提供媒体深度参与项目、共创热点话题的可能性，以深度报道和多样形式，让大众能够全方位了解迪卡侬的多面性。这次活动能够取得如此令人印象深刻的传播效果，正是我们凝聚各方力量的结果。

案例点评

点评专家：张洁 **金科集团华东区域总部品牌总经理**

人们对健康生活方式的需求日益浓烈，而迪卡侬的案例让大家眼前一亮。作为一家起源于法国的全球运动品牌，其用活动连接中法文化平台的同时，应用多元化的方式将产品、服务融入大众运动推广，充分诠释了"让运动触手可及"的品牌理念，更强化了迪卡侬多元运动品牌的形象。跨界、跨城、多点触达，构建体育消费新生态，是品牌引领创新升级的尝试。

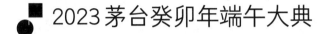

2023茅台癸卯年端午大典

执行时间：2023年6月1日—6月22日

企业名称：中国贵州茅台酒厂（集团）文化旅游有限责任公司

品牌名称：茅台

代理公司：北京环智文化传媒集团有限公司

获奖类别：2023金旗奖最具公众影响力企业公关传播金奖

项目概述

茅台端午大典已连续几年举办，此次延续"以麦相承·爱国敬业"的活动主题，既要传承历届端午大典的精髓，又要结合新环境有所创新，非常具有挑战性。茅台集团领导提出"高质强业"和"美时代"新战略，将茅台酒文化、传统文化、非遗文化进行融合，通过一场盛大的文化活动具象化展示茅台文化的独特价值和企业精神，是活动的关键。

项目策划

项目组对活动目标进行分析拆解，提升活动站位。活动围绕肩负茅台落实文化强国战略的国企担当、展示茅台传承和弘扬优秀中国文化的时代风采、增强茅台开创"美时代"新篇章的文化力量、开启茅台新一轮以匠心酿造品质美酒的美好征程四个方面展开，逐步推导出活动总体思路和策略。

项目组将活动总体思路概况为守正创新。"创新"就是在过去端午大典活动的基础上，在整体基调、表现方式、舞台、数实融合等方面进行优化。一是整体基调在传统文化基础上增加现代文艺元素，如钢琴演奏、《风吹麦浪》、《端午曲》等节目设计。二是选择新颖且活泼的表达方式，更加注重场景化参与感和沉浸式体验，如人形龙舟、酿酒非遗铜人、踩曲舞等节目设计。三是通过剧情转场的方式来串联室内节目，体现几代茅台人的奋斗历程，传承茅台的匠人精神。四是创新舞台声光电融入《酒韵飞天》中，实现唯美奇幻舞台效果。五是数实融合，与"巽风世界"实现虚实联动，尽显唯美画面，展示茅台数字化创新成果，突显茅台在数字经济领域的行业领先地位。

活动的总体策略概括为"一礼四美"，即礼乐迎宾、场景美、仪式美、艺术美、科创美。礼乐迎宾——从礼乐大道开始，设置周礼迎宾、诗赋乐舞、龙舟表演等活动，呈现传统礼仪之美。"远接、近迎、礼敬",以隆重的礼仪营造一派礼敬贵宾的庄重气氛。场景美——打造跨次元集市空间,以参与感烘托欢庆氛围。通过茅台系列产品、端午特色小吃、文创商品、酿酒工艺表演、踩曲舞等场景化空间构造,让受众感受端午节日的喜庆氛围。仪式美——将敬麦仪式和现代艺术融为一体。敬麦仪式中还原制曲的工艺流程,通过取麦、润麦、打曲箱、熏谷仓等流程,让活动艺术化、互动化。艺术美——在茅酒之源室内,以声光电营造出创新且包含韵味的场景,通过文艺表演、名人讲述的方式诠释"一麦相承"的意义。内场舞台演绎创新歌曲《端午曲》,来展现茅台人"创美业"的风采。科创美——全新打造"巽风世界"沉浸式体验。利用数字技术重建茅酒之源,现场呈现春夏秋冬场景变换,视、听、嗅、体感官合一。

在活动媒介策略和传播规划部分,采用简单直接和高举高打的策略,充分利用茅台行业龙头品牌优势和影响力,集合了多级电视广播报道和行业头部自媒体关注传播,现场采用图片传播、电视直播和网络直播的形式进行实时报道。

项目执行

活动节目多环节复杂,分为5个篇章、16个节目和7次转场衔接,涉及现场执行和节目表演人员300多人,其中部分节目有茅台内部员工参与,在不影响正常生产经营的前期下完成前期培训和彩排。项目组将人员进行分组,由10个导演牵头进行人员管理,另外对活动现场进行空间划分、区域管理,责任落实到人。

项目评估

活动获得了广泛参与和支持,取得了令人瞩目的效果,吸引了大量茅台合作伙伴和酒文化爱好者的关注。活动期间,参与人数超出预期,展示了茅台品牌的吸引力和影响力。

在媒体统计方面,100多家传统媒体和新媒体平台对活动进行了全方位报道,活动曝光度大幅提升。活动期间,相关话题在社交媒体上持续热议,登上微博、抖音、百度等平台热搜榜,引发了广泛讨论和分享。

活动极具创新性和独特性,通过将传统文化元素与品牌推广相结合,成功塑造茅台品牌价值。活动中的各项内容和活动形式,如茅台酒文化展示、传统文化表演、互动体验等,吸引了广大观众的兴趣和关注。

活动不仅仅是一次品牌推广活动,更是对中国传统文化的传承和弘扬。活动执行现场接近尾声,茅台各级领导对活动创意、现场布景和实际执行效果赞不绝口,给予高度评价。活动在传统文化传承和现代市场推广的结合上,成为行业典范,为其他品牌在文化传播方面提供了借鉴。

亲历者说 任远　北京环智文化传媒集团有限公司副总经理

项目从敲定策划方案到进场实施，时间紧任务重压力大，对极具行业代表性的活动，此次我们必须办出特色。单就创意而言，已经非常具有挑战性，而且要将创意完美展现，变为现实，更是难上加难。活动最终取得成功，得益于茅台全员支持，他们为执行团队提供了非常多的帮助，可以说有了项目组与客户双方同心协力荣辱与共的默契，才有了最后完美的结果。

案例点评

点评专家：刘海迎　乐智公关创始人

2023茅台癸卯年端午大典是一个非常成功、更具有代表性的优秀企业公关传播案例。它策划思路清晰、执行手法完善、传播立意明确、文化角度创新价值极高。

该项目从策划之初即将立意拔高，呈现茅台作为国企的使命担当。这在传播上已经立了先机，确保了项目获得极广泛媒体关注和传播绩效。这场文化盛典的主题策划和创意执行不仅展示传承，更呈现创新、反映时代发展、凸显企业的行业地位和茅台文化的独特价值。

作为一场展现传承的文化大典，项目以守正创新的思路发展完善的创意，并完美将之落地执行。从"一礼四美"策略的执行呈现中，我看到它有传承、有融合、有互动。企业员工的倾情参与，呈现了文化的交融、时代的进步、企业的发展和品牌价值的升华，展现了一幅宏大且脉络清晰的盛典画卷。

值得一提的是，该项目用较短时间即完成了策划、创意、落地执行到组织传播等方方面面。从项目场景中，更可以看到企业员工在项目中的参与，这说明代理公司与企业有极佳的互动关系，这亦是一个公关传播项目成功不可或缺的关键。

国投瑞银《远山信物：走进云南咖啡》摄影展[①]

执行时间： 2023 年 3 月 3 日—6 月 30 日

企业名称： 国投瑞银基金管理有限公司（简称国投瑞银基金）

品牌名称： 国投瑞银

获奖类别： 2023 金旗奖最具公众影响力企业公关传播金奖

项目海报

项目概述

连续几年，国投瑞银基金以上海、深圳、北京三地员工同时做公益作为公司周年庆的重要活动之一。公司鼓励和支持大家在工作日、工作时间参与社会公益活动。2023 年，国

---

① 本文中所涉及的视频及图片，国投瑞银基金管理有限公司均已得到被拍摄者的使用许可。

投瑞银基金为所有人提供 18 个小时的带薪做公益时间。在国投瑞银内部举办一场《远山信物：走进云南咖啡》摄影展，借由咖啡这一高频出现在人们生活、工作和社交中的饮品，联结种植地和消费地，联结人与大自然。

项目策划

1.传播策略

项目初期采用了特定邀约的传播方式，希望受众真正走进展厅，跟随导览节奏，调动五感，让第一批观展人群有机会深度了解项目内容并形成共鸣，从而形成口碑效应、引领出圈。

2.传播受众

国投瑞银基金相关方（员工、客户、合作伙伴）、泛公众（公益活动实践者、企业 CSR 方向负责人、咖啡行业从业者、艺术文化创意行业从业者）、媒体、高校。

3.创意解读

（1）以展览主题分区回应公益议题。

（2）策展创意：调动五感体验，寻找记忆与共鸣。

视觉上，营造专业、沉浸的观展氛围。本次展览的主要目标群体非专业受众。首选生活在云南咖啡产区的摄影师，以纪实风格为主、作品情绪明媚、高色彩饱和度是度本次展览的视觉基调。主题分为：人物特写、种植者劳作场景、云南咖啡产区自然条件与生态环境、咖啡。

展览是在办公楼里，希望不占用公共空间、利用现有建筑结构特点，用专业的物料制作和有巧思的布展提升视觉体验。图片展示区的摄影作品由专业影像工作室用无酸纯棉哑光纸艺术微喷制作，在保证摄影展专业度的同时，结合办公楼特点，在几十米挑高的落地窗边悬挂半透明质感的大幅人像特写挂画，极具视觉冲击力。

听觉上，以纪录片开启展览之旅，视听结合，唤醒好奇心。以一段 14 分钟的影像短片《山的那边是什么》开启本次展览，短片由生活在云南长期记录咖啡产区的纪录片导演梁静拍摄、制作完成。

触觉上，触摸咖啡生豆和云南红壤，感受来自土地的馈赠。在咖啡樱桃展区摆放培养皿，展示着来自云南的咖啡豆、咖啡落花、咖啡叶和种植咖啡的红色土壤。

嗅觉、味觉上，了解咖啡杯测。在咖啡樱桃展区，展示了咖啡风味轮、世界咖啡原产地风味描述、云南咖啡风味地图和咖啡杯测手册，受众通过对三款不同风味的云南咖啡进行品鉴，调动嗅觉和味觉体验。

短片《山的那边是什么》

项目执行

摄影展在2023年3月20日至6月30日（原定5月31日结束，后来延期）在公司办公室展出。

2023年3月初与上海联劝公益基金会"行走的咖啡豆"项目发起人交流并确认合作意向；用一周时间完成创意提案，主要包括公益项目背景与资助方向调研、核心议题梳理、企业与员工参与方式、展览方案。方案通过后，一周时间对接合作资源并进行物料采购及制作，利用3月18、19日周末两天进行布展，3月20日上海场正式开幕；深圳场4月26日开幕，5月26日闭展。展览期间，特邀"行走的咖啡豆"项目发起人分别在上海、深圳利用工作日午休时间开展线下分享活动并进行云南手冲咖啡品鉴。

项目评估

（1）展览效果受到好评，实现跨圈传播，提升企业品牌传播度及影响力。项目展期恰逢企业年度董事会，公益展览的创意与呈现效果得到了中外双方股东的认可，达到了积极的企业内部传播效应。"行走的咖啡豆""走"进国投瑞银，让大家知道了公益项目背景以及运营情况，现场品尝了不同风味的云南咖啡，了解了咖啡杯测在品质检测中的意义。展览吸引到众多金融行业之外的人士前来观展，主要有咖啡行业从业者、企业社会责任部门负责人、设计师、摄影师、消费品行业从业者、媒体等，还有知名车企咖啡爱好者车友会组团前来观展。展览恰逢第三届上海咖啡文化周，来访的客人都说办公楼是"国投瑞银分会场"。

（2）公益议题引发多方参与，受邀举办外部分展，众人联手搭建资源。在深度了解此次公益展览的背景后，项目引发了上海高级金融学院老师们的共鸣，摄影展受邀在其普陀校区进行展出，借学院的平台和强大的校友群体影响更多人参与围绕云南咖啡的公益行动；在第三届上海咖啡文化周，摄影展作为特别公益活动走进了复旦经世书局，吸引更多人参与。

（3）形式可持续、材料可持续，展览项目模式得到认可。从公益展览项目的最终呈现来说，五个展览分区真正做到了"麻雀虽小五脏俱全"。摄影展涵盖前言导读、摄影作品展示、知识科普、标本展示、主题书籍阅览和咖啡品鉴，还有专人导览，内容完善、体验丰富，策展逻辑经得起推敲。制订项目方案初期，就确定了展览物料要做到"充分利用现有条件、减少不必要采购、优先使用环保材质、能够满足重复使用"，因此在物料材质、展陈用品的选择上采用了能够保护展出作品、方便撤展和二次展出的布展工具。"行走的咖啡豆"项目发起人对展览的效果表示惊喜，表示会把这次合作经历作为该公益项目对外合作的推荐模板，让远山的"信物"走进更多人的生活中。

亲历者说 李桐 国投瑞银基金市场服务部高级经理

我负责了前期的项目筛选、创意提案、展览策划、文案撰写，以及中期的公司内部跨部门沟通和外部资源对接整合等工作，在部门同事的协助下完成了布展、让活动顺利开幕。我在进行项目进度梳理时才发现此次从策划、提案、确认到实施不到三周的时间。就"在办公楼里做云南咖啡摄影展"这种资管行业里少有、本公司里史无前例的做法来说，即使创意有可取之处，也极有可能因为无法证明投入的成本会给企业带来哪些正向影响而无法被推进。而这次项目推进竟然如此顺利。从展览最终的呈现效果和收到的观者反馈来看，这无疑是一次在创新、包容的企业文化背景下的成功实践。

案例点评

点评专家：李志军 中央财经大学文化与传媒学院广告系教授

国投瑞银基金这一公关项目的策划朴实无华，同时切入点很接地气，以高频出现在生活中的饮品——咖啡为介质，去了解产品背后的故事，一下让公益有了明确的焦点。

最后以公益摄影展作为成果展示看似简单，实则不简单。虽然展厅在公司办公区，但顺畅完成了先于外部传播的内部传播任务，反而是公关传播中比较难完成的任务，同时通过特别邀约的方式把品牌的利益相关方请进来，打造了包括非金融人士的破圈之旅。与平常的摄影展只看展不同，该展览提供了五感体验，通过分区展示乡村产业、农业可持续发展、生态保护、少数民族地区教育、边境女性这样重大的议题。切口小，但以小见大；展示看似简单，但内涵丰富；抓手平易，但意蕴深远。

敢为 · 青年企业家演讲

执行时间：2023年4月1日—5月31日
企业名称：深圳前海微众银行股份有限公司
品牌名称：微众银行微众企业+
代理公司：上海灵思远景市场营销顾问有限公司
获奖类别：2023金旗奖最具公众影响力企业公关传播金奖

项目概述

金融品牌微众银行微众企业+联合中国青年报社共同打造敢为·青年企业家演讲，邀请智能制造、民生消费等不同行业的三位优秀青年企业家代表，相聚中央团校进行录制，在聚光灯下讲述奋斗青春与创业故事。在致敬青年企业家的同时，传递青春敢为力量和新时代企业家精神，为青年创业者、青年企业家奋楫扬帆之路注入新动能。

敢为 · 青年企业家演讲KV

项目策划

1.项目洞察

在信息技术服务业、文化体育娱乐业、科技应用服务业等以创新创意为关键竞争力的行业中，一大批由青年领衔的"独角兽企业""瞪羚企业"喷涌而出。从最初的商业设想到探索成长，再到逐步成熟繁荣，青年创业者大多要经历从中小微企业起步，此后日渐发展壮大的历程。中小微企业的创业故事会激发青年人创新创造活力，鼓励引导青年积极投身各行业各领域创新创业实践。

作为兼具青年特点与企业家精神的优秀群体，青年企业家敢想敢为，敢闯敢拼，用实际行动将一个个设想落地实施，创造了不可小觑的社会价值。但青年企业家有时缺少展示自我价值的平台和接触资源的渠道，本次项目深刻洞见企业家经营过程中的多元需求，以"为小微企业主发声"为切入方向，通过企业家演讲的形式，充分展现企业的成长故事，呈现出中国各行业的发展脉络。

2.项目目标

聚焦"企业家精神"，通过态度视频、现场演讲的方式，倾听青年企业家创业路上的故事，展现敢想、敢为、敢闯的精神面貌，传递更多向上的力量，为新一代青年带来更多激励。此外，项目组想让更多优秀的青年企业家群体被看到、被关注，这也是微众银行微众企业+一直以来所做的事情。希望在弘扬企业家精神同时传递"与中小微企业共成长"的品牌愿景。

3.主题思考

以"敢为"作为本次项目的主题关键词，回应时代精神征召。从"这一代年轻人有什么不同"的问题思考，这一代青年出生在中国最繁荣而和平的年代，对国家有强烈的自豪感，拥有敢想敢为的性格和底气，总结为一句话，那就是"生而逢盛世，青年当敢为"。

4.媒介策略

《中国青年报》是以青年为主要读者、具有重大影响力的权威媒体。与中国青年报社合作，覆盖客户端、网站、微博、微信、B站、抖音、视频号等媒体矩阵平台。同时联动B端媒体、企业家群体，扩大传播声量。

项目执行

微众银行微众企业+联合中国青年报社出品以"敢为"为主题，聚焦企业家精神，通过态度视频、现场演讲的方式，倾听青年企业家创业路上的故事。项目从2023年4月初开始筹备，嘉宾邀请、录制、后期制作、上线传播，前后历时近2个月。在五四青年节期间上线预热态度视频、三位嘉宾的演讲视频以及一系列宣传海报和专题等传播资源。

项目评估

以中国青年报社全媒体矩阵为主，覆盖客户端、网站、微博、微信、B 站、抖音、视频号等平台，累计报道 320 篇次，全网曝光量 1.5 亿次。项目获得学习强国平台认可，其主动搭建专题页力荐。中国共产主义青年团深圳市委员会、中国共产主义青年团山东省委员会、北京大学、中国大学生在线等组织主动转发，同时收获广大青年关注及互动，青年企业家的创业故事也赢得许多共鸣。新华网、光明网、中国网等媒体平台关注和转发点赞，曝光量超 461 万次。参演用户口碑二次传播，私域流量助力传播；中国企业网、中华工商网、青创头条等 B 端媒体话题延展，企业创业等社群扩散，提升企业家群体圈层影响力。

亲历者说 肖成龙　中国青年报社运营中心总监

在由报社与微众银行微众企业+联合推出的敢为·青年企业家演讲中，我们聚焦民营企业中的青年企业家，弘扬企业家精神，既是时代之需，更是发展之要。我们实现了青年企业家与年轻观众的深度对话，用生动的案例阐释企业家精神的丰富内涵，向全社会传递青年企业家敢闯敢拼、挺膺担当的向上力量，传递青年企业家爱国、创新、诚信等优秀品质。

案例点评

点评专家：吴翀　霍尼韦尔能源与可持续技术集团亚太区市场总监

这个活动让我联想到之前朋友圈热议的青年主题视频。年轻人相关的内容或者活动总是能让人热血沸腾，因为他们充满了朝气和力量。这个活动首先确定了一个好的主题，"敢为"两个字不仅表达了企业家精神，而且跟新时代的青年形象高度契合。Z世代想法大胆、思维包容，短短两个字就勾勒出了一个勇于创新、敢想敢做的青年形象。一个好的主题对于成功传播至关重要。项目具体的传播操作更多考虑到了新媒体，挑选了一些有代表性的企业家。话题很吸引人，也很符合国家的发展方向，就不难实现传播目标。

君乐宝 × 《行进中的中国》第二季传播项目

执行时间：2022年8月29日—9月24日

企业名称：君乐宝乳业集团股份有限公司（简称君乐宝乳业集团）

品牌名称：君乐宝

代理公司：北京天色傲成公关顾问有限公司

获奖类别：2023金旗奖最具公众影响力企业公关传播金奖

项目概述

继《行进中的中国》第一季向全球生动展示当代中国形象，引发国内外巨大反响后，2022年，由SMG与Discovery（探索频道）联合出品的《行进中的中国》第二季重磅回归，在国内外多平台、多地区黄金档联动播出，获得了极好收视表现，精良的内容和制作受到了国际社会的高度认可。

纪录片第二集以"中国能否为世界经济注入新活力"为主题，选择君乐宝作为中国制造实体经济的样本，解读如何用自身高质量发展为经济内循环提供保障，并向世界经济释放更多积极信号。

项目策划

1.传播策略

为立体展现君乐宝通过全产业链布局打通经济循环中的断点、堵点，并依托科研创新保持行业前沿优势，以科技提升中国奶业国际竞争力，本次传播策略为议题借势、权威解读、行业认知、财经价值、定向覆盖、内容破圈六维度互通。

（1）议题借势：中国梦崛起，发展新样本。通过议题借势，实现"双循环""新智慧"等热词的品牌占位，为集团公关形象增加厚度、刷新高度，"中国乳业新智慧""探索乳业鲜活力量"等，成为网友评论热词。

（2）权威解读：《行进中的中国》第二季被《人民日报》、《光明日报》、《中国日报》、《环球时报》、学习强国、《广电时评》、《广电独家》、《文汇报》等主流媒体评论报道数十次，获得广泛好评，并受到上级主管部门表扬。其中权威媒体深度解读点赞君乐宝乳业新智慧，帮助君乐宝品牌力在主流价值领域实现高效传播。

（3）行业认知：深度原创，筑信美誉。借助权威、财经、消费三大类媒体集中深度原创，塑造品牌全新认知。同时在多话题、多媒体、多渠道的传播过程中，积极维护消费端情绪口碑内容，提升企业与用户间交互度，进而提高消费群体的满意度和忠诚度。

（4）财经价值：解读价值，掌握主动。传播覆盖8家主流财经媒体，解读品牌投资价值；向资本市场强化民族制造代表形象，为君乐宝提升资本市场品牌美誉度。

（5）定向覆盖：聚焦"三高"，精准匹配。通过媒体和达人选择、引导内容创作，全面解读君乐宝乳业新智慧，内容触达量超2300万次，定向覆盖高净值、高学历、高需求人群，精准匹配差异性消费趋势，进一步为消费转化做重点支撑。

（6）内容破圈：占位剖析，刷新认知。在《行进中的中国》纪录片高屋建瓴的传播过程中，及时铺设传播分径，通过移动端权威平台短视频解读、自媒体挖掘报道、哔哩哔哩平台等，深入触达消费市场，提振品牌信任，刷新国产乳业的产业自信高度。

2.媒介策略

权威媒体《人民日报》、《环球日报》、瞭望智库、长安街知事、央视网、光明网、Discovery官方网站、地方媒体等多声量、多角度解读传播，强化民族品牌心智占位。

《证券时报》、《上海证券报》、《第一财经日报》、《21世纪经济报道》、每经网、界面新闻、财联社、《新财富》等以财经视角专业解读，完成品牌价值传播。

社交媒体平台，微博、抖音、B站、视频号等KOL占位传播，全面提高声量及互动量，提升品牌消费趋势。

项目执行

《行进中的中国》第二季于2022年8月16日登上东方卫视每周二晚"新纪实"时段，长三角地区主要电视台联动播出。同时，节目被翻译成各国语言，次月在Discovery国际平台的多个主要国家和地区黄金档播出。传播执行以纪录片在国内外喜获高收视率和讨论度为契机，及时铺设传播分径，提高议题热度，先后通过权威媒体视角解读、专业财经解读，以及社交媒体众KOL占位传播，达到品牌在主流价值领域、财经资本领域、消费市场领域的势能释放，进而凸显君乐宝品牌高质量发展的竞争实力。

项目评估

聚焦君乐宝公关传播主线，借助第三方视角及内容，传播君乐宝全产业链科研创新成果，实现品牌强大曝光及集团"乳业新智慧"公关资产积累。多广度、多深度、多样式解读，增强集团形象的广度与厚度，提振了B端渠道信心，收获消费者信任。多渠道分层精细化运营，加深受众对企业认知、提升行业地位，收获了公众正向口碑，为后续的公关传播构筑了基础。与主流财经媒体建立良好的合作基础，高质量传播强化民族制造代表形象，提升品牌美誉度，向资本市场传递财经新价值。全网曝光量超2.43亿次，深度触达人数超2495万人。

亲历者说 **冯进茂　君乐宝乳业集团总裁助理**

君乐宝能够在纪录片中被重点展现，凭借的正是我们通过全产业链布局打通断点、堵点，并依托科研创新保持行业前沿优势，以科技提升中国奶业国际竞争力，走出了一条奋进之路。通过纪录片的呈现，国内外亿万网友近距离了解到以君乐宝为代表的中国乳企品牌做全产业链、发力科研创新的乳业新智慧，更深入体会到中国企业不可阻挡的崛起趋势。

案例点评

点评专家：彭焕萍　河北大学新闻传播学院院长、教授、博士生导师

项目不仅展现了中国制造的"新智慧"，更凸显了君乐宝在推动行业进步中的核心角色。在传播策略上，项目团队精心策划，通过议题借势、权威解读、行业认知、财经价值、定向覆盖、内容破圈六个维度有机结合，构建了一个多层次、多渠道的媒体传播网络。这一策略不仅有效提升了君乐宝的品牌影响力，还实现了集团公关价值积累和势能有效释放。

本案例是一个成功的议题借势案例。纪录片内容丰富、生动，传播手法巧妙，不仅提高了内容的可读性和大众认可度，更实现了品牌与节目共赢，为行业树立了新的标杆。

马石油"亚洲能源论坛"传播项目

执行时间：2023年2月—7月30日
企业名称：马来西亚国家石油公司
品牌名称：马石油
代理公司：上海致未文化传播有限公司
获奖类别：2023金旗奖最具公众影响力企业公关传播金奖

项目概述

亚洲声音成为推动全球能源转型进程中的关键一环。作为一家力求进步的全球性能源及解决方案伙伴，马石油2023年6月携手剑桥能源周共同举办"亚洲能源论坛"，致力于打造一个公正负责的能源转型交流平台，积极推进亚洲地区净零碳排放目标。

马石油邀请众多全球能源行业专家与商业领袖、企业嘉宾、媒体等共同参与这一高规格论坛，共商未来能源可持续发展之策，有效树立了马石油可信赖合作伙伴形象，更将中国声音带出海外，向世界展现真实、立体的中国，也向中国展现了公正负责的能源企业形象。

"亚洲能源论坛"

项目策划

1.整体策略

（1）强强联手，打造高论坛规格。马石油与剑桥能源周强强联手，共同打造"亚洲能源论坛"。

（2）重磅嘉宾百家争鸣，为可持续未来献计献策。

活动吸引来自27个国家及地区的3000多位全球行业专家、商业领袖、投资者等参加。马来西亚总理安瓦尔·易卜拉欣，马石油总裁兼集团首席执行官丹斯里陶菲克，标普全球副董事长丹尼尔·耶金，石油输出国组织（OPEC）秘书长海瑟姆·盖斯，沙特阿美总裁兼首席执行官阿敏·纳瑟尔等出席论坛共议脱碳技术、能源政策等话题，探讨能源挑战，为亚洲地区能源转型助力。此外，海洋石油工程股份有限公司董事长王章领、奥动新能源汽车科技有限公司联席董事长张建平、浙江正凯集团有限公司副总裁萧忠淮在内的多位中国嘉宾参与论坛，就塑料循环经济、新能源电动车等多个热门话题及新兴技术进行介绍。

（3）丰富活动，吸引全球高度关注。

论坛为期三天，共举办了近40场行业论坛与意见领袖对话、23场"创意集市"活动、4场签售会，45家参展商参加，更有路透社、CNBC（美国消费者新闻与商业频道）等26家海内外知名媒体直击报道。

2.项目目标

树立马石油可信赖合作伙伴形象，推动与中国合作伙伴的合作关系，深化中国与马来西亚在能源领域的合作。打造平台，在构建能源共同体的命题里，让中国读懂马石油，让世界读懂中国。

3.项目受众

全球能源政策制定者，全球能源企业决策者、高管，能源行业学者、专家、媒体，包括金融、投资在内其他相关行业意见领袖，潜在合作伙伴。

4.传播策略

把握传播节奏，输出优质内容。主动沟通、迅捷策划，马石油中国微信公众号平台、马石油总部LinkedIn、Twitter等平台及时、一致发布信息，形成海内外传播矩阵，实现有效资源互动。提高新华社、《中国日报》等媒体在内的优先级，提升"亚洲能源论坛"在中国的关注度和信赖度。广泛触达财经、能源等媒体，获得全面曝光，并通过深度沟通，传播内容契合媒体关注点。邀请媒体参与天然气、下游业务专访会和边佳兰一体化项目参观，议题涉及天然气、润滑油、新能源、石油化工、投资、企业在华发展和未来合作等各个方面，满足媒体需求。

将马石油品牌形象、能源行业前景、论坛内核知识等看似严肃硬核的内容，用探店、

边佳兰一体化项目

快剪形式的 Vlog 传播，让"干货"更易被接受。马石油北京代表处首席代表李焱女士与总部多位高层领导共同出镜，在社交平台上与受众进行零距离沟通。

项目执行

1. 预热期（2023 年 2 月至 6 月）

联动多方合作伙伴，包括中国马来西亚商会、中国—东盟博览会（CAEXPO）、跨国公司领导人青岛峰会等全平台发布宣传内容。同时通过与新华社、东方卫视等数十家媒体深度沟通了解诉求，为论坛顺利召开打下基础。

2. 爆发期（2023 年 6 月 19 日至 6 月 28 日）

论坛开幕前，联动总部素材和马石油北京代表处首席代表李焱女士的探访 Vlog，为论坛开幕蓄能。揭秘吉隆坡地标"马石油双子塔"，并提前探访"亚洲能源论坛"亮点，再次打造热点。

论坛期间每日亮点及时呈现，维持热度不减。开幕当天，多家权威媒体率先发布论坛新闻，涵盖网页端、手机端以及电视端。同时，开展两场媒体专访、一场工业园区参观，借助热议，共创优质报道。

3. 长尾期（2023 年 6 月 29 日至 7 月 30 日）

论坛闭幕后，整合活动内容，以回顾形式在自有平台发布，并联动马石油朋友圈，通过中国马来西亚商会等账号转载，加深受众对"亚洲能源论坛"记忆。

项目评估

1. 效果综述

活动共获得超1500次媒体报道，覆盖路透社、CNBC、彭博社等超过26家国际媒体，新华社、《中国日报》、东方卫视等8家权威媒体现场深度报道，共触达超15亿人次。

社交媒体方面，马石油微信公众号发布原创推文6篇，阅读量12264次，互动量2231次。微信视频号的总观看量近2万，互动量2713次。同时，中国马来西亚商会等账号纷纷转发相关推送，总阅读量1974次，互动量达到576次。

2. 媒体反馈

新华社记者表示：论坛期间，听到了来自全球的能源专家和学者对亚洲能源领域的最新动态和发展趋势的解读。各方都致力于推动能源转型，发展可再生能源，契合我国的"双碳"目标。

《21世纪经济报道》记者表示：论坛的规格之高令我震撼，这次有机会向马石油CEO和标普全球副董事长丹尼尔·耶金提问，收获颇丰，也让我对亚洲可持续发展的未来充满信心。

《新民晚报》记者表示：在论坛现场，每一个节拍都共振于创新的力量和塑造未来可持续世界的决心，多位中国企业家的发言也向世界传递中国积极推进可持续发展的坚定声音。

《中国化工报》记者表示：在参加"亚洲能源论坛"之际，我也参与了边佳兰一体化项目的首批中国媒体访问。该项目彰显了净零碳排放愿景在马石油下游业务的落地情况，我对当地石化投资项目与环境印象深刻。

《中国石油石化》记者表示：论坛旨在探讨切实可行的解决方案，使亚洲加速迈向低碳未来。在现场，能源树随着光影展现出绿色生机，我深刻体会到了马石油对净零未来的创新与探索。

亲历者说 马铭周　马石油北京代表处战略沟通主管

作为"亚洲能源论坛"成功举办的见证者，我深刻地感受到了马石油对能源转型和可持续发展的坚定承诺。许多参加论坛的中方企业嘉宾与媒体也分享了中国视角下绿色低碳未来的发展愿景。"亚洲能源论坛"是一个集思广益、共同发展的平台。我们在此听取来自各领域的专家学者的意见，分享各方在能源领域的成功经验，为未来的能源发展铺就一条充满希望的道路。

案例点评

点评专家：张宁　中国新闻史学会公共关系分会副会长，中国高等教育学会公共关系教育专业委员会副理事长，中山大学传播与设计学院教授、博导，中山大学公共传播研究所所长

这个项目在多个方面展现出了独特的传播定位。首先，公司通过迅捷的传播节奏和优质的契合内容，成功在海内外构建了并行的传播矩阵，形成了有效资源互动，从而统一并丰富了中国区的传播内容。其次，通过提升权威媒体的优先级，获取权威媒体背书定调，大大提高了"亚洲能源论坛"在中国市场的关注度和信赖度。此外，将马石油品牌形象、能源行业前景等硬核内容以轻松的语言呈现，更容易被接受。最后，响应主流媒体议程，扩大传播效能，通过契合媒体关注热点，邀请中国媒体参与专访会和参观项目，满足了各领域媒体需求，进一步增强了媒体和受众对马石油的理解和认知。可以说，该项目在传播内容、媒体关系、社交互动和议程设置等方面都表现出了较高的专业性和创新性。

GOLDEN
FLAG
AWARD
金旗奖
—
品 牌 向 上

2023
—
金旗奖最具公众影响力
市场公关传播金奖

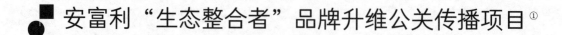

安富利"生态整合者"品牌升维公关传播项目①

执行时间：2023年2月1日—7月31日

企业名称：安富利（中国）科技有限公司（简称安富利）

品牌名称：安富利（Avnet）

代理公司：北京科闻领睿咨询服务有限公司

获奖类别：2023金旗奖最具公众影响力市场公关传播金奖

2023金旗奖最具公众影响力To B行业案例金奖

项目概述

安富利是全球半导体芯片分销领域的头部企业。经过100多年的大浪淘沙和韧性发展，一方面，安富利的初心、使命和价值观薪火相传，公司稳稳屹立于行业潮头；另一方面，安富利不断变革、重塑自我价值，在探索、突破与实现中，完成蜕变。随着分销产业链的竞争日益激烈，其不断调整原有产业模式以适应市场变化。特别是在数字化转型浪潮下，以交易服务为主导的元器件分销模式已经不能完全覆盖电子产业提升供应链和协同制造效率的需求，无法真正触达"全产业互联"深度服务层面。

面对技术市场的不断变化，分销商的角色发生变化，企业转型的紧迫感陡增。安富利顺应时代大势，从角色简单的分销商转型成为技术解决方案提供商，也就是能够提供设计链和供应链以及涵盖产品全生命周期服务的"生态整合者"，以向上突围。与此同时，安富利希望借助公关传播手段，宣传和强化自身在换道升维之后作为"生态整合者"的新品牌形象与内涵，从而在市场中脱颖而出，推动增长转化，构建业务发展的新护城河。

项目策划

安富利作为"生态整合者"，在终端产品上缺乏直接触达消费者的优势。其技术解决方案主要是在研发项目早期介入或产品开发中发挥关键作用，效果不如消费品显著，技术门槛较高。因此，品牌故事应该侧重于应用场景、数字化以及绿色低碳化转型浪潮中的热门赛道，这样更能引起共鸣。

---

① 本文涉及的视频及图片，北京科闻领睿咨询服务有限公司均已得到被拍摄者的使用许可。

由于预算有限，宣传需以少而精为重，针对热门应用与赛道，集中曝光于大众、商业和核心行业媒体。通过选取专业领域的知名KOL，参与行业展会，以深度文章、视频直播、电视报道等多种形式和多层次受众传播方式，实现在业界树立安富利"生态整合者"新品牌形象的目标。

第一阶段：单点发力新能源汽车及其充电赛道，"生态整合者"概念初具雏形。在汽车电动化、智能化浪潮下，汽车产业正面临显著变革，半导体分销商的角色也在演变。作为在产业链中处于核心位置的"生态整合者"，安富利凭借庞大的客户基础、广阔的生态系统、从设计链到供应链服务和解决方案的组合、在设计和工程领域深厚的经验和专业知识，能够帮助本土新能源汽车和新能源汽车充电领域的客户加快产品上市，降低风险和成本。2023年2月，安富利邀请《国际电子商情》、人民日报社旗下的《中国汽车报》等核心汽车媒体，在线参加"驭电而行，领衔未来"安富利新春媒体沟通会，传递安富利能够为本土客户提供端到端的一站式解决方案、帮助客户抓住新能源汽车领域的新增长点，也会在中国市场进行重点业务布局、与中国新能源汽车和新能源汽车充电市场共成长的核心信息。

第二阶段：在多个城市举办汽车生态圈峰会，多点发力，全面开花。安富利通过在武汉、合肥、芜湖、重庆举办汽车生态圈峰会，展示其在汽车行业的全面覆盖性和强大的技术支持服务能力。通过与产业链各方对接，建立平台，强调安富利的整合能力，吸引行业受众，打造"生态整合者"形象。

峰会前邀请芝能汽车、懂车帝等知名媒体通过海报、文章和视频等UGC为活动预热，触达行业内目标客户群体。峰会期间，邀请高工智能汽车和盖世汽车两大汽车行业类媒体进行线上直播，产生了强大的影响力，引发破圈效应。仅武汉的直播活动就收获了11000余人近30000次观看，引起了广大从业者的热烈反响。

第三阶段：强势发声，助力中国芯出海。在业内造足"生态整合者"声量之后，安富利随即将目标对准了汽车市场之外更加广阔的市场，强调安富利扎根中国市场的长期承诺。通过亮相慕尼黑电子展、举办中国芯·新发展高峰论坛，与哪吒汽车签署战略合作框架协议以及举办线上线下相结合的媒体沟通会等活动，安富利分享在中国的业务发展情况，解读安富利的本土化策略，突出安富利践行ESG和可持续发展理念的使命与担当，以及安富利在助力中国芯片出海方面的优势。

在展会现场对公司高管进行电视媒体专访、直播等，借助电视媒体的强大影响力和广泛受众，提高安富利作为"生态整合者"和中国芯片产业赋能者的品牌知名度，达到破圈突围的效果。同时在直播中从技术创新、应用领域等方面介绍重点展品，突出安富利引领技术创新的优势，以及安富利转型成为"生态整合者"之后的开拓性技术创新。

中国芯·新发展高峰论坛

项目执行

项目整体采用"点、线、面"三步走战略，从2023年2月"驭电而行，领衔未来"安富利新春媒体沟通会，到2023年6月安富利汽车生态圈峰会，再到利用重磅行业展会通过多种媒体传播路径串起知名卫视、门户视频和大众媒体，全面覆盖国内目标受众和核心决策圈层，推动潜在业务增长。

项目评估

在本次安富利"生态整合者"品牌升维公关传播项目中，首先，安富利以"驭电而行，领衔未来"新春媒体沟通会为切入点，探讨如何凭借自身优势，助力中国新能源汽车高质量发展。其次，延伸"新能源汽车"话题，连点成线，顺势在武汉、合肥、芜湖以及重庆举办安富利汽车生态圈峰会，进一步展示自身广阔的覆盖领域。最后，通过参加行业知名展会慕尼黑电子展，并在参展期间举办中国芯·新发展高峰论坛，将传播的线扩展成面，形成网状传播，全面呈现安富利助力中国半导体市场发展的决心和行动，进而提升安富利知名度及影响力。

安富利通过三步走战略层层深入，并辅以线上媒体会、线下展会等多活动类型，文字以及视频等多报道形式，经济类媒体以及行业垂直媒体多展示渠道，全网传播，提升品牌知名度。

以下为从2023年年初到7月，项目传播效果的可视化数据展示。

（1）仅慕尼黑电子展期间，系列公关传播项目所产生的新闻报道落地数量就超过200个，重要报道如下。

《中国电子报》——《安富利中国：汽车产业"强芯稳链"，透明供应链是关键》。界面新闻——《新能源汽车兴起叠加半导体下行周期，芯片分销商如何明确供应链定位？》。盖世汽车对安富利汽车生态圈峰会的报道——《共襄盛举 | 安富利2023首场汽车峰会聚集百家合作伙伴》。芝能汽车对安富利汽车生态圈峰会的报道——《「芝·推荐」2023汽车安富利生态圈峰会》。《中国汽车报》参加安富利"驭电而行，领衔未来"线上媒体沟通会的报道——《从分销商到生态圈整合，安富利助力中国电动车充电技术快速发展》。《国际电子商情》参加安富利"驭电而行，领衔未来"线上媒体沟通会的报道——《从代理分销商到生态整合者，安富利与中国电动汽车共成长》。

（2）活动直播的播放量达到了将近20万次。

（3）在自有社交媒体平台，发布4个活动视频，总观看量超过45000次。

亲历者说 陈艺　北京科闻领睿咨询服务有限公司高级公关顾问

科技产业日新月异，百年老店安富利在面对汽车等诸多产业变革的关键时刻，果断转型，从全球领先的技术分销商和解决方案提供商转型为半导体"生态整合者"，凭借自身优势打造半导体生态圈，助力中国芯片走向新发展。为了实现这一宏愿，整个项目从细微处入手，在全国多地通过举办各种形式的活动，短时间内便重塑了安富利的形象。

案例点评

点评专家：董斌　科大讯飞品牌市场中心副总经理兼讯飞医疗品牌市场总监

一个典型的ToB营销案例，把找准客户、找对场合、做好发声做好就成功了大半，安富利这家芯片分销领域的"百年老店"向"生态整合者"跨越，需要做好的也是这三点。首先，安富利结合当下的汽车能源消费转型热点，瞄准新能源汽车这一赛道，并致力于为中国芯片厂家出海服务，选点准，势能高；其次，在沟通场合上，从面向行业媒体的线上沟通会，到面向车企的巡回生态圈峰会，再到面向国际客户的海外展会，由点及面、由分众到大众，把公司价值链立体呈现出来；最后，在媒体渠道上，也是从汽车行业媒体延展到大众媒体，助力企业形象和社会影响力不断提升。安富利转型之路可谓步步为营，驭势而行，前景可期。

2022伊利×中国色研究院蹴鞠传播项目

执行时间：2022年10月30日－11月30日

企业名称：内蒙古伊利实业集团股份有限公司

品牌名称：伊利

代理公司：内蒙古众拓营销管理有限公司

获奖类别：2023金旗奖最具公众影响力市场公关传播金奖

项目概述

世界杯期间，各大品牌发力营销足球，常规内容难以突围。该段时间内传统文化热潮兴起，且品牌在传统文化赛道上的多次尝试均得到了不错的效果。于是品牌联合头部文化IP、足球标签艺人等资源，从非专业化足球内容角度切入，用一记跨越千年的妙传核心创意点结合传统蹴鞠文化、传统色彩文化，从足球起源链接世界共同的热爱，从文化角度差异化传播内容，同时助力足球赛事营销。

项目策划

1.挑战

品牌并非世界杯官方赛事主冠名方，没有先天传播优势，且各品牌营销同质化内容严重，常规内容难以突围，如何从一众营销中脱颖而出是品牌方面临的挑战。

2.目标

在世界杯赛事期间有较高的品牌曝光度及声量。同时，持续占位传统文化赛道，保护并传承传统文化，夯实品牌富有社会责任感形象。

3.传播规划

（1）预热期（11月13日）：联合歌手张远、足球解说大咖黄健翔，组成"远健"组合，发布预热海报及视频，激发球迷及粉丝的好奇心，引起关注。

（2）爆发期（11月14日）：借助世界杯赛事热度和品牌签约的五大国家球队及球星，从传统文化的角度发布助威海报及主视频《一记跨越千年的妙传》，IP方及全线子品牌联动辅助传播，用传统文化来链接球迷心中的共同热爱。

（3）长尾期（11月15日）：中国色蹴鞠盲盒上线，精美平面物料同步官宣，还原五大球队颜色对应的传统色蹴鞠实物，同时品牌代言人在线"发球"，引发新一轮传播热潮，让热爱持续发酵。

项目执行

2022年10月接到工作简报，并开始筹备执行。一方面，与中国色研究院的老师讨论并寻找颜色及寓意都契合五大国家球队的中国传统色；另一方面，寻找合适的周边制作工厂，力求完美还原传统的蹴鞠样式、色彩及花纹。同时，协调艺人张远的档期，保证所有物料按时上线。

项目评估

1. 项目亮点

截至项目结束，在无资源投放、无外围硬广告的前提下，全网总曝光超过3亿次，核心视频全网总播放量超过1091万次，其中核心话题阅读量超过2.5亿人次，电商平台曝光量超过5000万人次，微信平台曝光量超过16万人次。

2. 受众反应

受众反应热烈，掀起周边物料等求购热潮。

3. 市场反应

塑造有担当的品牌形象，获得媒体端及行业一致认可和好评，引发了行业平台的自发传播。

4. 媒体统计

文化类媒体以及多家行业媒体自发正向解读项目内容，新片场推荐热门内容、SocialBeta主动将案例收录至足球赛事案例榜单。

亲历者说 刘少华　内蒙古众拓营销管理有限公司客户经理

在品牌无官方赞助身份及各大品牌营销内容同质化十分严重的前提下，在世界杯足球赛事传播中打出声量、脱颖而出是本次项目难点。为此，创意策略团队与客户经过多轮探讨，最终敲定以"一记跨越千年的妙传"为项目核心创意点，将传统色彩文化、蹴鞠与现代足球相连接，激发球迷心中共同的热爱。

案例点评

点评专家：龚妍奇　劲霸男装董事、品牌副总裁

在世界杯这样的大型体育赛事中，品牌营销最大的难点就是在海量的声浪中让自己被听到。伊利在既非赞助商又资源有限的状况下剑走偏锋，做了一次很好的尝试。与中国色研究院合作，从中国蹴鞠切入，"一记跨越千年的妙传"创意让古今中外、传统与现代得到了完美结合。色彩视觉成为项目亮点，"热爱配比"和中国色蹴鞠盲盒等设计非常好地吸引了年轻群体，演绎了品牌"品质，源于热爱"的核心理念。

2023国际带状疱疹关注周系列传播

执行时间：2023年2月20日—3月20日

企业名称：葛兰素史克（中国）投资有限公司

品牌名称：欣安立适（SHINGRIX）

代理公司：上海释宣商务咨询有限公司

获奖类别：2023金旗奖最具公众影响力市场公关传播金奖

　　　　　2023金旗奖最具公众影响力医药行业案例金奖

项目概述

我国60岁及以上人口已达2.64亿人[①]。老年人常伴有多种慢性病，是感染性疾病（例如流感、肺炎、带状疱疹）高危人群。

《"十四五"国民健康规划》将"预防为主"列为基本原则之一，同时指出要做好老年健康教育，倡导主动健康理念。

2023年2月27日—3月5日是第二届国际带状疱疹关注周，旨在提升公众对带状疱疹疾病预防和诊疗的认知，从而远离带状疱疹，拥有健康生活。

项目策划

1. 传播策略

（1）夯实节点：持续与《健康报》等权威媒体共创，巩固国际带状疱疹关注周在中国的权威性和认知度。

（2）借势热点：借助公众对疾病预防的高关注度，邀请多学科专家共同科普带状疱疹风险及危害，让公众自我关联，从而积极预防。

（3）凸显特点：促使带状疱疹高危人群（50岁及以上、有慢性病或免疫力低下等）根据自身情况留意疫苗接种注意事项。

2. 传播创意

内容上，在"健康老龄化"相关引导下，从影响中老年健康的常见感染性疾病入手，以带状疱疹为例，提示三大易感人群，通过专家临床观察，强调带状疱疹及相关疾病的危

[①] 《第七次全国人口普查公报》，中国政府网，https://www.gov.cn/guoqing/2021-05/13/content_5606149.htm。

害，给出疾病预防和管理建议。

形式上，圆桌讨论、临床案例、专家呼吁并行。

嘉宾方面，协会领导背书，多学科专家共同发声，两会代表委员呼吁行动。

模式上，媒体沙龙、全国媒体沟通会、城市采访相结合。

3. 媒介策略

（1）联手权威媒体，共创热点话题。与《健康报》《养生大世界》主流媒体共同探讨热点话题，就媒体感兴趣的内容共同策划实用新闻点，引发多角度报道。

（2）权威融媒体矩阵发力。央视新闻、《人民日报》、新华网等近70家媒体领衔，联动微信、微博、抖音等10余个平台矩阵同步报道。

（3）财经媒体聚焦深度内容挖掘。《21世纪经济报道》、界面新闻、第一财经从带状疱疹疾病危害认知、带状疱疹疫苗市场格局等多角度展开分析，促进中老年人加强对带状疱疹疫苗的深度认知，积极行动，主动预防。

（4）社交媒体紧跟报道。抖音、微信视频号、快手、今日头条等多个社交媒体平台，从不同角度以图文、短视频等方式跟进热点。

（5）政务类、医疗机构类官方账号形成具有地方特色的内容报道。多地政务类账号、各地社区卫生服务中心以及地方疾控中心等账号结合区域地方特色话题，跟进报道。

4. 传播规划

（1）传播主题为2023国际带状疱疹关注周：带状疱疹潜伏身边，关注风险积极预防。

（2）传播节奏：采用"媒体沙龙+全国媒体沟通会+城市采访"模式，深度报道、热点报道、广泛报道相结合，多维度提升公众对带状疱疹疾病的认知度和预防行动力。

2月20日—3月3日，人民网发起北京、上海、成都三地媒体沙龙：邀请各地疾控中心专家参与，就媒体关心的疫苗深度知识等展开详细解说，为全国媒体沟通会媒体信息传播打下认知基础。

2月27日—3月5日，全国媒体沟通会：由《健康报》主办，中国老年保健协会、《21世纪经济报道》支持的2023国际带状疱疹关注周媒体沟通会举行，邀请多学科专家进行疾病科普、案例分享等，为全国媒体报道提供多样话题。

2月27日—3月5日，15个城市采访：地方电视台以及当地其他主流媒体，对社区医生、各地疾控专家等进行采访报道，结合当地带状疱疹病例情况，引出带状疱疹疾病危害，进一步强调疾病预防管理的重要性。

项目执行

- 第一阶段：北京、上海、成都三地媒体沙龙

疫苗全面科普，媒体深度沟通，奠定传播基础。2月20日—3月3日，分别邀请地方疾

控中心专家，以及当地主流媒体，就中老年人常见的疫苗深度知识进行十问十答探讨。

- 第二阶段：国际带状疱疹关注周

创造焦点话题，权威媒体和专家背书，引发全国报道。2月27日—3月5日，《健康报》主办2023国际带状疱疹关注周媒体沟通会，得到中国老年保健协会、多学科专家等多方支持，邀请全国主流媒体参与，引发媒体广泛报道。

- 第三阶段：15城媒体采访

下沉社区，聚焦区域热点，多地开花。2月27日—3月5日，联动15城地域主流媒体，进行专家采访，利用地方电视台、短视频媒体、文字媒体等多渠道组合报道。

项目评估

1. 传播节奏

围绕传播主题"带状疱疹潜伏身边，关注风险积极预防"，借助权威媒体背书，信息逐层递进，实现"深度＋广度＋热度"的组合传播。

2. 传播内容

结合带状疱疹疾病特点，借势公众对相关话题的关注，结合临床实际情况，将带状疱疹三大危险因素、带状疱疹相关疼痛，以及带状疱疹的预防和管理等信息由浅到深传递给公众。

3. 传播效果

1次微博热搜第一；被《人民日报》、央视新闻2大权威媒体同时报道；4大平台（微博、抖音、今日头条、百度新闻）产生共计14个热门话题；1次微信热搜；央视新闻微博微信双端置顶；央视报道、18个省级／市级电视台报道；累计获得全网报道6700多篇，累计曝光超16.7亿次。

4. 基层反应

多地社区卫生服务中心自行开设带状疱疹疾病科普专场或带状疱疹疫苗接种专场，通过邀请当地社区专家科普疾病相关信息，主动传播，进一步提高中老年人群对带状疱疹基础信息和预防的认知。

5. 受众反应

（1）嘉宾反馈：活动获中国老年保健协会副会长兼秘书长，中日友好医院副院长、皮肤科主任，首都医科大学附属复兴医院月坛社区卫生服务中心教授、中国医师协会全科医师分会名誉会长，全国政协委员、首都医科大学全科医学与继续教育学院院长等多位嘉宾积极反馈。

（2）公众反馈：项目得到有实际患病经历的网友及其他关注自己和家人健康的网友积极反馈。

（3）基层社区卫生服务中心人员反馈："希望国际带状疱疹关注周能持续下去，通过这样有的放矢的科普活动，更多的人了解和重视带状疱疹疾病，能够促进更多的中老年人尽早预防。"

6.市场反应

（1）销量：截至2023年第二季度，欣安立适销量高达8.8亿英镑，同比增长20%。

（2）铺货：带状疱疹疫苗覆盖区域拓展至全国306个城市、超过6500个接种点，进一步提升了带状疱疹疫苗可及性。

亲历者说 **董燕　葛兰素史克（中国）投资有限公司传播部副总监**

2023国际带状疱疹关注周，传播数据再创新高。此次不俗成绩再次证明了我们辛苦付出的积淀，对核心信息、媒体策略的准确把握，各媒体对带状疱疹的关注以及对疫苗认知的加深，这是我们长期坚守疾病科普和教育的意义所在。希望我们所做的工作能够切实帮助中老年人群提高生活质量，远离带状疱疹病痛，活得更久更健康，高质量享受幸福晚年，这也是我们践行《"健康中国2030"规划纲要》的实际行动。

案例点评

点评专家：王薇　蓝色光标集团副总裁，蓝标智库总裁

2023年，人们在气候变暖、全球性疾病的挑战下，需要关注可持续发展这一议题。可持续发展是全球大背景下新的评价标准，企业不能只追求财务指标，更要从环境、社会治理等多方面推动长期可持续良性发展。在社会民生领域，企业承担公共卫生领域专业知识科普的责任。2023国际带状疱疹关注周系列传播案例，对"带状疱疹的防与治"进行专业性、大力度传播，取得良好效果。传播内容精准分层，媒体矩阵专业线和社会大众线兼顾，各媒体平台各司其职、互相推动，实现话题极大传播的效果。这一案例是专业传播与社会意义良好结合的典范。

2023五粮液文化酒主题探索馆

执行时间： 2023年4月5日—4月23日

企业名称： 四川省宜宾五粮液集团有限公司（简称五粮液）

品牌名称： 五粮液

代理公司： 成都非米文化传播集团有限公司

获奖类别： 2023金旗奖最具公众影响力市场公关传播金奖

项目概述

五粮液作为中国酒文化的传承者与引领者，一直在倾力打造"和美"IP，难点在于将"和美文化"具象化、传播内容明确化，一年一度的成都春季糖酒会是各大酒企展示品牌的秀场，如何从中脱颖而出是本项目需要考量的问题。

整场营销活动以为五粮液打造的文化酒主题探索馆为基础，用"科创＋文创"来展现五粮液文化精神内核，传承与弘扬民族文化，真正让文化"活起来"。这种传播的创新与突破，是五粮液品牌战略的创新落地与演绎。

以文化传达品牌价值，线上传播＋线下感官体验、创意探索，最大限度地展现中国酒文化的精髓，以创新、多元、有趣的形式把中国文化、中国白酒的"星汉灿烂"讲述给更多消费者。

项目策划

1.传播策略

通过"文化""品牌""产品"链接主题，构造完整的五粮液文化酒展演主题活动。

（1）用一段视频讲述中华文明与五粮液文化的传承、大国匠心工艺与五粮液匠心匠艺，进行前期预热。

（2）借文化馆探秘大国文明与五粮液文化，以代表中国文化之一的故宫为设计元素，结合五粮液标志性红色和金色外观设计，以文化酒产品为故事线，配合穿越时空的现场互动，带来宾参与一场五粮文化的探秘之旅。

（3）邀请文化名人袁庭栋先生登台分享中国酒文化，以文化视角，将白酒文化与五粮液文化之间的紧密关系传达给消费者，为五粮液文化酒赋能，传递文化酒价值，提升文化酒影响力。

（4）用一场传播活动传达五粮液文化酒产品、文化酒价值及品牌文化，并在活动期间展示五粮液新品"紫气东来"，在强化文化酒IP的同时，为新品"紫气东来"做市场数据调研。

2.媒介策略

在成都春季糖酒会期间，传播五粮液文化酒品质形象，快速提升产品声量，收获目标用户，实现新品上市口碑夯实与抖音平台转化的目标。借助抖音平台达人曝光，快速抢占文化酒首发节点，占领首发鳌头。深度挖掘达人潜在受众，把握节点，快速提升五粮液品牌影响力。线上抖音等媒体与线下文化馆结合，全方位引导，全面、强势推广。

3.传播规划

（1）预热期：4月5日—4月8日。

传播话题：文传千载 酒承万象。

阶段性目标：文化馆预热，营造活动氛围，引发全民关注。

阶段性策略：预热视觉强吸睛，用户精准触达。

传播事件："文传千载 酒承万象"主题传播视频。

传播铺排：朋友圈营销图文海报预热，释放活动信息；主题视频正式上线，五粮液自有媒体全线传播；主题视频微信朋友圈广告定向投放，私域流量传播，引流关注线下五粮液文化酒主题探索馆；朋友圈倒计时海报预热，营造活动氛围。

传播平台：五粮液官方社交媒体平台（微信+微博+抖音等）。

（2）爆发期：4月9日—4月23日。

传播话题：文传千载 酒承万象。

阶段性目标：文化馆传播爆发，线下全民参与。

阶段性策略：线下体验引发共鸣，用户互动发酵。

传播事件：五粮液文化酒主题探索馆（线下体验活动）开馆，五粮液"紫气东来"新品亮相。

传播铺排：开馆日行业媒体直播报道、行业垂直媒体公关稿件报道；开馆日次日，官方媒体发布30s活动小视频；活动当日朋友圈专题长图文互动，抖音达人探店，小红书图文种草，宣传五粮液文化酒，引流关注五粮液文化酒产品，线下体验文化馆；活动后续，门户网站进行成都春季糖酒会期间活动总结报道，进行网络留痕。

传播平台：五粮液官方社交媒体平台（微信+微博+抖音等）。

项目执行

前期加强对项目的整体策划，提升核心创意概念高度及增加内容深度。加强内部人员工作统筹，明确各自分工及提交内容节点。做好项目预期时间及沟通审核规划，加强供应商进度督促。严格设置时间期限，针对传播物料进行把控，预留充足时间保证项目进度。对重点项目、制作时间长的项目，重点管理，保证项目顺畅完成。项目对策有前置性，预留充足时间修改设计以及确认样板。

项目评估

作为浓香型白酒典范和中国白酒领军品牌，五粮液不仅发布新品，亮相多款核心产品，为零距离接触消费者，更携文化酒率先走出会展中心，将文化酒主题探索馆设在户外，在成都金融城商圈打造了一座以"文传千载 酒承万象"为主题的五粮液文化酒主题探索馆，开启了一场文化酒探索之旅，成为2023年成都春季糖酒会的焦点。

"以文化为主线，五粮液此次生动展现了悠久的历史文化底蕴，展示了'大国浓香、和美五粮、中国酒王'的绝妙风采"，针对此次主题探索馆，不少媒体如此评价。

作为此次展馆活动的重磅环节，五粮液新品"紫气东来"惊艳亮相。这是一款以中国传统文化为底蕴、以高贵紫色为形象、以极致匠心为诚意的稀缺型美酒，它集紫色文化、科学配比、国际度数、优雅社交等特点于一身，树立了中国低度白酒的高价值标杆。

随着消费复苏，消费者的消费习惯正不断变化，已从功能消费进化到体验消费。消费者的见识，使他们对产品价值有了新的追求。

为让消费者深度感受五粮液文化酒的魅力，五粮液在15天时间里，通过线上、线下联动，掀起了丰富、有趣的"打卡"热潮，让消费者大呼过瘾。

线上热度不断，30多个媒体矩阵交互式传播；抖音、微博、小红书等平台多位达人争相打卡，粉丝覆盖量超过3139.9万人，抖音＃文传千载酒承万象#2023五粮液文化酒主题探索馆话题总播放量超过2201万次；微酒、酒业家两个行业媒体直播平台吸引近78万人次关注；微信朋友圈曝光超过205万人次；系列主题视频播放量22万余次，尽显五粮液文化酒魅力。

线下活动精彩，馆外有三星印象表演、汉服巡游等"吸睛"十足的文化展演活动，给予消费者视觉上的极佳享受。馆内还设置了互动问答、品鉴互动、趣味印章画、主题特调美酒、五粮液小酒等打卡活动。

此次体验互动，五粮液更加强调消费者的"和美"体验感，时尚、有趣的体验活动让消费者乐此不疲，现场人潮涌动、火热异常。

亲历者说 唐瑞 成都非米文化传播集团有限公司创意总监

五粮液酿造历史悠久，各个时代都留下了印记，它体现一种历史的厚重与经典的传承，此次设计选择顶级IP故宫建筑元素作为设计创意方向，将二者的魅力极致融合，这是向全世界分享中国经典文化与白酒故事的绝佳载体，其所具备的艺术性及独特性，是中国传统文化与匠心传承的完美表达。

案例点评

点评专家：殷俊　重庆工商大学文学与新闻学院院长、博士生导师，重庆市元宇宙视听传播研究院院长

本案例在设计阶段便厘清相关产品在市场公关传播方面的痛点、难点和突破点，即如何将"和美文化"具象化、传播内容明确化，进而在激烈的白酒市场竞争中脱颖而出。项目策划路径明确，媒介策略多元，贴合融媒体时代传播规律，并以充分发掘"科创＋文创"的方式展现五粮液文化精神内核，时代性、创新性和文化感十足；主题厚重有创意，紧扣社会主义核心价值观，在新时代"文化自信自强"大背景下能够很好地凸显五粮液品牌在引领中国酒业创新方面的担当和作为。整体而言，本案例策划有创意、施行有效果，作为市场公关传播案例具有很好的示范性。

哈弗品牌之夜暨哈弗枭龙系列上市发布会传播

执行时间：2023年4月15日—5月30日

企业名称：长城汽车股份有限公司泰州哈弗销售分公司

品牌名称：哈弗

代理公司：北京浙文天杰营销科技有限公司（简称浙文天杰）

获奖类别：2023金旗奖最具公众影响力市场公关传播金奖

项目概述

哈弗品牌亟须一场新能源转型发布会在新能源赛道突出重围，形成行业热点议题，强化自身在新能源领域的品牌认知和竞争地位。

作为哈弗新能源战略型大单品重磅车型，以Hi4智能四驱电混技术为核心、全能USP为支撑的枭龙MAX，承接哈弗品牌势能上市，以差异化竞争优势引导用户购车心智，抢占新能源市场份额。

借上市发布大会，深化行业及跨界媒体品牌认知，提升品牌新能源市场地位，提振投资者及用户信心。

活动海报

项目策划

1. 项目调研

（1）2023年新能源市场占有率持续走高，传统燃油品牌生存压力陡增。哈弗在新能源领域品牌影响力与市场份额弱于竞品，亟须借助品牌焕新来强化自身在新能源领域的品牌认知和竞争地位。

（2）深入洞察新能源时代下用户购车需求，以性能为切入点，以价格为引导，充分挖掘新产品技术优势、价格优势等，通过传统媒体、新媒体等进行优势传播，增强传播效果。

（3）聚焦哈弗品牌新序列、新渠道、新造型、新技术、新产品五大焕新工程，进一步强化品牌价值，提升新能源时代品牌认知及行业地位。

活动现场

2. 传播策略

（1）以哈弗品牌转型核心内容为原点，汽车、财经等行业大咖深度解读，锚定品牌价值，带出哈弗新能源"五新"亮点，以近千家媒体集中传播的方式抢占宣传平台，强化哈弗品牌新能源行业竞争力，影响用户心智。

（2）以#买SUV需不需要四驱##枭龙MAX来了##跟全民四驱时代说Hi#为核心话题，通过与财经、垂直等媒体大咖互动，持续输出品牌核心观点，在社交平台形成热议，提高品牌势能。

（3）以上市发布会海报、视频等为核心传播素材，组建媒体传播群，通过媒体朋友圈不间断宣传，形成行业现象级传播效果，引发行业正向讨论。

3. 内容策略

（1）以品牌为主导，引发行业讨论。以品牌"五新"为核心支撑点，多维度深度解读，进一步强化品牌价值，提升新能源时代下的品牌认知及行业地位，传递"做每个时代最好的 SUV"品牌理念。

（2）以产品为抓手，承载核心优势。强势输出枭龙 MAX 产品核心亮点信息，颠覆传统，让电四驱成为标配，两驱价格探四驱价值，围绕核心产品力强化解读，佐证哈弗新能源首款大单品的产品优势及实力。

4. 传播规划

（1）结合发布会属性，在产品上市前利用社交媒体、官方平台等多维预热，为发布会集结用户焦点，烘托声量。

（2）发布会当天，释放哈弗品牌五大焕新工程，针对两大全新"龙序列"产品进行深度解读，通过集中报道、领导专访、跨界达人打卡、媒体群宣传，形成传播声量洪流。

（3）发布会后，邀约媒体有节奏性、针对性释放内容，多角度解读哈弗品牌全面焕新内容，强化品牌形象，夯实哈弗品牌新能源属性。

项目执行

活动前，针对哈弗系能源网进行场景化、系列化解读，拍摄 TVC 进行全网传播，传播预热海报、预热新闻稿等素材，为发布会预热造势，吸引媒体、用户强势关注，引发热议；承接长城集团 Hi4 技术发布热度，以视频形式为主，传播哈弗首搭优势；将哈弗枭龙 MAX Hi4 电四驱与其他技术进行深度对比，提升产品及品牌关注度；微博平台打造 #买 SUV 要不要四驱 ##什么能影响消费者的购车决策 ##哈弗枭龙系列震撼上市 #等话题，通过多波次、强互动形式，为发布会引流。

活动中，针对哈弗品牌"五新"工程，集中释放枭龙 MAX 核心产品力等，多家行业媒体集中发声，为哈弗品牌及哈弗枭龙 MAX 定调证言，超过 100 家媒体参与上市发布会全程直播；行业、垂直核心媒体针对"五新"工程、核心技术优势进行深入解读定调，持续夯实品牌焕新内容，拔高哈弗品牌行业地位；围绕品牌核心技术，以产品为载体进行深度测评、试驾，行业大咖到场进行品牌、技术、产品力解读直播；以产品价格、智能驾驶、Hi4 电四驱为核心，深度解读产品优势，影响、改变用户以往观点，引导用户购车倾向。

项目评估

超 100 家媒体参与上市发布会全程直播，累计观看量超 7000 万人次。

微博话题累计阅读量超 5.12 亿次，讨论量超 37 万次，冲上新浪汽车热榜热门车第 1 名、新浪汽车热榜实时热搜第 3 名、新浪热搜第 4 名。

亲历者说 王贺　浙文天杰事业中心总经理

　　汽车市场新能源高歌猛进，哈弗深耕新能源战略，加速品牌转型，枭龙系列产品的上市，打出"两驱价格买四驱"的标签。发布会通过跨圈层媒体邀约、头部大咖专访、微博话题造势等，以场景化、用户化的方式进行内容传播，掀起行业热议，影响用户购车心智，打造持续上榜的行业焦点及话题，真正诠释了王者实力与风范。

案例点评

　　点评专家：董天策　重庆大学数字媒体与传播研究院主任、教授、博导，重庆市学术技术带头人

　　2023年，国内新能源汽车市场占有率持续走高，传统燃油汽车品牌生存压力陡增。以"中国SUV全球领导者"为定位的哈弗，进军新能源汽车行业，推出新能源战略型大单品重磅车型枭龙MAX，哈弗运用一场发布会显著提振品牌势能。

京东超市 6·18 公关传播专项

执行时间：2023 年 5 月 1 日—6 月 30 日
企业名称：北京京东世纪贸易有限公司
品牌名称：京东集团京东超市
获奖类别：2023 金旗奖最具公众影响力市场公关传播金奖

项目概述

京东超市 6·18 公关传播聚焦消费趋势，旨在通过货品大事件、趋势品类、商家标杆案例，以品质和低价为核心传播点，强化京东超市众多品类"质优、价低"的形象，彰显京东超市作为消费者购物渠道，为消费者提供价格竞争力更强、品质更有保障、各项服务举措领先行业的商品与服务，同时，展现京东积极践行"有责任的供应链"，持续帮助商家及合作伙伴降本增效，获得实在增长的理念。

项目策划

1.项目调研

6·18 购物节已从单纯的经济活动衍变成反映主流消费趋势的风向标。同时，伴随中国经济提振，国民消费迎来高增长，消费者由"感性"消费回归"理性"消费，更加关注便捷、实用性、低价。

此次京东超市 6·18 公关传播，以品质和低价为核心，围绕京东超市专业买手百里挑一、精挑细选的模式优势，以及京东独特的选品方法论，展现京东超市在选品、价格优势、提升消费体验和助力商家成长等方面的核心竞争优势，深化京东超市 6·18 多快好省的形象。

2.传播内容

（1）京东超市通过独特的选品方法论，带来全球好的、便宜的、全面的正品货源，为消费者提供极致的购物体验。

（2）京东超市作为行业标杆，严苛品控、共建行业标准等多措并举，助力商家获得实在增长。

（3）京东超市高效赋能产业带，助农增收，带动地方特色产品上行。

3. 整体策略

（1）以货品大事件占领宣传高点：重点聚焦82年拉菲、低价牛肉、有机牛肉、粽子、低价牛奶、大连海参、国货之光、荔枝季、玩具等货品大事件。

（2）以趋势品类及新品发布会传播价格、品质和服务的信息：重点策划食品生鲜品鉴会及6·18最值得吃榜单、家用快消品发布会及京东超市选品方法论。

项目执行

5月30日—6月2日，举办京东超市"沸腾烟火，食足京东"食品生鲜趋势品暨新品品鉴会、家用快消品趋势及新品发布会，发布首份6·18最值得吃榜单、京东超市6·18家用快消品巨超值爆品榜单、京东超市6·18家用快消品巨超值新品榜单。

6月5日，举办大连海参春捕季最大一捕暨京东6·18全网最低价海参上线媒体沟通会，即食海参流量同比增长60%。

打造高标准牛奶、全网最低价牛奶、国货之光等13个系列专项传播活动，连续贯穿6·18全周期，形成持续化传播声浪。

项目评估

1. 效果综述

（1）通过13个系列传播专项，多角度、多层次集中式宣传，对京东6·18进行强势传播，同时为后续6·18相关传播带来长期传播价值。

（2）以消费者、行业、品牌商家及合作伙伴为主进行群体传播，在精准受众群体中有效提升行业知名度、影响力及品牌实力的同时，带动业务实际增长。

（3）在社交平台及众多社会化传播平台获得高度认可和有效二次传播。

2.项目亮点

（1）打造货品大事件，精准引流，拉动消费。

10个货品大事件，拉动消费，为商家及合作伙伴带来实在增长。其中，高标准牛奶、全网最低价牛奶大事件，通过5天高频传播，吸引全国500家媒体主动报道，覆盖头条和微头条，发布抖音视频10余条，实现曝光超1200万次。

（2）以趋势造声势，向消费者、行业呈递京东超市行业标杆形象的金名片。

聚焦趋势品类及新品，通过"线下活动+线上大声量传播"，多平台传播，在向消费者、行业、品牌商家及合作伙伴宣传京东超市独特选品方法论的同时，深化行业标杆形象。权威媒体、主流财经及垂直媒体等200余家重点报道两大发布会，新媒体KOL进行圈层传播。整体传播有效触达用户3500万余次。

（3）多个标杆案例传播，彰显京东超市高效赋能产业带发展、带动商家增长的价值。

围绕大连海参传播，原产地及媒体沟通会两地实时联动，引发权威媒体等深度报道，传播有效传递京东超市联合头部商家、行业协会规范海参行业发展的同时，为消费者带来质高价优的海参产品。此次传播总曝光达1000余万次，有效触达用户超600万次，《人民日报》《大连日报》及垂直媒体全网大声量传播。

亲历者说 刘力　京东集团公关部总监

京东超市6·18公关传播专项以货品大事件占领宣传高点，聚焦10个货品大事件，以趋势品类及新品发布会传播价格、品质和服务信息，重点策划食品生鲜品鉴会及6·18最值得吃榜单、家用快消品发布会及京东超市选品方法论。货品大事件能打造品类心智，也能带来流量和销售转化，通过消费痛点洞察和话题打造，增加关注度和传播声势。

案例点评

点评专家：殷俊　重庆工商大学文学与新闻学院院长、博士生导师，重庆市元宇宙视听传播研究院院长

京东作为国内首屈一指的互联网购物平台，具有较好的口碑和营销效应。因此，要在现有基础上进行公开传播的创意营销，具有一定难度。本案例立意高远、诉求明确，彰显了京东超市作为消费者购物渠道，为消费者提供价格竞争力更强、品质更有保障、各项服务举措领先行业的商品与服务。项目策划设计合理，瞄准了市场态势和消费者心理，整体策划明晰，具有执行条件。项目执行效果反馈好，如端午节粽子传播、6·18荔枝大事件传播、百大县长传播等，兼具经济效益、社会效益，实现了打造货品大事件、精准引流和拉动消费的目标，很好地呈递了京东超市行业标杆形象的"金名片"，彰显出京东超市高效赋能产业带发展、带动商家增长的形象。

OPPO Find N2系列上市公关传播

执行时间：2022年12月1日—2023年3月31日

企业名称：OPPO广东移动通信有限公司

品牌名称：OPPO

代理公司：北京君信传奇公关咨询有限公司

获奖类别：2023金旗奖最具公众影响力市场公关传播金奖

项目概述

面对手机市场销量下滑的压力，如何让OPPO Find N2系列的核心产品力有效触达高端用户，塑造OPPO创新的品牌形象，成为产品公关传播面临的重要挑战。此次传播与科技KOL合作，多角度展示OPPO Find N2轻巧好用的产品事实；与商业财经媒体等合作，传递OPPO在折叠屏上的独立思考及创新能力，取得良好效果：在OPPO Find N2正式发布的前后两周内，核心媒体声量第一；核心媒体报道正面率第一。在产品发布后的第一季度，OPPO Find N2系列市场份额为中国折叠屏手机市场第一。

项目策划

本次公关传播，主要目标有两个：其一，宣传OPPO Find N2系列产品轻巧好用的特点，促进品牌份额提升；其二，传播信息有效触达高端用户，让其了解到OPPO Find N2系列折叠屏机型的存在，并且认可OPPO在折叠机型方面的独特思考能力与创新能力，获得高端用户对OPPO品牌的认可和好感。

基于上述目标，项目组首先分析了传播面临的大环境，获得了以下洞察。

OPPO Find N2系列新品上市时，整体市场环境处于手机行业大盘下降的状态，手机市场整体关注度弱，因此情绪话题操作空间极窄，不宜过度表达，以免品牌传播反噬。基于此，项目组认为OPPO Find N2系列产品的传播话题应更加聚焦，但不宜过分拔高，以免为用户带来过大的心理落差。

OPPO Find N2系列折叠屏机型发布前夕，曾向多家媒体收集前代折叠屏机型反馈信息，从媒体口中得到了对折叠屏机型的看法，综合而言，项目组认为"重量"是趋势性关注热点，需抓住机会重点传播。准确产品定位与独立思考，赢得了多数媒体认可。

项目组认为需要聚焦产品相关事实，带动品牌故事讲述，避免脱实向虚；在话题传播方面，不适合做面面俱到传播，在产品特点传播方面，不再重点强调折叠屏的铰链，而是围绕OPPO Find N2系列产品轻巧的核心特点，集中强调对产品的独特思考与落地能力。

因此，在产品层面，集中力量，传播OPPO Find N2轻巧好用的特点，用产品见品牌，进一步强调OPPO在产品定义、屏幕尺寸方面的独立思考，进而突显OPPO品牌重视用户体验、重视技术创新且有能力创新的品牌形象。

传播活动以用户触媒习惯为中心，重点选择了科技媒体、商业财经媒体以及权威媒体等作为渠道。其中，科技媒体通过多角度评测，展示OPPO Find N2系列产品轻巧好用的产品事实，讲产品体验；商业财经媒体，则全方面深挖研发背后的产品故事，传递OPPO对折叠屏的独立思考；权威媒体则将OPPO在折叠屏上的创新，上升为国家技术创新的一环，强调OPPO对折叠屏技术创新与发展的推动。多种类型的媒体合作，助力OPPO品牌在产品力、品牌创新、行业引领等方面树立良好形象。

当然，OPPO Find N2尽管是面向高端市场的产品，但本质依然是大众消费电子产品，因此将其他资源投向大众媒体及热门视频平台，让更多普通用户了解到OPPO Find N2系列折叠屏机型。

在传播节奏方面，则以发布会为核心，发布会前两周，通过外围消息爆料，释放产品"轻"的卖点，吸引目标用户关注。发布会前一周，在官方正式开启预热活动时，通过运作系列话题，让大众关注到OPPO新折叠产品即将发布，逐步为产品热度加温。发布会结束后，则迅速释放前期合作的大量评测内容，全方位展示OPPO Find N2系列产品的优势。针对品牌形象的塑造，重点挖掘研发OPPO Find N2过程中付出的辛苦与努力，强调OPPO自研创新的品牌形象，并投放至权威媒体或财经媒体，便于被高端人群悉知。

项目执行

在项目策划前期，整个项目执行周期分为5个时期，分别是超前预热期、正式预热期、发布期、首销期以及延续期，各个时期的项目管理主要是通过在线思维导图和在线表格来与项目执行团队协同，其中在线思维导图规划了每天的内容释放节奏，包括核心内容要点、执行的具体时间节点、配合的媒介资源等，主要用于总揽每日动作。在线表格则用于具体项目管理，包括各个阶段媒介资源的具体配置，各个资源的执行进度，内容发布链接、数据表现等，其中内容由项目业务团队和媒介团队共同填写，并且在前期明确各个模块由谁填写，避免出现无人管理的情况。

资源较多地投放在发布期前后，待产品首销之后，整体项目传播进入延续期，传播动作较少，更多地依托重要节假日或活动，进行单点式传播，如影像大赛、机型横评等，不断延续市场对OPPO折叠屏的关注，提升品牌价值，为下一款新品传播蓄力。

项目评估

本次公关传播活动，发布会当天核心媒体声量排行第一，取得了优秀的声量地位表现，进一步提高了OPPO在折叠屏领域的话语权，并且在发布后一季度内，市场份额排名第一，取得声量与销量双赢、口碑与市场同步提升的良好表现。

能取得这样的成绩，与传播节奏的系统安排密切相关。在正式传播前，项目组对媒体进行了三轮拜访，并为媒体提供了详尽的背景信息资料，从而帮助媒体更好理解产品，实现信息出口的一致性，确保目标传播内容有效释放，更充分地发挥媒体优势，让媒体在与OPPO品牌合作时不是处于被动地位，而是将自身对行业的洞察与产出的内容更有深度结合起来，做自己擅长的内容，也更好展现品牌方想体现的内容，实现双赢。

OPPO Find N2系列在权威媒体的出现频次上实现更大突破，较高的核心媒体声量，为OPPO品牌被高端人群认知打下了坚实的基础，也有效完成了核心媒体声量目标。

合理声量覆盖，让更多目标人群注意到了OPPO Find N2系列折叠屏机型的存在，也帮助其在销售表现上取得了全新的突破。OPPO Find N2系列在2022年12月15日发布、12月23日正式上市，发售后，在2023年第52周的市场统计中，以40.5%的市场份额在中国折叠屏手机市场排名第一，火热的市场表现持续扩大，在2023年第一季度，OPPO品牌在折叠屏手机市场中以35%的市场份额占据中国折叠屏手机市场第一位置，取得了空前的成功。

亲历者说 杨仕波　北京君信传奇公关咨询有限公司项目经理

在2022年冬季，OPPO Find N2系列智能手机正式发布。当时，整个手机行业大盘下滑，用户换机周期延长，唱衰手机行业的声音不绝于耳。然而，细分领域的折叠屏手机却呈现出强劲的增长势头，逆势而上。面对这一潮流，OPPO顺势而为，果断地推出了"轻巧好用"的OPPO Find N2系列机型，本项目以此为抓手，推动了整个公关传播的顺利进行。OPPO Find N2系列机型不仅在行业内引起了广泛关注，更赢得了消费者的认可。

案例点评

点评专家：王晓乐　中央财经大学教授、金融品牌研究所所长

OPPO Find N2上市前对经济形势与产品痛点有着准确的把握，提炼出清晰准确、通俗易懂的诉求点"轻巧好用"，这为项目顺利开展奠定了基础。选择若干可触达高端目标客群的媒体后，OPPO有针对性地输出个性内容，如权威媒体将OPPO折叠屏的创新与国家技术创新相联系，为产品技术创新赋予战略意义与价值。不同渠道的内容又形成了有机联动，在项目良好的内部协调下，OPPO在手机市场寒冬中创造出不俗的业绩，为品牌形象的升级提供了助力。案例所强调产品力的价值和细分市场的突破，都值得业界深思。品牌是产品的附加，脱离产品的传播往往走不远，这些简单的道理在当下有必要重申。

GOLDEN
FLAG
AWARD
金旗奖
—
品牌向上

2023
—
金旗奖最具公众影响力
市场公关活动金奖

● 阿维塔悦己日

执行时间：2023年5月11日—5月30日

企业名称：阿维塔科技（重庆）有限公司

品牌名称：阿维塔

代理公司：智者同行品牌管理顾问（北京）股份有限公司（智者品牌WISEWAY）

获奖类别：2023金旗奖最具公众影响力市场公关活动金奖

项目概述

5月20日阿维塔悦己日，是一场以用户为主角的派对，充分展现悦己生活方式，使品牌口号具象化，以悦己的姿态，奔赴所爱，打造全方位悦己超级场景。围绕阿维塔悦己日IP，借助海浪电影节、微电影、OTA（远程下载）等多维话题，实现媒体及社交核心平台对悦己的持续解读。强化品牌"悦己"标签，诠释悦己生活场景体验，打造全网首次"悦己盛宴"出圈事件。

阿维塔悦己日海报

项目策划

通过IP活动增加用户黏性，强化用户品牌IP体验，融合打透品牌IP认知。充分利用海浪电影周、品牌用户影响力，联动多维跨界媒体，传递用户态度悦己、产品体验悦己、品牌活动悦己信息，夯实阿维塔"情感智能，悦己而行"品牌理念。多圈层、立体化悦己话题传播，悦己内核有效触达。邀请时尚生活类媒体沉浸式感受阿维塔悦己日盛宴，与高层深入对谈，行业定调结合感性内容解读，在社交平台出圈，C端种草，流量助力曝光，悦己标签抢占用户心智。

阿维塔主张"为你而悦"，通过前瞻设计美学和共情共生的高阶智能，让车辆真正成为"懂你的智慧化身"；在用户层面，阿维塔将与用户一起"奔赴所爱"，共创悦己生活；在行业层面，阿维塔提出"出行即生活方式"，以情感智能陪伴用户悦己出行。

在活动现场，阿维塔携手场景实验室首发《悦己观》MOOK，以悦己重新定义内观时代的智能出行。在阿维塔看来，情绪价值已经成为新时代消费的核心诉求，在智能化技术赋能下，汽车正在完成从工具到伙伴的角色转变。而基于对行业趋势和用户需求的洞察，阿维塔构建高端品牌的方向更加清晰、坚定，聚焦"悦己"情感诉求，在产品、用户、行业3个层面实现全面进化。将"日常体验的痛点与爽点"搬上舞台，邀请用户共同见证OTA升级；在阿那亚电影周，每一台阿维塔都是一个小舞台，每天都会有"情景剧"上演。

阿维塔悦己日，不仅是产品和用户体验的双重满足，更是阿维塔打造差异化、构建高端品牌必须具备的深度价值。未来，阿维塔将通过OTA为用户持续解锁新功能，真正成为"懂你的智慧化身"。

除了产品的持续更新迭代，阿维塔还将重点打造"悦己生活节"，以创造力为主题，跨越不同圈层，开展艺术设计、户外旅行、赛车运动等活动，与用户共创线上社区和线下悦己空间，让有阿维塔的生活更有乐趣、更有意义。

未来，阿维塔将积极践行"情感智能，悦己而行"品牌主张，为用户带来品牌和产品的持续进化，打造双向奔赴的悦己之约，以不灭不息的创造和热爱，成为每一位用户最值得信赖的悦己伙伴。

项目执行

执行前充分了解项目背景及传播目标，协调场地、媒体等多方资源，确认整体项目执行流程排期。执行期间精准把控项目进度，信息实时共享汇报，确认各参与方对项目执行进度的认知与了解。基于项目总预算，立项前排查项目预估成本支出细则，把控成本及最终结算利润率。同时，基于成本预算，结合项目传播需求，严格把控活动创意、视觉物料、媒体素材等内容产出，实现优、精、广的传播效果。项目传播期，启动严格、精准的舆情风险排查机制，及时、有效地排查项目及品牌相关负面风险，实现零负面率。传播尾声充分调用多方资源，在海浪电影周闭幕当天热搜冲榜，进一步拓宽阿维塔悦己日传播维度，打造二次传播高峰。

阿维塔悦己日活动现场

项目评估

核心社交平台精准推流带来高曝光，通过各种媒体类别和传播形式，全方位构建内容生态，首次以微博任务和KOL抽奖任务的方式激发UGC创作。

全网累计报道12189篇次，关注度累计74560人次，公域健康度100%，零负面率；官方微博增粉4000余人，单日增粉幅度8%，官方抖音大电影点赞24万次；相关微博话题阅读量3.4亿人次，累计讨论量超200万次。超额完成传播目标，"悦己"品牌主张持续强化。

多头部账号发文分享微电影和阿维塔悦己日，社交达人展示活动亮点，海浪电影周、1905电影网、北青娱见等蓝V背书，微电影引发好评。行业高热媒体平台陆续曝光，超120家核心媒体公域和私域多角度扩散。

海浪电影周借势明星颁奖礼，充分利用社交媒体，进一步扩大品牌影响力。10个娱乐KOL账号实时发布"明星+产品"热点内容，互动3.6万次，联动2家明星粉丝站，视频深入明星超话，电影周话题搜索量426万次，明星热搜总榜第二，在榜时长13小时，70个账号实时同步明星车型内容，多平台覆盖公域流量。

亲历者说 过鹏明 智者品牌WISEWAY客户副总监

阿维塔悦己日在策划之初就不是一个单纯的用户日或者品牌日，我们想通过突破固有圈层，让所有阿维塔用户以沉浸式体验的方式与阿维塔共创一个双向奔赴的悦己聚会。因此，我们通过联合海浪电影周，发起品牌悦己大使计划，召集悦己达人，参与品牌大片创作，与国内顶尖青年电影人合作共创微电影作品，具象化传递阿维塔悦己价值观，一起探索、体验及传递悦己的生活方式。

案例点评

点评专家：周朝霞　浙江传媒学院教授

　　这是一场以用户为主角的派对，充分展现悦己生活方式，并使之成为品牌的个性标签，这个点找得非常好。悦己是商品最基本的情感需求，也是当下年轻人所追求的。此创意活动传递了阿维塔"情感智能，悦己而行"的品牌理念。品牌找到这个点和用户进行深度交流，很好地取悦了用户。在传播方式上，充分借助新媒体，构建2个传播峰值，核心平台推流、传播多样化、深度内容二创扩散，核心社交平台精准推流带来高曝光，各种媒体参与传播，全方位构建内容生态，实现了优、精、广的传播效果。

2023 vivo 影像盛典

执行时间：2023年5月1日—8月31日
企业名称：维沃移动通信有限公司
品牌名称：vivo
代理公司：罗德公共关系顾问（北京）有限公司
获奖类别：2023金旗奖最具公众影响力市场公关活动金奖

项目概述

2023年7月28—7月30日，2023 vivo 影像盛典于青海西宁成功举办。本次活动是vivo十年深耕移动影像领域的诚意之作，亦是手机厂商首次围绕影像全维度举办的盛典活动。

vivo以影像战略发布会为核、以FIRST青年电影展超短片单元为场、以影像加手机摄影大赛作品为刃，三大核心主活动及衍生论坛、作品展等共同奉献了移动影像创作者的影像盛宴。项目以夯实"vivo影像第一"用户心智为核心任务，通过更加聚拢的传播设计，彰显vivo影像技术实力与文化底蕴。现场150余家媒体出席活动，活动获得行业、商业、摄影圈KOL及明星背书。

2023 vivo影像盛典特别活动

项目策划

1. 传播策略

（1）以"人"串联技术与人文的关系，诠释"vivo影像第一"，树立差异点。vivo开创行业首个影像创作者大会，成为首个举办影像盛典的手机品牌，将影像文化、技术一次讲透，邀请创作者以"同路人"身份参与影像盛典，见证移动影像的发展，共享硕果。

（2）三大活动聚拢传播，放大传播效果与影响力。2023 vivo×FIRST超短片单元、2023 vivo影像加手机摄影大赛、2023 vivo影像盛典特别活动三个核心活动整体策划传播链路，从内容设计到渠道选择全盘考虑并策略化部署，多角度诠释vivo影像实力，夯实品牌领先地位。

（3）重点传播年度作品，为vivo影像文化提供聚焦锚点。

2. 传播规划

（1）品牌物料强势输出，2支视频短片诠释影像实力。

7月25日，vivo发布2023超短片单元评审证言短片，视频全片使用vivo X90 Pro+拍摄，以创意故事线串联5位评审对于5分钟创作的深度思考，展现超短片单元"限制只有五分钟"的创作特点。

7月31日，vivo发布侧拍短片《进组》，以第一视角走进剧组片场，跟随导演及其制作团队，探索作品背后的手机创作故事。侧拍短片从第一视角出发，带着问题"手机真的能拍电影吗"走进4支超短片剧组片场，发问青年导演、摄影指导、制片人与演员，从作品立意、拍摄挑战、创作心态以及对超短片的看法等多个角度提出重点问题。

（2）邀请各领域权威媒体强势背书，诠释"vivo影像第一"。

邀请资深产业媒体深度采访vivo影像副总裁，展示vivo影像技术及文化的发展里程碑及战略布局；邀请摄影圈博主深度体验，并与vivo影像副总裁围绕移动影像技术升级展开对谈，通过Vlog形式展现vivo持续发力人像和夜景核心用户场景、引领影像行业发展的作为；头部科技媒体参加活动，回顾活动发布的最新技术成果，深度阐述vivo影像理念；文化类代表媒体描绘手机摄影大赛创作者群像，升华影像人文理念；活动后，官方媒体剖析影像价值，讲述过去4年代表性创作者的故事，为vivo影像文化强势定调。

（3）多家媒体多元解读，诠释vivo影像技术与文化。

多家科技媒体从三大方向锐评本次发布会技术亮点，并依托vivo重庆实验室媒体探访活动，探讨AI计算摄影时代人像摄影的发展前景，以及vivo最新技术突破如何加码AIGC，全面赋能创作者；头部科技自媒体回顾vivo自研影像芯片发展历程及卓越成就，强调vivo在自研芯片领域的技术优势及长期主义发展策略；头部科技媒体结合影像盛典特别活动现场，讲述vivo在人像领域持续深耕，不断推动"人像技术"达到全新高度的努力。

文化媒体齐发声，多元化呈现影像文化领域深耕成果。聚焦创作者故事，多家头部文化媒体揭秘《宝儿》背后导演与母亲的动人故事，展现品牌立场；深挖张博然师生三人的作品和故事，讲述影像加手机摄影大赛主旨和vivo影像文化；呈现2023影像加手机摄影大赛作者群像，凸显影像力量；通过与10位影像加手机摄影大赛获奖者对话，诠释vivo的影像文化及理念。

（4）年度作品引发热议与关注，展现影像作品之上的社会价值。

年度作品《一堂山里的摄影课》自带社会话题属性，引发大众讨论，创作者本身、头部文化媒体等齐发声，多角度挖掘作品背后的故事，聚焦影像的多维社会价值，触及大众感知，引发多家媒体转发报道，摄影大咖自发转发，掀起广泛讨论；活动期间，更多媒体齐聚西宁并于影像加作品展现场打卡，分享感受。7月30日，vivo影像盛典特别活动上，vivo影像副总裁再次讲述作品故事，升华vivo品牌人文影像理念。

年度作品《宝儿》自官方首发后引发关注，热度话题共鸣大众，掀起破圈讨论。多家媒体带话题#写了三年的结婚致辞只有一句话#扩散传播，话题登上热搜，亲情向社会议题触及大众情绪点，发酵讨论。

项目执行

筹备阶段：2023年5月—7月，为了打造好涵盖三大核心活动的2023 vivo影像盛典，项目组分工协作，针对三大核心活动梳理各项工作，完成传播设计、内容撰写打磨、活动媒体与嘉宾邀请等工作。同时，针对2023 vivo影像加手机摄影大赛与2023 vivo × FIRST超短片单元，项目组全程参与项目执行，挖掘优秀作品背后具有人文社会价值的故事，并邀请多家来自各领域的媒体共创优质内容，为大众展现影像文化价值，激发大众的创作表达热情，链接不同人群。

活动阶段：2023年7月，邀请150余家媒体与多位嘉宾齐聚西宁，参加三大核心活动及衍生论坛、作品展，沉浸式体验属于移动影像创作者的影像盛宴。

2023 vivo×FIRST超短片单元

项目评估

1. 效果综述

2023 vivo影像盛典是手机厂商首次围绕影像全维度举办的盛典活动，引发行业广泛关注与讨论，并进一步夯实了vivo在移动影像赛道的领军地位以及"vivo影像第一"的用户心智。本次活动以"人"串联技术与人文，邀请创作者、摄影圈层与科技媒体齐聚西宁，通过丰富多样的活动诠释vivo影像技术与人文理念，引发业内对移动影像未来发展的畅想与展望，获得大众的广泛肯定与赞扬。

2. 传播数据

截至2023年8月16日，活动全媒体总阅读量超1.89亿次、公关报道视频播放量达2604万次，收获来自《中国日报》、《VOGUE》、《智族GQ》、爱范儿、《人物》、晚点等媒体的报道1338篇。微博传播话题阐述影像的意义，引发广泛关注讨论。话题 #摄影给我另一种人生##影像自由力量##用影像讲好中国故事# 累计阅读量1.26亿次、互动量32.3万次。公关媒体多次助推营销话题#vivo发布6nm自研影像芯片##写了三年的婚礼致辞只有一句话#，两大话题分别登微博热搜榜第21位、第28位。

亲历者说 黄冠南　vivo 公共关系部

在移动互联网时代，影像创作的权利真正回归到了普通人手中，人人都是创作者。基于这样的理解与洞察，vivo影像一直不仅深耕技术，也关注文化。2023年，将vivo影像技术发布与两大文化实践活动相结合，正是我们在新十年征程开端的新思考。我们希望继续回归本心，以用户需求为原点，倾听每一位创作者的声音，让专业影像技术助力每一位普通创作者的拍摄体验，丰富移动影像创作生态与内涵。

案例点评

点评专家：吴志远　湖北省自媒体协会会长，华中师范大学自媒体研究中心主任、副教授

深挖用户的传播价值，vivo做得不错。2023 vivo影像盛典能够获得2023金旗奖最具公众影响力市场公关活动金奖，可以评述的地方很多，但是，最关键的一点是，vivo对现有用户传播价值深度恰当挖掘。vivo在全球已覆盖4亿多用户，服务60多个国家和地区，国内出货量始终保持领先地位。

拥有这样一个庞大的用户群，其品牌传播潜力是不可估量的。如何激发这种潜力？vivo显然找到了最合适的方式，结合用户对vivo手机的日常应用，推出vivo影像加手机摄影大赛与vivo × FIRST超短片单元两项活动，获得了意料之中的成功，进一步提升了品牌影响力。企业对自身资源的充分了解，是这项活动成功的关键。

2023极星英国古德伍德性能之旅

执行时间： 2023年7月10日—7月16日
企业名称： 极星汽车销售有限公司
品牌名称： 极星
代理公司： 上海哲基数字科技有限公司
获奖类别： 2023金旗奖最具公众影响力市场公关活动金奖

项目概述

作为一家源自瑞典的全球高性能电动汽车品牌，极星在汽车消费市场电动化浪潮的席卷下，致力于通过设计与科技的力量造福社会，长期坚持为驾驶者带来极致的操控体验和驾驶乐趣，加速引领全球电动出行的变革势头。

2023年极星第5次在英国古德伍德车坛盛会上惊艳亮相。作为全球豪华纯电领域标杆，极星旗下全新车型悉数登台，向公众展示了极星的顶尖研发实力、极致先锋性能和最新研发成果；设立专属试驾路线，充分发挥品牌赛道基因；动静结合，全方位呈现品牌最新的豪华纯电产品以及对纯电豪华出行的不懈追求。

项目策划

1. 传播策略

在策略上，利用赛事活动为观众营造"沉浸式"体验，使观众对极星产品产生具象化认知，将之前2D的宣传内容转化为3D的真实体验，同时利用社群效应，营造良好的极星生态圈，拉近品牌与用户的距离，让用户发觉自身与品牌社区更多共同属性，进而产生同群效应，建立用户认同心智。

（1）"沉浸式"体验极星性能。在2023年古德伍德速度节First Glance Paddock主赛场上，最高功率达380千瓦的极星3、最高功率达650千瓦的极星5原型车以及最高功率达350千瓦的极星2 BST edition 230将每天完成两次爬山赛，品牌既可以利用该赛场展示极星产品性能，也为观众打造了紧张刺激的观看氛围和比赛环境，带来"沉浸式"体验。

（2）打造品牌社区，构筑极星生态圈。古德伍德速度节为极星提供了一个良好的与潜在目标客户具体交流的环境，极易使目标受众在沟通交流的过程中对极星产品产生喜好共鸣，进而提升产品销量，扩大品牌影响力。

在传播上，采取理性与感性相结合的方法，既传播迎合类信息，利用知识密集型平台，也注重调性，利用视觉化传播渠道。

（3）多种形式，内容丰富，吸引更多目标受众。利用该赛事活动，紧扣极星产品相关核心信息，通过图片、短视频、新闻稿等多种表现形式，输出高质量、互动化、视觉化、口碑化宣传内容，打造多重视觉、听觉感官刺激，充分发挥文字、图片和视频传播的可读性优势，吸引更多潜在用户。

（4）多媒体矩阵，突破圈层，提升内容触客效率。针对不同平台匹配内容，精准辐射受众群体。以微信视频号为主要传播渠道，利用视频号独特的波纹式传播链路，在微信生态圈内获得较高的曝光，利用视频带给受众的强视觉冲击吸引关注。微博、B站、知乎一类社交媒体平台积极配合微信视频号传播，触及更多受众群体，突破信息壁垒杜绝信息差，实现破圈传播。

（5）多轮扩散、延长传播，强势占领信息高点。针对不同阶段的时间节点，有效进行内容的多轮扩散。前期以赛事活动造势为主，宣传产品的核心亮点，营造活动悬念，通过视频方式露出活动彩排过程中的花絮片段，吸引目标受众；中期紧抓最佳宣传时机，先后以多条短视频展现活动盛况，并妥善利用活动中的有趣片段，成功引发热议；后期物料不断，迅速生成海报、视频、长图文，供参与者在社交平台分享，为活动续温。

2. 创意内容

在创意上，找准优势是一切工作的大前提。本次活动推广的并不是新产品，也不是新功能，在缺乏硬核亮点的情况下找到品牌与关键传播点的关联，才能让活动更深入人心。

（1）第1次组织国内媒体和KOC参与大型海外活动。邀请核心媒体和KOC前往英国参与活动，从研发到性能展现品牌实力，提高品牌知晓度及传播率。

（2）第1次邀请国内媒体参观Mira，对话核心研发团队。通过8位媒体首次参观Mira，深度专访顶尖工程师等内容报道，解析品牌工厂实力和资源优势，提升品牌口碑。

（3）第1次邀请国内媒体试乘极星5原型车。媒体通过试乘极星5原型车，了解极星对于未来产品的钻研和赛道基因的注入，提高对产品的期待值。

（4）第1次亲眼见证极星3动态展示。溯源赛道基因，让媒体亲眼见证极星3的动态首发，配合极星5原型车和极星2 BST edition 230的性能表现，提升消费者对极星性能与技术的信心。

3. 媒介策略

（1）官方多样化传播，引发关注。极星品牌通过预热新闻、活动新闻、活动预热长图、媒体评价长图、视频动态展示等多种传播方式，全方位展示品牌产品，多轮传播更加广泛地吸引目标受众，打造多个爆款话题，保证品牌讨论热度经久不息。

（2）媒体全方位解析，深入浅出。到场媒体积极采用微博分享、深度稿件、视频解析等多种传播方式全面报道活动盛况，用简单易懂的语言深入浅出地讲解极星产品的卓越性能与智能科技，其余媒体自发报道，扩大声量，提升古德伍德速度节和极星品牌的影响力。

项目执行

从赛事活动前期预热、赛事活动举办到赛事活动结束，品牌以富有创意的表现内容和表达形式，联动到场媒体和扩散媒体，多渠道、全方位为活动造势，扩大品牌关注度，高效触客、获客，并在活动结束后延续先前热度，为品牌宣传持续"保温"，为提升产品销量"添砖加瓦"。

1. 预热期：营造期待，引发关注

在启动赛事活动前，品牌发布预热新闻稿、活动预热长图文，以官方预热视频与花絮图片的形式提前揭示赛事概况和议程，展现活动主题与品牌产品的核心信息。

极星微信视频号、微博视频号、小红书官方账号等社交媒体平台以短视频为触点，发布33秒预热视频，全方位动态展示极星在2023古德伍德速度节上亮相的新款车型，将参加活动的用户及媒体期待值拉满。

2. 爆发期：实时跟进，全面报道

7月13日—7月16日，在英国隆重举行的2023古德伍德速度节上，极星品牌联动到场媒体，在多个平台上实时报道，用产品图、现场视频等多样化内容实时呈现古德伍德速度节现场盛况。

另外，邀请到场媒体露出现场图片、视频，呈现出活动现场的热烈氛围，让未能参加的用户也能身临其境地感受到极星产品的澎湃性能，进而引发二次传播。

3. 延续期：深度分享，扩大声量

活动结束后，极星品牌联合媒体分享深度稿件，采用宣传视频、产品细节图、专业报道等多种表现形式，从设计、性能方面着手，吸引业内人士关注车型专业介绍，全方位展示产品视觉影像，配合扩散媒体自发报道极星展出车型，拉满用户对品牌和产品的期待。

项目评估

1. 效果综述

2023年古德伍德速度节和极星展台不仅吸引了极星现有车主、投资人，还吸引了多位知名专业赛车手、各个领域的媒体。

此次传播，分阶段有序投放多样物料，在多个社交平台宣传推广，媒体及网友争相转发。

截至2023年8月4日，参加活动的媒体产出优质内容，共产生落地稿件3810篇，其中微博稿件 2266 篇、网站稿件 869 篇、今日头条等 App 稿件 569 篇、微信公众号稿件 40 篇、视频 41 条、论坛稿件 25 篇，共获 642 万次浏览量，715 万元的公关价值。

此外，垂直领域 KOL，汽车之家、懂车帝、新出行等汽车媒体的相关负责人纷纷分享近距离赛道观看体验，其原创视频均获得较高的阅读量，助力品牌提升传播度和美誉度。

2. 受众反应

核心媒体报道多款亮相车型优势，内容声量覆盖微博、微信等平台；汽车、BEV 媒体发布第一手资讯，分享 Mira 探访、新车官图等核心内容，强势占据核心点位，并纷纷发布极星古德伍德相关一手资讯，实现媒体核心点位传播。

在赛事活动结束后，汽车媒体和垂直领域 KOL 更是纷纷在各大平台分享参观、试驾感受以及与研发团队的交流心得，对极星的外观设计、智能车机系统、内饰选材、性能驱动、赛道表现等都给予了积极、正向的反馈。

3. 市场反应

2023 古德伍德速度节活动后，公众对极星车辆的认知更加全面、深入，两款主要车型的关键词产生，其中设计、高性能标签更加"牢固"，这对强化品牌"高性能"属性非常有利。

极星 5 原型车的关键词由原先的"内饰""原型车"等转变为"高性能""高刚度""轻量化"等具象化词语，受众纷纷对极星 5 原型车的操控能力、车身稳定性等性能表示肯定。

极星 3 不仅增加了"首秀"这一事件关键词，2023 古德伍德速度节还让公众关注到了极星 3"高性能""驾控""车身""设计""安全"等多个方面，增强了意向购买人群的信心。

亲历者说 **陈哲然　极速拍档媒体博主**

极星 5 的设计很出色，很符合我对高端电动车的想象，低矮的车头与同样低矮的车顶十分连贯，巨大的天幕，以及尾部的 Kammback（一种车尾造型）设计，非常"犀利"。试乘中能明显感到车身刚性的出色，另外，前悬做得很巧妙，可以说是把空间利用到了极致。极星 5 应该说是颠覆了我对电车的认知，在很多我认为不可能过去的弯道都以不可思议的速度过去了，整车俯仰横滚几乎没有，无论是咬着跑或是长距离漂移都非常轻松，机械素质也"无敌"。

案例点评

点评专家：来向武　西北大学新闻传播学院副院长、教授、博士生导师

"沉浸式"体验和营造"生态圈"，是本案例成功的两大关键词。这与极星汽车产品的特点相吻合，也与品牌宣传的有效方式相吻合。

为了让现场参与者与不在现场的受众感受到更有冲击力的"沉浸式"体验，项目团队在克服既不是新产品也不是新功能制约条件的基础上，突出了现场紧张氛围、实际操控感受、比赛节奏等因素，并将这些因素以视频的方式尽可能地展现出来。在这些富有创意的表现内容和表达形式基础上，本案例还用好了社群传播的特点，既激发出了更多的"极化"效果，感染到了更多的社群成员，也使品牌形象深入人心。

一般而言，这样的传播内容具有更持久的传播价值。在后期的传播中，本案例以微信视频号为主要传播渠道，微博、B站、知乎等社交媒体予以配合，吸引关注，破圈传播，是将视频和社群紧密结合的极好的传播策略。

九号公司2023新品发布会

执行时间：2023年3月20日—5月10日
企业名称：九号科技有限公司
品牌名称：九号公司
代理公司：北京阶承传播顾问有限公司
获奖类别：2023金旗奖最具公众影响力市场公关活动金奖

项目概述

九号公司2023新品发布会于2023年5月10日在北京落地完成。在发布会上，多款奇妙新品亮相，覆盖城市短途出行、日常通勤、户外复杂地形探索等，"开启新一代出行潮流，让出行更奇妙"的品牌新主张被九号公司以科技创新的方式诠释了出来。此次发布会是九号公司品牌和产品全面升级的一次重要举措，是一次集科技创新、性能突破、美学引领于一体的全维度进化，这将为行业科技探索打开新思路。

项目策划

1. 项目目标

（1）发布九号公司旗下产品线九号电动车，亮相全线产品。

（2）借助本次发布会，提升品牌影响力，夯实产品在用户认知中的好印象。

（3）对过去十年发展历程进行回顾、总结，同时展望未来，向社会持续发声，展现实力。

2. 策略思考

（1）诠释品牌主张——"让出行更奇妙"；强化视觉语言，通过烘托现场氛围、增强视觉感知、产品露出等方式，强化品牌。

（2）将产品体验舞台化，借助代言人的"亲身示范"增强宣传点，强化品牌及产品特性，洞察年轻用户群体，九号品牌全球代言人现场分享使用感受。

（3）增设静态品牌内容、产品介绍等环节，同时加设动态产品体验环节，保证用户及媒体第一时间对新品有深层了解。在短距离出行、日常通勤、户外复杂地形探索、家用割草服务、商用配送服务等多维度多场景进行新产品联合亮相。

3.视觉创意

发布会以九号公司品牌标识"小飞人"为主要视觉元素，外场展示及互动体验、内场舞台空间都围绕"小飞人"品牌形象策划，强化每位用户内心品牌印记。同时结合品牌智能主张，运用更加灵活多变的内场灯光及配合不同产品亮相环节，共同打造有全球领先出行科技和未来出行潮流元素的品牌盛宴。

4.媒介策略

此次新品发布会为九号公司2023年的首次线下发布会，亮相多款全新产品，包括九号智能电动两轮车、九号电动滑板车、九号平衡车、Segway全地形车等，几乎涵盖了全部产品线。预热海报"性能之巅"四个字，更是让人浮想联翩。通过线下新品发布会，联动线上百家媒体，全网同步直播，见证九号新品发布。发布会当天，联合线上各大电商平台同步售卖，带动各区域销售。

项目执行

第一阶段，项目前期将场地勘查、产品发布形式、代言人出场方式、打造品牌力等作为创意着力点，通过更品牌化的思维策略，贯穿动态视觉体验，为本次发布会打造更为沉浸、绝伦的奇妙之境。

第二阶段，严格根据时间线执行，建立每周双方例会、分板块会议、进场前最后会议等机制，确保双方信息一致，高效推动项目执行。

第三阶段，内场、外场设备搭建及彩排的48小时内，"严防死守"发布会现场每一个板块，从舞台结构到内场各搭建细节再到屏幕素材，项目组、设计组、搭建组、传播组紧密配合，使现场每个问题都得到及时解决。

项目评估

九号公司2023新品发布会上，九号公司基于对用户需求的洞察持续深入细分需求场景，发布了3款智能电动两轮车新品，包括E300P、九号电动V30C和Q90。发布会当天，百家媒体全网同步直播，共同见证九号新品发布。直播观看总量662万次，互动量388.1万次：其中微博直播观看量531万次，同时在线人数237万人，导流量10.3万次；抖音直播观看量73.1万次，互动量48.4万次；微信直播观看量2.87万次，互动量4.5万次。

项目亮点

九号品牌全球代言人出席发布会，是年轻潮酷品牌主张和硬核科技创新实力的再一次升级，也是九号公司十年发展历程中，持续引领，全球创新短交通行业的一次精神内核传递，更是九号公司向年轻一代发出的"骑妙出行 一起九号"有力号召。发布会上公布了首个微电影项目，招募热爱音乐和电影的人，加入九号产品影像共创，这将是一次全新的跨界探索。同时，九号公司发起了"奇妙计划"，邀请有奇思妙想的年轻人共同参与产品研发，跨界联合更加贴近用户，给用户带来更多奇妙出行体验。

亲历者说 王岩松　北京阶承传播顾问有限公司客户副总监

我们总会伸出手掌去感知温度，放眼远方去"囊括"世界。完成一个个的项目更像是一种洗礼和升华。我很感谢团队的信任，其给予我成长的空间，赋予我对事态进展的决策权，更庆幸遇到九号公司，齐手攻坚，共克难关。

案例点评

点评专家：胡若歆　尚诚同力副总经理

本案例具备高度的传播一致性，从外至内，全面且深度地呈现了九号公司的品牌主张和产品实力。

"让出行更奇妙"的品牌主张与舞台设计、产品展示完美契合，多种场景的展示加深了现场媒体及观众对九号公司的认知，带动了产品销售。

品牌全球代言人现场背书，实现科技产品破圈效应。而"骑妙出行 一起九号"的微电影项目，更是深度触达音乐圈、电影圈，让更多资深用户一起建设品牌文化、产品场景，让九号公司得以获得更多的社会资源，助力品牌传播。

总体来说，九号公司通过这一发布会，夯实了品牌奇妙出行的主张，强化了全产品场景的销售力，带动更多圈层共建品牌场景，并借助明星实现社会化传播，这是一举多得的品牌传播案例。

今麦郎"十二时辰"风生水起跨界传播

执行时间： 2022年12月19日—2023年1月31日
企业名称： 今麦郎饮品股份有限公司（简称今麦郎）
品牌名称： 今麦郎十二时辰高端熟水系列
代理公司： 北京时空视点整合营销顾问有限公司
获奖类别： 2023金旗奖最具公众影响力市场公关活动金奖

项目概述

今麦郎于2022年6月上市"十二时辰"系列凉白开，该新品作为品牌形象的代表，定位于特定高端使用场景，具有文化属性，需要通过布局高端品类占位，打造产品的高端认知和稀缺价值，巩固今麦郎熟水品类市场领先地位。

项目策划

1.核心策略

以中国之美为核心要素，上取稀缺价值，下接百姓人间烟火，与"百家姓"和"天下第一福"联名，将"十二时辰"打造为代表中国之水的高端饮用水，打造"中国之水"标签，让品牌与民众产生基于民族精神和审美的情感共鸣。在新春之际推出康熙御笔第一福与百家姓限量套装，为全国人送上"天下第一福"，引发广泛关注和讨论。

2.传播规划

项目组设计了一个六大流程体系的营销事件推广链路，旨在通过悬念、官宣、盘点、惊世、定调，以及多平台联动传播，充分展现"十二时辰"与中国之美的深度融合，打造独一无二的品牌价值感。

（1）悬念制造：引发关注与期待。

在传播事件的起始阶段，项目组通过一系列带有疑问句的古风海报，以古典的艺术语言表达"跟康熙如何联名""跟中国人文经典如何联名""跟十四亿人如何联名"的三大问题，从而制造引人入胜的悬念。这种独特的呈现方式不仅唤起了受众的好奇心，更在一定程度上为品牌蒙上了一层神秘的面纱。

为了让更多用户了解并关注，选择权威的媒体进行报道解读。这一选择不仅保证了信息传递的专业性，同时通过第三方平台使得事件的独特性和重要性得以凸显。同时，通过今日头条、百家号等多平台传播，进一步扩大内容覆盖面和影响力。这种全方位的传播方式有助于确保悬念制造阶段的信息传递给更广泛的受众。

（2）官宣推广：全方位呈现品牌价值。

在悬念制造阶段引发关注后，官方账号发布"十二时辰"风生水起美图大片及礼盒套装，进一步为品牌赋予视觉冲击力。这一系列的内容通过媒体渠道多角度转发，不仅确保了品牌信息的多样性传播，更使"极致中国礼盒美学""给十四亿人定制的最中国的春节礼盒"话题成为公众热议的焦点。同时，发布极具中国文化内涵的TVC，选取百家姓中极具代表性的文化名人，并与"十二时辰"充分融合，展现"中国之美"——中国不同地区的风景美、精神美、文化美。

官方建立#中国之美风生水起#微博话题讨论页的同时，通过公众号KOL矩阵以"纪录片+访谈+图文"的形式对整个事件进行第三方视角解读。通过微博矩阵进行话题讨论，官方借势，发布全球限量100套福气水，并通过用户互动H5进一步扩大事件影响力。这种综合性的官宣推广，不仅加深了品牌与受众的互动，更在传播过程中形成了强大的品牌力。

（3）盘点拔高：顶级礼物见证品牌实力。

在悬念制造和官宣推广的基础上，将十二时辰以"喝中国之水，品中国之美"的内涵纳入年度十大中国礼物盘点话题，使品牌在礼品市场占有一席之地。通过千万粉丝级网红博主的开箱首测，从"稀缺程度""文化价值""送礼档次""路人盲测"四大维度全方位坐实了"中国顶级礼物"的称号。这不仅加深了品牌在消费者心中的形象，还使传播更具说服力。

（4）惊世推广：中国之美闪耀国际舞台。

品牌的国际传播至关重要。项目组选择在小年夜以新年祝福登陆纽约时代广场，以此打造国际化的中国文化输出活动。通过国外媒体关注，聚焦"中国之美福气水惊艳全球"，进行不同话题维度的内容讨论。这一战略不仅通过国外的话题引发国内媒体的跟进报道，更将中国之水出海送祝福，彰显了品牌的民族精神。通过文化价值的强输出，激发了民族自豪感，激发了国人的认同感，进而提升了产品的价值感与知名度。

（5）定调推广：权威定调，强化影响。

为了进一步强化品牌标签，项目组借助权威媒体的定调，从春节佳礼角度、文化价值角度、传统文化三大角度解读"产品重新定义礼品的意义与价值""凉白开十二时辰国水之道，扬中华姓氏之美""中国之美的文化营销，占位传播中国文化的第一品牌"的传播内涵。通过这样的定调，点赞产品，强调了十二时辰中国之美的标签。

海内外多平台线上联动传播，让产品大面积曝光，广泛覆盖消费者，让品牌与民众产生价值共鸣，形成中国之美的标签认知。

项目执行

1.预热期

十二时辰与百家姓，一场14亿国人的联名，发布悬念海报，开启传播，打造顶级跨界声势；康熙御笔天下第一福礼盒全球发布，时尚精英博主开箱测评，权威媒体《新周刊》专题报道；一份天下第一的祝福，带动百万人送福气H5上线，全民接力送福抢礼盒。

2.爆发期

一个贯穿古今的中国文化故事，产品TVC上线，延续十二时辰"高级感"的又一惊艳力作；#中国之美风生水起#话题登上微博热搜，并在朋友圈实现传播裂变，辐射高价值人群；全球多平台传播，小年夜登陆纽约时代广场，为全世界送祝福。

3.延续期

全球媒体跟进报道，国内权威媒体点赞今麦郎，夯实"中国之水""中国之美"的标签；"十二时辰"新春专属礼盒上线热销。

项目评估

实现超1.3亿人次的传播；登微博热搜，TVC全网播放量超3200万次；亮相纽约时代广场，444家海外媒体热评；产品于私域平台一上线便被抢购一空，整体销售额超20万元。

总体来说，此次传播不仅是一场品牌推广，更是中国文化在当今社会的一次精彩展示。通过巧妙的推广策略、深入人心的文化内涵，品牌在短时间内赢得了广泛的关注和认可。这不仅为品牌的未来发展奠定了坚实的基础，也为中国文化的传播开辟了新的渠道。此次传播充分展示了品牌力量和文化魅力的结合，为今后品牌建设和文化传播提供了有益的启示，还为后续品牌升级、新品推出积蓄了良好的关注和认知基础，为品牌形成持续可积累的传播资产。

亲历者说 桑海岩　北京时空视点整合营销顾问有限公司执行副总裁

北京时空视点整合营销顾问有限公司通过一场14亿国人的联名，把今麦郎十二时辰、中国之水与中国之美、天下第一福画上等号，引发广泛关注和讨论；此次美美与共的联名打破了传统的跨界思路，用中国文化之美的稀缺价值，来代替无内涵的流量品牌，为品牌高端感的构建形成有力的支持和补充；占位全球视野，让传播变为一场中国文化输出，让中国之水、中国之美成为一种世界潮流文化。

案例点评

点评专家：张敏　阳狮传播中国首席策略官

　　试图与中国文化联结的品牌有很多，但联结巧妙的不多。今麦郎"十二时辰"从品牌内涵到呈现方式都做到了与中国文化的完美契合。"风声水起"的主题很棒、很有气势，与产品内在力紧密相关，"十二时辰"也很有传播力。产品设计风格融入传统文化中时光轮转、昼夜更替的"十二时辰"元素，在12支瓶身上呈现出12个不同时间的市井繁华、人间烟火场景，充分展示其丰富而独特的艺术性和文化内涵。另外，在传播中巧妙利用百家姓的方式与14亿国人联名推出礼盒，再以线上自制"天下第一福"的形式展开线上传播与互动。总之，从品牌包装设计到传播都确实感受到中国之美正风生水起。

丝芙兰中国首家未来概念店亮相上海[①]

执行时间：2022年3月13日—2023年7月31日
企业名称：丝芙兰（上海）化妆品销售有限公司
品牌名称：丝芙兰
代理公司：明思力中国
获奖类别：2023金旗奖最具公众影响力市场公关活动金奖

项目概述

中国美妆市场瞬息万变，线上渠道转型成为大势，但与此同时，实体零售仍然是美妆及零售品牌的重要战场，甚至成为品牌建立差异化竞争力的关键。在数智化创新赋能的背景下，全球高端美妆业翘楚丝芙兰于2023年在上海揭幕中国首家未来概念店。如何打通全渠道，协同线上消费的便捷性与线下购物的体验感，为消费者打造同时满足"刚需"与"感官"的美妆旅程，对于美妆零售行业的未来发展至关重要。

中国首家丝芙兰未来概念店

[①] 本文中所涉及的视频及图片，丝芙兰（上海）化妆品有限公司均已得到被拍摄者的使用许可。

项目策划

1. 项目目标

（1）品牌建设：持续巩固丝芙兰在业界的领先地位。

（2）门店造势：吸引公众关注并最大化门店开业声量。

（3）客群引流：驱动消费者前往线下门店体验并实现会员注册增量目标。

2. 媒介策略

多渠道、多角度、多形式、有节奏、有重点地宣传未来门店开业活动。

（1）挖深度：B端媒体多方合作，权威背书。

合作头部财经媒体与行业垂直媒体，如界面新闻、国际时尚特讯、品牌星球、ConCall等，从专业市场观察出发，通过对话丝芙兰高层及丝芙兰合作品牌代表，深入剖析丝芙兰上海未来概念店并拆解其背后映射出的丝芙兰市场策略，在垂直领域引发讨论与关注。在权威背书下，进一步巩固品牌自身在行业内的影响力与领先地位。

（2）拓广度：C端媒体多角度报道，重质重量。

通过丰富的品牌互动与沉浸式体验，如门店预览、开业仪式、小型闭门分享会、明星跟拍采访等，自然催生多角度C端媒体报道。媒体类型覆盖多领域，媒体辐射范围跨地区，例如，中国新闻网、上海黄浦等；一线时尚生活方式媒体，服饰与美容、时尚芭莎、时尚、世界时尚之苑等；门户网站，新浪、腾讯、搜狐、网易等；华东、华西、华北主流媒体及海外媒体配合报道开业活动。

（3）抓精度：自媒体多形式内容创作，种草引流。

配合不同传播周期，定制化输出自媒体内容，通过图文、视频等多样化形式，触达潜在受众，进行有效品牌种草并驱动线下引流体验。例如，与头部美妆时尚博主共创视频探店内容，解密丝芙兰上海未来概念店亮点及新品种草；与一线文化生活博主合作图文内容，输出兼具内涵与创意的软文，引发读者探索兴趣；另有本地生活类视频图文内容配合联动本地消费者。

围绕开业筹备、门店创新体验等，拍摄制作了多支门店宣传视频，于丝芙兰社交媒体账号发布，解密门店亮点，引发公众期待并激发其到店体验的兴趣。

在开业活动期间，悉心规划了门店触点体验打卡机制以及专属新品探索区域（世贸广场户外路演），通过拍照互动与游戏奖励等丰富的活动，提升消费者线下体验感以及参与度，催生更多用户原创打卡内容，于社交媒体进行二次发酵传播，助力会员注册增量。

户外广告

项目执行

（1）第一阶段预热期（2023年5月14日—6月5日）。

多渠道沟通门店开业并联动本地号产出预热素材，于线上发布。

（2）第二阶段引爆期（2023年6月6日—6月9日）。

1场门店开业仪式，4天户外路演，170多位媒体与KOL分组体验；1场闭门分享会，十几位一线大刊及垂直媒体高层代表聆听；7场明星与高层采访；500多份全国及海外媒体开业新闻稿分发。

（3）第三阶段保温期（2023年6月10日—7月31日）。

联动本地号、媒体与意见领袖持续进行探店体验，产出素材，为门店多渠道推广宣传。

项目评估

（1）通过多渠道多角度沟通，成功吸引更多消费者尤其是年轻消费群体前往线下探店体验，在业内成功树立领先形象。

（2）受邀参与媒体100%正面报道门店开业活动，高度认可门店数智化创新成果，给予更多丝芙兰在门店体验升级、品牌孵化赋能上的期待。消费者踊跃参与开业期间门店体验打卡活动，对于新店内的选品、体验、服务都给出了正面的评价反馈。

（3）6月6日开业当日，销售额创历史新高，较上年同期增长124%，客流量创历史新高，较上年同期增长68%；6月6日—6月9日活动引爆期，成功招募新会员近千名；开业直播与"预热＋活动"视频总观看量近百万次，互动量破万次；170多家媒体和多位KOL到场参加开幕活动；项目共产生2200余篇正面报道，总计曝光量超过90亿次。（截至2023年7月31日的数据）

亲历者说 陈子豪　明思力中国顾问

　　疫情过后人们对线下消费体验充满憧憬。我全程参与了门店焕新过程及触点体验介绍视频的拍摄，见证了一座"美力奇境"从无到有的过程；在为期4天的开业活动里，直接引导无数媒体、KOL及消费者在新店中体验数智化互动，并在路演区"尝鲜"丝芙兰独家首发的当季美妆新品，帮助大家一起挖掘自身的"美力可能"，这对我来说很具有意义。我亲身感受到了大家对美好生活的热爱，而在美这件事上，有丝芙兰的赋能，我们可以轻松与世界美美与共。

案例点评

> **点评专家：周朝霞　浙江传媒学院教授**
>
> 　　疫情过后人们将目光重新聚焦回自身，建立有质量的生活体验，回归舒适松弛的线下体验，是美妆客户的内心需求。对于美妆行业而言，实体零售仍然是重要战场，也是为品牌建立起差异化竞争力的关键。丝芙兰品牌看到了这两点，这也是本案例策划成功的基础。丝芙兰品牌进行了深刻的消费者洞察和行业特征分析。在很多品牌犹豫彷徨的时候，丝芙兰紧紧抓住机遇，跑在了前面，通过丰富的品牌互动，催生多角度C端媒体报道，媒体类型覆盖多领域，媒体辐射范围跨地区，取得了很好的媒体传播效果。图文、视频等宣传触达潜在受众，有效实现了品牌种草并促使消费者线下体验。线上线下融合互动，大大提高了品牌的影响力和触达率。

五粮春品牌文化臻享会全国巡演

执行时间：2023年3月21日—8月24日

企业名称：四川五粮液浓香酒有限公司

品牌名称：五粮春

代理公司：成都非米文化传播集团有限公司

获奖类别：2023金旗奖最具公众影响力市场公关活动金奖

项目概述

随着消费理念改变，市场格局改变。五粮春二代和五粮春名门在品牌焕新、产品迭代中应运而生，五粮春产品体系完成中高端布局。在此契机下，五粮春急需一个强有力的品牌事件，打造属于五粮春品牌主张的文化IP，从而迅速完成品牌次高端市场定位，从内容与传播上通过强化"系出名门"的核心竞争力，以"民族文化"自信为核心，倡导五粮春价值主张，全面拔升五粮春的品牌价值，在社会上引发消费者共鸣，释放五粮春的品牌张力，以品牌引导产品动销。

项目策划

1.传播策略

本次系列推广活动，将结合《百家讲坛》专家资源，配合新时代下的新媒介，引发更多受众关注后，借此次活动通过名人效应、社会化效应完善五粮春品鉴体系，将五粮春品牌文化传达给核心受众，将推广活动内容和主旨向市场进行二次传播，持续增加会员的价值，在全国进行剧目巡演活动，同时通过线上短视频平台、线下全国巡展、自媒体平台二次传播三个维度，在社会上宣传五粮春品牌核心价值文化，引发消费者共鸣，打破品牌升维的价值壁垒，焕发品牌活力，巩固、强化五粮春次高端核心品牌的领导者地位。

2.巡演内容

这次将从时空、历史人文两个维度阐述中华文化之美。从双螺旋的角度出发，在时空上挖掘酒在中华千年历史中的悠悠浓香；从历史人文上，讲述五粮春以酒传道的故事。

整个故事并行发展，以"时间"结构作为内容基础。幕与幕之间以"主持人与学者"作为线索，以现代人的视角，徐徐展开故事，酒文化的千年岁月故事，在古今对话中缓缓拉开帷幕。

在每一幕的演出过程中，以肢体表现为主要呈现形式，串联酒与人文，来体现历史悠悠，内容之厚重。

项目执行

2022年12月，2023"时间酿造的芬芳—五粮春品牌文化臻享会"全国巡演正式筹备，平面及3D设计部分于2023年2月相继定稿，舞台剧演出部分于2023年3月10日完成确认及排练。

2023年3月21日，五粮春品牌文化臻享会全国巡演正式拉开帷幕，2023"时间酿造的芬芳—五粮春品牌文化臻享会"惊艳亮相扬州瘦西湖湖畔。以春为名，以时间为轴，五粮春以"台下+台上"呼应的沉浸式文化体验，给酒业再次树立文化传播的标杆。在不断夯实文化力量的同时，彰显五粮春的文化深意。

扬州站特别邀请了百家讲坛主讲人、著名文化学者郦波及苏州市工艺美术大师府向红做现场分享，共品五粮春品牌文化与中国传统文化的融合、碰撞之美。

此后活动相继在武汉（4月21日）、西安（6月12日）、重庆（6月30日）、开封（7月11日）、石家庄（7月21日）、合肥（7月25日）、西宁（8月16日）、济南（8月24日）启动。与各地文化有机融合，以独特方式解读传统文化魅力，并为"时间酿造的芬芳"这一品牌核心价值赋予新的时代内涵。

分别邀请百家讲坛嘉宾出席并分享，助阵五粮春输出品牌与文化魅力：戴建业（武汉站）、纪连海（西安站）、于赓哲（重庆站）、王士祥（开封站）、张宏杰（石家庄站）、钱斌（合肥站）、傅小凡（西宁站）、魏新（济南站）。

每场活动均邀请酒业家、微酒、云酒头条、酒说等行业媒体现场采风，以及地方电视台线上报道。场地选择除各地五星级酒店外，西安站特别选择了大唐芙蓉园内紫云楼南广场，这是该场地继中亚峰会后举行的第一个商业活动。

项目评估

2023年3月21日—8月24日，2023"时间酿造的芬芳—五粮春品牌文化臻享会"全国巡演在扬州、武汉、西安、重庆、开封、石家庄、合肥、西宁、济南相继开展。其品牌IP被国内媒体誉为中国名酒的"文化名片"。

活动邀请百家讲坛嘉宾，助阵五粮春输出品牌与文化魅力，以中国传统文化为出发点，深刻解读时间之美、时刻之美、平衡之美。情景舞台剧《时间酿造的芬芳》从时空、历史人文维度演绎时间之美、时刻之美、平衡之美，为观者带来一场视觉与听觉的盛宴。

"山河岁月长，天地慨而慷。春意何如许，芬芳自五粮。"郦波在观看五粮春这一文化盛宴后以一首精妙的五言诗，抒发了对"时间酿造的芬芳"的理解，以及对五粮春核心品牌价值主张的高度赞扬。有现场经销商指出，五粮春有着深厚的消费基础与渠道基础，综合竞争实力较强，这使其独具竞争优势。

伴随"时间酿造的芬芳—五粮春品牌文化臻享会"巡演走向全国，公司相关品牌打造、营销措施也进一步升级，五粮春的白酒价值创新表达、文化赋能品牌、品销合一之路，有望再上新台阶。

本次活动宣传，联合微酒、云酒头条、酒业家、酒说、糖酒快讯等多家行业媒体以及地方电视台，对相关活动信息进行大量曝光及覆盖。截至济南站活动结束，线下参会嘉宾累计超1800位，线上传播阅读量累计超1000万次。通过"线上传播＋线下体验"强化IP，实现消费者对五粮春从"国民白酒"到"次高端白酒"的认知蜕变。

五粮春在传承中不断发展，在发展中持续创新，将时间之美、时刻之美、平衡之美品牌文化转化为新的价值刻度、品牌刻度、市场利润刻度，构建品牌独有的文化空间，释放品牌无限价值，创造五粮春的核心竞争力。

亲历者说 许皓翔　成都非米文化传播集团有限公司策略总监

该剧目以"时间"结构作为内容基础，以现代人的视角徐徐讲述酒文化，千年岁月故事在古今对话中缓缓拉开帷幕。"时间""时刻""平衡""和美"四个概念贯穿于表演，五粮春在时空上讲述贯穿千年的人文历史，深度挖掘酒在中华历史中的悠悠浓香。在以自身历史积淀唤醒传统文化的同时，持续激发五粮春的流溢风姿，以创新形式讲好中国白酒故事。通过全国巡演这一系列动作，五粮春有效吸引了特定文化圈层群体的关注。与《百家讲坛》文化圈等更多维度、圈层人群的深入沟通，又使五粮春横向拓展了品牌边际和人群。臻享会不仅实现了五粮春更高的曝光率与触达率，还在众多白酒品牌活动中实现了读懂市场并与之产生共鸣的目标，实现了品牌从"造圈"到"破圈"的效果，也为"时间酿造的芬芳"这一品牌代表IP在不同场景、不同维度下构建了品牌渗透矩阵，以"文化"为锐剑，直插全国白酒市场，提升品牌凝聚力和口碑度。

案例点评

点评专家：朱瞻宇　励尚时代（北京）公关顾问有限公司（简称励尚公关）中国区总经理、亚太区合伙人

五粮春是五粮液集团的优质产品，如何解决五粮液、五粮春和五粮醇产品之间的定位区隔问题，是企业需要思考的。消费者在选择适合自己心理价位、

使用场景、品质要求的产品时，也希望得到额外的价值和体验。以舞台剧的形式，展现五粮春系出名门的特点，突出"时间酿造的芬芳"，可以有效提升品牌形象，使产品提档升级，激发经销商信心，吸引消费者关注。特别是"时间""时刻""平衡""和美"几个关键词，突出了产品的初心、使用的场景、产品的特点和附加的价值，能够有效地传递品牌与众不同的品位。

为年轻跨界 为个性代"颜"：
中信银行颜卡系列6周年及Hi卡上市整合传播

执行时间： 2023年5月18日—5月25日

企业名称： 中信银行股份有限公司信用卡中心

品牌名称： 中信银行信用卡

代理公司： 罗德公共关系顾问（北京）有限公司

获奖类别： 2023金旗奖最具公众影响力市场公关活动金奖

项目概述

当前，我国Z世代拥有庞大的人口基数和消费潜力，成为各大品牌重点开拓的目标客群。2023年5月，中信银行信用卡推出针对Z世代年轻客群的专属信用卡Hi卡，作为该行首张面向Z世代年轻客群的信用卡，其承担着吸引年轻客群、带动业务转化以及刷新品牌形象等多重目标。Z世代人群有着独特的消费理念和生活方式，然而，Z世代与包括信用卡在内的金融产品有着天然的隔阂，这使得如何让Hi卡成功打入Z世代心智并自发转化成为本次项目的难点。

项目策划

1. 人群洞察

Z世代对金融缺少共鸣感，目前，Z世代人均信用卡持卡量仅为1.86张，在各年龄段中低。如何打破Z世代对信用卡等金融产品的固有印象，消弭Z世代对银行的心理隔阂，成为本次传播过程的核心问题。

Z世代注重生活仪式感，注重通过生活中的一些"小心思"来提升生活品质和趣味。据统计，40.67%的Z世代偏好提升消费乐趣的仪式感。在信用卡类别多样的当下，打造别具一格的仪式感有望突围。

Z世代追求消费获得感，践行"能省会花"的消费哲学，62%的Z世代注重"优惠+体验"，这就需要在传播中植入足够的兴趣点和利益点，让他们通过"玩好"，获得美好体验和省钱实惠。

2. 传播策略

基于项目目标和人群洞察，项目通过以打造IP为"原点"、以线下仪式为"焦点"、以线上传播为"支点"的传播策略，将Hi卡塑造为匹配Z世代客群的"生活IP"，将产品定位为与Z世代拥有同样价值观的陪伴者和美好生活的助力者，拉近与Z世代的距离，放大信用卡品牌及产品的存在感，从而与Z世代有效共鸣，打响Hi卡产品知名度，刷新中信银行信用卡品牌印象，赢得Z世代客群好感。

拒绝传统发布会，打造一场与年轻人"Hi在一起"的互动，巧妙利用成熟IP的影响力，促成与年轻人玩在一起的"大事件"，深度联动广受年轻人喜爱的草莓音乐节，走近Z世代，与他们面对面互动。

年轻人的桥头堡，赋予品牌年轻形象。将Z世代聚集的城市——深圳作为主传播地，人口平均年龄32.5岁的深圳极富年轻活力，符合Hi卡定位，是品牌与年轻人互动的不二之选；本次草莓音乐节是阔别深圳5年后的首次回归，活动自带极高关注度；作为现场唯一的银行金融类品牌，中信银行信用卡设立业务咨询、申办服务、开卡好礼等业务触点，与其他品牌商户形成合力，通过"当下申请、快速审核、下卡即用"的消费闭环，让用卡充满获得感。

全平台联动发声，触达自有客群、目标客群和潜在客群。形式上，主动出击Z世代触媒环境，将"品牌单向输出"变为"与受众玩在一起"，在深圳草莓音乐节现场建造一座品牌体验馆，打造与Z世代共同享受的事件；内容上，通过丰富的互动活动，线上新闻事件策划、社交平台传播互动、构建#有颜有音乐，莓好Hi自在##中信银行颜卡6周年# 两大话题等，主动链接年轻群体，拓展年轻客群圈层；渠道上，通过"自有渠道+付费渠道"全平台先行曝光提升品牌活动好感度，引发众多网友主动参与发布内容，赢得广泛关注，提升传播声量。品牌与受众共创共享，实现"Hi在一起"的传播效果。

3. 传播规划

解构新产品，打造与Z世代对话的IP；不以冰冷的产品直面受众，转变为打造与Z世代"Hi在一起"的IP新思路。

联动草莓音乐节，打造与年轻人"Hi在一起"的"品牌小站"，开展为期两天的没有发布会的新品发布活动；以轻巧丰富的装置展示Hi卡权益，摒弃金融话术，直白语言直击新品卖点；通过物料发放、互动抽奖、产品展示、KOL打卡等方式，吸引现场客群打卡，并向线上引流，促成自发传播。

深耕自有客群，官方"双微"、抖音、小红书、动卡空间App、中信银行福利播私域小程序等矩阵资源联动发声；发力目标客群，Z世代博主走进小站，通过视频/图文直播、打卡引流、线上抽奖、产品体验Vlog等形式，让品牌和产品信息直达Z世代，影响受众品牌心智；触达潜在客群，发布多类型媒体稿件，提升活动声量，触达大众圈层。

项目执行

布局三大传播阶段，传播稳扎稳打，逐步扩散，在Z世代脑海中建立对中信银行信用卡的全新认知，并化认知为行动，持续赋能业务转化。

第一阶段：三位一体预热，向Z世代Say Hi。中信银行信用卡官方矩阵、Z世代KOL、草莓音乐节官方三位一体预热造势，拉满期待。

第二阶段：双线全面传播，与Z世代一起Hi。线下互动＋线上曝光，集中传播，实现自有客群、目标客群、潜在客群逐层渗透。线下围绕海边"品牌体验馆"做足体验感，做强获得感，吸引受众注意力；线上全平台、多渠道曝光，逐层触达不同客群，集结同频Z世代。

第三阶段：回归体验声量延续，陪Z世代Hi享生活。抖音博主打卡音乐节及优质商户，直观呈现Hi卡优质体验，为业务赋能。

项目评估

该项目坚持以对目标人群Z世代的洞察为出发点，制定富有针对性的传播策略，构建以打造IP为"原点"、以线下仪式为"焦点"、以线上传播为"支点"的传播"组合拳"，实现品牌对Z世代客群的全新突破；通过设置"优惠＋体验"的实感型互动方式，进行了一场没有发布会的新品发布活动，营造出品牌年轻、充满活力的积极形象，赢得Z世代广泛好评，实现品牌在大众心中形象的焕新升级。

该项目没用传统发布会而是用一场互动仪式让新产品深入人心。联动国内大规模音乐类青年活动深圳草莓音乐节IP，打造线下品牌体验馆，通过跨界共享资源，拓展目标客群，最大化活动和产品传播影响力。

构建与Z世代互动的平台，调动目标受众自发传播力。线上围绕#有颜有音乐，莓好Hi自在##中信银行颜卡6周年#双话题，打造年轻人话题互动矩阵，为线下引流。线下目标客群打卡展位，号召更多Z世代加入分享自身体验，赋能线上传播。

场景融入传播，强化用户用卡感知，打造消费闭环。线下设置产品体验区，提供可促进转化的场域，实现"当下申请、快速审核、下卡即用"消费闭环；线上邀约Z世代博主深度体验Hi卡，并引流办卡专区，为业务转化助力。

以Hi卡为支点，带动颜卡家族产品偏好，打造年轻客群长线心智。本次传播以Hi卡作为先锋产品，结合颜卡6周年节点，推动年轻客群代表产品颜卡系列"有颜有个性"的品牌形象深入人心。

该项目共产生新闻报道102篇，社交媒体总阅读量突破7488.5万次，微博双话题阅读量4443.7万次，线上线下总互动量达16.35万次，全网传播总价值达3949.25万元。

截至2023年8月，Hi卡发卡量累计已达18万张，面向年轻客群的颜卡系列发卡量已达1200万张，有效重塑了中信银行信用卡品牌形象，为品牌深耕年轻客群市场打好了认知开局之战。

亲历者说 李专　中信银行信用卡中心公关负责人

长期以来，中信银行信用卡深度关注年轻客群的消费偏好，此次联动象征年轻、活力的深圳草莓音乐节IP，打造新颖的线下品牌体验馆，充分满足以Z世代为代表的年轻消费者对于生活仪式感、获得感的娱乐消费需求，是连接当前年轻人圈层的创新举措。未来，我行将持续关注年轻群体的多元化需求，构建特色产品体系，带来更多"有颜有个性"的创新产品，以定制化、多元化的金融服务，打造"有温度的信用卡"。

案例点评

点评专家：龚妍奇　劲霸男装董事、品牌副总裁

很多品牌在投入资源做项目的时候容易陷入"既要也要还要"的误区。本项目的目标诉求非常清晰，这样就为有针对性策略的实施提供了可能。所有的创意完全围绕目标人群Z世代进行，投其所好进行策划和互动。聚焦年轻人喜欢的草莓音乐节，一个大现场满足各种体验，细节满满又不跑偏，体现一种自信和坚决，这自然是动人的、有魅力的。

GOLDEN FLAG AWARD 金旗奖

品 牌 向 上

2023
—
金旗奖最具公众影响力
数字营销活动金奖

第三届浙江电力粉丝狂欢季——我们的绿电时代

执行时间：2022年11月1日—11月30日

企业名称：国网浙江省电力有限公司营销服务中心（简称国网浙江营销服务中心）

品牌名称：浙江电力粉丝狂欢季

获奖类别：2023金旗奖最具公众影响力数字营销活动金奖

项目概述

自"双碳"目标提出以来，全国上下、各行各业努力打造以"零碳"为目标的示范区与先行地。作为能源央企，国网浙江营销服务中心积极践行"双碳"目标，全力做好能源电力绿色低碳发展，根植全社会低碳行为理念，在全社会节能降耗中展现央企担当。

项目基于浙江电力庞大的用户基础，向广大人民群众提倡绿色、健康、节约的生活方式，通过第三届浙江电力粉丝狂欢季活动的深入宣传，引导用户主动养成低碳、健康、绿色的生活习惯；通过宣传和教育，提高公众的节能意识，推动个人和组织采取行动，共同实现节能减排目标，并形成更可持续和环保的社会文化；通过多渠道融合运营上线，联合网上国网App、国网浙江电力微信公众号、国网浙江电力支付宝生活号，进一步提升线上渠道"互联网+"服务水平，增强用户对平台的黏性与传播认同度，实现电子渠道的全方位推广。

项目策划

1.项目洞察

社会意识的提升：社会大众节能减排和可持续发展的意识逐渐提高，节能降耗在全社会层面获得共识。

电力企业责任：作为能源供应商，营造节约用电的良好社会氛围，做好供电服务，进一步提升广大用户的电力获得感和服务满意度，是电力企业的责任担当。

2.项目策略

结合特色IP"浙江电力粉丝狂欢季"策划创新节能降耗主题活动，以"零碳电能"作为活动核心线索，贯穿活动始终，通过低碳问答、低碳IP互动游戏、电力业务办理等形式面向浙江电力用户，倡导低碳生产生活方式，促进绿色低碳循环发展，营造全社会节能减碳氛围，引领社会消费绿色电力，扎实推进节能降耗目标达成。

以趣味、轻松的形式引导用户参与活动、停留活动、分享活动，活动中设置了丰富多元的低碳任务，如线上办电、线上交费等，用户可通过完成低碳任务、参与低碳问答、参与低碳主题游戏等获取"零碳电能"，消耗"零碳电能"即可兑换奖励或参与幸运抽奖。

联合线上线下多渠道开展宣传。线上探索抖音直播，利用抖音等短视频渠道发布系列主题视频，实现活动信息快速传播；线下筛选高质量媒体全覆盖式投放，选择浙江多地的热门商圈、住宅等开展线下投放，包含线下公交车身、公交站牌海报和楼宇广告视频等，充分覆盖电力用户生活圈，吸引用户关注并参与活动，有效引流。同时，活动以"绿色、低碳"为核心，与"享道出行"新能源出行服务开展品牌合作，制定"绿色用电、低碳出行"营销宣传策略，实现从内到外全域化低碳节能传播。

项目执行

1.明确活动需求（9月）

结合电力业务和社会主流热点讨论分析，明确方案实施方向，完成活动方案策划，根据方案完成活动交互设计，推进活动开发。

2.工作实施方案（11月）

网上国网App、国网浙江电力微信公众号、国网浙江电力支付宝生活号同步上线活动，用户参与低碳活动任务可获得"零碳电能"，消耗"零碳电能"可兑换活动奖品。

3.媒体投放方案（11月）

根据活动上线计划，通过社群、抖音等媒体渠道投放信息流广告。

4.成效分析总结（12月）

全阶段跟踪活动数据变化，活动结束后统计活动数据，组织成效总结分析。

项目评估

1.项目效果

第三届浙江电力粉丝狂欢季活动融合了以网上国网为主体的多渠道账户、行为、权益等数据，实现了"一个账号，全网通用"的同质化参与体验。通过抖音短视频、抖音直播等形式构筑传播矩阵。活动共吸引41.16万用户参与，促使浙江网上国网用户活跃环比增长222.9%，交费环比提升35.43%，宣传成效显著。

2.项目亮点

（1）首次尝试阶段系列活动模式，本次活动中首次采用预热与主体活动相互衔接的方式进行，以"天天红包雨"预热本次粉丝狂欢季活动，为主体活动"我们的绿电时代"导流并培养活动中用户的忠诚度，让用户在活动中留存时间更久。又以前后活动的同链接无缝切换，让用户进入主体活动时更加顺畅、更加自然，有效减少用户流失，为主体活动增加用户量与宣传口碑。通过线上自有渠道（微信公众号、支付宝生活号、抖音短视频账号）、第三方媒体（今日头条、朋友圈信息流广告、抖音信息流广告、小红书等），线下电力营业厅、内部员工推广、高流量公交线路、地铁灯箱、社区电梯等进行多元活动推广，提升活动宣传成效，实现目标用户精准覆盖。

（2）引导用户长周期活跃。通过活动设计，引导用户每天参与活动。活动中，每天登录赠送翻倍卡，可以有效吸引用户每天进入活动领取，以获得更多的"零碳电能"；用户每天登录可以参与"碳度测试站"答题活动，可以获得"零碳电能"，用户持续登录，保持活跃度。

（3）拓宽用户渠道，抖音短视频、抖音直播联袂宣传。本次活动通过拍摄抖音短视频进行活动全程宣传，让更多用户进入粉丝狂欢季。组织开展"第三届浙江电力粉丝狂欢季—我们的绿电时代"线上直播活动，在介绍第三届浙江电力粉丝狂欢季的同时，着重介绍了网上国网App、会员中心、公益活动等项目。

亲历者说 **徐家宁** **国网浙江营销服务中心渠道运营室主管**

随着市场和时代的变迁，传统电力企业一直在探索"电力＋互联网"，我们自2020年起便创新性地打造了"浙江电力粉丝狂欢季"特色活动IP，希望在给用户带来电费福利的同时满足用户对于趣味活动形式的需求。

案例点评

点评专家：朱瞻宇 **励尚公关中国区总经理、亚太区合伙人**

为达到绿色发展目标，电力公司要走在前面。电力系统联系着千家万户。国网浙江营销服务中心的网上营销，树立起企业绿色、可持续发展的形象。在业务上，通过形式多样的活动和返利，吸引更多的消费者使用线上功能，激活了电网数字化的服务需求，值得称赞。

ETC助手 × 叮咚买菜"出行蔬适区"跨界案例

执行时间：2023年6月5日—6月24日

企业名称：安徽高灯微行科技有限公司（简称高灯科技）

品牌名称：ETC助手

获奖类别：2023金旗奖最具公众影响力数字营销活动金奖

项目概述

1. 项目背景

ETC助手是高灯科技基于腾讯生态开放能力推出的全国首个实现"ETC线上申办—绑定微信支付—通行后免密扣款—下发行程单及电子发票"闭环的产品，致力于为用户提供便捷、安全、节省的出行体验，用户可以在线申办ETC，享受先通行后（微信）扣款、开电子发票等便捷服务。

作为一个智能出行平台，ETC助手拥有先进技术和优质服务的优势，但在整个ETC市场尚未形成品牌认知，使用率和用户忠诚度都不高，用户对ETC助手缺乏信任和关注。ETC助手急需寻找新的增长点和突破口，打造专业、权威、有辨识度的品牌形象，在众多竞争对手中脱颖而出。

2. 项目目标

（1）品牌影响力提升：通过异业跨界联合，打破圈层壁垒，实现品牌破圈和话题传播，打造有温度、有趣味的品牌形象。

（2）新品推广：通过创意主题传播，在车展这一强关联场景推广ETC彩色系列产品。

3. 项目简述

6月16日—6月24日，粤港澳大湾区车展在深圳举办，ETC助手携手叮咚买菜于车展现场，以"出行蔬适区"为主题，开设联名创意展位，线上线下联合传播。

项目策划

1. 项目洞察

从Prada × 上海乌中市集的线下菜市场，到薛兆丰在菜市场谈经济学，近年来，菜市场逐渐成为年轻人的社交平台，也成为品牌的传播平台，用接地气的菜市场搭配生活化场景，成为品牌传递自身温度与理念的有效做法。

2. 内容创意

（1）以"出行蔬适区"为主题，重点展示ETC助手与叮咚买菜在出行、生鲜电商领域为用户带来的"更快、更舒心"服务体验。

（2）在车展现场，展位内摆放了各种新鲜蔬果，营造出一种清新自然的氛围。展位外部则展示了ETC助手的两款产品——添彩系列和第三代隐藏款产品，形成了一个类似于菜市场的场景，吸引了大量的观众和媒体的驻足和关注。

此外，展位现场还设计了多种线上线下的全方位互动形式（联名菜市场、买ETC送同款蔬果、截图挑战和打卡有礼等），让大家可以通过扫码、拍照、在社交媒体打卡并@ETC助手官方账号等方式，参与到品牌故事中，不仅让用户在视觉上和感官上有新的体验，也激发了大家对于ETC助手品牌的情感认同和信任。

（3）ETC助手×叮咚买菜官宣合作并发起互动游戏，号召用户在0.6秒内完成截图挑战，体现ETC助手新产品0.6秒无感抬杆的功能优势，通过趣味游戏激发用户二次裂变传播。

3. 媒介策略

（1）以小红书为核心媒介平台，开展种草与互动，邀请央视网、《南方日报》、《21世纪经济报道》等核心媒体提升活动整体影响力。

（2）ETC助手×叮咚买菜官宣合作，分阶段发布活动物料，引发用户讨论。

（3）落地中央广播电视总台、人民网、凤凰网、新浪网等60家媒体，中央广播电视总台现场专访报道，播放量近50万次。

（4）小红书超20位达人探展种草，超50位素人打卡分享，在种草平台建立ETC助手品牌认知与口碑。

项目执行

项目筹备期2周，活动期不到2周，执行排期如下。

项目评估

1. 受众及市场反应

自6月13日正式官宣后，10天的时间，吸引了线上线下超过200万人次的参观和体验，在全平台的曝光量超过500万次；线下的展会活动获得了中央广播电视总台的专访报道（播放量超50万次）及人民网、新浪网、《南方日报》、深圳新闻网、凤凰网等60家权威媒体的报道和评价；在社交媒体上，"出行蔬适区"的话题阅读量超过50万次，多位KOL探展种草，上千人在小红书及其他社交平台发布内容、参与活动；建立大量新车主、准车主对ETC助手的品牌认知及好感，ETC助手私域平台增粉超1600人，有效培育了潜在用户。

	筹备期		活动期
	第1周	第2周	第3、4周
车展设计搭建	• 6月5日，完成选位 • 6月9日，展位设计定稿	• 6月13日，报馆 • 6月14日—6月15日，入场搭建	• 6月24日，撤展
线下物料筹备	• 6月7日，活动礼品清单确认 • 6月8日，宣传单页及活动立牌内容确认	• 6月12日，宣传单页及活动立牌设计定稿 • 6月13日—6月15日，宣传单页制作及运输、活动礼品运输	/
线上物料筹备	• 6月9日，预热海报定稿	• 6月12日，互动海报定稿 • 6月14日，活动海报定稿	• 6月16日，现场视频定稿 • 6月17日—6月21日，打卡种草及活动攻略图文笔记持续输出
媒介资源合作	• 6月9日，确定电视台媒体清单	• 6月13日，完成达人选号	• 6月16日，电视台采访 • 6月17日—6月21日，达人内容持续输出
叮咚买菜	• 6月6日，确认是否合作 • 6月7日，提供宣传单页内容、确认展位互动形式 • 6月9日，确认可提供的产品清单	• 宣传物料确认 • 6月13日，发布预热海报 • 6月14日，发布互动海报 • 6月14日，产品到达展区	• 6月16日，发布活动海报 • 6月17日，发布活动视频 • 6月20日，第二批产品送达

项目筹备期与活动期执行排期表

2. 项目价值

在品牌层面，打破ETC行业内部的同质化竞争，突出ETC助手在智能出行领域的专业性、权威性、创新性等差异化优势。

在用户层面，扩大了ETC助手的目标用户群体，吸引了更多潜在用户群体，提升了ETC助手的品牌认知度、使用率和忠诚度。

在传播层面，利用车展的高人气和高曝光度，通过线上线下相结合的形式，吸引了媒体和社交平台的广泛关注，增加了ETC助手的品牌影响力。

亲历者说 赵莹　高灯科技副总裁

此次与叮咚买菜的跨界联合，源于双方对用户需求和市场变化的敏锐洞察和超前布局；在车展上造一个菜市场，更是对两个品牌认知的革新和突破。这也是ETC行业首次尝试跨界联合，不仅彰显了ETC助手在智能出行领域的专业性和权威性，还给整个ETC行业提供了更大的想象空间。

案例点评

点评专家：张蕾　拜耳大中华区传播副总裁

　　跨界品牌联名已经成为品牌传播的一个常用手段，跨界方式也越来越差异化与多样化。自奢侈品牵手线下菜市场以来，充满烟火气的菜市场逐渐成为年轻人的社交场所。在车展现场营造出迷你菜市场场景的视觉反差，本身就足以吸引公众打卡并自发开展线上传播。ETC助手与叮咚买菜的联合，更强调"快"与温暖的生活体验。

　　现场活动中要求在0.6秒内完成的"截图挑战"，使ETC助手新产品"0.6秒无感抬杆"的优势具象化，激发裂变传播，形成线上线下传播合力。出行舒（蔬）适区的谐音梗，也便于社交化互动与口口相传。项目传播节奏始于品牌官方发布，继以媒体扩散，辅以KOL探展种草，叠加公众在小红书等社交媒体平台发酵，取得了广泛的全平台曝光效果，建立了目标受众对ETC助手的品牌认知度及好感，培育了潜在用户。

植选豆奶新品上市及CNY^①数字营销项目

执行时间：2022年12月20日—2023年1月22日
企业名称：内蒙古伊利实业集团股份有限公司
品牌名称：植选豆奶
代理公司：内蒙古众拓营销管理有限公司
获奖类别：2023金旗奖最具公众影响力数字营销活动金奖

项目概述

　　植选豆奶新品于2022年年底上市，为配合这次全新的产品升级，植选拟携手人民网及央视网选、四川观察，通过深度洞察年度女性力量话题人物的生活场景进行视频营销背书，充分利用新年伊始目标人群的早餐生活习惯，打造"新年第一餐"内容营销，抢占新年伊始生意高峰，对植选豆奶新品上市进行市场占位，输出新品产品力，促进购买，最终提升伊利在节日期间的活跃度、曝光度，扩大品牌传播声量，强化CNY期间消费者对伊利的品牌认知，促进消费持续转化。

　　在品牌层面，更新植选豆奶在行业内全新营养实惠高品质的定位。将植选豆奶进一步与早餐场景强关联，强势占位早餐场景，打造植选豆奶在消费者心中营养早餐的品牌形象。借势权威媒体及女性力量话题人群，强化植选豆奶在目标消费人群心中的品牌认知，形成情感共鸣，提升目标人群对植选的品牌认同感。

项目策划

1.项目目标

　　通过话题人群将植选豆奶与营养早餐场景紧密连接，助推植选豆奶2.0新品元旦上市；情感营销，吸引目标人群注意，提高其对植选豆奶的认同感，扩大品牌声量；年货节直播带货，给公众打造植选豆奶与春节赠礼强关联的认知，提高CNY期间植选产品整体销量，以公益活动为品牌做春节美誉度背书，提升品牌认可度。

---

① CNY为中国新年。

2. 传播策略

与人民网深度合作，在新年之际，以权威媒体发声、背书的方式，携手各行业女性力量代表人物，拍摄"新年第一餐"暖心创意视频，强调"关心家人关心自己从新年第一餐开始"。与四川观察联手共创线下公益活动，把CNY场景和早餐场景相结合，更深层次关联更多话题人物，为新品公益背书，体现品牌关怀，提升品牌美誉度。"强内容"情感营销，使植选豆奶与营养早餐强关联，在四川观察年货节和相关带货直播间输出植选豆奶新品的产品力，引发消费者情感共鸣，吸引消费者注意。

3. 媒介策略

（1）整合资源，借助人民网，邀约社会各界女性力量话题代表人物，拍摄情感向视频，在人民网官方社交媒体平台及其他外围媒体矩阵广泛传播，向用户传递"关心家人关心自己从新年第一餐开始"的价值主张，吸引用户关注。

（2）协同四川观察打造年货节，借助抖音平台快速、便捷传播的优势，提高新品上市声量；与四川观察进行公益共创，以温暖早餐的领取站为话题，设置新品豆奶热饮专属保温柜，供环卫工、快递员等职业人群免费领取，由四川观察围绕公益活动拍摄纪录片，强化活动公益属性，提升企业形象，加强产品宣传力度。

（3）以年货节为契机，在四川观察年货节直播间强化年货送礼就送植选豆奶的认知。

4. 内容方向与规划

（1）年度话题人物背书：通过植选豆奶与人民网携手话题人物打造"新年第一餐"情感视频，在2023年1月1日上线，推出"关心家人关心自己从新年第一餐开始"的价值主张，占位早餐场景，用各界女性力量的代表人物关心家人关心自己的场景引发目标人群的情感共鸣。

（2）渠道联动：人民网、中国女篮、植选豆奶联合发力，人民网微信公众号发文、视频号首发视频，在微博平台由中国女篮接棒线上造势，强化新品推荐，线上线下同时曝光，助力销量转化。

（3）年货节直播与公益纪录片发布：参与四川观察年货节直播，借助平台短、平、快传播优势，迅速提升新品知名度；与四川观察针对公益项目拍摄纪录片并通过抖音宣发，强化新品宣发力度。

项目执行

1. 公历新年期间

以5个不同职业话题人物新年第一餐的豆奶搭配，强化植选早餐场景，强调"关心家人关心自己从关注新年第一餐开始"，传递新品产品力。早餐、新年场景产品力视频多平台投放；"新年第一餐"相关视频上线，植选微信公众号发布文章；女篮植选豆奶新品人民网宣传上线；人民网微信公众号发布文章，5张人物海报同步上线。

2. CNY期间

携手四川观察，加入四川观察年货节直播间，通过四川观察的网红属性增强曝光，关联产品与春节赠礼场景，助力新品销售，落地公益活动，提高品牌美誉度。

项目评估

话题人物视频《新年第一餐》，视频全平台总播放量超700万次，视频全平台总互动量超3万次；早餐、新年系列产品力视频，全平台总播放量超30万次；人民网广告总曝光量1082.6万次；人民网新年第一餐推文阅读量超10万次；四川观察年货节直播总观看量46.1万次，四川观察公益活动视频全平台播放量130万次，获得众多好评。

亲历者说 吴明月　内蒙古众拓营销管理有限公司客户经理

该项目为植选豆奶2.0上市的第一场大节点营销，为在元旦第一个节点让新品在市场中站稳脚跟，团队深刻洞察产品的使用场景，结合产品卖点，在无数个场景选择了新年第一天的第一餐——早餐场景作为创意点；经过多次对比，为整合最强的传播曝光资源，选择联合人民网与四川观察，让产品在不同渠道触达多个类型受众人群；为让传播内容更丰富，我们增大物料传播密度，在短期传播内集中抢占消费者心智，顺利占据早餐市场。

案例点评

点评专家：董天策　重庆大学数字媒体与传播研究院主任、教授、博导，重庆市学术技术带头人

豆奶饮品，早已是细分市场，竞争激烈。植选豆奶新品上市及CNY数字营销项目精心策划，统筹推进，取得可喜传播成效。综观整个项目，发现其具有以下几个鲜明特点。一是生活场景适配，特色突出。"新年第一餐"把春节场景和早餐场景相结合，使植选豆奶与营养早餐强关联，对植选豆奶新品上市进行市场占位。二是媒介形态多样，传播立体。创意视频、微信推文、年度话题人物背书、人物海报、年货节带货直播、公益纪录片发布、线下公益活动，各有侧重，相互补充。三是整合营销传播，循序渐进。从新年期间携手人民网，到春节期间与四川观察开展年货节直播与线下公益，前后相续，井然有序，尽力把传播声誉变成营销业绩。

GOLDEN
FLAG
AWARD
金旗奖
—
品 牌 向 上

2023
—
金旗奖最具公众影响力
内容营销金奖

保丽净 重燃 · 精彩人生再前行

执行时间： 2022年10月4日—11月30日
企业名称： 赫力昂（中国）有限公司
品牌名称： 保丽净
代理公司： 淳博（上海）文化传播股份有限公司
获奖类别： 2023金旗奖最具公众影响力内容营销金奖

项目概述

在中国，假牙清洁品类因普及有限且无法精准有效地触达中老年群体，品牌乃至品类无法真正走入中老年受众群体。自2020年保丽净便开始从产品功效及情感认知两方面入手，通过产品功效普及、用户情感共鸣来创造与受众更多的沟通机会，提升受众对假牙清洁整体品类的认知，并取得了一定的成果。2022年，保丽净期望借助重阳节这一时间节点，持续以情感向宣传，进一步提高中老年人乃至更多家庭成员对假牙清洁的认知度及关注度，帮助品牌建立关注及正向口碑。

项目策划

1. 传播目标

提升假牙清洁品类在中老年群体中的认知度；树立品牌在受众心目中的良好形象，呈现品牌对社会的责任感，建立口碑价值；借助有效的传播渠道及内容，帮助品牌实现内容破圈，广泛触达目标受众。

2. 消费者洞察

项目组发现随着时代的不断发展，越来越多的中老年人，开始关注自身价值，关注生活质量。社交平台中越来越多的银发人群再次为自己发声，"退休不退场，活到老学到老"已经不是单一的口号，现代老年人正走向"年轻化"。同时，中老年群体具有显著的人群特征。

（1）尝试新鲜事物的意愿高。

（2）具有更高的生活品质要求，关注健康细节。在大众对于大健康问题关注度持续提升的当下，更多中老年人将注意力投向健康细节所带来的生活改变，他们更愿意在自己身上做出投资。

（3）热衷于在社交平台分享知识，超九成的中老年人更偏爱短视频。2017年以来，使用娱乐应用软件的老年人比例从16.38%提升至86.39%，其中超过九成的老年人会看视频，短视频成为老年人参与社会的新形式。

（4）具有风险意识，信赖具有公信力的内容，更愿意将选择权交给具有公信力的人物、专业的平台、真实的消费体验，同时，他们更是网络时代重度分享用户。

3. 策略与方法

（1）造话题：联手权威媒体打造走心话题。定档重阳节，借势节日热点，打造银发人群相关话题，最大限度连接节日情感。

（2）引关注：结合时代热点，以短视频为载体，传递态度，引发受众关注热情。

（3）聚声量：借助社交平台及公信力账号进一步传播内容，创新热梗话题，破圈传播，在触及核心受众的同时辐射潜在受众（家庭成员），借助在社交平台的高互动、高声量，实现关注需求，为品牌树立正向传播的积极形象。

4. 内容规划

（1）携手头部媒体，建立品牌与中老年人之间的情感纽带，激发中老年人的情感需求。保丽净与《南方周末》联手，在重阳节当日推出《重燃》大片。短片从人文角度出发，围绕"中老年自信"和"中老年口腔健康"两个核心进行街头采访，展现中老年人群对于口腔健康的重视程度、科普认知、疾病防治意识，并通过生活场景展现中老年活力且自信的一面。

与此同时，结合2022年冬奥会等社会热点，以北京1979曲棍球队和上海长风管乐团两个真实的银发群体励志故事，进一步共情核心受众。

整支短片巧妙地将"假牙"作为一个切面，呈现"不老"的心态与生活方式，让传播内容在情感体验中得到升华。

（2）社交平台发起热门话题，以差异化布局打造重阳节超燃话题。社交平台借助多维度内容，触达多样化圈层，帮助传播内容进一步破圈。以差异化布局，打造#太燃了!你大爷还是你大爷#趣味话题，借助微博和微信双平台，打造重阳节超燃话题。

5. 媒介策略

（1）将微博作为浅阅读平台，用以传播话题，在重阳节当天发起热门话题，保丽净与《南方周末》首发曝光，传递精神内容；合作多个热门大V，带话题发布视频，发挥大V影响力，触达不同圈层，为全民热议创造条件；邀请多个主流媒体发声，升华主题。

（2）微信作为深阅读平台，对本次话题进行深度剖析，面向不同人群，匹配不同沟通切口，实现情感交流与深度圈粉；选择两位粉丝圈层不同的头部媒体进行爆款文章打造，媒体大号南方周末聚焦老年人群体，以真实故事为切口，鼓励精彩再前行，合作粉丝以年轻人为主且日常关注社会话题的微信大V"灼见",触动年轻人"躺平"心态,为话题续热。

项目执行

1. 突出情感价值

聚焦老年人群体,携手《南方周末》打造创意走心短片。选择一南一北、一动一静主人公:一个完成了年少时的音乐梦想,组了乐队;一个重拾了冰球运动,再次穿上冰鞋,热血而战。保丽净为所有假牙佩戴者重燃人生保驾护航。

2. 提炼情感主线

发起#燃一代叫醒躺平一代#的创意话题,跨越圈层,通过中老年群体的"燃"感染年轻群体。社交平台借助多维度内容,帮助传播内容进一步破圈,实现多圈层触达。

3. 强化社会属性

为建立不同人群的情感连接,项目选择了年轻人与老年人使用率均较高的微博和微信双平台进行内容上的差异布局。微博作为浅阅读平台,用以传播话题;微信作为深阅读平台,对本次话题进行深度剖析,面向不同人群,匹配不同沟通切口,实现情感交流与深度圈粉。

4. 巧借节日热点

在重阳节当天发声,顺应讨论点,借势节日热度,传递重燃精神内核,引发全网不同圈层对退休人群的关注。

项目评估

全网话题阅读超6500万次,较上年同期增长1498%;全网互动量超20万次,较上年同期增长165%;全网视频播放量超1270万次,较上年同期增长82%;传播期间,CPE(用户互动计费)仅为2.8元,较上年同期下降96%;CPM(千人成本)为12.7元,较上年同期下降48%。

借助重阳节和双11的契机,借助"燃一代叫醒躺平一代"关键话题,在社交平台上引发热烈讨论,不仅吸引了银发族大量关注,也引发了Z世代的关注,为电商平台带来强大的流量,进而促成2022年双11期间销量成倍增长。

活动期间销售额强劲增长,京东230万元,较上年同期增长94%,较日常增长145%;天猫220万元,较上年同期增长18%,较日常增长368%。保丽净在京东及天猫品类排名中均为第1位。

共创内容《重燃》,于12月9日在2022年《南方周末》年度盛典上斩获年度最佳内容营销奖。

《重燃》得到中老年群体的大量关注及转发，传播话题在社交媒体得到大量年轻用户的关注及讨论，差异性话题成功破圈，获得积极关注。更有年轻网友表示"会带爸妈去旅行、做体检、尝美食，却从来没关注到假牙护理这一实用的需求"。

亲历者说 袁琼　淳博（上海）传播有限公司客户总监

选择重阳节发声是希望传递品牌关注老年群体的内核，也希望可以建立与年轻人的交流桥梁，在话题的筛选上挖掘了老年人现状及年轻人心态，创造性地发起了#燃一代叫醒躺平一代#话题，收到了很多正向反馈。

洞察阶段，我们向身边的老人了解了更多他们的精神世界。借势冬奥会的运动热点，找到了我们核心视频《重燃》中的主人公，他们昂扬的精神与品牌传递内核完美契合，使传播后获得了更多老人的共情，内容进一步扩散。

案例点评

点评专家：张文涛　万卓睿桥企业传播总经理、北京办公室总经理

针对保丽净在特定细分领域拥有独特的优势，持续开展品类教育、提升品牌影响力是保丽净长期坚持的要务。这个案例全面有效地实现了目标。首先，受众定位清晰，洞察精准，准确理解银发群体拥有年轻心态并心怀梦想不懈追求的状态，时刻以这样的洞察力开展传播。其次，故事切入点非常抓人，以视频为核心的故事讲述快速与更广泛的受众产生共鸣，展示了中老年人生活中的自信和勇敢，又不留痕迹地强调了口腔健康的重要性，提升了科普认知。最后，全平台的传播手段保证了充足信息触达，并且很好地把握相关节点，形成了很好的传播节奏。整个案例从策划到执行、从创意到成果都是值得从业者学习的典范。

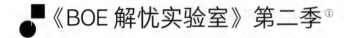

《BOE 解忧实验室》第二季①

执行时间：2023年3月1日—8月1日
企业名称：京东方科技集团股份有限公司
品牌名称：京东方
获奖类别：2023金旗奖最具公众影响力内容营销金奖

项目概述

BOE（京东方）作为一家半导体显示产业领导者和全球领先的物联网创新企业，多年来深耕半导体显示领域，并将显示领域的技术赋能物联网领域千行百业。但在消费者群体中，京东方所处的科技行业及其自身的技术基础，在面向大众进行宣传时，往往存在着与消费者生活距离远、理解门槛高等问题，企业在大众端仍存在缺乏认知度与记忆点的情况。《BOE 解忧实验室》第一季节目的播出，通过趣味性游戏、实景体验和互动实验等环节，大大降低了消费者对于京东方原本"高冷"的技术认知门槛，为广大观众提供了一个零距离了解高精尖潮流"黑科技"的崭新窗口。2023年，希望立足消费者通过节目对京东方形成的科技企业认知，进一步走进生活、走进产品、走进使用中的痛点，以更近距离的方式对于技术科普+综艺的形式进行一次升级，持续为广大观众呈现一场兼具科学普及意义和娱乐属性的科技盛宴。

项目策划

1.项目洞察

B2B科技领域的产品、科技技术十分专业，对普通公众来说往往十分晦涩难懂，且因B2B的多数核心技术产品并不直接面向C端用户，以往的传播中更多的是在本行业内的小众圈层引发关注，较难形成自发的、破圈的大众广泛传播。

将科技属性的内容与时兴的综艺形式相结合，既可以将技术变得"通俗易懂"，进一步提升京东方的技术认知度，也可以拉近与消费者尤其是年轻群体距离，塑造一个有温度、有人文关怀、年轻化的京东方。

---

① 本文中所涉及的视频及照片，京东方科技集团股份有限公司均已得到被拍摄者的使用许可。

《BOE解忧实验室》第二季

2.项目创意

首先，在节目主题上，由聚焦领先技术转变为聚焦应用场景，节目嘉宾引入观众的生活痛点，让高深的科技更有温度，更贴近人心。节目从文化教育、旅行交通、电竞娱乐、运动健康、办公职场、未来生活等日常生活的各类需求及科技难题切入，将京东方超高清和超高刷新率显示、UB Cell、可双向折叠的柔性显示等炫酷科技新品，以及高频PWM调光、3D眼球追踪、具备轻薄机身的VR显示、防蓝光和全反射显示等领先的"黑科技"——生动拆解。节目主题的突出转变，其背后正是京东方坚持以科技创新"用心改变生活"品牌使命的深刻体现。

其次，在内容设置上，《BOE解忧实验室》第二季从大众日常生活的需求和痛点切入寻找节目主题，并根据主题在每期节目的开篇和结尾设置小剧场环节，通过情景演绎把观众更好地带入节目之中。节目组紧贴主题和产品设置了丰富有趣的互动游戏、实景体验和实验环节，大大降低了技术的认知门槛，让节目的互动性、趣味性、可看度再度提升。

最后，在嘉宾构成上，邀请明星艺人、技术专家、科技爱好者等不同圈层的嘉宾与观众参与节目录制，从不同视角多维度解构领先技术，探秘科技为生活带来的创新改变与美好价值。节目中，明星作为跟消费者在生活中有亟待解决的痛点，京东方呈现出更好的解决方案，同时也借助明星嘉宾为节目带来笑料同时创造了极高的话题热度。

在嘉宾方面值得关注的是，除来自京东方的技术专家外，本季节目更有联想、雷神、理想汽车、中国国家击剑队等京东方合作伙伴参与节目录制，这一突出变化，正是京东方近年来通过"屏之物联"发展战略携手各领域合作伙伴积极构建协同创新产业生态的深刻体现，也喻示着京东方"Powered by BOE"的产业生态"朋友圈"正在日益扩大。

3. 传播策略

《BOE解忧实验室》第二季节目在播出渠道上，覆盖电视至移动端各大平台，从@京东方BOE官方新媒体首发，北京广播电视台财经频道、央视频App（央视旗下视频平台）、优酷、Bilibili、微博等平台同步播出，通过多方位播出方式触达更广泛的消费者人群。

节目宣发上，开设综艺节目官方（@BOE解忧实验室）微博账号、抖音账号为品牌与节目双向引流，并借助明星艺人的流量与良性互动形成话题热度。同时，配合以传统媒体与KOL等新媒体进行同步预热及宣发，有效打开节目话题讨论度，提升节目传播力和影响力，从而实现多层次、有节奏的破圈层传播。

项目执行

2023年3月开始进行项目整体的方案策划，根据BOE的核心技术优势选择技术科普的主题方向，推进节目创意内容的制作，制定拍摄排期和传播排期，整体项目组的成员分工；4月参观并确认拍摄场地，确认参与拍摄艺人并协调档期，同步推进录制现场的舞美设计和道具准备，5月8日至5月12日，正式开始了为期五天的综艺拍摄，并完成了节目全部内容的录制。随后进入了节目内容制作、包装的环节，同时在公司内完成了高管预热视频的拍摄。7月10日，京东方官方新媒体平台首发微综艺预告海报及预告短片，自此开始了为期一个月的集中传播和宣发。

项目评估

1. 效果综述

2023年7月12日至28日，京东方自制的首档技术科普综艺节目《BOE解忧实验室》第二季在京东方官方新媒体平台及央视频App、北京广播电视台财经频道、优酷、芒果TV等各大平台火热播出，创下全网2.57亿曝光量新纪录，较第一季同比增长77%。其中，#BOE解忧实验室# 微博话题阅读量超1.9亿次，衍生微博子话题#张紫宁玩游戏上头的瞬间像极了我#上榜微博视频热搜榜第10位，话题阅读量1.1亿次，在社交媒体、品牌客户、消费者等方面均收获了极高关注和好评，为国内科技企业创新营销和跨界破圈树立了全新标杆和创新典范。

2. 市场反应

《BOE解忧实验室》第二季获新华网、《中国新闻周刊》等媒体报道全网传播量589篇，获得市场的极大欢迎和关注。此外，《BOE解忧实验室》第二季邀请到联想、理想汽车、雷神等终端消费品共同参与节目录制及传播，从消费市场也收获了广泛好评。

《21世纪经济报道》：《BOE解忧实验室》第二季这档硬核科普综艺中折射的，正是京东方这家已创立三十年的科技企业的技术实力和产业生态的延展路径。

《每日经济新闻》：这档国内科技企业的首个综艺节目通过引入趣味性游戏、实景体验和互动实验等环节降低"高冷"技术认知门槛，再次引爆科技圈，借创新营销丰富民众科技文化生活，成为科技型企业破圈营销新典范。

亲历者说 张贺 京东方科技集团股份有限公司 融媒体中心中心长

《BOE解忧实验室》第二季在延续第一季主体风格的基础上，在内容设置、嘉宾阵容、分发渠道等方面全面焕新升级，通过新的洞察让节目的知识性、趣味性和互动性再度提升。我们不再单纯讲自己的技术，而是从教育、旅行、电竞、运动、职场等人们日常生活的各类需求痛点及科技难题切入，传递京东方构建的"屏之物联"生态，给屏集成更多功能、衍生更多形态、植入更多场景，也彰显京东方"用心改变生活"的品牌使命，让各界大众与消费者更加明显地感受到京东方的年轻化、活力度与温度感。

案例点评

点评专家：来向武 西北大学新闻传播学院副院长、教授、博士生导师

《BOE解忧实验室》第二季的全网曝光量较第一季增长77%，让我们看到了以综艺方式传播硬科技内容有着越来越突出的效果，这样的营销方式具有更高的创新示范价值。

解析这一案例的成功之处，执行团队突破了多个高难度系数的关键点：首先是找准人们日常生活的需求痛点及科技难题切入点；其次是将科技通过各种跨界人物有效、通俗易懂地表现出来；最后是保证内容的趣味性和吸引力。

还有，与综艺相匹配的社交媒体的整合传播，也是本案例成功的关键点。在这一点上，未来的第三季、第四季还可以有更进一步的拓展。

金典呼伦贝尔植物基盖包装种草公益营销

执行时间：2023年3月10日—8月15日
企业名称：内蒙古伊利实业集团股份有限公司
品牌名称：伊利金典
代理公司：飞扬博远（北京）公关顾问有限公司
获奖类别：2023金旗奖最具公众影响力内容营销金奖

项目概述

伊利金典联合世界自然基金会、中国绿化基金会、腾讯QQ发起了"金典种草节"项目。一方面，金典呼伦贝尔植物基盖环保包装，以可再生的材料获得减碳认证，践行绿色、低碳的发展路径；另一方面，向呼伦贝尔荒漠化土地捐赠10万元，助力"一平米草原保护计划"，为生态建设出一份力。

基于此，项目组以金典在产品上种草（植物基盖子）、在地球上种草（品牌修复草原公益）、在生活中种草（用户有机生活践行）为内容核心，将更具品牌属性的"金典种草节"升级为更具社会公益属性的"中国有机种草节"，落地线下公益论坛，以公益事实为原点，以植物基盖相关行动，强化金典在可持续发展及乡村振兴领域的引领地位，从而使金典成为乳品行业第一个拥有公益节日的品牌。

项目策划

1.项目洞察

春季是富有生机的时节。对品牌来说，公益是使命，是低碳生活理念的延伸；从社会层面来看，该项目紧随国家环境保护可持续发展核心，传递品牌理念。

2.营销策略

多维度深化"低碳、可再生"公益理念。"抢占"先机，节点提前、强势宣传；"资源"跨界，多重加码、全域覆盖；"内容"深化，公益印象、新品互融；"创意"加码，聚焦公益事件、赋能品效。

3.核心动作

以金典在产品上种草（植物基盖子）、在地球上种草（品牌修复草原公益）、在生活中种草（用户有机生活践行），将相关公益事实契合金典限定呼伦贝尔有机奶"造节一种草一占位"三向策略输出，进行立体化传播。

4.核心创意

将品牌属性较强的"金典种草节"升级为更具社会公益属性的"中国有机种草节"，联合腾讯QQ发起全网种草公益行为，打破产品与数字端的壁垒。

联合中国绿化基金会等落地线下公益论坛，以公益事实为原点，强化金典在可持续发展及乡村振兴领域的引领地位，并通过三向策略输出，使金典成为乳品行业第一个拥有公益节日的品牌。

（1）从公益环保角度出发进行线上传播，引发用户关注。

代言人李宇春录制ID，线上发布，提升话题流量，呼吁网友参与种草节，邀请网友和金典一起"长草"。

创意H5上线，延续环保概念，传递品牌关爱自然的态度。宣传话题，整合产品露出，带动终端销量创新高。

（2）线下举行"中国有机种草节"发布会，联合多家机构夯实公益节点。

官宣"中国有机种草节"，落定公益节日线下直播事实。

世界自然基金会、中国绿化基金会等重磅嘉宾出席现场，增加企业公益信服力。

5.媒介策略

借势品牌自有大资源，与腾讯QQ强联合，形成广覆盖、高互动、高曝光的社交合作。利用社交媒体营销，积极推广传播。主要传播渠道为微博、微信。

项目执行

金典呼伦贝尔植物基盖包装种草公益营销是一个围绕植树节热点，以金典节能减排为指导，进行公益规划和传播的项目。

2023年3月10日，金典×腾讯QQ推出互动H5。金典品牌代言人李宇春ID视频发布，预热种草节。#中国有机种草节#微博话题传播。

加上前期筹备，项目历时约5个月，其间借力丰富的线上线下资源强势曝光，同时积累品牌美誉度，让品牌实现可持续增长。

项目评估

项目整体效果超出预期，线上传播共覆盖1.2亿人次。通过线上互动及消费者评论观察，消费者呈正向评论和认可趋势，品牌美誉度和好感度有所提升。

3月10日微博双话题#中国有机种草节##金典的瓶盖换甘蔗做了#总阅读量达1.2亿次，讨论量近3万人次，整体微博话题投放执行CPM5.6；QQ闪屏于10日投放H5，较同期闪屏平均点击率超出140%；数百家网络媒体针对该公益事件进行报道，媒体曝光量超1000万次；微博增粉超1万人，微信增粉超1万人；关键词"金典"百度搜索指数提升至3000，增长超600%。

项目亮点

借势伊利自有资源，提升费效产出比，强化曝光，吸引目标受众，提升品牌美誉度。通过品牌代言人李宇春录制ID并线上发布提升话题流量，达到了几乎零成本高回报的传播效果，显著提升消费者认知，引流互动。

邀请具有权威性的背书资源，提高品牌信服力。在"中国有机种草节"成立当天，联合多方权威资源（世界自然基金会、中国绿化基金会）进行节日背书，并向中国绿化基金会"一平米草原保护计划"项目捐赠10万元，用于内蒙古地区草原生态保护，高权威性的背书增加了公益项目基品牌的信服力。

通过具有公信力的认证平台辅助传播，夯实企业公益公信力。"中国有机种草节"在百度百科词条创建成功，这使金典成为乳品行业第一个拥有公益节日的品牌；《人民日报》及内蒙古电视台相继进行权威性报道，进一步夯实公益公信力。

亲历者说 陈宁 飞扬博远（北京）公关顾问有限公司客户总监

应客户需求，本次营销需以周边为差异化赛道，通过强曝光、强互动诠释金典"有机生活方式"，提升品牌美誉度，实现品效合一。公司团队以品牌理念为支点，分析热点趋势，洞察消费者场景和心理诉求，结合不同营销节点，融入"自然环保""艺术文化""家人关爱"等内容，展开周边规划和思考。头脑风暴、反复打磨、快速推进每一个创意环节是每一个品牌周边项目必经的过程。品牌周边在传达品牌文化的同时，可以为品牌做更多丰富化积累。我们希望每一个周边都能够精准触达消费者内心需求，与消费者有效互动，不断提升消费者关注度，与消费者建立亲密联系。提升品牌美誉度及品牌价值感知，助力产品售卖，实现品效合一。

案例点评

点评专家：王薇 蓝色光标集团副总裁，蓝标智库总裁

ESG可持续发展是2023年企业营销传播的新视角，伊利作为中国乳业领先企业，以及ESG环境强关联的有机农业示范企业，被社会广泛关注。打造社会属性的

"中国有机种草节"，将话题提升到社会高度，流量大咖助力发声，邀请消费者种草、长草，与企业产品互动链接，取得了好的产品营销效果；邀请ESG专业机构背书，在更高维度上触达社会话题，推动全社会关注，树立良好企业形象，取得好的品牌营销效果；领先企业引领绿色话题，践行绿色先行企业，推动更大范围的环境关注，实现营销及社会意义上的双赢。

▪ 来伊份2023新年整合营销

执行时间：2022年12月21日—2023年2月10日
企业名称：上海来伊份股份有限公司
品牌名称：来伊份
代理公司：北京沃姆互动行销策划有限公司
获奖类别：2023金旗奖最具公众影响力内容营销金奖

项目概述

作为重要传统节日，新年是来伊份的核心节礼营销档期。每年来伊份都会主要围绕坚果品类打造年货创意礼盒产品，2022年12月21日至2023年2月10日，**来伊份**针对品牌存量人群和新客人群进行整合营销传播，最终提升品牌在新年档期的声量曝光，达到流量转为销量的目标。

项目策划

基于春节营销节点，找到"新鲜"与"中国年"的关联，创造更大的价值感知，关联春节核心场景，打造过年吃来伊份的认知联想，洞察2023春节新鲜点，让来伊份新年营销更有温度、更有体感，利用新春礼盒快速抢占2023年春节年货市场。

项目组洞察到来伊份品牌的年货消费群体正在向年轻一代靠拢，年轻人正在接过年货采买权。因此，此次营销的主要目标受众为年轻人，同时制定营销策略吸引目标客户：聚焦品牌与明星，利用粉丝力量，助力品牌传播；借代言人自身热梗，创建趣味话题，带动产品销售；将代言人粉丝转化到来伊份自有流量池；借助代言人流量强势引流私域直播。

基于年轻人消费群体，来伊份CNY年货节将代言人选择目光聚焦到年轻、拥有活力的高流量偶像艺人身上，目的在于在营销期间进行创意话题传播、趣味物料设计、主题海报户外媒体投放、代言人直播互动等，有效利用粉丝经济激发协同效应，最终选定青年演员范丞丞作为来伊份品牌CNY期间代言人。传播主题延续"新鲜中国年"大主题，结合用户诉求，进行主题演绎。为年轻人群提供新鲜健康、好看高级、好吃美味、丰富的零食组合以及视觉体验，满足陪伴、礼赠的使用需求，让节日更具仪式感，团聚更富有温情。

代言人官宣期，在抖音制作相关话题，发布趣味视频，吸引粉丝自发互动传播。KOL创意截修壁纸，为品牌与粉丝交互作连接，引流粉丝前往来伊份官方平台观看TVC及其他官方物料，引导粉丝持续关注来伊份。制作并发布趣味物料，吸引粉丝兴趣，增加互动。

在代言人直播方面，设置产品代言人与粉丝的情感连接互动环节，深化代言人和品牌单品的关系，提升用户对品牌单品的心理感知，推动单品销售。直播间年货氛围浓厚，强化新鲜零食的品牌理念，夯实品牌年轻化人设。精准洞察粉丝心理，以符合粉丝心理的内容策划直播环节，快速提升粉丝好感度，实现粉丝对品牌、对直播的满意度。通过粉丝互动，宣传来伊份坚果及礼盒产品，让粉丝在过程中激发对品牌的好感度，将粉丝对偶像的热情转化为实在的购买力。

项目执行

情感场景的贴片广告、创意互动型的H5、"内容+话题型"带货直播，强势传递"对自己好一点，来伊份新鲜零食"品牌态度，同时，借代言人向用户传递产品使用场景，以2个传播互动主话题#来伊份代言人范丞丞##对自己好一点来伊份新鲜零食#聚焦品牌、明星，集中粉丝力量，助力品牌传播。

以多个用户及粉丝向话题#范丞丞是懂祝福的##范丞丞说2023想做个腼腆男孩#等导流产品销售池。

飞盘、帆布袋、独家定制小卡、抱枕等粉丝向周边为品牌拉新，以#小范的周记本#话题内容关联代言人，转化粉丝到品牌自有流量池，强势为私域引流。

项目评估

1.深度连接销售，专注流量变现

充分利用明星代言人的流量价值，玩转粉丝经济，充分利用销售工具，为销售赋能，实现销售闭环。

2.秉持传播敏感度，致力打造爆款内容

直播当天前置巧思内容策划，通过话题引导粉丝热议，打造现象级品牌热搜事件，助力年货节代言人直播，实力出圈。

截至2023年2月7日，代言人官宣发布平台数据总曝光量超2.92亿次，总讨论量超86.6万次；代言人直播发布平台数据总曝光量超3.4亿次，讨论量超128.1万次；微博热搜话题实时上升热点，最高排名第11位。

3.夯实品牌人设，强化品牌认知

结合品牌官微人设，发布代言人相关直播内容，借力多品牌，强化粉丝对来伊份的品牌认知，深耕行业知名度。

4. 内容为王，传播效益最大化

沟通代言人配合直播氛围效果自行发挥，在带动销量的同时，优化直播氛围及最大化粉丝对品牌的好感度。

亲历者说 李青　北京沃姆互动行销策划有限公司业务总监

作为重要传统节日，新年是来伊份核心节礼营销档期。此次传播，延续"新鲜中国年"大主题，结合春节场景下的用户诉求与品牌悦己主题"对自己好一点，来伊份新鲜零食"，进行主题演绎，为年轻人群提供新鲜健康、好看高级、好吃美味、丰富的零食组合以及视觉体验，满足其使用需求，让节日更具仪式感、团聚更富有温情。

案例点评

点评专家：吴志远　湖北省自媒体协会会长，华中师范大学自媒体研究中心主任、副教授

精准地抓住目标客群的需求，永远是品牌"吸粉""固粉"的不二法宝。对于来伊份这样的休闲零食品牌来说，更是如此。

一般而言，零食无法直击用户的痛点继而成为刚需，所以，品牌方只能在充分了解目标客群的基础上，去把握其微妙的需求。作为来伊份目标客户群体的那部分年轻人，虽然不为生计发愁，但是面临着压力。在这种情形下，他们内心在呐喊：不能指望别人，只能自己对自己好一点。

来伊份这次获得2023金旗奖最具公众影响力内容营销金奖的关键，就是对于目标客群细微心理的洞察。他们邀请范丞丞作为代言人，精心制作相关周边，当然最重要的还是产品自身好，通过各类媒介渠道，整合传播了这样一个信息：当代年轻人，我们真的懂。

麦乐鸡40周年营销活动

执行时间：2023年5月10日—6月25日

企业名称：金拱门（中国）有限公司（简称金拱门）

品牌名称：麦当劳

获奖类别：2023金旗奖最具公众影响力内容营销金奖

项目概述

2023年是麦当劳经典产品麦乐鸡诞生40周年，除了产品促销外，金拱门还推出麦乐鸡形状的俄罗斯方块游戏机，这无疑集中点燃了消费者对于麦乐鸡的热爱。但如何进一步将更多隐藏在产品背后的故事，用轻松有趣、更易懂的方式传递给年轻人，增强麦当劳全球当家产品品牌资产的同时，将经典产品与消费者的情感记忆及生活方式做深度链接，是本次营销活动需要解决的问题。

项目策划

在麦乐鸡问世40周年之际，金拱门推出了麦乐鸡造型的俄罗斯方块游戏机，麦当劳经典产品与复古趣味相结合，一经上线便引发抢购热潮。如何将更多隐藏在产品背后的故事用轻松有趣的方式传递给消费者？麦当劳给出的答案是：写书。

事实上，为迎接麦乐鸡40周年，麦当劳全球带来了一套明亮可爱的麦乐鸡相关形象设计，用潮流的视觉语言，赋予麦乐鸡更多个性和色彩。在这套视觉形象基础上，金拱门联合潮流休闲生活方式品牌Mood Like Me，共同创作并制作麦乐鸡形状的迷你书——《我，麦乐鸡》，讲述麦乐鸡的前世今生以及有趣的麦乐鸡哲学。在合作中，合作设计师了解到麦乐鸡每个形状都有自己的名字，分别为"球形"（ball）、"靴形"（boot）、"骨头形"（bone）和"铃铛形"（bell），4个麦乐鸡的形状拼起来恰好神似单词"LOVE"。他结合上述概念与麦乐鸡40周年设计元素，秉持"将麦乐鸡还原为让人产生食欲的状态"的理念，借鉴麦乐鸡同款盒子的大小与设计，将书体巧妙设计为麦乐鸡形状，让读者更直观、更立体地感受麦乐鸡的"美味"。同时，结合手绘鸡块漫画故事和麦乐鸡蘸酱文学趣味文案，将Z世代的沟通语言，汇集成迷你书内容，让消费者在阅读的过程中不但获取麦乐鸡产品背后的故事，也能因其幽默诙谐的风格而会心一笑。

同时，以《我，麦乐鸡》迷你书为灵感，在成都COSMO商场、上海武康大楼街区合作举办"Let's Love"主题线下展览，邀请消费者走入充满爱意和趣味的麦乐鸡世界。这一次的麦乐鸡40周年"Let's Love"线下展，免费开放，无须预约，所在之处都是本地不同人群极度活跃的多元社区。为了让对麦乐鸡的热爱呈现得更加完整，项目组对展览区做了深度划分。展览部分分成书籍展示区、互动装置打卡区、鸡块周边产品区、抽奖活动区以及留言区，让前来的观众能驻足停留、争相打卡、自发传播。

书籍展示区展示了本次的核心作品——迷你书，其借鉴麦乐鸡同款盒子的大小与设计，将书体巧妙设计为麦乐鸡形状，让读者更直观、更立体地感受麦乐鸡的故事。

互动装置打卡区展示了本次合作的"重头戏"——巨型麦乐鸡盒，消费者可以坐在其中拍照打卡，在线下门店"吸睛"的同时，达到线上社交媒体传播的效果。值得一提的是，上海麦乐鸡展览现场的大型麦乐鸡盒，由麦麦铁粉、B站UP主特别制作。此前他制作的"麦乐鸡狗窝"，曾在B站上引发热议。

在宣传层面，本次活动希望用小预算或资源置换的方式带动各方资源，包括麦当劳自有渠道、合作方资源、铁粉资源等。

活动前期，充分利用麦当劳自有社交媒体平台矩阵——微信、微博、小红书、B站、社群，号召粉丝前往打卡。其中，麦当劳微信公众号联动社群，发放数十万张优惠券，除吸引上海、成都消费者前往现场打卡，更邀请全国粉丝免费吃麦乐鸡，为麦乐鸡40周年庆生。麦当劳B站官方号联动铁粉，发布巨型麦乐鸡盒幕后制作花絮，该博主在小红书自行发布巨型鸡盒制作幕后视频。

活动现场，利用活动周边产品，邀请KOL前往现场打卡发文，将本次事件打造为城中大事。现场通过福利抽奖，邀请粉丝在微博及小红书上带话题发布笔记，扩大活动声量。再者，充分利用合作方Mood Like Me资源，免费获取成都COSMO商场中庭位置及大屏播报、商圈微信推送等资源。

麦乐鸡40周年的系列品牌传播活动，为经典麦乐鸡注入趣味性与新鲜感，通过不同的营销及创意形式，激发年轻群体对麦乐鸡美味的感官记忆和情感认同，在社交媒体上不断吸引粉丝自发为麦乐鸡庆生，将对食物的味觉记忆转化为潮流生活方式趣味符号。麦当劳始终和年轻人在一起，洞察年轻人行为方式和潮流文化动向，将品牌形象和品牌理念，与消费者的情感记忆及生活方式做深度连接。

项目执行

本次活动从立项到执行，时间共一个半月。在项目启动阶段，确定本次活动需要输出的最主要产物——《我，麦乐鸡》迷你书，其中包括文案、设计稿、产品生产制作等。选择Mood Like Me进行合作，是因为Mood Like Me的主理人之一董师对插画有一套自我风格的见解和审美，双方能够在既有的风格上输出成品，这样可极大提高创作风格确定的效率。

对于合作方可提供的资源，包括上海及成都的线下展览空间，迅速确定展览内容及布局。

本次现场活动，皆由麦当劳员工亲力亲为，有效减少了员工培训成本，最大限度地向参展人展示对品牌的热爱。

项目评估

麦乐鸡40周年活动，通过不同的营销及创意形式，在社交媒体上不断吸引粉丝自发为麦乐鸡庆生。

微博#麦乐鸡40周年#话题总阅读量超过1651万次，讨论量超1.3万次，共产生超过1727条UGC。小红书#麦乐鸡40周年#话题总浏览量超过206万次，曝光量超3600万次，共产生超过3047条UGC。22条营销、潮流、探店类资讯号自发报道，包括SocialBeta、数英DIGITALING、Social Marketing、首席营销官、玩物志、设计便利店、魔都潮人指南等。微信、视频类平台、手机新闻App等自媒体发文约202篇。

铁粉自行发布巨型鸡盒制作幕后视频，小红书点赞超14000次，B站播放量超10万次。

成都、上海两地为期15天的活动，共吸引近10000人参展，共庆麦乐鸡生日。

麦当劳全国社群共23万人次参与迷你书抽奖。

亲历者说 高旻昱　金拱门（中国）有限公司Brand& Social营销传播及社交媒体专家

"麦乐鸡40岁了，想不到吧？"在举办这场活动前，我们没有想过会有这么多麦当劳及麦乐鸡的粉丝专门前来参加，展览中遇到了许多充满爱的粉丝，有专门穿戴全套麦当劳周边从外地赶来的粉丝，有抽中麦乐鸡周边而高兴到全场奔跑庆祝的小朋友，有专门为迷你书每日前来参观的周边邻居等，这让我们备受鼓舞。麦当劳一直希望不仅能为大家持续提供热而新鲜的美味，也希望能以更多样、更创意的形象融入城市日常生活。

案例点评

> **点评专家：吴加录　交个朋友公关副总裁**
>
> 麦乐鸡40周年营销活动巧妙地利用品牌庆典将经典产品与消费者的情感记忆深度融合，呈现出充满创意和趣味的品牌推广活动。俄罗斯方块游戏机的推出引发

了抢购热潮，成功呈现了麦乐鸡的历史魅力。与潮流休闲品牌Mood Like Me合作的迷你书《我，麦乐鸡》，则通过手绘鸡块漫画故事和趣味文案，生动展现了品牌的魅力和趣味，塑造了更加亲和的形象。此外，"Let's Love"主题线下展览，为消费者呈现了麦乐鸡的世界，展示了其迷人故事和形象设计，通过互动装置打卡区、周边产品区等设置，营造了沉浸式的品牌体验。充满创意的活动不仅吸引了消费者的关注和参与，也深化了他们对品牌的认知和好感度。趣味性互动，为麦当劳经典麦乐鸡注入了新的活力，激发了年轻群体的情感认同，成功将品牌形象与消费者的生活方式深度连接起来。

探索康师傅方便面美味的秘密

执行时间：2023年6月1日—6月21日

企业名称：杭州顶益食品有限公司

品牌名称：康师傅方便面

代理公司：电通公共关系顾问（北京）有限公司（简称电通公关）

获奖类别：2023金旗奖最具公众影响力内容营销金奖

项目概述

国民品牌康师傅邀请红烧牛肉面代言人张艺兴，以创新趣味微综艺的形式，在康师傅杭州工厂开启一场方便面美味探索之旅。该内容于2023年6月5日正式上线，张艺兴在康师傅工厂通过实地观摩、参与互动挑战，寻找方便面美味密码，向消费者展示康师傅工厂高科技、现代化的设备和环境。严谨、细致的生产工程，高效率的生产环节环环相扣，刷新消费者认知，让大众认识康师傅美味好面、康师傅对产品严格把控和康师傅对美味追求始终如一的品牌态度。

探索康师傅方便面美味的秘密

项目策划

1.策划背景

食品安全是企业发展的基石，也是企业发展的重中之重。随着消费者对健康关注度的直线上升，企业公开透明展现自身的安全化生产是大势所趋。2023年，全球经济回暖，如何持久吸引消费与复购、持续拉动内需，是康师傅面临的一大挑战。基于以上现实，民族品牌康师傅从源头出发，立足"美味""品质""安心"，通过透明化的探厂活动，向广大消费者释放其美味的秘密、过硬的品质和安心的选择相关内容。

2.核心目标

联动红烧牛肉面代言人张艺兴打造品牌微综艺，提高康师傅公众偏好，在消费者心中树立美味、安心的形象。

3.沟通策略

明星视角：深入康师傅工厂，通过亲身体验来揭秘康师傅方便面美味与安心背后的原因。

媒体视角：证言康师傅方便面安心品质，展示民族品牌的先进技术和对美味的追求，用心成就一碗中国好味道。

消费者视角：沉浸式体验探厂全过程，深度感知康师傅方便面好味道和好品质。

4.媒体策略

央视网权威背书，以微博、抖音为主平台，辅以多个短视频平台扩散。此次邀请到央视网一同为民族品牌中国好味道背书，以媒体平台"公信力"打造产品透明安心的"公信力"，开启一场成功、快速的消费者沟通，让康师傅为人们的美好生活持续提供优质产品服务。

5.内容策略

"长视频+短视频"发挥长尾效应：打造1支正片微综艺视频和多支切片视频，多渠道多平台释放，持续传播中国好味道。

6.创意点

（1）综艺化呈现形式。民族品牌康师傅携手红烧牛肉面代言人张艺兴，打造品牌首档微综艺，带着消费者最关心的方便面问题，在康师傅杭州工厂开启了一场"方便面美味探索之旅"，直白沟通C端。

（2）沉浸式体验互动。康师傅选择让观众跟随张艺兴的视角沉浸式体验全流程内容，将康师傅方便面"美味、安心、品质"的内容核心巧妙融入其中，使观众对康师傅方便面的"好味道好品质"有更深的感触。

（3）趣味性创意表达。视频中名场面、金句和网感词汇频现，很符合年轻圈层的兴趣语境，有效助力话题发酵。

项目执行

1. 预热期

借势六一儿童节热点，精选微综艺正片精华部分，制作趣味预告视频，"康师傅官方＋微博KOL"传播，吸引大众广泛关注。

2. 引爆期

官方完整正片上线，权威媒体央视网领衔传播，娱乐类、生活类KOL围观，粉丝团传播明星动态，以＃民族品牌安心品质＃和＃张艺兴带你探索康师傅美味的秘密＃双话题在微信、微博、B站等平台扩散传播张艺兴金句，传递品牌内核，持续扩大声量。

3. 延续期

多位抖音KOL结合正片内容进行视频二创，新经销、广告头条等媒体聚焦项目亮点，以议题形式观察盘点，余波荡漾。

项目评估

1. 项目效果

（1）效果综述："张艺兴带你探索康师傅美味的秘密"正片视频全网播放量5834万次；上线一周后数据超其他明星探厂视频数据3倍。微博总话题阅读量3.9亿次，＃民族品牌安心品质＃话题全网阅读量达1.4亿次，＃张艺兴带你探索康师傅美味的秘密＃话题全网阅读量达2.5亿次。

（2）社交媒体热度：康师傅、张艺兴、方便面热度上涨，传播声量持续扩大。其中，"康师傅"指数暴增140.5%；"张艺兴"指数暴增165%；"方便面"指数暴增3249.92%；"安心""美味""民族品牌""硬核"纷纷成为康师傅核心关联词。

（3）受众反应：微综艺上线后，全网整体讨论声量达到高峰，正面讨论达98.77%。目标人群给予正向评论，认可产品好吃、品质安心并下单购买。

2.项目亮点

（1）创新传播形式，加深与年轻消费者沟通。康师傅打造品牌首档微综艺，年轻化传播再添新篇。区别于传统的流程式内容，综艺化的呈现形式增加了观众的沉浸感和代入感，创造了独特体验。透明科普和趣味解读，紧密联系消费者，使其感知康师傅方便面好味道、好品质。

（2）内容与平台精妙连接，持续传播"好味道"。1支17分钟正片视频全网发布，8条切片在短视频平台集中传播。微信公众号发布长图推文，微博平台发布动图九宫格，抖音平台进行短视频二创——结合不同平台特点，有针对性设置内容，最大化传播声量。

（3）整合多个通道，讲好同一故事。"康师傅＋艺人＋权威媒体"全网传播，各平台"KOL＋粉丝团"持续助力。微信、微博、B站、小红书、抖音等多渠道扩散，"官方＋外围"持续传播，覆盖更广人群。

亲历者说 **陈曼　电通公关客户群总监**

用年轻人喜欢的方式与他们沟通，更容易调动年轻人的认同感和参与感。此次活动消费者跟随张艺兴的探寻脚步，进一步感受到了康师傅对一碗美味好面的品质追求，见证了康师傅一直以来坚持打造民族品牌、传播好味道的初心。我们希望通过核心权威媒体提升品牌公信力，通过明星代言人的流量，与各个平台共同打动消费者的心，实现和年轻用户圈层有效沟通，帮助品牌破圈，实现品牌文化积淀。

案例点评

点评专家：张洁　金科集团华东区域总部品牌总经理

在方便面品牌新品类层出不穷、老品类竞争日益白热化的阶段，康师傅另辟蹊径，关注食品安全，抓住消费者的痛点，强化品牌认知。同时，找到适合年轻消费主力群体的沟通方式，用明星代言人探秘工厂的微综艺互动形式，多视角引发话题，提升公众对产品安全和品质的信任度。在传播方式上，多矩阵组合，借不同平台特性选择不同的内容表达形式，形成大声量传播，同时引发延续性传播，实现品牌破圈效应，再次传播其中国民族品牌的形象。

友邦人寿 "康养生态圈" 升级 公关传播项目

执行时间：2022年7月1日—10月31日

企业名称：友邦人寿保险有限公司

品牌名称：友邦人寿

代理公司：励尚公关

获奖类别：2023金旗奖最具公众影响力内容营销金奖

项目概述

政府加速推动第三支柱建设，公众养老意识和需求不断增强，这为友邦人寿的业务发展和理念传播带来了巨大的市场机遇。在此背景下，友邦人寿于2022年7月重磅升级 "康养生态圈"，通过 "链接、选择、品质"，为客户带来 "全方位、早一步、高品质" 的服务体验。为了配合产品结构转型的业务方向，帮助目标消费者更好了解友邦康养解决方案，友邦人寿策划并开展了本项目，通过内容为王的基本原则，向目标受众深入传播品牌理念、产品利益及价值主张，获得全面且广泛的传播效果。

项目策划

基于对目标受众的全面洞察和对友邦品牌价值主张的深刻理解，友邦人寿围绕四大传播策略，分三个阶段开展项目传播与推广，以理性文字与感性视觉相结合的方式，在传播独特产品及特色服务的同时，以更富情感共鸣的内容触达消费者，通过更加广泛的客群传播效应，使 "自在养老友陪伴" 的养老价值主张深入人心。

1.四大传播策略

● 锚定 "享老" 关键词，与同业的 "养老" 传播定位形成错位竞争。

● 实施点面结合、层层递进的传播策略，有针对性地向客户、大众、媒体、行业伙伴等不同目标受众传递相应内容。

● 外部专家背书，将友邦人寿的传播内容与社会议题紧密结合，引发社会讨论，进一步提升传播影响力。

● 运用不同画像群体的人物故事，展现老年生活的丰富可能，引发情感共鸣。

2.项目传播阶段

（1）第一阶段：新闻通稿发布。

7月1日，在"康养生态圈2.0"活动发布当日，通过新闻通稿介绍"康养生态圈"推出1年以来的成果与收获、对于中国家庭养老需求的进一步洞察以及全新升级的"康养生态圈"的服务亮点，最大范围地帮助目标受众了解此次生态圈升级的重点信息。

（2）第二阶段：深度媒体系列专访。

7月5日，权威财经媒体专访友邦人寿首席执行官。文章分享了对中国养老市场发展趋势的洞察，分析了保险企业在第三支柱养老发展中的独特价值和使命，介绍了友邦人寿在养老市场中的投入和规划，并总结友邦人寿做养老的基本理念——"做养老更加需要秉持长期主义"，为整体传播项目奠定基调。文章同时在该媒体报纸版面、微信公众号及友邦人寿官方微信公众号发布，收获业内外大量关注。

7月14日，知名财经垂直媒体专访了友邦人寿保险有限公司副总经理姜利民。文章介绍了友邦人寿为中国家庭量身定制养老解决方案的独到之处及背后的思考，强调"品牌"和"品质"对友邦人寿参与养老赛道的重要意义。

8月2日，保险业主流自媒体专访友邦人寿康养专家组（大健康团队及"康养生态圈"签约合作伙伴），详细介绍"康养生态圈"升级的具体内容，以及产品和服务设计过程中的生动故事。

以上系列专访巧妙地串成了一条友邦人寿参与养老赛道的故事线，娓娓讲述"做养老为什么是险企""险企中为什么是友邦"以及"友邦的独特解决方案"。

（3）第三阶段：传播电视访谈《首席养老官 | 从养老到享老，如何迈出这一步？》。

8月30日，友邦人寿保险有限公司副总经理姜利民与上海市老年医学中心副院长、人文财经观察家进行对话，共同探讨中国家庭的享老需求和痛点、个人需要进行的养老准备以及友邦人寿的养老解决方案等，客观中肯地彰显友邦模式与中国家庭实际养老需求的契合度。该节目通过权威财经媒体的电视、App、网站、微博、微信、抖音等平台面向全国观众直播或进行视频播放。

友邦人寿还将全片剪辑为9个短视频，在微信视频号、微博等自有媒体上陆续发布，解答营销员、客户、潜客最为关心的养老问题，形成持续传播效应。

（4）第四阶段：发布养老人文纪录片《当我们决定享受老年》。

作为"康养生态圈"升级传播项目的收官之作，友邦人寿携手《三联生活周刊》制作了一部饱含敬意的养老人文纪实短片《当我们决定享受老年》，旨在通过平凡人的故事讲述，生动呈现老年生活的无限可能。影片于9月29日正式发布，献礼重阳。三联生活周刊微信公众号于10月4日中国传统佳节重阳节当天发布媒体专题文章，进一步阐释内容要义。

经过缜密的规划，视频巧妙选用了与友邦人寿康养价值理念和目标客群相契合的两届奥运冠军张宁、当代艺术家计洲、房车旅行者张孃作为采访和跟拍对象，走进他们的生活，通过他们的故事，生动呈现自在养老必需的准备工作，进一步呼应友邦人寿的康养价值主张和解决方案。

《当我们决定享受老年》影片及专题文章形成了非常大的传播效应，覆盖微信、微博等我国具有影响力的社交媒体平台，同时在抖音等中国热门的短视频平台形成传播，在客户及内部员工等利益相关方群体中形成热烈讨论。

项目执行

在"康养生态圈"升级发布之际，友邦人寿针对保险业同行、消费者、友邦营销员等不同受众，在外部权威媒体和自有平台通过新闻稿件、电视节目、纪实短片等多种媒体形式，开展了一场"核心立意高、阶段递进深、切入角度全、传播平台多、受众覆盖广"的PR传播项目。一方面，项目以业务为导向，通过持续报道，层层解析友邦人寿产品设计背后的深层思考、友邦产品特色以及与我国目前养老市场的高契合度。另一方面，在人们养老规划意识相对淡薄的今天，友邦人寿始终牢记作为保险企业所背负的责任，通过不同人物的真实故事以及KOL的影响力，以真情实感触及消费者，进行养老规划的市场教育，重塑中国家庭对养老的认识，助力健康中国建设。

项目评估

友邦人寿开展了"康养生态圈"升级项目的系列传播，将优质内容以多媒体形式有效传递给核心受众，进一步提高了品牌曝光率，展现了品牌价值主张，更彰显了品牌的社会价值。此外，通过点面结合、层层递进的传播策略，品牌与消费者深入沟通，引发强烈的情感共鸣，增强了消费者对品牌的认同感。

从品牌价值传递层面来看，此次传播协同了主流影响力媒体平台与专家观点，加大了友邦人寿在养老话题领域扎根的深度与广度，向核心受众有效传递了友邦人寿"自在养老友陪伴"的价值主张，彰显了友邦"做养老更加需要秉持长期主义"的核心品牌理念，亦展现了友邦"以客户驱动的业务革新"的企业发展策略。

从消费者心智引导层面来看，紧贴公众情绪及社会热点构建情感共鸣，凭借创意媒体内容项目，帮助消费者更好地了解友邦人寿差异化的康养解决方案，以更积极的调性帮助产品获得广泛的消费者认同。

从社会价值导向来看，强调保险业之于养老的重要作用，阐释友邦人寿在康养领域的解题思路，展现友邦人寿行业领导者的地位，重塑中国家庭对养老的认识，助力健康中国建设。

从品牌曝光率来看，该项目极大地提升了内容资产在主流影响力媒体平台上的曝光度和影响力，主要媒体曝光情况如下。

此次项目传播覆盖全国众多主流媒体，也收获了来自权威财经媒体的广泛报道，原发及转载报道数量近600篇。

- 电视访谈《首席养老官|从养老到享老，如何迈出这一步？》总观看量超过120万次。
- 养老人文纪实短片《当我们决定享受老年》总曝光量超过3500万人次，总点击量达560万人次。该短片在三联生活周刊官方微博正片播放量达59万次，发布在三联生活周刊平台上的短片衍生文章阅读量高达20万次。

亲历者说 三联生活传媒有限公司创意部

在友邦人寿升级"康养生态圈"之际，团队与友邦人寿共创了一部养老人文纪实短片，探讨国人对自在享老的追求。短片以3个不同背景的嘉宾面对养老的困惑为引，通过他们的故事生动地展示要自在地享受老年生活必要的准备工作。视频及文章在三联生活周刊微信公众号上发出后，引发了读者对于"养老"问题的思考。这不仅是一条宣传短片，更是重阳节献礼视频，向核心受众传递了友邦人寿"自在养老友陪伴"的价值主张，增强了受众对品牌的认同感。

案例点评

点评专家：殷俊 重庆工商大学文学与新闻学院院长、博士生导师，重庆市元宇宙视听传播研究院院长

当前，国家在持续推进和不断完善基本养老服务体系建设。在此背景下，友邦人寿把准社会需求和市场商机，通过构建"康养生态圈"，贯通"链接、选择、品质"，为客户营造"全方位、早一步、高品质"的服务体验。由此，在内容创意营销方面，依照既定的四大传播策略，分阶段灵活推进内容营销，将优质内容以不同的媒体形式有效传递给核心受众，进一步增加品牌曝光度，呈现品牌价值主张，彰显企业社会价值。通过点面结合、层层递进的传播策略，与消费者深入沟通，引发强烈的情感共鸣，增强消费者对品牌的认同感，进行兼具创意性、效益化和人性化的内容整合营销，实现项目诉求，达成企业目标。

GOLDEN
FLAG
AWARD
金 旗 奖
—
品 牌 向 上

2023
—
金旗奖最具公众影响力
社交媒体运营金奖

凯迪拉克风范圈社群运营

执行时间：2022年6月1日—2023年8月31日

企业名称：上汽通用汽车有限公司

品牌名称：凯迪拉克

代理公司：上海合时广告有限公司

获奖类别：2023金旗奖最具公众影响力社交媒体运营金奖

项目概述

1.项目背景

市场进入存量转换阶段，公域流量见顶，各品牌开启用户直联和用户运营，精耕私域流量；媒体平台和营销工具不断演化，车企在用户运营层面实现数字营销手段升级。车企社群运营模式也不断改变，凯迪拉克在市场与营销变革中寻找适合自己的用户运营探索之路。

2.项目目标

（1）打造百万用户的线上社群：拥有上万车主KOC，月活超40万人次，单月发帖量超12万个。

（2）凯迪拉克风范圈进入2022年（第四年），将主要进行KOC培养，注重价值转化。

项目策划

1.用户策略

（1）使用越发成熟的社群迭代机制、社交货币的模块化应用、用户成长的精细化扶持等。

（2）社群用户自然生成三类群体：地域组织型（热爱线下群聚）、兴趣驱动型（热爱分享不同生活态度）、产品极客型（热爱表达产品观点）。

（3）因群制宜，针对不同价值特征社群匹配差异化运营策略。

2.社群策略

（1）打破互动壁垒：调动KOC情绪，强调KOC的身份价值。围绕用户习惯，建立KOC CAMP，以其为运营抓手，进一步激活风范圈的整体活跃度。

（2）孵化KOC影响力，建立完整的KOC进化机制，形成一定程度的跨圈层传播力。

3.工作方法

（1）KOC成长破壁：系统呈现KOC生命力成长路径，完善人物设定、定位乃至晋升机制，保证每一个生产环节都能与结果匹配。

（2）KOC成长维系：从社群共创、内容扶持、权益赋予3个维度进行KOC任务实施，建立小社群、权益/激励、传播事件的良性生态。

（3）经销商协同共创：针对不同阶段的经销商COO（首席运营官），开设多元化的培训课程，线上线下培训，助力经销商更有效地管理共创伙伴。赋能经销商KOC管理逻辑，输出多场景的经销商KOC线上线下沟通策略。

项目执行

（1）定义KOC传播的关键信息，保证KOC输出的信息与品牌、产品、服务传递价值有效衔接，准确沟通被扩散用户。围绕"购车、养车、玩车、车生活"建立标准KOC话题输出模板，将传播路径系统化，不错失任何好内容，也更好地监测KOC的整体传播效果。

（2）风范圈整体内容运营。通过建立八大频道，进一步以事件话题活跃风范圈，串联车主"购车、养车、玩车、车生活"的场景内容，引导车主随时随地分享。

（3）结合品牌的大型线下创意沉浸式体验活动——不凡的任务，风范圈从前期的话题铺垫（欢迎信）到内容支持（Mr.C发布活动线索）再到影响力曝光（联动各队伍队长集赞+号召KOC发帖），最后到数据监测与支持（统计每轮数据，及时反馈活动现场情况），全程积极配合与支持，协同线下，全方位落实并优化活动执行，提升活动声量及品牌口碑。

此次活动话题产出内容共计收获超2.5万次浏览量、点赞量超2万次、转发6500余次、评论400多条，期间收录全网UGC 400多篇、优质内容7篇。

（4）#记录最美回家路#话题，定格"回家"旅程中的小美好，上线期间活动浏览量共计275407次，点赞量高达148523次，评论量2266条，转发量81429次。

项目评估

参与凯迪拉克风范圈运营平台建设，制定策略与日常运营管理，围绕凯迪拉克车主用户的全生命周期，覆盖售前、售后环节，增加私域用户留存，为品牌增长助力；风范圈注册用户总量超160万人，车主会员超65%；日活超5万人，月活超43万人，月发帖超8.9万条，月均商城销量26252单，风范圈KOC人均转介绍1.5台。

亲历者说 邹澎 凯迪拉克市场营销部高级经理

凯迪拉克风范圈社群运营至今，我们已与上海合时广告有限公司合作4年。上海合时广告有限公司在凯迪拉克风范圈社群中就营销新技术创新有独到的洞察与见解，总能带来最新颖的营销方式和创意。

案例点评

点评专家：胡涵　美团高级总监

从用户中筛选并培养自己的KOC，是产品型企业在社群运营中的共同愿望。但KOC的出现却有较大的偶然性和不确定性。他们必须是普通用户，有专业知识和传播能力，还要始终保持普通用户的底色和身份。因此，KOC相关的社群运营要更加精细与敏锐。动作过大与过小、节奏过缓与过急，都容易使KOC的传播影响力流失。这个KOC运营方案，值得关注的正是其完整性、生态性和对节奏的把握。从人物设定到成长，再到建立生态圈，可见其在用户群里做运营的火候与功力。社群运营如今已成为汽车品牌护城河的重要部分，洞察用户需求，顺应人际传播规律，以话题事件持续构建完整的生态圈，这些策略将成为行业的重要方法论。

麦当劳社交媒体运营

执行时间： 2022年1月1日—12月31日
企业名称： 金拱门（中国）有限公司
品牌名称： 麦当劳
代理公司： 上海奕远公共关系顾问有限公司（简称奕远公关）
获奖类别： 2023金旗奖最具公众影响力社交媒体运营金奖

项目概述

1.背景

作为麦当劳的重要社交媒体平台，微博是一个传递品牌信息并与用户互动的有效窗口。2022年起，麦当劳开始运用"粉丝时刻"（Fan Truth）策略，打造麦麦超级铁粉的小编人设，并建立多个长线有趣的精品栏目，在微博平台打造富有趣味、人味的形象，让品牌更生动化、年轻化，成为社交媒体上真正的"Z世代原住民"。

2.目标

强化品牌在消费者心中年轻、有趣的形象，吸引更多潜在受众关注，提高品牌忠诚度，扩大品牌声量。

项目策划

1.做官博不如做朋友——打造麦当劳头号铁粉

社交媒体对麦当劳来说是非常重要的品牌平台和品牌资产。在社交媒体上进行内容营销，可以传递品牌热爱，增强品牌信任，也能助力业务转化。

当前微博运营趋势逐年变化，公司面临着以下几大机遇。

- 打造精品内容：从明星流量转变到内容为王，以长期优质内容输出征服用户。
- 打造社交平台：利用平台优质用户结构及社区属性，通过规律互动经营口碑，提升声量。
- 打造"人情味"形象：品牌生动化，贴近年轻人，把握人心红利。

2022年，麦当劳微博开始运用"粉丝时刻"社交媒体策略。其诞生有着特殊的土壤和坚实的基础：麦当劳有着足够广阔的粉丝基础，同时又具有不同维度上的文化意义，以及社区影响力。"粉丝时刻"是粉丝们有关麦当劳的记忆、行为、经历，是让人看到后会心一笑的"真理"。

内容上，在陪伴粉丝的过程中认真挖掘具体的（Specific）、可共鸣的（Shared）、特别的（Special）的"粉丝时刻"，将之打造成能够引发粉丝共鸣的内容，让麦当劳成为粉丝心中独一无二的品牌。

沟通方式上，以平等的姿态，用麦当劳铁杆粉丝的身份，和其他粉丝进行轻松有趣的对话，和粉丝打成一片。

2.立人设

相较于有距离感、高高在上的品牌角色，个性鲜明的"大活人"更加容易拉近与粉丝之间的对话距离并容易受到粉丝自发的关注和喜爱。因此，项目组选择以"一个非常幸运能够运营麦当劳官博的头号粉丝"的身份，与其他粉丝在微博上进行对话。从品牌性格中提炼出"真诚热情""幽默且皮""傲娇有主见"，作为小编性格，这也贴近现在网络上年轻人的性格特点，年轻粉丝会自动代入自己身边的同学、同事、朋友，在这一过程中麦当劳也逐渐拉近了与粉丝的内心距离。而麦当劳发布的内容，也贴合一个真实"铁粉"对麦当劳的想法。文案偏向年轻人日常在微博上的发布内容，轻巧、简短、随意，适当融入的网络流行梗，使其更加生动、有趣。

3.软植入

通过建立长线精品栏目，结合粉丝有共鸣、特别的话题进行内容创作，将产品和品牌信息以趣味的方式呈现出来，在促进销售转化的同时，还能进一步丰富人设，拉近与粉丝距离，提升品牌好感度。

#周一早餐梗#：每周一早8点，结合当下热梗及热门早餐产品，绘制趣味早餐梗图并配备有梗微博文案，以餐券进行激励，从内容到福利双重激发粉丝互动，助力传播。

#偷偷告诉你#：洞察到网络冲浪的高峰时段，抓住午夜12点的时间节点，多维度讲述品牌故事、产品研发故事以及粉丝可以共情的内容，拉近与粉丝的距离，粉丝逐渐加深对品牌的了解，提升忠诚度。

#深夜开麦#：不论春夏秋冬，每晚10点发布一条走心话题，与粉丝互动问答，以朋友的角色陪伴他们度过每一个夜晚，就像麦当劳的餐厅和产品一直陪伴粉丝一样，让粉丝产生情感联结和心理依赖，强化粉丝对于品牌、产品的喜爱。

4.追热点

借势热门节日，紧追社交媒体热点，麦当劳用真诚有趣的内容和大众沟通。结合热门产品或品牌资产，输出简单好玩的创意，吸引网友参与传播。

例如，妇女节巧妙运用品牌资产，简洁而有创意地为女性送出美好祝福，引发网友和众多自媒体账号转载传播，收获大批网友的喜爱，大幅提升品牌好感度。

2022年麦当劳官博妇女节海报

项目组还结合粉丝灵感和网友自发的热门玩法，在圣诞节以经典产品堆叠形式为网友们送出专属圣诞礼物——"麦当劳圣诞树"，收获超4万次转评赞及1272万次阅读量。

2022年年末，社交媒体上有大量网友自发创作"麦当劳文学梗"，抒发对麦当劳的感情，对品牌表白，于是麦当劳微博账号发布一条专门收集"麦当劳文学"的微博，供网友们复制、玩梗、传播，收获超4.6万次转评赞及345万次阅读量。

正是因为麦当劳紧跟热点，实时营销，结合热门单品大抽奖和小编福利花式"宠粉"，将品牌的优势资源沉淀为品牌资产，持续利用社交平台吸引老粉丝支持及新粉丝关注，麦当劳品牌忠实用户范围不断扩宽扩大，麦当劳品牌影响力日益加深。

项目执行

1.初期打造"大活人"形象

以极具个性的"大活人"形象，获得年轻人的喜爱。麦当劳小编有作为一个麦当劳"铁粉"的真情实感、喜怒哀乐。

2.中期打造精品栏目

内容为王，打造长期栏目，持续稳定地输出优质内容，吸引用户。无论是有趣的栏目内容，还是评论区里的有梗评论，都可以从不同角度吸引网友来麦当劳的主页驻足闲逛，会心一笑。

3.后期打造优质社交平台

结合平台优质用户结构及社区属性，通过规律互动经营口碑、提升声量。粉丝不仅能在这里找到同样喜欢麦当劳的人，互相分享自己的故事，也可以约上自己的好友一起来评论区玩和麦当劳有关的梗，留下在麦当劳的共同回忆，进而加深对麦当劳的好感。

项目评估

1.和粉丝成为朋友 —— 评论区生态形成

比起想要和人做生意的商家，和人兴趣一致的朋友更容易获得信赖。在微博上，以头号粉丝的口吻与其他粉丝对话，发布对麦当劳的真实看法和观点。小编的强真人感吸引了众多粉丝前来互动打卡，能够得到小编的回复成为麦当劳粉丝的心愿之一。许多网友为了获得小编的关注，频频自发地在官博评论区留下趣味回复，这不仅激发了其他用户的创作热情，带动更多人参与互动，为麦当劳官博带来流量，更制造了众多原创热梗，引发网友二次搬运传播，麦当劳官博的影响力不断增大。玩梗成为粉丝与麦当劳互动的常态化形式，也成为官博的亮点之一。

2.打造品牌口碑力 —— 运营模式赞誉连连

挖掘粉丝关于麦当劳的体验、记忆，比如，当你面前有一包朋友的薯条时，你会忍不住"偷吃"一根再"偷吃"一根，或者每个人都有自己吃麦当劳早餐的方式，而这些方式可能反映着其 MBTI，再或者很多不喜欢早起的粉丝，为了吃到猪柳蛋而愿意早起……这些都或多或少成为麦当劳粉丝与麦当劳品牌特殊的情感联结和情感记忆。

无论是原创，还是和粉丝共创的有梗内容，配合粉丝福利和小编人设，都使麦当劳的微博内容相较其他品牌的更具传播力，不光"固粉"还能"吸粉"。麦当劳人群圈层持续扩大，官博月净增粉丝量持续增长。

3.提升商业价值 —— 官号玩出圈，大V自发助推

麦当劳官博独特的运营模式及优质内容同时吸引了行业和媒体大V的目光。2022年，麦当劳官博多条出圈内容频频被不同圈层大V自发转发，多篇免费的媒体报道使得品牌内容曝光度及商业价值大大增加。在各个大V官号的助力下，除微博外的其他社交媒体平台粉丝纷纷前往微博关注麦当劳，官号人气保持火热增长态势。

截至2022年年底，麦当劳官方微博粉丝数每月均保持正增长，全年涨粉超23万人；在2021年麦当劳官博总粉丝数的基础上新增13%；微博总阅读量达6.75亿次，较上年提升8%，总互动量破200万次。

亲历者说 林智键　奕远公关麦当劳内容团队主创

我们是麦当劳小编，更是麦当劳头号"铁粉"，是千万"麦麦粉丝"（"麦粒"）中的一

员。我们常常在社交媒体上观察其他"麦粒"是如何讨论麦当劳的，从而获得源源不断的灵感，创作出能够引发共情与共鸣的内容，成为"麦粒"们的"嘴替"；我们也和千万年轻"麦粒"一样热爱上网冲浪，看到新鲜有趣的热梗便会忍不住分享，和"麦粒"玩到一起。与其说是在运营官博，不如说是一位头号"铁粉"在和朋友们分享自己对于麦当劳的真实看法与感受。

案例点评

点评专家：吴志远　湖北省自媒体协会会长，华中师范大学自媒体研究中心主任、副教授

品牌的自媒体运营，贵在真诚，贵在长情，贵在有趣。眼下的品牌营销，有个谁也绕不过去的坎儿，那就是品牌的自媒体，也就是在各类社交平台上的品牌账号运营。不过，这次获得2023金旗奖最具公众影响力社交媒体运营金奖的麦当劳，给其他品牌做了一个很好的示范。

麦当劳真正抓住了社交媒体运营的精髓。一是真诚，除了人设上"真诚热情""幽默且皮""傲娇有主见"，沟通方式上平等有趣外，更重要的是让利粉丝，如每周一早8点的餐券发放，让真诚看得见。二是长情，在眼花缭乱的年代，只要是长情就会让人感动。麦当劳在妇女节简洁而有创意地为女性送出美好祝福，让女性感到温暖。三是有趣，除了真诚、长情，有趣一点当然会更受欢迎。麦当劳的官微就发布过一条专门收集"麦当劳文学"的微博，供网友们复制、玩梗、传播。在麦当劳的微博运营中，这样有趣的内容，随处可见。

南方航空无陪儿童产品传播

执行时间： 2023年7月1日—7月31日
企业名称： 中国南方航空股份有限公司（简称南航）
品牌名称： 无成人陪伴儿童及青少年服务（简称无陪儿童）
代理公司： 广东英格数字传媒有限公司
获奖类别： 2023金旗奖最具公众影响力社交媒体运营金奖

项目概述

随着近年来社会及人际关系的变化，独自乘坐飞机的儿童及青少年数量显著提升，在这样的情况下，南航推出了无陪儿童，目的在于为用户提供更好的出行服务。但是，由于社会习惯尚需培养及宣传力度小等，服务推出至今，未获市场广泛关注。为解决这一痛点，本案例结合当下人们的社交习惯，通过"以一带多"的传播思路，瞄准当下热度极高的社交平台，以其为突破点，精准切入传播，并以此带动其他平台传播，最终形成自媒体全矩阵传播，达到提升产品知名度、促进销售转化的目的。

项目策划

1.项目思考

无陪儿童是南航提供的一项特殊的品牌服务，但是在国内民航客运中知名度较低，一是仅针对特定年龄的儿童及青少年，受众面小；二是由于国内儿童及青少年出行一般有监护人陪同，儿童及青少年独自出行的需求本来就少；三是无陪儿童属于品牌服务，受条件限制，名额有限，需要预订。多重原因导致无陪儿童产品鲜为人知。

坚持从旅客角度出发，深入开展市场调研，了解需求细分客群，为抢抓暑期销售机会，在社交媒体全渠道策划开展儿童系列创意营销活动，提升服务知名度及吸引力。

2.项目策略

项目立项金额不高，但是在不高的预算下又希望能做到高质量、有系列感，兼顾销售转化属性，因此在刚接到项目时，双方团队就项目本身及市场环境都做了一番调研，对比后不难发现短视频平台已经成为当下最大的流量平台，且短视频平台有用户范围广、全龄段、裂变快等特性，非常适合做流量曝光。在产品知名度低、项目预算有限的双重压力之下，短视频平台传播成为最有可能突破的方式。

因此，在多番沟通打磨之下，项目组制定了一系列推广策略。

（1）瞄准短视频平台（抖音、快手、视频号），率先推出系列创意内容，迅速吸引用户关注。

（2）在小红书种草无陪儿童产品，通过"原创+UGC+社交互动"的方式，吸引用户关注及转发。

（3）微信公众号、微博持续跟上热度，推出无陪儿童产品的详细介绍、有奖互动等。

（4）小程序落地转化。

在多个平台协作下，推广视频一经上线立即受到关注，点赞量、互动量迅速增长，在快手成为热门推荐视频。

用户在短时间内大量涌入企业官方账号获取详细信息，小红书、微信公众号、微博、小程序等平台账号新增粉丝/用户数、浏览量均明显提升。随着系列内容的一一上线，最终活动内容仅在短视频平台播放量就突破3000万次，带来超过10万新增粉丝，南航无陪儿童产品一炮而红，极大地提升了南航的市场认知度，有效提升了南航营销服务品牌的影响力。

3.内容创意

由于知名度较低，大部分用户对无陪儿童还缺乏认知，面对这样的困扰，项目组决定先以去广告化内容吸引关注，再通过科普等吸引用户转化。因此，本次传播核心在于为用户打造展示情景，使用户通过场景联想了解产品从而产生购买欲望。

首发视频讲述了一名无成人陪伴的儿童在候机、登机、乘机、安全送至监护人身边等多个环节中享受到的服务，轻松的剧情清晰地讲述了无陪儿童优势，使消费者对其有了更整体的了解及更真实的场景联想，在吸引用户的同时又引起了用户想要深入了解的意愿。

接着制作一系列更详细介绍无陪儿童的视频及图文内容，从官方科普、用户场景、真实无陪用户体验等多方面层层深入、系统传播，加深消费者认知，进一步提升无陪儿童在社交平台的知名度，提升销售转化率。

4.媒介策略

社交平台官方账号联动配合，先以抖音、快手、视频号等短视频平台为首发平台，视频率先引起话题讨论后，陆续释放辅助科普视频、UGC视频、图文、有奖互动等保持热度，形成社交媒体的统一传播，有效提升整体传播声量。

项目执行

第一阶段：无陪儿童剧情类创意视频在视频平台发布，监测平台数据，关注舆论风向。

第二阶段：无陪儿童UGC视频发布。征集真实用户使用无陪儿童产品的相关视频，增加服务说服力，吸引销售转化。

第三阶段：无陪儿童科普类视频发布。以专业讲解的形式讲述无陪儿童的各项细节，加深用户认知。

在项目执行过程中，双方保持良好沟通，共同推动项目顺利进行，时刻关注项目进程，根据实时数据及用户反馈调整后续传播方向，使这次活动圆满结束。

项目评估

1.效果综述

此次传播中拍摄的视频获得了超3500万次观看、过百万次点赞，吸引了超过10万名新粉丝，南航原有用户的活跃度也明显提升，品牌及产品的知名度与市场认可度显著提升，为南航社交媒体运营及销售转化提供了新思路。

2.受众反应

视频一经推出即获得众多用户关注，评论区互动活跃，共新增超10万名粉丝，与此同时，通过南航官方渠道咨询无陪儿童的用户暴增600%，一度造成平台拥堵。

3.市场反应

此次传播中的创意视频推出后吸引部分同行模仿，在此之后，南航短视频官方账号成为行业内的风向标，不少视频均引来模仿或主动联动。

4.媒体统计

视频全网获得超过3500万次观看、超100万次点赞、超6万条用户评论。

5.项目亮点

打破了南航惯用的内容展现形式，以轻松的剧情内容演绎产品，既考虑了用户的观看体验，也保证了宣传产品的效果，同时由于产品本身受众面较窄，为避免资源浪费，项目选择了较为轻量的传播方式，更有效地把控了传播节奏并能更灵活调整内容，这成为本次传播获得超预期成果的重要原因之一。

亲历者说 Alika　广东英格数字传媒有限公司项目总监

本项目预算有限，但双方配合顺畅。在传播方案的商讨阶段，双方沟通愉快、合作顺畅；在拍摄过程中双方也通力合作、友好沟通。视频能完成并取得这么好的传播效果，跟双方的有效沟通、友好合作分不开。

案例点评

点评专家：朱瞻宇　励尚公关中国区总经理、亚太区合伙人

　　航空公司之间的竞争越来越同质化，如何突出自己的特点是急需解决的问题。从无陪儿童入手是一个不错的尝试。这一相对小众的服务，一方面可以体现南航的创新精神，另一方面可以展现南航无微不至的服务、与众不同的亲和力、大型航空企业的风采，让人们对南航平添一份信任和好感，进一步提升客户的忠诚度。在时间紧、任务重同时预算紧的情况下，制作的视频简单但有效，取得了不错的传播效果。选择在短视频平台上投放，符合现代年轻人了解信息的方式。UGC方面的配合，其实更重要。通过一些鼓励和优惠措施，可以吸引更多的家庭把视频发出来，达到多次传播的效果。

武田中国官方微信社交媒体传播

执行时间：2021年5月5日—2023年9月4日
企业名称：武田中国
品牌名称：武田中国
代理公司：成都赛兰特文化传媒有限公司（简称赛兰特）
获奖类别：2023金旗奖最具公众影响力社交媒体运营金奖

项目概述

线上营销发展到今天，微信公众号早已成为各品牌宣传推广的"新媒体营销主赛道"。2021年赛兰特接手武田中国微信公众号平台运营维护项目，针对内容无序、信息质量低、粉丝缺乏系统管理等问题，在运营中逐步推进、逐条解决，通过不断完善系统功能、升级推送模式，实现品牌账号标签式粉丝管理、视觉一致化升级目标。未来，武田中国将携手赛兰特，持续传播"以患者为中心"的品牌理念，加码品牌互联网营销之路。

项目策划

对于武田中国微信公众号平台运营维护项目，项目组运营诉求的重点并不是"用一篇推文、一个视频来促活用户"，而是在确立雇主品牌的基础上，以极富拓展性思维的规划帮助武田中国打造符合品牌调性、极富传播价值的创意内容，通过强化其普适性、趣味性，提高用户认知，专业性塑造品牌"硬"实力的形象。高价值内容与具有人情冷暖的故事形成传播链条，持续强化武田中国"以患者为中心"的品牌理念，助力医疗疾病相关知识普及推广。于流量、于内容、于客户、于平台，在各个方面为其影响力的体系化赋能，使武田中国与用户的联系更加深切且紧密。

基于武田中国微信公众号平台之前的问题，赛兰特接手后从受众分析、运营规划、粉丝管理、阅读分析4个层面发力。经分析，武田中国微信公众号平台主要受众为：需要具有前瞻性和科学价值内容的专业人士；渴望了解与日常生活密切相关内容的普通大众；作为企业一员需要企业归属感的武田同事。

针对以上洞察，赛兰特加强推动具有独特性、原创性的内容创作与发布；加强与患者、平台用户的互动，及时关注、回复用户需求，贴近医疗医学热点产出内容，做出用户所需的"真内容"；加强与其他公众号、权威机构、专家学者等的联动；将线上线下活动融合输出，增强品牌话题，提升内容黏性；及时分析并优化数据，根据数据反馈从内容、互动、推广等方面做出对应的、有效的调整。

项目传播从视觉、内容、互动三方面进行规划，于视觉方面寻求视觉统一，构建具有品牌识别性的视觉语言；于内容层面采取低频高质策略，降低内容发布频率的同时提升内容质量；于粉丝互动进行积极引导参与，根据微信最新算法，全面提升账号综合质量。面对品牌活动、节日节点、重大研究等话题，紧抓热点，及时策划，配合内容计划输出；为用户提供有价值、科普向内容，拉近品牌与用户距离的同时，有效宣传品牌官方微信公众号"硬性"价值点，配合图片、视频、文章等不同表现形式，有效增加内容丰富性；及时分析数据并持续优化项目中内容输出策略，对于用户反馈的问题、情况，积极、及时回应，有效提高账号与粉丝间的黏性，达成深度关联。

项目执行

在运营过程中，赛兰特团队为了向武田中国提供更优服务，积极促进团队融合协作，组织多部门头脑风暴，一同推动更具创意的内容落地执行。

同时，赛兰特与武田中国建立良好的工作模式，以微信工作群及邮件形式，定期汇报月度总结，积极参与定期举行的供应商培训，了解标准规范管理，使合作模式更加标准化、流程化、制度化、高效化等。

项目进行中，赛兰特不断利用数据分析工具及指标监测来评估传播效果，在目标导向的基础上，经数据分析，对推送话题、输出内容等持续进行针对性调整。例如，账号内容已在一定程度上实现标签化，形成消化、肿瘤、罕见病等内容合集，并在菜单栏成功搭建"罕见病领域""肿瘤领域""消化领域""血液制品领域"四大板块专业内容，使品牌账号内容输出具有逻辑性、条理性，同时，一目了然的内容规划编排，更加便于粉丝用户检索所需信息，"一键获取关键信息"不再是"梦"。运营效果得到显著提升，雇主品牌形象得以更好确立、深入人心。

项目评估

在传播过程中，武田中国微信公众号平台灵活运用长图、视频等方式，结合SVG互动形式，不断丰富内容，有效打破患者与品牌的交流障碍，促成双方有效、高效链接。武田中国于2022年策划发布的《这场与IBD相伴的马拉松，我们陪你一起长跑》《武田中国致患者：您的心声，我们从未相忘》等内容，便是站在患者及其亲属角度，结合SVG动效产出的，在用户中获得良好声量。

赛兰特自接手武田中国微信公众号平台运营以来，成功获得单篇推文最高阅读量11284次、累计阅读量突破20万次的数据，并成功拉新11463位用户。通过日复一日对内容的铺排构思，对数据的复盘,成功拉新促活,获得患者及患者家庭成员、企业自身员工及竞品三方广泛关注。

武田中国通过微信公众号平台向更多的人点对点地科普罕见疾病知识,将每一条有用的医疗、疾病相关资讯精准推送到患者及其亲属手中。通过有序规划内容,帮助更多的人更好地了解罕见病,并第一时间掌握罕见病领域最新研发成果信息。

作为一家以患者为中心、以价值观为基础的全球创新生物制药企业,武田中国一直积极践行企业社会责任,致力于携手社会各界共同提高疾病公众认知,呼吁社会各界关爱患者。这一结果不仅是对武田中国在患者领域的承诺和努力带来的积极肯定和激励,更是未来推动武田中国不断优化、创新的动力。

亲历者说 陈凤　赛兰特高级执行经理

在我看来,武田中国微信公众号更像一位长期陪伴、共同成长的老朋友。自2021年接手至今,从初步了解到逐渐深入,我们团队为其雕琢、包装、宣传,再到获得媒体认可,在此过程里,我和团队小伙伴真实地感受到,通过我们这些普通营销人的努力,可以"吹散"疾病、医疗资源与被其所困的患者和家庭间的"迷雾",让更多患者及家庭获得有效咨询。我想,这便是我们工作的意义。

案例点评

点评专家:徐俊　资深企业品牌传播策略专家,伟达公共关系顾问公司中国区前首席执行官

该项目开始的2021年,微信公众号正面临短视频、直播的挑战,该项目的成功给直面挑战的微信公众号运营提供了两点有益的启示。

第一,微信公众号应该选择寻求深度信息和思想内容的读者,传递理性、有价值的资讯。调整后的武田中国微信公众号聚焦主要受众,并相应地在内容上锚定四大板块,强化武田中国专业"硬"实力形象,彰显企业"以患者为中心"的品牌理念。第二,在传播技术层面,武田中国微信公众号重视内容、视觉和互动的三层规划,运用长图、视频等方式,结合SVG互动形式,以丰富内容的呈现与包装形式,有效链接品牌与患者。

随着电子通信技术的不断进步,社交媒体传播新的手段和形式将不断涌现。品牌与传播人唯有摈弃浮躁,保持着眼于用户需求、调动好不同传播平台和渠道的特质,方能不断创造商业价值,助力企业行稳走好。

GOLDEN
FLAG
AWARD
金 旗 奖
—
品 牌 向 上

2023
—
金旗奖最具公众影响力
社交媒体战役营销金奖

● "跟着塞纳牧去露营" 整合营销

执行时间： 2023年3月1日—6月30日
企业名称： 内蒙古伊利实业集团股份有限公司金山分公司
品牌名称： 金领冠塞纳牧
代理公司： 重庆灵狐科技股份有限公司
获奖类别： 2023金旗奖最具公众影响力社交媒体战役营销金奖

项目概述

近年露营热度攀升，这种追求自然的生活方式和塞纳牧所倡导的"让宝宝在自然中成长"的理念非常契合，在此背景下，品牌将有机奶粉产品与露营强关联，借助露营话题热度，影响泛亲子人群，提升声量。金领冠塞纳牧赞助抖音亲子露营综艺《跟着爸爸去露营》，同步打造"跟着塞纳牧去露营"消费者活动，不断释放多维度创意内容，并借助KOL影响力，通过"奖品刺激+优质内容吸引"，关联露营场景，占领用户心智。

项目策划

品牌层面，打造亲子露营专业化标签，持续围绕露营打造专业内容，深化品牌露营标签，提升品牌认知。

产品层面，实现综艺露营流量化，深度借势综艺营销，最大化地将综艺流量转化成产品声量。

活动层面，打造消费者线下露营活动全新体验，将消费者好感度拉满。

项目执行

跨界有机生活媒体@Lohas乐活杂志打造亲子露营攻略系列内容，夯实品牌露营专业化标签，强化"塞纳牧是宝宝露营必备品"的认知。共创零碳露营内容，实现品牌零碳占位与破圈传播，发布"无痕、可持续、无烟"零碳露营倡议视频及海报，深化品牌露营标签，传递差异化卖点，媒体矩阵同步传播，精准触达追求有机生活的人群，实现品牌零碳占位与传播。

关联露营场景，借势明星流量，推出苏醒、王栎鑫"抢活"梗创意视频。结合明星嘉宾在《跟着爸爸去露营》中主理人的标签，打造综艺衍生广告。延续综艺剧情，拍摄苏醒、王栎鑫"抢活"梗创意视频，视频中，二人以比拼塞纳牧知识点抢答的方式争夺露营主理人身份，巧妙植入产品卖点，强调塞纳牧是宝宝露营必备品，为产品和露营场景做关联，IP借势＋明星流量助力＋创意，内容、流量、话题巧妙借势，吸引综艺人群关注，助推品牌话题热搜，实现声量提升。结合抖音综艺《跟着爸爸去露营》冠名权益，进行深度植入内容传播，强化产品口碑，综艺播出期与综艺蓝V及时互动，吸引综艺粉丝关注，导流至品牌。结合明星热梗选择优质内容传播，打造粉丝交互活动，设置有奖互动，零投入、高产出，有效将综艺粉丝、艺人粉丝转化成品牌粉丝，辐射泛娱乐人群。提前低成本锁定综艺嘉宾资源＠小堂堂＠教体育的雷老师，综艺热播期结合综艺梗输出内容，收获粉丝关注。

落地"跟着塞纳牧去露营"珠海·星乐度消费者出行活动，为活动整体收官。围绕抖音综艺《跟着爸爸去露营》同款露营进行内容传播，邀请现场家庭拍摄采访视频，从用户角度传递塞纳牧保护宝宝尽情露营的产品利益点，强化产品口碑，用户朋友圈零成本传播，降本增效。

项目评估

结合抖音综艺《跟着爸爸去露营》冠名权益，进行内容传播及二创、打造粉丝交互活动，破圈传播，提升品牌声量。发布独家综艺花絮18条，有奖互动8场，总参与人数超7000人，视频播放量超347.8万次，品牌粉丝增长超3.8万人。与综艺蓝V高频互动，吸引粉丝关注。

配合"跟着塞纳牧去露营"活动，结合综艺人设，打造拍摄苏醒、王栎鑫"抢活"梗创意视频，吸引综艺人群关注，实现视频播放量超1333万次的效果，助推热搜话题#苏醒王栎鑫带娃露营#阅读量突破1.4亿次。

联动综艺嘉宾KOL＠小堂堂＠教体育的雷老师，结合综艺萌宝种草产品，精品内容影响宝爸宝妈人群，播放量超603万次，互动量超14.6万次。

联合可持续生活头部媒体＠Lohas乐活杂志制作亲子露营攻略。拍摄零碳露营创意视频，结合露营场景，树立品牌公益形象，并传递差异化卖点。

抖音配合挑战赛，制作教程视频及明星ID，邀请KOL参赛助力。15位头腰部KOL打卡挑战赛，相关内容总播放量超2267万次，互动量超36.2万次，助推话题内容播放量突破13.3亿次。

打造亲子露营地图系列视频，关联高品质露营，6名抖音、小红书KOL场景化种草，详解亲子露营好处，释放塞纳牧产品利益点，播放量超530万次，互动量超6.9万次。

亲历者说 王楠　重庆灵狐科技股份有限公司项目总监

通过本轮传播，将品牌、产品与高品质露营进行深度链接，明星、平台、KOL三重流量助力品牌曝光。深度借势综艺，结合传播权益营销，最大化地将综艺流量转化成产品声量，提升品牌认知。围绕露营场景种草，围绕露营打造专业内容，深化品牌露营标签，强化金领冠塞纳牧的利益点，传递"突破传统有机　三重天然保护"的品牌主张，强化产品口碑。

案例点评

点评专家：张洁　金科集团华东区域总部品牌总经理

金领冠塞纳牧以近两年大热的露营话题为切入点，持续打造亲子品牌标签。这是非常棒的品牌整合推广案例。有机奶粉品牌＋亲近自然的露营推广，同时联合《跟着爸爸去露营》这个综艺进行品牌呈现，线上线下结合，既有话题，又有活动，使整个推广丰满而立体。在借综艺流量不断传播话题的同时，进行内容的二次创作；借不同的传播号、传播矩阵精准击中泛亲子人群，实现流量、销量双丰收。好的品牌故事是消费者与品牌的情感切入点，金领冠塞纳牧这轮传播非常完美地刻画了这样的场景，与消费者一起共创了这个故事。

汽车行业用户公域化运营

执行时间：2022年12月1日—2023年8月31日

企业名称：智己汽车科技有限公司

品牌名称：智己汽车

代理公司：无锡优数信息技术有限公司

获奖类别：2023金旗奖最具公众影响力社交媒体战役营销金奖

项目概述

智己汽车成立于2020年，作为上汽集团、张江高科和阿里巴巴集团共同打造的全新用户型汽车科创品牌，无论是造车底蕴、研发能力还是平台实力，其都具备极强的市场挑战力，但是相较于传统车企品牌，缺乏用户原始积累和品牌影响力，相较在新能源赛道抢跑领先的品牌，后进场的智己汽车，在刻画价值和圈定用户方面更是面临挑战和竞争。

因此，帮助智己汽车在激烈的竞争氛围中快速精准地圈定核心用户圈层，深度刻画用户形象和用车场景，让智己汽车在公域生态运营过程中获得强劲的用户支撑，最终长期推动整体生态热度和口碑成长，成为项目组面临的重点课题，也是智己汽车快速趋近一梯队行列的关键。

项目策划

1.运营目标

以用户驱动品牌公域口碑成长，助力智己汽车呈现全新姿态，最终上演"后来者居上"的好戏，提前登顶。

2.执行思路

以用户运营作为公域生态的核心驱动力，精准锁定垂直公域和社交公域中权威平台，根据平台属性进行差异化生态打造，快速构建智己汽车用户矩阵，加速形成生态。

（1）邀约成熟垂直领域KOL加入智己汽车，成为智己人，带动腰部用户成长，影响更多基层用户和潜在用户。

（2）挖掘真实车主，持续培育种子用户，使其逐渐成长为有影响力的头部用户。

（3）利用社群长期维系沟通，挖掘用户需求，推动腰部分层和形成基层用户对智己汽车的口碑。

反哺用户生态，打造"三升一降"良性的、积极的公域生态环境，提升生态热度、提升用户活跃、提升口碑价值。

3. 媒介策略

在垂直公域注重口碑打造和标签深耕，重点运营头部垂直平台，持续渗透新能源垂直平台和传统垂直平台。

社交平台着重流量圈定和场景营造，主抓大流量社交和资讯平台，提升曝光和影响力，持续关注主流社交平台和问答平台，形成用户包围圈。

4. 执行策略

（1）造矩阵。寻找志同道合之人，携手同行，登顶的路上终成"智己"。凝聚车友的力量，集众人之力，各展所长，加速建立智己汽车公域生态。

（2）建口碑。站在巨人的肩膀上，一路与巨人相伴，成就最好的"智己"。展现智己汽车极致的品牌力及产品力，营造沉浸式用户用车生活和品牌共创体验。

（3）塑生态。在流量的风口，加快步伐，以"智己"的节奏加速前行。抓住流量红利，最大化用户运营效果产出，提升公域生态品牌及产品影响力。

5. 运营规划

（1）第一阶段：挖掘期。对智己汽车公域用户进行初筛，拟定用户运营资源库并快速建立联系，对社群聚集用户进行扁平化沟通管理。

（2）第二阶段：激活期。通过多元化的社群活动，调动用户活跃积极性。

（3）第三阶段：成型期。根据真实用户矩阵反馈，通过优数达人资源库，嫁接头部KOL用户进入智己用户圈层并持续养成优质腰部KOC用户，扩大各层级用户规模，形成以头腰部用户为核心的用户圈层，深度刻画用户形象和用车场景，立体化呈现品牌价值。

（4）第四阶段：爆发期。用户运营矩阵与品牌营销节奏同频传播，形成与智己汽车"主线统一及支线多元"的营销体系，全面反哺智己汽车公域生态成长。

项目执行

按公司品牌节奏及业务需要制定年度策略，分拆月度规划，细化周排期并落地，以日为单位进行数据回溯，以周为单位进行小结，以月为单位进行复盘，找出偏差，分析成因，研究纠偏对策，保证项目进度；阶段性调研行业/竞品成功案例，对客户输出高价值营销策略，保证项目质量；在项目执行过程中以周会/月例会形式积极沟通项目进展，解决问题，协调资源，通过有效沟通与协调，提高团队合作销量，保证项目顺利进行。

项目评估

成功建立智己汽车KOC生态价值体系，通过老车主转化、社群/社区挖掘、社群活动等方式，挖掘并培育孵化高价值用户396人，挖掘培育版主2名，打造智己LS7认证车友群1个，共计439人，持续通过社区活动激活用户，打造活动30余场，通过社群用户运营带动社区自然声量，以多元化的传播形式不断对用户宣传产品USP，使整体真实用户发布占比达90%、月均声量提升155%，充分发挥用户价值，与品牌共建声量传播矩阵，使真实用户的声音得以更全面呈现。

邀约张抗抗、高奔、阿源只聊电车、大金牙聊车等40余位新能源领域达人成为车主，覆盖汽车之家、懂车帝等垂直平台与抖音、微博等主流社交平台，多平台曝光量累计超3600万次，互动（转评赞）超110万次，充分调动各平台用户的价值，使其加入用户生态运营和品牌共创中。

配合品牌营销节奏，在智己LS7上市前中后期配合"预售破万""张朝阳物理课""智己LS7上市发布会""新车交付""IMOS 2.0发布会"等重要相关节点，调动用户力量参与新车上市的各传播节点，推动整体用户生态发展，传播效果在上市周期内获得跨越式提升，获取总曝光量超1280万次。

在用户运营的带动下，智己汽车声量持续提升，关注度、曝光量稳步增长；以真实用户发声占据主导的传播形态日趋成熟；在汽车之家、懂车帝网站，口碑动态排名持续第一，口碑赢得用户的认可；充分带动用户活跃在尾翼评论区，吸引潜在关注者积极参与，提升其对智己汽车品牌的价值认同感，通过用户的主动发声有效降低品牌负面率。

亲历者说 马倩 无锡优数信息技术有限公司运营总监

在传统营销效率不高及诸多新能源品牌入局等竞争环境下，我们选择强化对用户运营的探索，沉淀粉丝和用户。建立新模式是必走之路，在智己汽车用户运营从0到1、摒弃老旧的传统营销模式中我们遇到了很多新问题，但通过"让用户推荐用户""让用户帮助用户、让用户说服用户""让用户活跃用户，让用户建设社区"的用户运营新体系，我们取得了显著成效，在帮助客户赢得用户口碑的同时我们也赢得了客户的认可。

案例点评

点评专家：王虎 哲基数字科技执行董事

在"算法时代"，用户对汽车产品和服务的使用感受从以前的分散状态中被算法钩沉出来，以"千人千面"的方式直接推送到对相关内容"感兴趣"的读者

（包含潜在客户）面前，影响他们的判断，因此所谓的用户运营变得前所未有重要。

智能化新能源汽车的初期用户，相比传统汽车用户，更愿意接受和尝试新科技和新事物，因此也更易受到新传播方式的影响。我们观察到所谓的"新势力汽车品牌"，在传播上更乐于对用户运营进行较大的投入，在公域和私域平台更乐于进行精细的操作。

智己汽车的这个用户公域化运营案例，从此前存在的问题辨析出发，确定了清晰可行的策略和执行方案，取得了较好的效果，整个方案策划和实施胜在有招有式、有用有效。

鲜博士"帮TA关灯"「晚睡青年拯救计划」

执行时间：2023年3月1日—5月20日
企业名称：辉山乳业（沈阳）销售有限公司（简称辉山乳业）
品牌名称：鲜博士牛奶
代理公司：飞扬博远（北京）公关顾问有限公司
获奖类别：2023金旗奖最具公众影响力社交媒体战役营销金奖

项目概述

「晚睡青年拯救计划」是辉山乳业鲜博士牛奶与中国睡眠产业峰会基于3月21日世界睡眠日举办的"早睡1小时"公益倡议活动。辉山乳业旗下最早、知名度最高的子品牌鲜博士牛奶在进行市场数据分析后，发现用奶场景越来越多元化，其结合部分年轻人越来越爱晚睡的现象，希望激发更多睡前用奶需求。本场活动希望通过聚焦晚睡现象，用"早睡1小时"的行动倡议让目标人群形成早睡感知，并且让睡前场景与产品联结，最终提升鲜博士牛奶销量。

项目策划

1.项目目标

2023年3月正值开学季，鲜博士牛奶为拓宽睡前用奶场景，借助世界睡眠日这一契机，发起"早睡1小时"活动倡议。从种草到带动消费，提升品牌市场价值，致力于达成3个目标——品牌曝光、私域用户开拓、睡前场景认知强化，做到从传播到增粉再到口碑的全面营销。

2.洞察

根据鲜博士牛奶品牌升级策略，圈定出更多一二线城市、更多21~30岁、更多高收入人群作为沟通目标人群。由市场数据可知，当前用奶场景呈现多元化趋势，从单一的早餐用奶变成多场景用奶，而在众多场景中，睡前场景尚未令消费者形成强烈认知。有些年轻人不睡或者晚睡，并不是因为不困，而是因为白天充满压力，到了睡前就开始"报复性娱乐"，释放焦虑与压力。所以总结得出，睡前用奶场景在目标人群中有较大的市场。

3.策略

通过"呼吁早睡—形成早睡认知—激励早睡"3个层级，完成睡前饮奶的"认知教育"，以及强调产品使用场景。

4.创意

以「晚睡青年拯救计划」为核心主题，联合中国睡眠产业峰会，共同发起"早睡1小时"倡议，通过21天早睡持续打卡互动，让用户养成一个早睡的习惯，真正做到在"早睡1小时"的同时也让鲜博士牛奶成为消费者的睡前牛奶。

5.传播规划

执行思路上，借助公域、私域的多维度流量，进行声量打造。

- 联动助力：睡眠行业权威机构落地活动、多品牌联动发声。
- 私域引流：打造专属小程序，"圈粉"目标人群，引流终端零售私域。
- 借势热点：借助世界睡眠日话题造势、借助KOL影响力。

（1）预热期——让"晚睡青年"入圈。

与京东快递、蜻蜓FM、理象国、Monster Guardians品牌进行线上联动，全网招募"晚睡青年"，共同治愈"晚睡焦虑"；在沈阳当地进行户外广告画面铺设，活动前一周释放有奖参与活动信息，积累原始用户。

（2）爆发期——多重动作辐射用户。

上线晚睡青年街头采访视频，了解青年们真实的晚睡痛点，让千万网友共同参与话题讨论；制作《晚睡青年图鉴》互动推文，展现真实的晚睡青年状态，科普"晚睡"知识点，如"23点之后睡觉就叫晚睡""只有27.2%的公众知道晚睡的定义"，植入睡前一杯奶的利益点；鲜博士晚安宇宙小程序发起21天早睡打卡挑战，以有奖激励来增强用户参与黏性；除早睡挑战外，小程序更是作为晚睡青年睡前精神放松地，受众发布"晚安故事"相互治愈。

3月21日，与中国睡眠产业峰会一起在广州举办"早睡一小时"倡议仪式，权威背书让活动更有说服力；除官方自媒体传播，也借助平台KOL影响力，扩大活动声量。邀请辽宁本地KOL参与话题，他们给出了保持良好睡眠的小贴士。

将鲜博士乳品创意Lab作为线下打卡互动地，派发睡眠关爱小礼品，传播活动的同时也带动门店销售。电视栏目《健康一身轻》对睡眠专家进行访谈，畅聊"睡眠问题"，为品牌有效背书。

（3）收尾期——口碑持续打造，扩大活动影响。

沈阳及长春两地KOC探店，有效聚集目标城市优质用户；针对品牌私域用户及沈阳本地社群进行传播，以活动福利持续号召用户参与；在首批小程序用户打卡满21天之际，同城热搜上榜#早睡21天会产生什么变化#话题，话题中成功植入活动；5月20日正式收官，发布活动长图，总结活动数据。

项目执行

项目确定于 2023 年 3 月 21 日——世界睡眠日当天正式开展及上线，在上线前 20 天左右开始进行统筹。

考虑到小程序作为沟通主平台并且制作周期长，先规划小程序的页面内容，确定名称以及用户参与方式、官方内容、抽奖礼品等。

同步选择与权威机构——中国睡眠产业峰会合作，借助 3 月在广州举办的第五届中国睡眠产业峰会，以现场发布倡议书的方式进行呼吁。除了借助权威机构，还提前发起联动邀约及达人合作邀约，让多方共同参与到此活动中。

在传播上，选择使用街头采访视频、早睡话题的方式让大家参与讨论，提前 2 周进行沈阳街头采访，在活动当日发布视频，并配文"今天是世界睡眠日，有理由不加班啦，把视频转发给老板"，抓住网友的晚睡痛点。

最后，考虑到品牌区域市场的优势特性，使用本地媒介资源，提前布局，高效高频曝光活动，借助电视节目《健康一身轻》全方位讨论睡眠问题，解答睡眠困惑，也利用自营渠道铺设活动信息，让区域市场用户参与到活动中。

项目评估

全网曝光量 5023 万次，双热搜话题 #东北人对早睡的理解有多绝# #早睡 21 天会产生什么变化# 登同城热搜榜 TOP1、TOP2，互动量超 50 万次，相关内容成为沈阳、长春、哈尔滨三地同城热搜 TOP1，小程序 PV 超 12 万次、UV 超 1.9 万人，用户主动投稿"晚安故事"超 1000 篇。

亲历者说 先茜茜 飞扬博远（北京）公关顾问有限公司项目经理

其实我们团队成员都是"晚睡青年"，对晚睡既为难又"上头"，也知道"早睡 1 小时"一天是容易的，但是坚持是很难的，虽然不能仅用一场活动让许多人摆脱晚睡的困境，但在活动期间，团队成员都意识到"睡前一杯奶"的好处，也被鲜博士牛奶醇厚香浓的口感"圈粉"，纷纷给自己及家人下单。在团队出差沈阳期间，鲜博士乳品创意 Lab 也成为团队下午茶的必选项，乳品企业自己的新式茶饮店，让人对奶源更放心。同这样一家有历史、有想法、有品质保障的乳企合作后，我们希望它能在全国范围内得到推广。

案例点评

点评专家：王虎　哲基数字科技执行董事

　　从"晚睡"场景出发，建立起和目标人群的有效触达、沟通，鲜博士牛奶的这个「晚睡青年拯救计划」令人印象深刻。这是一个非常精准、有效的社交媒体营销案例，不仅成功地找准了目标用户的共鸣点、社交媒体话题的宣传点，更巧妙地拓展了鲜博士牛奶的睡前饮用场景。

　　整体评价，这一案例胜在"有趣有料"。"有趣"表现在，案例的策划从洞察万千年轻网友的"不眠难题"开始，通过街头采访，用来自"晚睡青年"的心声，卸下目标人群的防备，用生动活泼、好玩有趣的传播物料，包括视频、图鉴、金句等，形成在社交平台的自发传播，话题性十足，落地手段丰富。"有料"表现在，不止步于好玩有趣，通过精心选择的发布时间（世界睡眠日）和权威机构（中国睡眠产业峰会）背书，增加了理性说服的成分，通过睡前一杯奶带给"晚睡青年"更为实实在在的关怀，让这次品牌传播突破了"营销"的格局，从而提升了本案例的社会意义。

GOLDEN
FLAG
AWARD
金旗奖
—
品 牌 向 上

2023
—
金旗奖最具公众影响力
国际传播金奖

2023达沃斯 · 财新国际圆桌竹叶青国际化传播

执行时间： 2022年12月10日—2023年1月30日
企业名称： 四川新大东商业贸易有限责任公司
品牌名称： 竹叶青
代理公司： 北京财新国际信息咨询有限公司
获奖类别： 2023金旗奖最具公众影响力国际传播金奖

项目概述

2023年1月16日—1月20日，以"释放亚洲潜力：前景与机遇"为主题的达沃斯 · 财新CEO午餐会在瑞士举行，在这场有着全球影响力的论坛上，中国高端绿茶竹叶青作为"礼宾用茶"，承担着连接中国文化与外国文化的角色。通过这场茶叙外交，竹叶青旨在推动国际商业合作与知识交流，在促进国际金融、科技和绿色发展等领域合作之时，展示中国茶品牌竹叶青背后"和"的品牌态度。

项目策划

1.项目调研

茶叶种植与贸易影响着全球口味与饮食习惯，更作为一种发展动力影响着经济格局，因此茶在中国连接世界的重要场合中具有别样的意义，是加强国际社会对中国经济认知和理解的耀眼名牌；所谓"天涯同饮一杯中国茶"，这一杯茶的背后，展示的是一个开放包容、宽广博大的中国，且茶与环境、绿色发展等议题高度关联，是一种天然而良好的生态价值观载体。故在国际论坛中，中国茶品牌竹叶青以茶为介，以茶会友，不仅促进全球化发展和国际合作，还展示着"以和为贵"的品牌价值观。

2.活动策略

达沃斯 · 财新CEO午餐会邀请来自各个领域的嘉宾，包括商界领袖、政府人员和学术专家，这些嘉宾拥有丰富的经验和专业知识，使午餐会成为一个高端对话和交流的平台；通过参考茶的媒介属性，本项目为参与者与不同领域的嘉宾交流、分享见解和经验创造了一个开放和包容的讨论空间。这种以茶叙事、以茶述理、以茶导和的创意形式，促进了跨界合作和思想碰撞，为参与者提供了深入互动的机会，激发了新的思考和解决方案。

3. 内容创意

（1）选题与品牌价值关联：选择"释放亚洲潜力：前景与机遇"作为午餐会主题，旨在引起对于亚洲地区在全球经济中的重要性和潜力的广泛关注。通过讨论议题内容，反映中国茶品牌竹叶青的世界观和价值观，并将竹叶青茶叶与亚洲的经济前景和机遇联系起来，提升品牌知名度和认可度，在活动中传递开放包容、宽广博大的中国品牌态度。

（2）对话与品牌文化关联：通过创造开放和包容的讨论平台，促进跨界交流、思想碰撞和合作，体现中国茶道中"和而不同"的文化境界，给予竹叶青国际亮相机会，提升其品牌认知和形象塑造。

4. 传播规划

基于传播目标，与世界经济论坛官方合作伙伴财新传媒建立合作关系，通过提供线下产品体验和线上整合传播的方式，覆盖广泛受众，提升竹叶青的品牌知名度，深化品牌形象，同时加强项目的国际影响力。

（1）线下产品体验：通过活动现场的宣传手册、展台、演讲台等物料，以及会场内的餐桌、茶歇区、企业宣传片、现场电子屏、易拉宝等布置，营造专业而独特的活动氛围；布置和物料设计与竹叶青的形象相匹配，进一步增强竹叶青的品牌认知和价值。

（2）线上整合传播：在财新网、财新国际、财新App等平台刊登中英文广告，利用微信、微博、Twitter、Facebook、LinkedIn等社交媒体进行中英文整合推广，提高项目整体曝光量，财新传媒作为世界经济论坛官方合作伙伴，通过举办CEO午餐会并邀请国际知名嘉宾，展示其专业和权威形象，通过财新传媒的权威平台，有效塑造竹叶青品牌形象。

项目执行

1. 筹备阶段

2022年12月10日，项目组选定"释放亚洲潜力：前景与机遇"作为午餐会的主题并确定了环节形式，随后邀请来自不同领域的行业领袖和知名学者，确认与会名单，同时完善媒体传播策略。

2. 启动阶段

2023年1月17日—1月25日，为活动现场定制配套物料，契合主题营造高端专业活动氛围，最终确认达沃斯·财新CEO午餐会在瑞士达沃斯成功举办。筹备活动现场的宣传手册和安排会场布置方式，成功营造了专业而独特的活动氛围。

3.监控与评估阶段

2023年1月17日—1月30日，财新传媒对项目进行了全面监控和评估。通过评估参与者的反馈和活动效果，财新传媒可以了解项目的成效和潜力，为今后类似活动的改进提供指导。

项目评估

1.受众反应

竹叶青在活动现场得到来自不同领域的行业领袖和知名学者的一致青睐，成功地传递了中国茶品牌竹叶青的形象和价值观，吸引了国际市场用户更多关注。

2.媒体统计

通过在财新网、财新国际、财新App等平台刊登中英文广告，以及在微信、微博、Twitter、Facebook、LinkedIn等社交媒体上进行中英文推广，项目整体曝光量高达1500万次。

3.项目亮点

以"释放亚洲潜力：前景与机遇"为主题，促进跨界交流、思想碰撞和合作，吸引了来自不同领域的业界精英、政府人员和学术专家参与讨论；竹叶青以2023达沃斯·财新国际圆桌独家礼宾用茶身份亮相国际会议，进一步提升了中国茶品牌竹叶青的品牌价值。

4.效果综述

作为世界经济论坛官方合作媒体，财新传媒多年来持续合作，并在达沃斯举办了2023年的CEO午餐会。这种合作关系加强了财新传媒在国际舞台上的影响力，为中国和亚洲其他地区发出声音提供了重要平台。此举不仅有助于释放亚洲潜力，也促进了国际商业交流与合作。

亲历者说 刘丹　财新国际商务策划执行总监

作为达沃斯年会官方合作媒体，财新传媒坚持发出中国声音。延续经典，午餐会成为有针对性和影响力的平台，全球决策者和意见领袖开诚布公地讨论当今世界重大问题。本次40位宾客齐聚，基本包括了来到论坛现场的所有中国面孔。创新方面，午餐会携手竹叶青，带中国峨眉高山绿茶走入瑞士雪山，为宾客带来以茶会友的美好体验。在项目筹备过程中，我们感受到全球合作伙伴、嘉宾的期待和支持，无论是演讲、分享还是讨论，都坦诚和充分，意犹未尽。

案例点评

点评专家：仲佳伟　爱德曼国际公关中国区高级副总裁

国际传播是当前传播学界与业界的难点，在这方面的探索都极富意义，其中最需要突破的有两个方面：一是如何从展现自己到互相分享，二是如何由自己宣传到善借平台与资源做跨机构传播。本案例在这两方面都有了突破，借"茶"这个国际文化语境中公认的中国元素，将传播融在极具国际对话与叙事能力的世界经济论坛嘉宾场合中，令人眼前一亮，是一个巧思；借严肃的论坛，融入权威的话题，专业进入到"茶"的文化中，是另一个巧思。看似都是软功夫，但背后对策划与执行团队，都是硬考验。期待未来能有更多这样的传播案例出现，既帮助中国的企业、品牌甚至国家形象实质地提升信任，也供业界参考、探索。

酷开电视＆蜜雪冰城印度尼西亚共和国联动营销项目

执行时间： 2023年6月26日—7月31日

企业名称： 深圳创维-RGB电子有限公司

品牌名称： 酷开电视

代理公司： 北京阶承传播顾问有限公司

获奖类别： 2023金旗奖最具公众影响力国际传播金奖

项目概述

本次酷开电视邀请蜜雪冰城跨界合作，在印度尼西亚共和国持续传播、强调"行业NO.1"的印象，提升品牌知名度，进一步提升品牌溢价。围绕话题HAppY TIME WITH NO.1，与印度尼西亚共和国茶饮门店数量第一的蜜雪冰城，组建印度尼西亚共和国"NO.1 CP"，共同为印度尼西亚共和国用户带来健康与快乐体验，总曝光量达8296万次。

酷开电视在7月7日年中大促活动期间成功夺得Lazada（跨境电商平台）电视品牌销量冠军，总销售量超过1万台。同时，酷开电视的QLED产品Y72 PRO在Shopee（跨境电商平台）上联合MIXUR上市，总销售量在独家上市期间超过5000台。活动为蜜雪冰城百家门店提高进店率，有效助推蜜雪猕猴桃果茶新品上市，实现双赢。

项目策划

1.目标设定

（1）提高品牌曝光：围绕核心话题HAppY TIME WITH NO.1开展跨界合作，组建印度尼西亚共和国"NO.1 CP"，共同为印度尼西亚共和国用户带来健康与快乐的生活体验。

（2）有效助推大促：助推酷开电视QLED产品Y72 PRO电商大促以及蜜雪冰城猕猴桃果茶新品上市推广，通过蜜雪冰城门店和相关传播引流Shopee。

（3）赋能蜜雪冰城门店：打造"喝蜜雪冰城奶茶赠送70台酷开电视"话题，作为本次核心信息，线上线下传播，提高蜜雪冰城印度尼西亚共和国当地加盟商的支持配合度，诚心诚意为蜜雪冰城用户送福利，赢得品牌好感度。

2.推广策略

（1）借助买奶茶送电视的营销话题，定制互动联名杯套，抽奖送礼，在蜜雪冰城印度尼西亚共和国百家优质门店进行覆盖式投放，打造透明礼盒巴士巡游雅加达，提高活动曝光度，借助雪王IP与酷开电视IP酷小狐的互动，吸引用户注意力。

（2）本地化公益活动，酷开电视在印度尼西亚共和国无车日联动酷小狐，携手大量雪王集体跳舞，酷开电视改编版蜜雪冰城主题曲引发路人合影互动，赠送联名礼品、奶茶，激发市民更大的参与热情。

（3）围绕蜜雪冰城门店活动，结合官方社交媒体传播、电商直播、KOL探店、媒体报道、电梯广告投放等多方资源，提高跨界联名事件热度。

3.传播规划

（1）定制联名杯套，覆盖蜜雪冰城雅加达100家优质门店。

借助买奶茶送电视的营销话题，定制50万个以撕拉方式参与中奖的联名创意杯套，在蜜雪冰城百家门店进行覆盖式投放，巧妙结合双方品牌特点和产品性质，融入两个品牌IP（雪王与酷小狐捉迷藏，通过在杯套里寻找雪王揭晓大奖），并以"边喝奶茶边看电视，享受快乐时光"的概念，将酷开电视产品的客厅家居场景与蜜雪冰城品牌融为一体。

（2）百家蜜雪冰城门店福利派送，一举引发全城狂欢。

杯套中嵌入店铺二维码，用户通过扫码进入互动环节，与酷小狐和雪王进行捉迷藏，解锁刮奖惊喜。活动奖项丰富多样，每位参与者在蜜雪冰城活动门店购买奶茶都有机会中奖。

（3）携手爱心公益，酷小狐雪王上街引拍照围观。

印度尼西亚共和国无车日，政府倡导绿色出行，酷小狐携手20位雪王集体上街跳舞，配合蜜雪冰城主题曲，引发路人合影互动，酷小狐与雪王花式联名小扇子，备受雅加达市民喜爱，赠送的上百瓶饮用水、湿巾及小零食激发现场观众更多参与热情。

无车日当天酷小狐与雪王合影展示门店活动横幅

（4）全城聚焦，透明礼盒巴士及电梯广告覆盖雅加达。

①7月1日—7月31日，打造透明礼盒巴士（放置雪王、酷小狐气膜+电视卡通KT板），引发关注，不断巡游，持续强调喝蜜雪冰城奶茶送酷开电视活动信息，覆盖雅加达全市，每日经过多家蜜雪冰城活动门店，有效二次触达相关用户。

透明礼盒巴士巡游经过蜜雪冰城门店

②6月26日—7月26日，在雅加达商超中心地带公寓、办公楼的电梯投放广告，将品牌联名活动覆盖至家庭场景用户。

（5）线上线下多渠道活动，为Shopee大促活动引流。

线下100家蜜雪冰城门店物料+50万个联名杯套，提高Shopee曝光度，线上以"门店Shopee直播+100个KOL/KOC种草+PR稿件"多维度曝光，以社交媒体为主传播路径，为活动持续引流。

项目执行

1.第一阶段：以百家蜜雪冰城门店活动为传播话题

定制50万个联名杯套，门店基础物料如横幅、箭头贴、吧台台卡、活动展架，配合电视机投放、改编歌曲视频循环播放，有效传递品牌活动信息，抽奖活动覆盖100家蜜雪冰城门店。

2.第二阶段：结合印度尼西亚共和国当地特色做本地化传播，携手雪王花式出圈

打造多名玩偶无车日上街及联名巴士巡游活动，以更出圈的方式吸引更多路人关注，由此收集的素材通过剪辑形成二次创作，在社交媒体平台上引发更高的话题热度及参与度。

3.第三阶段：媒体及电商频频宣发，好评口碑声量积攒

投放线下电梯广告，宣传线上电商买电视送蜜雪冰城奶茶券活动、KOL及KOC活动物料/广告视频，为门店活动引流。

项目评估

1.百家门店抽奖、无车日活动，预估曝光量500万次

与蜜雪冰城联名的抽奖活动奖品丰富，有70台酷开电视，5万张（包括买一送一券、全面任免奶茶券、冰激凌饮品券等）优惠券，中奖率高，中奖范围大，涵盖印度尼西亚共和国全国各类人群。蜜雪冰城门店展示活动横幅、展架、联名创意堆头等丰富物料，酷开电视门店播放特别改编版的歌曲，雪王及酷小狐人偶与工作人员在门店外互动舞蹈引流，组织中奖者现场领取电视，增强仪式感。此外，10家蜜雪冰城核心大门店固定标配20台电视，在活动2天内集中抽奖发放，提高用户抽奖热情。

无车日酷小狐携手20位雪王集体上街跳舞，配合蜜雪冰城主题曲，无数路人主动合影互动，1万把酷小狐×雪王联名小扇子备受市民喜爱，1小时内一抢而空。

2.巴士巡游及电梯广告总曝光量1837万次

透明礼盒巴士根据蜜雪冰城门店和雅加达高人流区域路线，巡游雅加达1个月，每天固定巡游10小时，经过78家蜜雪冰城门店，至少触达65万人，总曝光量近740万次，整体路程达4841千米。

6月26日—7月26日，在雅加达商超中心地带公寓、办公楼电梯投放广告，单日总曝光量超36万次，30日总曝光量1097万次。

3.双方品牌线上总曝光量5496万次，互动量超12万次

25个KOL+100个KOC，覆盖家庭、亲子、时尚、搞笑等类型，拍摄"样机测评""门店打卡""街头采访""好物分享"等内容视频，通过线下改编蜜雪冰城主题曲、打卡门店以及采访测评等方式，吸引用户前往蜜雪冰城门店参与活动，累计总曝光量超274万次，总互动量超6.3万次。此外，双方品牌社交媒体在Instagram、Facebook等平台上发布的内容累计曝光量4800万次，互动量7万次。活动当天引发自然流量帖子超1000条，其中有7个百万粉丝博主自发打卡。酷开电视在TikTok发起酷开蜜雪冰城改编歌曲翻唱挑战，话题总曝光量422万次，吸引154人参与。

4.酷开电视电商渠道曝光436万次，电视销量超1万台

印度尼西亚共和国7月7日年中大促活动中，双方合作有效利用Shopee Food提供的首页推流、搜索等多类型资源，为蜜雪冰城门店引流。大促期间成功夺得Lazada电视品牌销量冠军，总销量超过1万台。同时，酷开QLED产品Y72 PRO在Shopee上联合蜜雪冰城独家上市，独家上市期间全店总销量超5000台。

亲历者说 高蜜兰　北京阶承传播顾问有限公司东南亚高级运营经理

作为在中国工作过的印度尼西亚共和国人，我感知到当地人的工作节奏相对中国的慢太多，5月底与蜜雪冰城达成合作后，距离项目7月上线筹备时间非常紧张，存在以下挑战。

一是怎么快速制作并配送50万个联名杯套到蜜雪冰城门店。需求数量多但效率有限，内部达成共识后决定在中国制作（海运至少1个月），四处协调，最终活动顺利上线。

二是两个出海品牌首次在印度尼西亚共和国联名，如何做好本地化。酷开电视在印度尼西亚共和国电商销量领先，可结合蜜雪冰城的大量门店提高线下曝光度。蜜雪冰城在印度尼西亚共和国拥有大量门店，非常重视本土门店的加盟商，此次活动需要提高福利机制，增加门店的人流量和到店率。印度尼西亚共和国人喜欢即时消费，如果活动的利益点太绕、周期太久，很难打动用户。喝奶茶送70台电视的话题，看似简单，其实是符合当地情况的。

三是百家门店的活动管理关系到执行效果，为此蜜雪冰城对百家门店人员进行了一周三轮的培训。酷开电视负责设计活动的所有物料，由蜜雪冰城制作、快速下发以提高效率，酷开电视在活动期内让100个KOC前往各个门店打卡，及时反馈情况并优化。我们增加了透明礼盒巴士巡游和无车日活动，不断曝光门店抽奖活动。

案例点评

点评专家：王虎　哲基数字科技执行董事

两大中国品牌在海外市场联手，组建"NO.1 CP"，实现合作双赢，这个案例除了本身足够精彩，还给处于出海大潮中的中国品牌带来了特别具有现实意义的启示和借鉴，所以获得2023金旗奖最具公众影响力国际传播金奖实至名归。

第一，酷开电视和蜜雪冰城合作堪称意料之外、情理之中，双方以共同的"家庭场景"为合作纽带，在"品牌价值"和"产品理念"上高度同频。购买电视是

一个低频场景，冰品消费是一个高频场景，酷开电视需要蜜雪冰城超大体量的地面渠道和高频次购买的人群优势，以带动用户对线上电商平台活动的关注，蜜雪冰城需要酷开电视产品的高价值感知，来增加客户进店吸引力以及促进客户对新品茶饮的关注，这一合作真正、有效地实现了双赢。

第二，执行精准、高效。精准得益于对印度尼西亚共和国市场的深刻洞察，对当地民众消费心理的把握，而在较短的准备时间内，能够组织一场覆盖线上、线下，包含线上大促、线下巡游、店促、集体上街跳舞、KOL/KOC传播等多样化传播方式的营销活动并取得优秀的传播效果，这种高效值得称道。

宇通客车卡塔尔世界杯品牌营销传播

执行时间：2022年8月14日—12月22日

企业名称：宇通客车股份有限公司

品牌名称：宇通客车

代理公司：郑州出类文化传播有限公司

获奖类别：2023金旗奖最具公众影响力国际传播金奖

项目概述

2022年卡塔尔世界杯，1500辆左右的宇通客车（其中包括888辆宇通纯电动客车）承担着各国官员、媒体、球迷到体育馆的接驳保障任务。这是新能源客车首次作为主力服务世界杯赛事，也是国际大型体育赛事首次大批量引入中国新能源客车。为此，宇通客车派出120多人的服务保障团队，通过打造系统的出行解决方案，帮助油气大国实现绿色转型。

本次传播旨在展现宇通客车高品质产品、高水平服务及新能源解决方案，树立宇通客车国际化、高端化品牌形象，传递品牌价值，同时与大众建立情感联系，强化品牌印记，提升品牌影响力和好感度。

服务卡塔尔世界杯的宇通纯电动客车

项目策划

1.核心策略

（1）内容层面：针对政府、客户、大众打造不同层次、维度内容，聚焦"五有战略"，全面推动整合性内容营销，实现品牌行业占位及影响力提升。

有节奏，开篇品牌主题概念片定调，实现用户情感共鸣，引爆期借与央视合作高度占位，后续传播打造热点事件与全民共狂欢，持续性有节奏进行传播落地。

有爆点，紧密结合世界杯赛事，聚焦大众目光，打造话题，借助央视等媒体资源强有力发声，实现品牌强曝光以及与目标用户的有效沟通。

有创意，打造多类型创意性内容，实现用户与品牌之间的互动并产生共鸣，进而实现社交媒体端自主传播裂变。

有深度，借势央视频定制栏目《乘大巴看卡塔尔》、央视大资源报道、行业主流媒体以及国际媒体报道，深度解读，夯实品牌标签，为品牌背书。

有拓展，针对世界杯活动拓展，维护国内客户关系，打造挑战赛，进行客户深度沟通，维系、巩固、拓展客户关系。

（2）受众层面：面向政府，强调宇通客车全球化的地位与贡献、出海全球的品牌实力及战略布局。面向客户，强调宇通的实力与能力，冠军品质绿动世界，宇通新能源全球领先。面向大众，强调宇通客车品牌的形象与理念，同一个世界，同一个梦想，同一种热爱。

（3）主题＃中国宇通 绿动世界＃：宇通客车作为中国品牌的代表，与世界杯比赛一同闪耀国际舞台，在世界级体育赛事中贡献"中国力量"，推动全球绿色低碳新能源发展，充分展现了产品的实力以及在行业中的领先地位，强势行业占位。

（4）媒介层面：改变了"以多取胜"的做法，重点聚焦权威媒体，通过权威媒体背书，带动其他媒体，形成合力，通过社交媒体扩散，传播话题。

2.传播规划

（1）权威媒体提振高度：借央视频定制栏目《乘着大巴看卡塔尔》、央视纪录片《沸腾的卡塔尔》及《人民日报》、新华社等专题报道，实现品牌的强力发声、深度曝光和高度占位。

（2）话题传播营造热度：围绕赛事制造热点话题，结合卡塔尔当地情况打造绿色出行日、公共交通高峰论坛、球迷狂欢夜等活动，持续营造热度，增强品牌影响力。

（3）国内外联动全面覆盖：卡塔尔乃至全球的行业和综合类媒体，Facebook、Twitter、YouTube等海外社交媒体；国内新闻、财经、汽车等领域主流媒体，抖音、微博等新媒体及网络KOL；集团自媒体矩阵、公司内部媒体等。各传播渠道强强联动，全面、立体式传播。

（4）客户接触点全面打通：海外市场借助客户邀约，看样板、观球赛、参加活动、体验宇通纯电动客车等展现品牌实力；国内市场同步举办线下活动，结合"双11"网络促销、中心站形象打造等实现客户接触点全覆盖。

行驶在卡塔尔街头的宇通纯电动客车

项目执行

第一阶段，顺势造势。8月初即在媒体预热，宇通客车服务世界杯的消息两次在央视播出，开幕前策划"河南小伙带15斤油条膨松剂飞卡塔尔"热点事件，进行传播造势，借世界杯热点，宇通客车在短时间内让自身形成热点，开了好头。

第二阶段，高度占位。前期造势让宇通客车获得了大量关注，由前期主动找媒体转变为媒体主动找宇通客车，在央视频合作下，高度占位。

第三阶段，价值展现。通过社会化传播和媒体占位实现广泛关注，宇通客车从向上传递转为向下挖掘，围绕价值展现，以新能源为切入点，以世界杯为案例，以国外高峰论坛、国内挑战赛为抓手，全方位展现产品价值、解决方案、客户口碑，实现行业的全球占位，展现推动公共交通绿色转型的形象和新能源实力。

第四阶段，高度升华。高起点，高落点，宇通客车提前整理素材，做好梳理回顾，以纪录片、深度稿等形式做好收官总结，提升高度。

项目评估

整体项目收获国内全网13亿次的阅读量，上了19次热搜，超2000家媒体报道，累计报道超1万篇。海外覆盖170多个国家和地区，1300多家媒体发文，18种语言报道，实现2500多万次阅读。经过第三方机构的客观统计、企业位列2022世界杯品牌数字资产50强榜单第18位，品牌传播力指数100强榜单第21位，品牌数字资产及传播力指数均居世界杯非官方赞助汽车企业第1名。

同时，历经千余位行业知名专家层层选拔，从数万件优质案例作品中脱颖而出，荣获"虎啸奖"体育营销类银奖第1名。

亲历者说 范艳涛　宇通客车股份有限公司公关宣传经理

历时4个多月，跨越6200千米，1500余辆车（其中888台纯电动客车）保障服务，3个服务站120多人的服务团队，品牌处联动集团各部门完成了此次卡塔尔世界杯项目超时长、超距离、超品牌、超效果传播。

项目筹备之初，品牌公关团队便制定整体传播节奏，以打造热搜"油条哥"开局，有重点、分层次进行阶段性内容传播，强化过程管理及内外部联动。

最终通过本项目树立了宇通客车高端化、国际化形象，建立了在新能源行业全球领先的品牌认知，传递了中国制造民族品牌的实力担当。

案例点评

点评专家：郭为文　周末酒店App合伙人、首席营销官

赛事赞助的营销作用不在于赞助本身，而在于赞助之后的传播，这是赞助的意义。有些品牌赞助后把赛事标志印在产品、广告中去传播，有些品牌则把赞助做成故事来传播以扩大影响面。此次宇通客车赞助营销就是一个好故事。先是在赛前通过"河南小伙带15斤油条膨松剂飞卡塔尔"的故事把宇通客车在比赛地驻扎的背景透露出来。然后与央视合作，推出宇通客车相关栏目和纪录片，把世界杯的故事搬到宇通客车车厢里。最后，宇通客车主动把世界杯的案例以纪录片的形式在国外高峰论坛、国内挑战赛上展现出来，提升高度。赞助背后的故事与事件本身环环相扣、层次分明，充分放大了赞助赛事的品牌传播效应。

◗ 追觅海外传播

执行时间：2022年6月1日—11月30日

企业名称：追觅国际（香港）有限公司

品牌名称：追觅

代理公司：基誉公关（Sandiper）

获奖类别：2023金旗奖最具公众影响力国际传播金奖

项目概述

1.背景

2020年下半年开始，中国家电出口额连续突破纪录。追觅凭借敏锐的市场嗅觉把握风口，开始发力自营跨境电商，布局欧美、东南亚等海外市场。2022年，追觅委托基誉公关在德语地区进行公关传播，通过基誉公关的媒体渠道加大推广力度，在提升品牌形象的同时致力于扩大市场份额。

2.目标

（1）以追觅的目标受众为核心传递品牌价值与理念，提高追觅在德语地区媒体层面的话语权。

（2）通过传统媒体与线上媒体的规模性报道，提升追觅的品牌知名度。

（3）强化追觅高品质、高科技的核心定位，通过解读其领先的自主研发创新能力和AI智能算法，提升品牌在智能家居领域的美誉度与销量。

项目策划

1.总体策略

（1）因地制宜，产品贴近当地市场。在德语地区，清洁家电的普及率高达250%，这意味着单户家庭拥有2.5台清洁家电，可见当地居民对清洁家电接受良好且使用频率很高。

面对消费者养宠家庭多、房屋面积大且铺设地毯多的情况，项目组为追觅打造了"以消费者需求为导向"的特质，致力于为用户提供适配日常生活的产品。以吸尘器为例，为了更好清理地毯中的宠物毛发，追觅面向欧美市场的吸尘器都配备了V字形防缠绕地毯刷。

（2）社交媒体推广，类生活化场景营销。追觅的产品应用场景贯穿于用户的日常生活，因此在传播中选择了与使用痛点相结合的场景化方式，实现了与用户的同频共振。

社交媒体传播中，以宠物毛发、清洁力度、卫生死角等为核心，围绕真实使用场景发布图片及视频，确保用户在快速获得代入感的同时加深对产品的印象，创造二次传播的可能性。

与 KOL 等博主合作时，则根据博主的个人特质为其打造"定制化使用场景"，精准定位想要改变生活方式的用户群体。

（3）"线上流量+线下体验"双线布局。线上方面，除了官方网站外，借助亚马逊"站内+站外"多渠道触达消费者，通过站外获取新用户，利用站内留存老用户。在流量化的品牌建设中，持续增加亚马逊广告投入，追觅在亚马逊的广告投放取得良好效果。

TikTok、Facebook、Instagram 等平台，也是引流能力较强的渠道。考虑到用户浏览社交平台是以休闲放松为主要目的，所以追觅在此类平台上发布的内容会主动隐藏品牌特征，基于场景与用户进行交互，吸引想进一步了解品牌的用户跳转到亚马逊商城。

在触达用户方面，项目组希望以多点触发的方式提升传播势能。习惯在线下实体店亲身感受产品外观、功能的用户，也能够在德国 70% 的零售渠道买到追觅产品，线下布局成为提升消费者对品牌熟悉度和认同感的重要方式。

2.媒介策略

（1）重点关注当地的产品测评、质量标签、行业奖项等相关信息，通过与权威媒体建立联系，提升追觅的知名度，为追觅多元化的产品组合争取额外报道的机会。

（2）在产品测评结果出色的情况下，与当地主流科技媒体进一步合作，包括采买"seal"、媒体抽奖互动、广告页投放等，借助媒体的专业性为追觅品牌及产品背书。

（3）利用官方网站及社交媒体，有针对性地发布适合平台属性的交互内容，增强与用户的情感连接。

3.传播规划

（1）传播核心信息：基于市场消费者画像，将三大层次主题作为追觅传播的主线，贯穿始终，形成与当地消费者、年轻人的有效沟通。

主题一表达追觅产品是什么：智能家电带来的家居生活。围绕人工智能的便利性、家庭生活（包括宠物）以及数据和隐私保护进行传播。

主题二表达追觅的设计内涵是什么：先进的性能和设计。突出清洁效果、产品功能和设计细节等信息。

主题三表达追觅产品的生活理念：用户负担得起的奢华。向目标群体传递"年轻""时尚"等产品特质，将追觅塑造为有温度的科技品牌。

（2）传播计划如下。阶段一：前期打通媒体传播渠道，规划追觅在德语地区的媒体库并分出沟通的优先级，根据不同的传播主题选择适配的报刊、门户网站等进行合作，通过产品测试、排名、竞赛/抽奖等方式快速吸引消费者。

阶段二：中期利用重大时间点形成规模性传播，如德国最大的消费电子展会IFA、新品上市、"黑五"大促活动，与媒体深入合作，包括产品测评、广告投放、使用推荐等，提高消费者对追觅产品的认可度。

阶段三：后期总结传播情况，将德国地区的传播经验用于其他德语地区，扩大追觅的影响范围。

项目执行

在为期6个月的传播中，利用第一个月完成了前期准备工作，包括德语地区媒体库的梳理、确定适合追觅传播的媒体平台，以及确定符合当地市场的产品传播主题。其后，日常的媒体测评与社交媒体传播按计划推进，根据追觅发布新品的节奏不断调整重点推荐产品。项目组同步规划了IFA、新品上市、"黑五"大促活动、圣诞节的传播方案，力争在热度最高的时间段为追觅争取到最大范围的曝光。

项目评估

在2022年下半年，以IFA、3款新品上市、"黑五"大促活动为三大重点传播项目，并且在日常传播中持续产出媒体测评内容，以保证市场声量。共计产出媒体报道200余篇，PV4000万余次。传播范围覆盖主流大众、科技、生活方式、门户、导购类、社交媒体达人等全媒体矩阵，精准契合追觅的目标圈层，多触点覆盖消费者。

得益于雄厚的技术底蕴与稳扎稳打的发展路径，追觅已跃升为领先的全球化品牌，在德国"黑五"大促活动第一天，追觅新品便摘得品类销冠荣誉。2022年，追觅在多个国家和地区市场实现数倍增长，其中追觅在英国、法国、德国、荷兰、比利时、卢森堡等西欧市场较上年同比增长110%。

通过2022年在德国市场多层次、多渠道的密集传播，追觅逐步从"新锐品牌"蜕变为"行业领导者"，其以技术驱动的高科技品牌形象更是随着多款爆品的出圈深入人心。在追觅看来，智能清洁行业需要用尖端技术推动产品、品类创新，造出对用户真正有用的产品。多年来，追觅始终以解决用户核心需求、提升用户体验为基础，对产品持续进行革新，将尖端科技应用于全系列产品，践行科技普惠生活的企业愿景。面对越发激烈的竞争环境，追觅未来会投入更多的研发资源，为用户带来更加高效、智能、舒适的清洁体验。

亲历者说 基誉公关追觅项目组

我们亲历了一段令人难忘的旅程。我们致力于将追觅这个中国品牌带入德国市场，在这个竞争激烈的科技市场中让追觅脱颖而出，成了我们的挑战和目标。

我们用心倾听当地消费者的需求，精心研究当地市场的脉搏。通过一系列精心策划的媒体活动、产品展示和科技展会，我们向当地消费者传递了追觅卓越的科技实力。我们不仅是传递信息，更是传递情感，将追觅的创新理念融入每一个与消费者的互动中。

在这个过程中，我们目睹了追觅品牌在当地市场知名度的逐步提升。从最初的陌生到逐渐认同，追觅产品渐渐融入当地人的生活。我们和当地媒体建立起紧密的联系，用优质的内容讲述追觅背后的故事，传达品牌的价值观和创新精神。

半年的时光仿佛一瞬，在这短短的时间里我们见证了追觅在当地市场的耀眼表现。作为项目亲历者，我们为自己能参与其中感到自豪，更为追觅在当地市场的成功而喜悦。这段旅程不仅是一次品牌的传播，更是一次跨越国界的情感共鸣，连接着中德两地的科技创新与激情。

案例点评

点评专家：马志强　浙江传媒学院教授，中国高等教育学会公共关系教育专业委员会副理事长

追觅海外传播是市场细分的一个成功案例。在开拓外国市场过程中，根据差异化的市场要求，针对缺少专门针对宠物市场开发的定向配件，以及消费者养宠家庭多、房屋面积大且铺设地毯多的情况，追觅打造了"以消费者需求为导向"的特质，致力为用户提供适配日常生活的产品。"线上流量＋线下体验"双线布局，成为提升消费者对品牌熟悉度和认同感的重要方式。案例对市场定位准确，采用的营销方法得当，既取得了产品营销效果，也达到了很好的公关效果，较好地提升了产品的知名度和美誉度。

GOLDEN
FLAG
AWARD
金 旗 奖
—
品 牌 向 上

2023
—
金旗奖最具公众影响力
内部沟通金奖

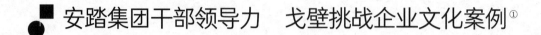

安踏集团干部领导力 戈壁挑战企业文化案例①

执行时间：2023年5月6日—9月6日
企业名称：安踏体育用品集团有限公司（简称安踏集团）
品牌名称：安踏体育
获奖类别：2023金旗奖最具公众影响力内部沟通金奖

项目概述

安踏集团作为体育用品行业的领军企业，需要以更强的组织韧性，与动态变化相适应。为了更好传承安踏集团超越自我的体育精神，以及"干部做榜样"的文化价值观，安踏集团2017年发起干部领导力-戈壁挑战活动（简称戈壁挑战），连续数天、艰难环境、上百公里持续徒步，在不确定的环境下勇争佳绩，外练筋骨，内炼心智，提升干部领导力，传承安踏精神。

项目策划

2023年5月—8月，历时4个月，经历戈友集结、开启挑战、徒步拉练、戈友回归等阶段，干部深深感悟安踏精神的巨大力量，这激励他们不论在什么艰难的环境下，都能持续带队伍打胜仗。通过内部传播渠道展示、亲友团点歌祝福、戈友荣耀归程接机等吸引全员关注、参与，形成"人人以上戈壁为荣"的文化氛围，激励全员士气，在安踏集团年报发布前后进行内外整合传播，对外塑造不断超越自我的企业形象。

1.戈壁挑战赛

（1）受众：安踏集团参加戈壁挑战的干部代表。

（2）策略：将活动主题立意全方位融入活动前、中、后不同环节，让干部在体验中沉浸式感悟。

（3）赛制设计：以"同戈同心 打胜仗"为主题，选择寄寓着坚定信念的玄奘之路，设计了4天3夜112公里的路线，以"高协同""强韧性"为核心理念，设计了全员抵达完赛、个人追风赛、五公里回头等多种不同赛制和活动，在陌生、艰难环境的磨砺下，干部们彼

---

① 本文所涉及的视频及照片，安踏体育用品集团有限公司均已得到被拍摄者的使用许可。

安踏集团戈壁铁军第五师吹响号角出征

此关爱，协同抵达终点，淬炼了个人意志力，体悟了团队凝聚力。

（4）团队编排：将集团旗下不同品牌、不同职能的84位干部打乱分组，组建跨部门、跨职能的戈壁小队；为每支团队拍摄团队照并通过内部传播渠道全员展示；小队确立队旗、队名等，每名队员都需承担队内职能，如队长、生活委员等，打破部门壁垒，从陌生到熟悉，建立团队荣誉感。

（5）奖项设计：挑战赛设立团队冠亚季奖、永不止步奖、追风十强奖、荣誉连长奖、坚毅必胜奖、戈壁玫瑰奖、戈壁大白奖、戈壁守护者奖、沙克尔顿奖多个奖项，不仅将团队完赛时间作为奖项评比的衡量维度之一，更重视每一位戈友在团队中的贡献，以及自我挑战、超越自我精神的践行。赛程中每一天都会通过内部传播渠道实时传播奖项排名情况，激励干部的同时激励员工。

2.伙伴联动 - 亲友团拉练助力，电台传递情谊

（1）目标：提升全员对戈壁挑战的认知度及参与感，对内营造人人向往、人人想参与、人人以上戈壁为荣的文化氛围，提升戈友的荣誉感，让员工为戈友加油打气，传递组织温暖。

（2）受众：全体员工。

（3）策略：对内号召团队加入干部的戈友队伍，组建戈友亲友团，一起参与前期拉练。亲友团拉练成绩可为戈友的戈壁挑战助力减时，提升员工对戈壁挑战的参与感；戈壁挑战期间开设每晚戈壁电台，号召员工留言点歌，借势8月22日七夕特别节日，发动全员为"戈壁玫瑰"点歌送祝福。通过温馨小活动，建立参与者与亲友以及其他员工的情感联系，

以温暖关怀激励士气。

（4）内容：亲友团号召海报、每月亲友团拉练排名全员公示、戈壁挑战戈友减时、戈友留言点歌、电台实时送祝福。

3.戈壁故事整合传播

（1）目标：对内营造"人人以上戈壁为荣"的文化氛围，传递安踏精神；对外塑造安踏集团超越自我的企业精神，成功塑造韧性组织的形象。

（2）受众：对内全体员工，对外公众。

（3）策略：对内线上线下持续全方位露出信息，在出征前、出征时、出征后实时传播项目进度，持续触达员工，保持传播热度，让戈友成为内容的制作者和传播者，以真实UGC记录传播；对外通过自媒体矩阵（微信公众号、视频号、抖音、小红书）及媒体深度合作，提升全网传播声量，传播内容层次由浅及深，以纪录片、情绪短片等不同形式，从不同视角解读安踏精神。同时，借力年报发布时间节点引发关注，透视安踏集团持续发展的力量源泉。

（4）内容：戈壁倒计时海报、戈壁每日九宫格海报、戈壁纪录片、戈壁情绪片（坚韧片、协同片）、《中国新闻周刊》深度长文、自媒体KOL账号视频解读。

项目执行

1.戈壁挑战

5月召开戈壁挑战启动会，发布2023年戈壁挑战第五师戈友名单，开启第一场徒步拉练。5月—8月，持续进行戈友拉练备战，每月公示戈友小组拉练名次及奖惩规则。8月21日，戈友抵达敦煌，进行赛前点将仪式。8月22日—8月25日，进行挑战，共84人参与，全员完赛，获得沙克尔顿奖。8月25日，庆功宴及戈友分享会召开。

2.伙伴联动-亲友团拉练助力，电台传递情谊

5月开启亲友团报名助力。5月—8月，持续进行亲友团拉练助力，每月公示助力前10名。8月18日，对内发布戈壁电台点歌海报。8月21日，赛前点将台公示亲友团助力榜单并颁奖，正式开启戈壁电台点歌活动，号召全员点歌，并定向邀请老戈友及集团高管送祝福。8月22日，定向征集"戈壁玫瑰"祝福。8月25日，戈壁电台收官。

3.戈壁故事传播

（1）前期预热：5月，启动会传播。5月—8月戈壁拉练排名传播。8月18日，戈壁挑战倒计时3天海报发布，小红书戈壁装备包翻包图文发布。

（2）戈壁挑战赛时传播：8月21日，戈壁挑战倒计时1天海报、点将台推文、预热视频发布，吸引员工关注。8月22日—8月25日，每日发布九宫格海报，在小红书实时发布戈友UGC短视频，保持热度。8月25日，庆功颁奖推文发布，荣誉激励员工。

（3）赛后深度传播：8月30日，主题纪录片《同戈同心 打胜仗》发布，讲述戈壁上传承的安踏精神，《中国新闻周刊》发布深度长文《84个人的4天3夜》，剖析安踏精神和安踏集团发展的深度关联。9月1日，自媒体KOL小马哥的朋友们发布视频解读，透视安踏集团业绩突破新高背后的韧性组织。9月4日，发布情绪短片《一起超越》，解读干部体悟的协同精神。9月6日，自媒体KOL一面视频号发布《坚韧成长》，解读干部体悟的韧性精神。

戈友共同穿越雅丹地貌

项目评估

1.活动一：戈壁挑战

近500位安踏集团的干部走上戈壁，集团董事局主席、执董、业务VP带队参与。安踏集团组成连续穿越距离最长、持续行程最久、女性高管穿越人数最多的企业军团。2023戈壁挑战拉练总里程77676千米，可绕地球1.94圈。84人（全员）完赛，获得沙克尔顿奖，员工满意度达99.8%。

2.活动二：伙伴联动-亲友团拉练助力，电台传递情谊

内部相关传播物料触达内部员工约60000人，约300人参与亲友团拉练，亲友团共助力拉练36345.83千米。近千次戈壁点歌祝福，为戈友加油。

3.活动三：戈壁故事传播

对内触达全集团近60000名员工，全员认知度达97.8%，全网传播总声量近200万。

（1）覆盖面广：对内通过内部传播渠道及戈友UGC传播，覆盖多职能、多品牌、多城

市员工；对外通过自有媒体矩阵（微信公众号、视频号、抖音、小红书）、戈壁徒步头部KOL一面、互联网头部KOL小马哥的朋友们全方位触达受众。

（2）热度高，有持续性和互动性：历时5个月，通过戈友拉练全员公示、亲友团参与、戈壁电台传递祝福，对内持续营造"戈壁热"，让戈友之外的员工也有参与感。

（3）员工自发产出多：拉练阶段，戈友多次在朋友圈晒拉练成绩；戈壁挑战期间，多名戈友录制短视频并发布，产出自己的戈壁故事；回归后，戈友纷纷在BG内、团队内分享"戈壁说"，讲述戈壁故事，传递安踏精神。

（4）有转化：戈壁挑战作为安踏集团的文化DNA，戈友所穿着的戈壁徒步鞋、服装计划上市，有机会转化为面向消费者的安踏产品。

亲历者说 李玲 安踏集团副总裁

安踏集团戈壁挑战的主旨就是传承安踏精神、淬炼意志和坚定团队协同的精神。从安踏集团第一次走戈壁到现在，大家一直在思考和讨论安踏的精神是什么。有超强执行力、有理想、有信念、有追求、有梦想、永不服输就是安踏精神。

案例点评

点评专家：孟茹 浙大城市学院品牌与会展传播研究所所长

持续举办五届的戈壁挑战，不仅体现安踏集团的企业内部文化，还成功融入品牌精神。该活动对内团结一心，有利于提高企业管理层与普通员工之间的凝聚力，实现精神引领；对外传播企业健康发展、积极向上的形象，有利于增强市场信心。此外，戈壁挑战也是企业进行相关利益群体管理的有效实践，该活动同时制造了多个线上、线下与企业内外的信息接触点，最大化传播了戈壁徒步过程中的好故事。

■ 华晨宝马数据先锋项目

执行时间：2021年3月1日—2028年12月31日
企业名称：华晨宝马汽车有限公司
品牌名称：华晨宝马
获奖类别：2023金旗奖最具公众影响力内部沟通金奖

项目概述

华晨宝马数字化转型一直以来以可持续发展的数字资产为基础，以前沿技术为支撑，以数字化人才为核心。为培养数字化人才，2021年以来，公司业务部门和IT部门共同开展了华晨宝马数据先锋项目，旨在培养员工数据分析技能，挖掘和展示数据价值，将数字化解决方案植入工厂数字化生产过程。

此项目在助力公司数字化转型的同时，鼓励员工参与公司的发展建设，赋予员工数字化新思维，在建立公司数字文化的同时，也增强员工自豪感及归属感。同时，此项目作为华晨宝马数字化转型的代表案例，也融入公司对外的数字化交流活动，如华晨宝马公司举办的面向全球高校中国籍在校生的华晨宝马黑客松大赛等。

作为员工内部沟通项目，华晨宝马数字先锋项目在几年时间里蓬勃发展，累计举办300余场数字化思维和技能培训，几千名员工自愿加入。此项目的顺利开展，实现了数字化人才建设，可助力公司数字化转型。

项目策划

随着华晨宝马数字化全面发展战略的推出，华晨宝马数据先锋项目也进一步丰富和完善了数字化培训内容、方式和目标。

1. 提高全员数字化思维意识，形成数据分析文化氛围

（1）背景：数据不是孤立存在的而是彼此互联、互通和互用的，数据应用也应该实现共享、共用，以提高决策的准确性和效率，从而实现数据驱动业务的目标。因此，全员数据意识和氛围是公司数字化转型的基础。

（2）培训目标：通过全面的、基本的数据知识培训，如数据使用、数据管理、数据平台、数据治理和数据安全培训，普及员工的数据知识和增强员工对数据的理解，同时

405

通过对数据工具的基本介绍和技能培训，如SQL数据处理技能、Power BI等BI工具的数据可视化和分析功能培训，让学员掌握最基本、实用的数据使用技能，步入数据化转型之路。

（3）受众群体：华晨宝马沈阳生产基地所有员工。

（4）培训方式：以自学课程为主，每月进行一次线上和线下课程学习和课程答疑，学习期6个月，平均每天25分钟。提供结业考试，试题为数据基础知识选择题和编程题，以及工作领域的数据分析。

（5）培训策略：公司基层员工自愿参与，鼓励公司管理层参与。每年两次公司级别毕业典礼，嘉奖毕业学员，分享毕业学员优秀案例。

2.结合部门数字化发展策略，帮助其定向培训数字化人才

（1）背景：每个数据领域的人才都需要有一定数据知识和技术背景做支撑，并结合业务领域的知识和经验去做深度的数据挖掘、处理和分析。因此，定向业务领域的数字人才培养是公司数字化转型的核心。

（2）培训目标：在提高全员数据意识和基本技能的基础上，结合业务部门数字化发展情况，与业务部门一起有针对性地培养5种数据领域的数据人才，如数据分析师、数据管家、数据治理师、数据安全家和数据流程分析师。

（3）受众群体：业务部门指定的、未来需要负责该部门数字化业务的员工。

（4）培训方式：对不同领域的数字化人才做定向培训。例如，针对数据分析师，和国际数据领域知名培训公司Udacity（优达学城）合作，通过1年制2期的以Python为基础的数据分析课去培养员工数据分析资质；针对数据管家，通过宝马中国数据转型办公室提供的1年2期的以Cloud Data Hub为数据管理平台的数据治理课程去培养员工数据管理资质。同时，注重其他数据人才培养，如数据安全家和数据流程分析师。

（5）培训策略：在数据人才培养方面，把部门数字化发展、数字化人才发展和数据整体生态链相结合，在强调数据使用和管理的同时，也更合理地保证数据质量和数据安全并符合部门数字化情况，从而形成良性数据化转型。

3.通过数字化人才培养，与公司各业务部门共同制订数字化落地方案和实施计划

（1）背景：一个公司的数字化转型是以可持续发展的数字资产为基础，以前沿技术为支撑，以数字化人才为核心的，所以在拥有数字化文化氛围和数字化人才培养、监管和考核体系之后，接下来要做到的是将数据转化为可重复使用的数据资产及具备商业价值的数字化产品。

（2）目标：与部门数字化人才共同制定数据资产框架，通过数据资产标准化提高其复用性。同时将数据分析应用案例与数据资产、数据平台、互联网、大数据、云技术、人工智能等数字化技术，和工厂业务进行一体化设计，实现跨部门、跨行业合作。

（3）受众群体：公司业务部门管理层和数字化人才。

（4）策略：以业务部门实际问题为出发点，结合业务部门数字化人才培养，落实数字化案例方向，匹配数字化资源，对数据资产和数据分析案例进行一体化监管。

（5）方式：切身指导数据人才在生产系统中建立数据资产和数据分析应用案例。

项目执行

2021年3月，以数据分析语言Python为核心的数据先锋项目在华晨宝马物流部展开。2022年1月，首届华晨宝马数据先锋毕业典礼共有来自物流部近100名基层员工和管理者参加。同时在毕业典礼上，物流部和工艺规划部确定将Udacity课程作为业务部门数据分析师的培养方案。

2022年6月，第二届数据先锋毕业典礼和首届Udacity数据分析师毕业典礼由物流部、工业规划部和IT部联合举办，共有30名来自业务部门的学员通过Udacity的数据分析师资格认证。

2022年10月，铁西工厂第一届数据先锋项目交流会在铁西工厂厂长和铁西工厂其他管理层的支持下顺利举行，同时整个铁西工厂管理层以自身为先锋，身体力行地带领各自的团队核心学员学习数据分析技术SQL、Power BI和Python，和大家一起挖掘业务中潜在的痛点和可分析领域。以"数据和员工都是公司最宝贵的财富，人人都是数据先锋"为口号，鼓励和号召更多的员工加入数据先锋项目。

2022年12月，第三届数据先锋毕业典礼上，包括铁西工厂管理者和铁西工厂基层员工在内的近40名学员完成结业考试并被颁发结业证书，宝马中国数据转型办公室首次为数据管理师进行资格认证和颁奖。

2023年3月，物流、工艺规划和生产部门联合举办数据开放日，分享优秀数据分析案例，以此鼓励和号召更多的业务员工加入数据先锋项目。

2023年6月，第四届华晨宝马数据先锋毕业典礼举办，这是首次涵盖物流部、工艺规划部和华晨宝马沈阳生产基地四大工厂——铁西、里达、大东和发动机的毕业典礼。共有近1000名员工参与了此次数据先锋项目，近300名员工获得资格认证并被颁发毕业证书。首次与宝马中国数据转型办公室联合举办数据分析案例竞赛，通过竞赛方式，评选和鼓舞"优秀自服务数据案例""最高复用率数据资产"以及"最多跨部门合作案例"。

2023年8月，项目相关人员作为公司数字化转型代表，首次参与华晨宝马面向全球高校的黑客松大赛。在华晨宝马黑客松大赛中，以业务数据分析师的身份帮助学生理解大赛课题，讲解业务背景，与全球高校大学生交流数据技术解决方案。

项目评估

自2021年，累计近2000名员工自愿加入该项目，其中有近200名来自工厂一线的生产工人。该项目累计举办300余场线上和线下数字化思维和技能培训，有近3000名员工参与线上和线下培训，学员自学时长累计超过500小时。

经过培训，近1000名员工通过公司内部基础结业考试，近300名员工获得Udacity数据分析师资格认证，100名员工获得宝马数据转型办公室数据管理师资格认证，超200个数据资产和300个数据分析案例来自参与培训的员工，这些案例分布在物流供应链、生产控制、工厂质量、预测性维护和新能源等领域。

项目的基础培训资源均为公司内部资源，比如，IT部门的数据专家和业务部门获得资质的学员培训新学员，在最大化节约公司培训资源的同时，也起到了促进学员交流和创新的作用。数据先锋项目相关活动积极调动和整合公司内外部资源，每年项目总花费控制在20万元以内。

该项目并不是一次性活动，而是试图建立可持续的数字化资质培养体系，创新最大化利用公司内部和外部资源的管理模式，搭建平台，帮助公司各部门培养数字化人才，进行数字化发展，从而实现一种调动和参与，进而驱动公司数字化转型，实现华晨宝马数字化企业目标。

亲历者说 张敏　华晨宝马汽车有限公司项目负责人

作为华晨宝马数据先锋项目初始成员之一，我亲身经历了该项目成员由2021年最初的100名发展到2023年近3000人。通过华晨宝马数据先锋项目，我们深切体会到华晨宝马在做数字化转型的过程中公司管理层与公司员工的共同发展、学习和成长，这个项目为公司和社会培养了多名数字化人才。同时，我们也深刻感受到员工对公司的热爱、对公司数字化转型的支持。

案例点评

点评专家：姚利权　博士、副教授、硕士生导师，浙江工业大学广告学系系主任、信息与传播研究所副所长

作为一家全球知名合资企业品牌，在数字化转型的背景下，华晨宝马通过数据先锋项目持续多年培训内部员工，赋予员工数字化新思维，建立了公司的数字文化，形成了良好的企业氛围与实际效果。

　　本项目的主要亮点：创新公关手段，公司整合内部、外部资源，搭建平台，培养数字化人才，从而驱动公司数字化转型；有效内部沟通，两年时间从一开始的100人到3000人，不仅在培训人数上有了大的突破，更展示出通过这种内部公关方式形成了良好且有效的沟通机制，这成为公司的一种文化；秉持可持续发展理念，人才是企业发展的动力之源，公司用前瞻性的眼光，抓住人才这一关键点，为未来发展提供了切实可靠的保障，这也为其他企业树立了良好的榜样。

● 马石油中国内部企业文化传播项目

执行时间：2021年1月1日—2023年8月31日

企业名称：马来西亚国家石油公司

品牌名称：马石油

代理公司：上海致未文化传播有限公司

获奖类别：2023金旗奖最具公众影响力内部沟通金奖

项目概述

马石油从文化自信、形态意识、信息传播三大角度打造"中国机制"，以企业内部为平台，用心讲好"中国市场的故事"，精心打磨"内容的可视化创意"，坚持不懈"多平台传播"，全面提升马石油中国员工对企业文化的认知，在增强中国员工企业认同和归属感的同时，更让马石油整个集团从上至下全面、深入地了解中国市场。

项目策划

1. 项目目标

（1）有效传递中国声音，讲好马石油在中国的故事，加强马石油集团对中国市场的全面、深度了解和认知。

（2）全面提升马石油中国员工对企业文化的认知，增强员工对企业的认同感和归属感。

2. 目标受众

（1）马石油全球100多个国家和地区办事处的约50000名员工。

（2）马石油位于中国上海、北京、广州、北海、淄博、潍坊、青岛7地办公室及3处生产基地的共计超800名员工。

3. 项目策略

通过对中国市场特性的梳理以及对集团文化的深刻理解，马石油从文化自信、形态意识、信息传播三大角度打造"中国机制"。

（1）用中国文化感召，以中国视角影响。依托中国文化的深厚底蕴，将马石油在中国20年历程中的所见、所闻、所成以创意化、多角度、全方位的形式输出。

（2）集团传统活动落地，加强企业认同归属。将马石油集团总部的传统企业文化、奖项和活动等引入中国，有效传承马石油企业文化理念，给予马石油中国员工人文关怀。

（3）打通媒介渠道，内外并行全球联通。对内借用马石油内部邮件、网站等方式互融企业内部多元声音，对外以马石油中国官方微信公众号、马石油总部全球自有社交媒体矩阵为依托，打破地域壁垒，消除语言障碍，拓展传播新空间，助推传播效能提升。

4.内容创意

以事实述真实，讲述马石油在中国的所见、所闻、所行、所感。

（1）及时、高效、持续地同步马石油中国动态：以月度为单位，更新马石油中国各地最新动态，实现中国区同频互通，也让马石油全球市场了解马石油在中国的蓬勃发展。

（2）了解真实的中国：精选中国重大新闻、市场动态、行业洞察，透过企业窗口，为马石油全球员工展现一个真实的中国，树立客观、立体、全面的中国形象。

（3）潜移默化输出传统：以中国传统"二十四节气"为起点，将不同的中华传统文化融入新闻，增强新闻可读性的同时以润物细无声的方式将中华传统文化传递给马石油总部与全球员工。

（4）打造"朋友圈"传递企业文化：联动中国马来西亚商会、上海马来西亚商会、马来西亚领事馆等多个合作伙伴，打造"朋友圈"，主动传递企业文化，输出中国视角下的中国故事，促进文化交融。

5.中国农历新年特别活动：以文化内核打动世界，联动马石油中外多地，打破固有思维，促进多元文化交流

（1）赋予传统文化全新的打开方式：挑选"福字"、春联、瓷器、中国结等代表中国传统文化的物件，以时下新颖的盲盒形式，漂洋过海寄送至马来西亚。

（2）以亲身体验更新中国形象认知：在中国各地办公室，邀请在华马来西亚员工加入剪窗花、贴对联、传狮头等丰富多样的传统习俗中，感受浓郁的春节氛围。同时，马石油中国将春节氛围传递到马来西亚总部，邀请马石油总裁兼集团首席执行官及马石油执行副总裁穿上不同样式的唐装，打开新春盲盒，了解"惊喜"中所蕴含的中国文化，体验写"福字"、贴春联，加深对中华传统的认知。

（3）用祝福促相融：通过为马石油中国员工送上节日祝福，传递马石油高层对中华文化的浓厚兴趣、深刻理解，马石油中国区各地负责人也将这些祝福融为一句诗词，传递给全中国乃至全球，有效促进总部与中国公司的互动交流。

6.衔接总部传统，助力企业文化落地中国本土

（1）马石油周年庆典：中国区首次及首创，延续传统共庆马石油生日。在每年8月17日马石油生日当天，马石油在中国各地的办公室及生产基地与马来西亚总部都相聚云端为马石油庆生，从2021年马石油中国员工写下马石油的"关键词"，到2022年一封来自总部的回信给到所有中国员工，再到2023年写下时间故事，回顾历史长河中携手共进的

马石油所有员工，不论时代如何变迁，凝聚你我、相互交融是永恒的活动主题。

2022年起，庆生活动全面升级，马石油总部将延续了33年的"传统保留节目"——马石油长期服务奖第一次带到中国，感谢马石油人用忠诚、正直、专业及凝聚力陪伴马石油行稳致远、造就不凡。为了契合中国区的特性，独创性地开设属于中国区的10年长期服务奖项，促进马石油企业文化在中国传递与延续，也加强马石油中国与总部的联结。

（2）马石油人物专栏：传统栏目本土化，用"故事"和"共鸣"提升企业文化认知和认可。马石油中国将总部"People of PETRONAS"栏目本土化，在微信公众号中开设"马石油人物"季度专栏，挑选马石油中国001号员工、挥洒热诚30年即将退休的员工等具有代表性的内容，动之以情，让马石油的文化精神深入人心。

项目执行

1.优质内容常规化，形成持续影响

（1）新闻通讯。每月初通过内部邮件发布涵盖当月重要新闻及马石油动态的中英双语新闻通讯。2023年起，新闻通讯从内容、设计两方面全面升级，在内容不断扩充的同时，设计上更贴合当月节气特点，并特设节气介绍专栏。

（2）马石油人物专栏。每季度内部推选马石油员工，进行深度专访，挖掘人物故事及与马石油的情缘，在公众号发布分享。

2.热点着重化，提升节点声量

（1）中国农历新年特别活动：中马联动，各部门紧密沟通，高效完成方案制订、物料制作及寄送，邀请总部高层拍摄新春祝福视频，在除夕夜通过马石油微信公众号与视频号发布推送，并特制微信红包封面及趣味问答活动，增添新年氛围。

马石油兔年祝福

（2）马石油周年庆典：为打响首届马石油中国长期服务奖，马石油中国特制奖牌并为获得15周年长期服务奖的员工制作人物视频，回顾员工与马石油的点滴。同时为数十位获得10年长期服务奖的员工制作视频合集，除活动当天播放展示外，也通过微信公众号进行分享。

项目评估

1. 效果综述

（1）每月新闻通讯平均触达5万名马石油员工。

（2）中国农历新年特别活动吸引了中国区及总部数百名员工参与。中国农历新年祝福推送和创意视频在微信公众号和视频号中共获4223次浏览量、304次点赞量，微信红包封面领取数近500人。

（3）马石油周年庆典每年参与员工总数超过600人。截至发稿已有118名中国员工获得长期服务奖项殊荣，为其特制的人物视频及人物故事产生超过3000次浏览量和互动。

（4）"马石油人物"栏目至今共发布了8期，收获了近8000次阅读量，点赞量超600次。

2. 受众反应

我们始终重视中国声音，珍视中国文化。内部的新闻通讯，让我看到了另一个角度下的事件解读，这给了我们了解真正中国市场的机会，为我们的决策提供了有效的信息。

——M Asrull B M Shaidali 马石油RM&T项目总管

我加入马石油虽然才短短1年半的时间，但感觉上早已经和大家是一家人了。通过内部邮件，我感觉不仅仅是和中国区，和总部以及全球其他办公室的距离都拉近了，这让我对马石油的业务有了全局性了解，对工作的开展有很大的帮助。

——Shirley 马石油北京代表处企业事务主管

我从未想到中国文化竟然这么有意思，要不是这次的新春视频我还不知道原来唐装并非都是红色的，也可以如此典雅。

——林津汉 马石油液化天然气广州代表处首席代表

我一直被马石油的工作氛围所感动，尽管同事们都散在各地，不仅跨公司，还跨区域，但是我们的交流和沟通并不存在障碍。我知道他们在做什么，他们也知道我们的近况，我们彼此间都是最亲密的"家人"。

——Joli 马石化旗下柏斯托市场交流部经理

亲历者说 马铭周　马来西亚国家石油公司北京代表处战略沟通主管

马石油中国秉承马石油企业文化与传统，以此为引领，通过形式多样的内部活动，为马石油中国员工展现充满活力、创新与负责的马石油企业形象。在进一步加深马石油中国员工的归属感与认同感的同时，我们依托独特的企业内部平台对中国文化进行传播，提升各地员工间的熟悉度与亲密度，加速马石油集团对中国市场与文化动态的认知，将中国声音有效传递到整个集团内部。

案例点评

点评专家：尚恒志　河南工业大学新闻与传播学院教授、硕士生导师、学院学术委员会主任

讲好中国市场的故事立意好。作为一家跨国家、跨地区、跨文化、跨民族的全球性企业，凝聚人心是其发展的基础。一是有效传递中国声音，将在中国的所见、所闻、所成多角度、全方位输出，讲好其在中国的故事，加强马石油自上而下对中国市场的全面了解。二是将集团总部的传统企业文化、奖项和活动等引入中国，传承马石油企业文化理念，给予中国员工人文关怀，提升了中国员工对马石油企业文化的认知，增强员工对企业的认同感、归属感、自豪感。

多形式多平台传播效果好。通过新闻通讯讲述马石油在中国的所见、所闻、所行、所感；在中国农历新年举办特别活动，传播中国传统文化，促进多元文化交流；借力总部传统，助力企业文化落地中国本土等。将这些活动安排在全年各个阶段持续性地开展，同时对内借用马石油内部邮件、内部网站等工具，对外以马石油中国官方微信公众号、马石油总部全球自有社交媒体矩阵为依托，持续不断地进行传播，强化活动的效果。

"你我皆高手"金斯瑞企业文化全球传播

执行时间：2023年7月21日—9月3日
企业名称：金斯瑞生物科技股份有限公司
品牌名称：金斯瑞生物科技
获奖类别：2023金旗奖最具公众影响力内部沟通金奖

项目概述

企业文化是一种企业内部的精神风气和价值观，反映了企业的历史、文化、管理风格和发展战略，对于企业内部的团队建设、品牌形象塑造和员工价值观引导起着非常重要的作用。金斯瑞集团的全球化发展，面对着多元文化的碰撞，以及不同背景下员工在企业文化理解与接受上的挑战。所以项目组策划了"你我皆高手"金斯瑞企业文化全球传播项目，希望通过这个项目，增加全球员工之间的沟通，让大家对企业文化能多1分了解+2分共鸣+3分互动+4分执行，最后得到10分"亮剑"，用一种全球员工都能理解并接受的方式，完成一次不生硬、不僵化的文化解读、价值观宣贯，让全球员工凝心聚气，为企业品牌和企业发展注入源源不断的活力与动力，以文化精神激活行动力，反哺品牌力，推促发展力。

项目策划

1.策略

借助"中国功夫"这个海内外共有的兴趣元素，以"功夫"招式、精神、传承为抓手，演绎金斯瑞的核心价值观与"亮剑"精神。拉通线上、线下渠道，让此次企业文化传播覆盖全球员工，也让全球员工有机会、有渠道、有意愿地参与企业文化的自我表达与自我展示。

2.洞察与创意

通过思考和回答3个问题——"我们为什么要做企业文化的全球化传播""目前企业文化全球化传播的困境是什么""通过企业文化的全球化传播，我们希望取得怎样的效果"，明确年度企业文化全球化传播的3个关键词——"功夫高手""文化破圈""全球化"。

"功夫高手"：不论身处什么样的文化环境，员工都是一群通过勤学苦练，不断挑战自我，勇敢亮剑的"金斯瑞人"，他们有着相同的目标和精神内核。

"文化破圈"：借助"中国功夫"的招式、精神、传承，演绎金斯瑞的核心价值观，打破文化壁垒，唤起全球员工内心的激动、冲劲儿，相信自己，更主动，更敢干。

"全球化"：这是企业文化传播的目的之一，通过实现企业文化的全球传播，将员工拧成一股绳，形成企业向上发展的合力。

基于以上认知，项目组将金斯瑞核心价值观和"亮剑"精神融进"中国功夫"的一招一式之中，并邀请来自全球各地的6位员工，化身金斯瑞六大高手，共同演绎一支"你我皆高手"的武侠大片，以此视频为重点开展"你我皆高手"金斯瑞企业文化全球传播项目，让全球员工都有机会、有意愿参与企业文化落地、表达和具象化展示。

3.传播策略及规划

（1）打通内部渠道，建立全球化传播的桥梁。

通过企业号、全员邮件、Teams群组、E-learning等渠道实现全球同步发布，员工覆盖率达100%，提高全球员工对六大核心价值观及"亮剑"精神的知晓度、理解度。

（2）线上线下联动，最大化内部宣贯效力，拓宽参与渠道。

线上，充分利用内部邮件、Teams群组、桌面推送，并通过外部微博、公众号、视频号、小红书等金斯瑞自有媒体，实现内部渠道直接触达、外部渠道深化影响。借助品牌影响力，反向让员工对企业文化产生认同与自豪。

线下，在全球金斯瑞园区及办公室张贴活动海报，利用园区大屏、电视，广泛传播"你我皆高手"的官方影片。组织线下活动，提供服装、道具，邀请员工共同参与脚本创作及拍摄，降低参与门槛，提高员工参与积极性并拓宽参与渠道。

（3）联动全年企业文化活动，延续传播影响力。

将本次活动的关键词"功夫高手""文化破圈""全球化"贯穿到集团全年企业文化活动之中，包括开放日、亲子日、音乐节等，让企业文化全球化传播变成一件细水长流、润物无声的工作，不断唤起、强化员工的内在动力，进而将之转化为员工的行动力。

（4）延展传播范围，利用自持媒体进行外部传播，拓展品牌效应与品牌影响力。

本次"你我皆高手"的企业文化视频，不仅在内部渠道得到了全方位的覆盖与传播，也在金斯瑞自持的外部媒体平台包括金斯瑞微博、微信公众号、视频号、小红书等得到推广，并且在社交媒体端进行了一系列宣推活动，实现了品牌声量扩大、粉丝拉新等目标。

项目执行

第一阶段：痛点思考。打破文化壁垒，实现企业文化的全球化认同。以"中国功夫"为切入点来讲好企业文化故事，是一个新鲜、有趣、振奋人心且吸引员工表达的创新方式。

第二阶段：拍摄及制作。以"中国功夫"为载体，将企业文化与精神融入一招一式，始终立足于"功夫高手""文化破圈"和"全球化"这三个关键词。

第三阶段：项目启动、发布。线上线下结合，内外部全渠道发布，集团多地区部、多渠道传播，全球员工广泛参与。

第四阶段：内部投稿评选。让企业文化更落地、更具象、更深入人心。

第五阶段：长尾效应。企业文化的全球化传播需要细水长流，润物无声。

2023年，金斯瑞将"功夫高手""文化破圈""全球化"作为企业文化宣贯的年度关键词，贯穿至集团多项活动中，通过持续加强全球员工对集团企业文化的感知、理解，不断唤起、强化员工的内在动力，进而将之转化为员工的行动力。

项目评估

邀请亚太、北美、欧洲多地金斯瑞员工参与"你我皆高手"的视频拍摄工作，从摄制组筹备到影片内容的呈现，将金斯瑞的企业文化与中国元素相结合，辐射全球。此外，影片还邀请著名影视剧演员杨千里担任武术指导并参与表演。

最终，"你我皆高手"的预告片及正片在金斯瑞微博、微信、视频号等平台发布后共获得超56万次的播放量。活动宣推期间，围绕着"你我皆高手"的正片，在社交媒体端进行了一系列宣推活动，实现了品牌声量扩大、粉丝拉新等目标。其中，微博超话"金斯瑞你我皆高手"阅读量超736万次，金斯瑞微博与视频号平台综合实现粉丝新增超过2万名。

"你我皆高手"金斯瑞企业文化全球传播项目，总计收到内部投稿100余篇，投稿范围覆盖金斯瑞亚太、欧洲地区，最终评选出"最佳演绎奖"5个、"讲故事达人奖"5个、"石破天惊奖"5个、"人从众奖"1个以及最高奖项"顶尖高手奖"1个。

亲历者说 陈曦　金斯瑞企业传播副总裁

走过20多年的金斯瑞集团，在迎来全球化发展的同时，也面临着多元文化碰撞及不同背景下员工对企业文化理解与接受上的挑战。如何用一种全球员工都能理解且接受的方式完成企业文化的生动表达，将员工的精神力转化为行动力，是我们一直在思考的问题。为此，2023年，我们策划了"你我皆高手"金斯瑞企业文化全球传播项目——我们来自全球，相聚于此，认可相同的精神理念与价值观念，拥有共同的名字"金斯瑞人"。我们都相信，通过勤学苦练、挑战自我及对手，你我皆可成为高手！

案例点评

点评专家：张文轩　霍夫曼中国区总经理

　　首先，该项目背景明确、目标清晰，针对全球化发展带来的企业文化挑战提出了具体的解决方案。其次，项目的策略和执行相互契合，精心选取了"中国功夫"作为文化元素，结合金斯瑞企业文化，充分彰显了创意和创新。在执行阶段，活动规划与实施高效有序，线上线下相结合，内部投稿评选等活动形式使项目目标得以有效实现。最终，在社交媒体平台上的表现更是令人瞩目，成功引发了员工的广泛参与和积极反响。总体而言，该项目展现了出色的策划能力、创新思维和团队合作精神，为金斯瑞企业文化的全球传播注入了强劲动力。

拥抱数字化变革，企业文化内部沟通的道与术

执行时间：2022年1月1日—2023年12月22日

企业名称：沃尔沃（中国）投资有限公司

品牌名称：沃尔沃集团中国

代理公司：爱德曼国际公关（中国）有限公司

获奖类别：2023金旗奖最具公众影响力内部沟通金奖

项目概述

在当前不断变化的宏观传播环境以及数字化传播趋势下，企业文化与内部沟通面临许多新的挑战与机遇。如何让员工理解企业文化和价值观在行业变革中的体现，如何在分散环境下增强员工的归属感和凝聚力并在充满变化的外部环境中激发员工的集体认同感，都是企业沟通与传播需要突破的内容。

企业希望通过有效、有趣的内部沟通手段，帮助员工彼此加深了解，建立信任，增强企业黏性和归属感。同时，培养员工的主人翁意识，更好地实现自我价值，让员工成为企业文化传播的代言人和载体。

项目策划

1. 活动策略

企业品牌始终将"企业文化内部沟通"作为传播战略的重要组成部分，并在该项目中遵循企业内部沟通的"道"与"术"。

"道"：一切回归到员工本身，以人为本、以员工为主体挖掘员工自我价值，让员工为自己发声，身体力行，以真实故事与体验为传播内容，传递企业价值观，以促进员工和企业共同发展为目标。

"术"：采用多种数字化传播形式，通过线上的Vlog、播客和Plog将员工故事浓缩在鲜活的影像和独特的声纹之中；通过线下各项以员工为核心的可持续活动，以数字化呈现形式，立体化、全方位展现员工风采，进而传递企业价值观与文化。

（1）通过视频、音频和图片形式真实记录员工的工作和生活，全面展现集团员工的面貌与风采。

"沃的十二时辰"系列Vlog：以Vlog的形式对不同城市、岗位和家庭角色的员工比较有特色或典型的一天进行记录，展现员工最真实的一面，增强员工彼此间的了解与信任，也从更深的角度加深员工对公司文化氛围的认可。

"沃家留声机"系列播客：以音频节目形式邀请不同地域、背景、年龄等的员工在一起畅聊，搭建职场人故事分享与互动对话平台，展现"沃家人"对于"前浪"与"后浪"不同的职场和生活、海外工作经历、斜杠青年等热点话题的观点与感悟，以独特见解引发不同员工间的共情与共鸣。

"沃家朋友圈"系列Plog：使用员工日常照片，以大家最熟知的朋友圈形式展现员工的工作、生活等，为企业文化内部沟通提供了"员工个人爱好和生活分享"的全新视角。Plog中的很多内容与公司其他内部传播项目交相呼应，如"沃家可持续大使"项目等。

"沃的十二时辰"系列Vlog、"沃家留声机"系列播客、"沃家朋友圈"系列Plog核心视觉（从左至右）

（2）邀请员工亲身参与可持续活动，借助数字化形式传递大沃可持续发展倡议和实践故事。

"沃家可持续大使"项目与数字化内部传播活动紧密相连，内容与形式互相融合。全国18位可持续大使身体力行地参与到公司的可持续相关项目中，通过数字化项目在内外部传播中进行展现，如"沃家朋友圈"系列Plog等。大使将公司文化理念外化于行，以实际行动增强企业文化认同，影响更多的人。

2．媒介策略

运用内部传播与外部社交媒体传播相结合的方式，以沃尔沃集团中国Violin（内部网）、Internal Newsletters（内部新闻通讯）、Yammer（企业内部通信平台）等自有媒体平台和内部平台为核心渠道，辅之以官方微信账号、微信视频账号和微博账号等外部平台，进行传播。

对内，横向触及中国各地区员工，纵向触及总部和全球各国家员工，加强互相认知并引起强共鸣；对外，触及客户、经销商、媒体、其他受众等，打造最佳雇主品牌。

沃尔沃集团中国"可持续大使"徽章

项目执行

执行过程：前期由内部各组织和部门员工推荐和自荐，确定人选。与确定人选充分沟通前期策划内容和进度，方便他们充分了解项目并协调时间参与活动。活动中，真实记录员工工作、生活、参与活动的场景及内容。后续传播时，运用多种数字化传播方式，内部、外部多平台全方位展现员工风采、传递企业文化。

执行要求：细节上，以真实、"不为传而传"为核心要求，以不为员工额外增负为原则，组建高效率的专业制作团队，通过"你提供素材，我们来制作"的模式提升员工参与积极性。调性上，不追求噱头，不盲目玩梗，实事求是，让传播内容成为企业文化的浓缩镜像，而非"美颜相片"。

项目评估

1. 效果综述

该项目跳出以文字为主的传统内部传播形式，以精准和普适的数字化传播形式和丰富的传播渠道高效触达受众。一系列内部沟通活动不仅加深了员工彼此间的了解和对企业文化的认知，还收获了来自员工、客户、供应商和其他利益相关方的高度认可，对内增强了员工向心力与凝聚力，展现了企业的核心价值观，对外塑造了良好的企业品牌形象。

2. 受众反应

作为大型跨国公司，沃尔沃集团有多个线上平台供员工交流分享。结合项目特点，项目内容着重在微信公众号及企业内部交流平台发布，同时也在办公室内循环播放，丰富办公室的企业文化。

本次活动辐射至沃尔沃集团海内外各地不同部门的员工。项目成果一经发布，收到了大量点赞和评论，"真实""生动"成为员工反馈的关键词；对于海外员工来说，该项目成为展现中国员工风采的窗口，帮助大家更好地了解中国。同时，高质量、国际化的内容也增加了本地管理层与总部沟通交流的谈资，提高了决策层对中国市场的关注度，继而支持中国业务的发展。

该项目不仅加强了企业内部员工间的交流，也通过沃尔沃集团外部平台触及客户、合作伙伴、媒体等核心利益方以及其他受众，展现了沃尔沃集团"以人为本"的企业文化，塑造了良好的企业雇主品牌形象。

亲历者说 周逸平　沃尔沃集团中国企业传播副总裁

该项目自推出以来就广受员工好评，员工纷纷表示自己以全新的视角看到了"沃家人"的潜能与活力，也提升了对企业的归属感和信任感。回到企业内部传播的本源，该项目坚守着文化与内部沟通之"道"——以人为本，尊重个人，促进个人乃至集体的可持续发展；重新定义新常态下的"术"——形式上，以数字化新形式，迎合受众喜好，内容上，浓缩企业精神但不多加粉饰，成为企业文化的一扇明窗。

案例点评

点评专家：马志强　浙江传媒学院教授，中国高等教育学会公共关系教育专业委员会副理事长

本案例最大的亮点在于，以当今流行的和员工普遍喜爱的 Vlog、播客、Plog 为数字化传播工具，以员工自身为传播主体，让员工自己挖掘故事，鼓励员工积极参与企业文化内部沟通活动，以员工的亲身经历为主要内容引发共鸣，展现最真实、最个性的魅力与价值。本案例鲜明地提出，"每个员工都是公司的主角与形象大使"，员工更多地参与到企业内部传播过程中，成为传播的主体与内容。这既是该策划案的亮点，也是该策划案的创新点，是对公共关系理论中"全面公关"最新鲜的解读和延伸，具有很好的推广作用。

GOLDEN
FLAG
AWARD
金 旗 奖
—
品 牌 向 上

2023
—
金旗奖最具公众影响力
品牌 TVC 金奖

峰米品牌广告《老家伙》

执行时间：2022年9月9日—11月1日

企业名称：峰米（北京）科技有限公司（简称峰米）

品牌名称：峰米投影

代理公司：日目三辰（厦门）文化传播有限公司

获奖类别：2023金旗奖最具公众影响力品牌TVC金奖

项目概述

1.背景和目标

峰米被认为是"激光智能投影开创者"，2021年接连发布了各个系列的激光投影仪，构筑了较为齐全的家用激光投影仪产品线。在坚定自有品牌发展战略、不断加大新产品研发和市场投入的力度同时，考虑到未来家庭视听市场的中心必然会围绕沉浸化、巨幕化不断升级，项目组希望将峰米"把影院搬回家"的理念传递给千家万户，通过这支广告展示激光投影仪的品牌价值，提高品牌热度，把受众由年轻人个人向家庭扩展。

2.挑战

在满足多使用场景的同时，不仅要与用户形成情感共鸣，还要赋予激光投影仪原有家电标签之外更多的意义，让维系中国家文化的客厅重新点亮，以此开启家用投影仪的激光时代。

项目策划

1.策略

以峰米S5新品发布和中秋节为背景，项目组重新定义了"墙与家"的关系，以光的形式照进未来，照进千家万户，让墙有血有肉、鲜活地站在观众面前，与观众对话，带给观众情绪，向他们诉说它的"孤寂与担忧"。

2.创意：重聚旧时光，点亮新生活

在这支概念TVC里，主角就是一面中国家庭客厅中普普通通的"墙"，以一个"老人"的身份娓娓道来一个中国家庭发展、变迁、革新进程中的种种感慨。它见证了一个家庭的改变，也在回忆里伤怀是不是已经不再被需要。作为家里常驻的生活背景，它曾经风光一时，

被挂上各式的照片、壁画、日历和奖状，除此之外它似乎并没有其他更高的价值。但自拥有投影仪的那天起，它焕然新生，寻到了只属于它的全新意义：变成了一块人人注视的大屏幕，同时成为内容的载体。它不再担心客厅中的热气会消失，不再担心大家都被小小的手机屏幕抢占注意力，它欢欣雀跃地迎来重新定义它的时代，不再是一面只会盯着你看的墙，而是你与家人构建情感联结的桥梁。

在影片制作上，以实拍结合CG的形式呈现，拍摄时间将近25小时，项目组在实景棚内改造、陈设，营造出既有质感又温馨的家庭。以"光"为核心元素，通过主角手中的书名、窗外的电闪雷鸣、配乐中的词曲以及最后激光投影仪发出的光，层层递进，聚焦表达，耐人寻味。独特的故事表达风格、写实又魔幻的情节设定、电影质感的影调及"光"元素和激光产品落点的层层递进，结合片尾包裹感的吟唱，让大家恍然大悟：原来这是一个跨越时间、空间的"家中墙"的独白，让人回味有嚼劲。

峰米品牌广告《老家伙》

项目执行

前期，项目组与导演就创意脚本进行深入探讨，着眼点不再局限于产品本身，更注重精神层面的内核并寻求突破。影片更侧重演员的表演张力、剧情的推进、带给观众的思考。为此，项目组在美术上做了深刻的思考，不断强化"时间"的概念，如框起的旧照片，尘封的钢琴，摇曳的窗框，打造出回忆中与时间的赛跑；不管是场景设定、美术陈设，都投入了大量心血。

项目执行中，在20多个小时的拍摄时间内完成了该支影片的摄制，在拍摄中面临诸多挑战：在棚内拍摄要营造出下雨前窗户摇曳的状态、穿墙（客厅—卧室—客厅）的镜头展示，实拍与后期衔接需求过渡丝滑等。

最后，项目在传播上取得了非同的反响，在各大渠道投放传播，引起了一波热潮，产品首发后11天销售额突破1000万元，同时，连续占领京东投影类目热销榜。在帮品牌宣传产品理念的同时，助力品牌实现了更大的商业价值。

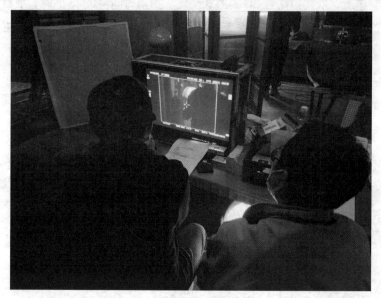

拍摄现场

项目评估

1.效果综述

这支影片通过新品首发＋家庭关系＋节日营销＋原创的专业内容，在微信视频号、微信公众号、新浪微博等渠道投放传播，收获了大量好评，引发了观众对于"家文化"的感慨，让品牌真正实现了"用激光焕新光"的宣传理念。

2.媒体统计

峰米S5激光投影仪首发后11天销售额突破1000万元，京东投影类目热销榜TOP1，天猫超级家影节投影仪类目单品TOP1，峰米S5激光投影仪入选中国电子视像行业协会《2022年智能投影仪创新指南》创新产品。

3.项目亮点

（1）整个概念的实现采取CG＋实拍的形式，打造出一个既温馨又充满"光"的场景与氛围。

（2）从峰米产品的特质和优势切入，家中的墙成为影片的主角，用墙的角度发声，向观众娓娓道来这段故事，助力品牌出圈。

（3）影片整体衔接以"声""光""电"来概括，共45个镜头，其中安排了 4 个升格画面表达回忆，彰显时光流逝，感触颇多。

（4）通过画面的表达结合原创音乐，给观众带来沉浸式的享受。

亲历者说 吴铭治　日目三辰（厦门）文化传播有限公司制片主任

导演对演员的把控还有美术陈设非常用心，场景中的一个盆栽、一幅画与人物之间的关联、演员的表演张力等，都要求得很细节。在后期特效的表现形式上，为了更好地将"墙"的理念体现出来，导演、监制、视效总监研究了多种方案，最终打造出了超现实的镜头。

案例点评

点评专家：刘永强（猫叔）　微梦传媒CGO（首席增长官）

投影仪这个科技产品的类目在新品上市时更多地强调产品的物理参数、功能点的迭代等技术指标，热衷于描绘有未来质感的现代科技生活体验，在这种情况下，各个品牌的新品看上去高度相似。本案例中峰米的TVC创意，却从洞察开始就直达了"家电"之于"家"和"家人"的意义，将其凝炼为"老家伙"这样一个非常另类的创意概念，最终TVC的高品质创意制作让一支商业短片从前3秒开始就牢牢吸住观众的注意力，直到影片结尾的温情吟唱中品牌缓缓释出，相信每一位观众此刻都能对峰米的产品价值形成强烈共振。

GOLDEN
FLAG
AWARD
金旗奖
—
品牌向上

2023
—
金旗奖最具公众影响力
品牌创新金奖

◗ 万智牌 × 魔戒新品系列上市发布

执行时间：2023年5月1日—7月10日

企业名称：孩之宝商贸（中国）有限公司

品牌名称：万智牌

获奖类别：2023金旗奖最具公众影响力品牌创新金奖

项目概述

该案例以万智牌与魔戒两大西方奇幻IP的史诗级奇幻联名为背景，放大无边界卡牌设计、剧情式游戏机制的产品亮点，融合当下户外社交新形式——露营，邀请核心受众体验一场"突破天花板"的沉浸式桌游活动。该游戏将魔戒艺术价值通过万智牌具象化，引入更多万智牌新玩家，使玩家走出桌游店，在潮流生活方式里获得新的体验。

项目策划

1.打造万智牌 × 魔戒主题周边

将万智牌与魔戒的艺术性具象连接，提升传播效果。助力万智牌从室内走到室外，突破场景限制，踏上无界旅程，奔赴从游戏粉到泛游戏粉的无疆新宇宙。

周边礼盒内容：联名主题露营手提包1个、露营软水壶1个、帽徽1盒（内含索伦之眼主题1枚＋鹏洛客主题1枚）、中洲地图露营防水地垫1张、可拆卸两用露营灯1个。

周边核心亮点：魔戒元素神还原、万智牌印记够深刻、产品质感超高级。

周边传播策略：

（1）邀请游戏类媒体、KOL、玩家发布深度测评，游戏行业内媒体从行业发展前景视角点评该游戏周边。

测评方向：卡牌行业创意周边；TCG（集换式卡牌游戏）行业井喷，卡牌游戏从室内到室外，威世智到底在下一盘什么棋；先睹为快！阿拉贡太爱室外露营，都晒黑了！

（2）泛游戏类KOL发布实测美图，生活方式类、漫画家类博主从户外装备清单、营地美图、卡牌设计等角度进行全方位推荐。

测评方向：即刻约上牌友去户外，加入魔戒同盟；露营玩什么？当然是万智牌的新坑啊；太美了！太美了！万智牌和魔戒一起出的这套周边绝美！

2. 2023年6月22日，举办万智牌×魔戒新品系列上市发布会

活动创意：当与万智牌有关的玩家、媒体人全都瞬移至夏尔郡，会发生什么？

创意呈现：在新场景体验新玩法，达到价值升华+玩法破圈+话题扩散的叠加效果，打造一场以"魔戒"为主题的沉浸式万智牌卡牌游戏露营派对。

3. 传播策略及节奏

（1）传播策略：从四大维度拆解万智牌×魔戒联名系列的无限价值。

市场价值：万智牌×魔戒联动。

艺术价值：万智牌×魔戒系列卡牌由全球知名插画艺术家倾情绘制，恢宏原画堪称珍品。

竞技价值：根据魔戒，赋予卡牌不同技能，搭配游戏百变奇幻，每玩一次都能找到新大陆。

情怀价值：魔戒IP风靡30年，由万智牌打造无疆新宇宙，万智牌始终给予玩家新惊喜。

（2）传播节奏。

邀请B站知名UP主开箱测评卡牌。B站卡牌大佬与魔戒忠粉破圈联动，共创内容，解说万智牌×魔戒系列卡牌的无限价值。

2023万智牌×魔戒新品系列上市发布会现场1

2023 万智牌 × 魔戒新品系列上市发布会现场 2

邀请游戏类、大众媒体参与品牌发布会，沉浸式体验卡牌玩法，感受《魔戒》场景下的露营氛围，激发公共社交话题热议，形成超高流量。

4.经销商联动、电商平台线上联动

借助万智牌 × 魔戒新品系列上市发布会热度，活动场地作为经销商活动场地，持续进行经销商活动推广（为期一周），进一步扩大万智牌 × 魔戒新品系列上市的传播声量，带动销售。

周边礼盒作为电商平台赠品，吸引线上粉丝，拉动线上平台卡牌销售。

项目执行

活动前期，完成万智牌 × 魔戒主题周边的设计、打样、大货生产，以供发布会现场使用；提前设计以魔戒为主题的"万智牌 × 魔戒新品系列上市发布会"邀请函，邀请玩家及媒体参与发布会。

找到同时具备举办发布会及露营条件、交通便利、环境自然优美的场地，经过多轮沟通进行场地的视觉呈现并完成搭建，设计最大化引导嘉宾进行沉浸式体验的活动环节。

活动现场，邀请马伯庸作为重量级嘉宾助阵，现场发言；邀请玩家、媒体等近百人参与发布会。以品牌发布 + 露营游戏互动 + 晚宴等丰富的活动形式完成发布会。

活动后期，邀请泛游戏类媒体到现场打卡体验活动内容。同时，请经销商利用现场场地开展招募活动，助力卡牌销售。

活动结束后，追踪现场参与活动的媒体发布内容，邀请外围媒体扩大宣传，打造由游戏垂直媒体辐射外围大众媒体的媒体矩阵，助力活动破圈。

项目评估

1. 效果综述

以万智牌 × 魔戒为主题，以限定快闪的方式落地上海市自然环境优美的庄园景区，通过一场以沉浸式游戏场景体验为核心的线上线下整合营销，带动实体卡牌的品牌营销，有效提升品牌认知度、美誉度、产品销量。

2. 受众反应

受邀媒体及嘉宾都给予好评。万智牌 × 魔戒主题周边作为现场体验伴手礼及电商平台赠品，在测评及现场赠送环节中也收获了嘉宾的一致好评。

3. 市场反应

万智牌 × 魔戒新品系列上市活动当月，实体卡牌的销售量同比增长近200%。

4. 媒体统计

万智牌 × 魔戒新品系列上市活动获得总价值高达1500万的媒体曝光。

亲历者说 陈怡　孩之宝商贸（中国）有限公司万智牌市场负责人

万智牌作为集换式卡牌游戏鼻祖，因国内现有市场相对小众，在国内认知度不高。此次联名魔戒IP发布新品系列，期望实现破圈传播，提升品牌知名度。通过洞悉Z世代的娱乐消费心态，突破万智牌的场景局限，本次活动创新性地打造了露营式玩牌体验，制造话题，辐射魔戒受众，引发高热讨论，在为老玩家创造新鲜感的同时吸纳新粉。最终，传播活动获得1500万媒体价值，销量同比增长近200%。

案例点评

点评专家：赵晖　众行传播集团首席策略官

作为一个小众卡牌游戏，万智牌要想破圈，困难重重。魔戒又是一个超级IP，这给双方合作带来了一些想象空间。这个案子的最大突破是用露营的方式玩牌，一方面，露营很火，是年轻人新的社交活动，另一方面，玩牌需要沉浸式投入，而手机上各种App对个人时间又进行了切分，如果只是线上互动，那效果会大打折扣，而把目标用户聚集在一起，既能为老玩家创造新鲜感，又能吸纳新用户，这种公关思路是出色的。

◼️ 万达广场营销IP"无暗英雄"×ChinaJoy①

执行时间： 2023年4月8日—7月31日
企业名称： 珠海万达商业管理集团股份有限公司
品牌名称： 万达广场
代理公司： 西安梦安文化传播有限公司
获奖类别： 2023金旗奖最具公众影响力品牌创新金奖

项目概述

2022年，对实体经济特别是零售行业来说，是存在客观困难但也存在弯道超车机会的一年。品牌只有拥有足够的焕新能力，抓住市场增长的核心，才能在激烈的竞争中破局而出。万达广场打破线下购物中心空间增长的局限性，发挥全国规模及布局优势，利用文创化思维为商业地产注入破局之力，正式推出营销IP"无暗英雄"。"无暗英雄"二次元IP的推出，正是针对年轻用户的焕新行动，它使品牌比以往更加先锋、更具科技感，也更年轻。数字化赋能，助力品牌升级。"无暗英雄"作为数字虚拟人与商业场景深度融合的创新案例，探索的玩法之一就是友好的品牌植入。多方共赢、把握Z世代年轻群体脉搏的营销方式，实现了创新，展现了无限潜力。

项目策划

1.基本情况介绍

（1）万达商业管理集团：成立于2002年9月，是全球规模领先的商业物业持有及管理运营企业，也是万达集团旗下商业物业投资及运营的唯一业务平台。

（2）"无暗英雄"：2022年11月，万达商业管理集团联动完美世界文创，打造全新的万达广场营销IP"无暗英雄"，万达商业管理集团在线上漫画平台、线下商业场景营销、品牌联合等多方面助推发力，《无暗英雄》同名漫画一经发布，便在腾讯动漫获得新作TOP10、机甲类TOP10和上亿人气的骄人成绩。

---

① 本文中所涉及的视频及照片，西安梦安文化传播有限公司均已得到被拍摄者的使用许可。

万达广场营销IP"无暗英雄"× ChinaJoy活动现场

2.万达广场IP"无暗英雄"实施背景

2022年，中共中央办公厅、国务院办公厅发布《"十四五"文化发展规划》，提出要加快发展数字出版、数字影视、数字演播、数字艺术、数字印刷、数字创意、数字动漫、数字娱乐、高新视频等新型文化业态，改造提升传统文化业态，促进结构调整和优化升级。为了响应国家号召，各省市积极推动动漫行业发展，例如，北京市发布了《北京市全民科学素质行动规划纲要（2021—2035年）》，指出要大力开发动漫、短视频等多种形式的科普作品，推动科普游戏开发；聚合价值导向正确、科学性有保障的优质科普机构和专家媒体，形成统一协调的原创科普媒体矩阵。

3.万达广场IP"无暗英雄"创意核心洞察

"无暗英雄"巧妙地将友好的品牌植入玩法，使品牌毫无违和感地融入故事情节，为品牌带来了足够的曝光度和关注度。对于消费者而言，他们喜爱的虚拟角色IP打破了次元壁垒，优质的线上内容与真实的线下生活方式紧密相连，自己有了更多的新鲜体验。

这种创新的营销方式实现了多方共赢，成功把握住了Z世代年轻群体的脉搏。它不仅展现了无限的营销潜力，更为整个行业注入了新的活力。

项目执行

万达广场深入洞察年轻人休闲娱乐诉求和二次元文化走向，选择与年轻用户占比高达72%的ChinaJoy[①]（简称CJ）达成年度战略合作。

从"赛事落地＋展会参展"两大板块深入合作，吸引年轻圈层关注，获得行业客户认可，形成CJ联赛及线下展会对Z世代的凝聚力，为期3个月的万达广场 × ChinaJoy超级联赛及4天的CJ展会现场，参与人数超340万。

---

① 中国国际数码互动娱乐展览会。

项目评估

1.赛事板块

万达广场于从2023年4月开始与CJ进行全方位战略合作，在全国28座城市的32座万达广场举办"2023 万达广场 × CJ超级联赛"，共有2000多支专业队伍踊跃参赛，28座万达广场客流量周环比提升40%，吸引300余万人到现场。万达广场CJ联赛有效借助ChinaJoy平台，品牌势能与线下流量均得到有效增长。7月28日—31日，共计超1800名全国晋级赛参赛选手集聚CJ上海总决赛现场。

2.展会板块

万达广场携旗下自创IP"无暗英雄"于CJ现场精彩亮相，整体展位设计紧密围绕"无暗英雄"世界观、IP主角人物、漫画场景故事展开，呈现具有冲击力的展台展陈、舞台活动，现场结合CJ特性，深度原创了KOL驻场、舞台剧团走秀演绎、无暗女团舞台立体演绎等沉浸式体验内容，吸引现场大量游客驻足体验。活动期间粉丝增长破万，万达广场/无暗英雄UGC话题曝光量超3600万次。

> **亲历者说** 丁嘉翔 珠海万达商业管理集团股份有限公司营运中心市场策划部经理

作为CJ 20年内首次参展的商业购物中心品牌，万达广场携"无暗英雄"在本次CJ精彩亮相，利用赛事及展会，突破商业空间边界，与二次元文化融合互补，让消费者、品牌客户及行业同人看到了更年轻、更懂二次元的万达广场。

> **案例点评**

点评专家：王春雨 锐易纵横文化传播创始人

抓住年轻人，才能抓住未来。老品牌的焕新并不是一件简单的事情。万达通过和CJ深度合作，把AI数字人、CJ现场、万达广场紧密联系起来，这是建立在懂年轻人、懂异次元文化、懂AI基础上的。

让更多年轻人感受和参与。"无暗英雄"是万达和年轻群体深度交互的偶像，能为万达品牌创造更多和年轻人对话的机会。

很多品牌每年都参与CJ，但只关注CJ现场那几天。万达第一次联合CJ，就不仅在CJ现场做出了非常好的互动，还在自己的"主场"和CJ粉丝进行了更深的交互，的确达到了焕新品牌的目的。

中国移动第七届创客马拉松大赛

执行时间：2022年9月1日—2023年4月7日

企业名称：中国移动通信集团有限公司

品牌名称：中国移动创客马拉松

代理公司：北京华瑞成业管理顾问有限公司

获奖类别：2023金旗奖最具公众影响力品牌创新金奖

2023金旗奖最具公众影响力To B 行业案例金奖

项目概述

为深入贯彻落实党中央、国务院关于发挥中央企业龙头带动作用、深入实施创新驱动发展战略，搭建开放协同创新平台，促进科技成果转化、大中小企业融通发展，中国移动自 2016 年起开始打造"创客马拉松大赛"品牌赛事，遴选高质量科技创新项目，完善数字化产品体系。

项目策划

1. 项目目标

基于赛事大数据，从技术创新及应用、吸引创新型人才、促进合作、融通发展等多角度出发，深度扩张品牌影响力、提高感知度、扩大受众群体，引入更多优质项目、优秀人才等，着力提升中国移动双创品牌的行业影响力。

2. 洞察

创客马拉松赛事品牌着力于为中小微企业融通发展、科技成果转化打造多赛道、多元化、多方位的交流平台，提升品牌知名度，推进科技创新发展深度融合，邀请鹏城基金、中移科创基金等实力基金，助力中小微企业合作共赢。

因此，在2022年创客马拉松赛事中，项目组致力于整体升级品牌及赛事活动，让赛事贴合时下热度事件和玩法，更偏向年轻化群体，从而扩大品牌影响力。

3. 策略与方法

贴合潮流趋势，项目组结合年度热门露营风格打造了整体赛事，邀请重磅嘉宾深度指导，外部知名投资机构、内部中移科创基金助力，致力于打造融合创新品牌、创新赛事、创新玩法的合作共赢新平台。

4.品牌年轻化传播策略

第一批"00后"进入职场，为各行各业注入新鲜血液，他们无畏无惧、勇往直前，勇于探索新鲜事物，受其影响的老牌创客也更加年轻化，敢于尝试，敢于争鲜，追求新潮，不甘落后。基于这一现实，项目组致力于将品牌打造成更年轻化的赛事平台。紧随时代热潮，结合时下最火热的露营风格打造出与科技碰撞的时代盛宴。

中国移动第七届创客马拉松大赛主会场

5.娱乐化传播策略

打破常规竞演模式，引入综艺节目导师制，增强娱乐性。设置导师分享、冷餐交流等环节，让导师分组深入指导并带队比赛，娱乐化的同时让参赛团队取得更多实质性收获。

6.全面视频化传播策略

本次活动赛前、赛中、赛后共制作16个视频，包括启动视频、预热视频、先导片、主题曲MV、暖场视频、团队风采展示、开场视频、回顾视频、电梯片、纪录片等，多维度、全方位提升赛事整体品质。

项目执行

1.项目进度

赛事整体规划分为准备阶段、赛事执行阶段及后期收尾总结阶段。大赛准备阶段筛选出27支团队（中小微企业和团体）进入总决赛，以多形式、多渠道进行赛事传播预热，同时为比赛的进行做好前期准备；赛事阶段整体以导师制分组交流＋总决赛的形式进行。活动期间，满足住宿、车辆及用餐等需求，为参与赛事的相关人员提供良好的参赛体验；后期收尾总结阶段，抓住赛事热点进行传播，持续提升赛事知名度。

2.控制与管理

从赛前沟通、出行提示、短信提醒、入住接待、车辆安排、用餐安排等会务支撑方面全方位考虑嘉宾、选手、观众等群体，以达最优服务。执行期间，我司同样注重活动的安全性、可靠性及全面性，合理调度各方人员协同配合，圆满支撑赛事活动的顺利进行。

项目评估

1.效果综述

本届赛事过程中，我司全权负责协调统筹中国移动集团技术部、地方公司、参赛企业、外部专家等群体，赛事前期进行充分策划，制订备选方案及应急预案等，中期全力配合，整体统筹、梳理流程、管理物料及人员调度，使赛事圆满落幕。

本届赛事为创客提供了更优质的展示平台。在创客心中，他们不仅在中国移动创客马拉松大赛上得到了展示，同时也获得了专家的技术支持，更难能可贵的是结识了许多在创业道路上志同道合的朋友，他们彼此分享着创业路上的艰辛与喜悦。由于在赛事风格上与往常大赛不同，每年创客马拉松大赛的举办都会受到业界与公众的广泛关注，这激发了青年群体创新创业的热情，也为中国移动内部员工带来了创新激励，促进了科技创新的进一步提升，也体现了中国移动在产业链的带头作用。

2.项目亮点

邀请20多家知名投资机构参与赛事。推动近10个项目成功接洽，其中1个项目在专题赛期间即获投资；决赛期间鹏城基金、中移科创基金强势助力，赛后立即启动了与6名获奖团队的跟进与对接工作。

本届赛事是中国移动创客马拉松大赛项目开展以来首次以户外露营形式进行，轻松活跃的氛围及多样化场景及功能的分布，将本届大赛推向了新高度。

亲历者说 杨凯　北京华瑞成业管理顾问有限公司高级客户经理

洞察流行趋势是品牌营销的基本功，历届创客马拉松系列赛事的成功举办均紧贴时下流行元素进行，从国潮到赛博，再到本届赛事的露营风，每届创客马拉松赛事都能将品牌高度推送至更高一层，客户将项目视作企业品牌，而我将其视为艺术品，从前期到后期，从策划到执行，每处纹理都要细细打磨，每次落笔都要生花，从亲力亲为到亲眼见证，客户的赞赏、参赛者的推崇，这一切都让我感到荣幸和自豪。

创客营地+露营风主题合影区

案例点评

点评专家：董斌　科大讯飞品牌市场中心副总经理兼讯飞医疗品牌市场总监

　　一个连续举办了几届的生态活动要想推陈出新，任务一点儿也不轻松。这一次，主办方与时俱进，根据创客年轻化的趋势，创意性地推出了时尚活泼的露营风格，并引入了大牌基金等投资机构，打破常规演讲的竞演模式，改为综艺节目导师制，设置了导师分享、冷餐交流等环节，让导师分组深入指导并带队比赛，娱乐化的同时让参赛团队取得更多实质性收获。最终，近10个项目成功接洽，其中1个项目在专题赛期间即获投资，这给了活动参与者——投资机构和创客实实在在的获得感。用户视角的导演思维，让一个老活动焕发出了新活力。

浙江电力"益"起种太阳公益项目

执行时间：2022年9月18日—12月12日
企业名称：国网浙江营销服务中心
品牌名称："益"起种太阳
获奖类别：2023金旗奖最具公众影响力品牌创新金奖

项目概述

1.项目背景

自2021年开始，中央一号文件连续多年提到全面推进乡村振兴。2022年浙江省GDP为77715亿元，按可比价计算，增速为3.1%，发展平稳，但浙江全省11市经济发展不均衡不充分，全省不同城市的GDP相差悬殊，城乡区域发展和收入分配差距较大。

2022年中央一号文件指出，推进农村光伏、生物质能等清洁能源建设，巩固光伏扶贫工程成效，在有条件的脱贫地区发展光伏产业。在响应党中央和国务院全面助力乡村振兴的号召下，国网浙江营销服务中心发挥电力专业优势，对杭汀村、句城村开展帮扶工作，开启"'益'起种太阳"二期公益活动。

2.项目目标

（1）帮助经济落后的地区增加经济收入，实现农村多产业发展。

（2）向居民和企业倡导低碳生产生活方式，促进绿色低碳循环发展，营造全社会节能减碳氛围。

（3）实现发电"自给自足"，有效缓解电力供需紧张形势，保障生产生活有序用电。

项目策划

1.项目策略

结合浙江电力用户绿色低碳的生活生产行为，在网上国网App等渠道策划开展公益主题活动，以"做任务、得阳光值"为核心主题线索，鼓励用户通过线上交费、线上办电等低碳行为获取阳光值，同时应用趣味、简单的互动机制引导用户参与公益活动，为公益项目助力，进一步促进"双碳"目标达成。

（1）机制：创新"互联网公益＋光伏"模式，在活动中融入降碳减排元素和乡村振兴内容，给用户科普低碳的同时，达成公益目标。

（2）推广：统筹红色矩阵、调动电力用户、凝聚社会力量，实现公益群体化、社会化、专业化，扩大活动影响力。

（3）基金：成立光伏专项公益基金并协同多方监管，确保光伏并网收益用于帮助和支持当地乡村振兴。

（4）落地：推进光伏建设和开发，促进农村能源革命与农村集体经济发展，助力共同富裕取得实质性进展。

2.项目洞察

（1）从国家角度来看，自2021年开始，中央一号文件连续多年提出要全面推进乡村振兴；2021年，党中央、国务院印发《关于支持浙江高质量发展建设共同富裕示范区的意见》。为贯彻党中央、国务院决策部署，全面助力乡村振兴，统筹纳入乡村振兴战略，国网浙江营销服务中心建立了长短结合、标本兼治的体制机制。

（2）从社会责任履行方式来看，通过建设公益光伏电站，探索数字化公益助农可持续发展模式。借助互联网运营思维，建立全社会电力用户参与的光伏电站助力—建设运营—收益再利用的"可复制、可延续"的公益运营创新模式，既有利于以点带面辐射形成一套可持续发展的绿色公益体系，又有利于精准帮扶，促进浙江高质量发展，建设共同富裕示范区。

（3）从地方角度来看，丽水杭汀村和德清句城村是当地区县经济弱村，总体经济收入水平偏低。光伏并网收益初步计划用于村里公共设施服务完善和本地产业投资建设。通过互联网公益模式投建光伏发电站，新型能源不断开发利用，电站全年收益可达数万元。当地政府、属地供电公司、公益基金会携手监管，将社会责任履行工作与清洁能源消纳工作有机结合，提高了能源利用效率。

3.项目创意亮点

（1）创新打造"互联网公益＋建设光伏"公益机制，利用网上国网渠道开展公益助农活动，联合浙江电力用户，实现活跃用户和脱贫攻坚目标。

（2）成立光伏专项公益基金并协同多方监管，确保光伏并网收益用于帮助和支持当地乡村振兴建设，进一步提高乡村电气化水平。

（3）积极推进分布式光伏建设和开发，促进农村能源革命与农村集体经济发展，提高城乡居民收入水平，逐步缩小分配差距，助力共同富裕取得实质性进展。

项目执行

1.开展利益相关方调研（9月）

（1）现场调研：联合当地乡镇政府、村委开展现场调研，对项目地经济发展状况、困难人群等情况进行排摸，形成公益项目服务情况调查表，用以评估该地区是否符合公益资助标准。

（2）收集资料：收集并记录项目地点当地地理环境、光照条件、降水情况等资料，协同综合能源部门评估是否符合光伏设备装置条件。

（3）公益立项：国网浙江营销服务中心及外部合作公益机构就调研情况进行评估打分，对符合标准的项目编制项目建议书，对项目可行性、必要性，以及整体项目拟建规模、投资估算、经济效益和社会效益等进行分析和决策立项批复。

2.工作实施方案（10月）

基于利益相关方调研排查情况，以"做任务、得阳光值"为核心主题线索，在网上国网App策划开展公益主题活动，鼓励用户通过线上交费、线上办电等低碳行为获取阳光值。同时应用趣味、简单的互动机制引导用户参与公益活动，为公益项目助力，进一步促进"双碳"目标达成。

3.推动项目落地（11月）

公益项目结束后，国网浙江营销服务中心联合外部合作公益机构根据用户助力数据结算公益金，公益金由公益机构统一接收，开具捐赠票据，建立专项基金。后期公益机构将按照光伏发电站建设方案和计划全程对接光伏安装项目，进行资金拨付，监管电站建设。

4.总结评估方案成效（12月）

年底对项目执行成果开展调研与评估，从减碳增收的实际成效、公司管理方式及工作方式的创新变化、利益相关方评价反馈等方面，收集详细的数据与案例，评估工作成果，总结工作模式与持续改进的方向，并在此基础上编制社会责任根植项目总结报告，促进项目成果转化。

项目评估

2022年9月，国网浙江营销服务中心依托网上国网上线二期"'益'起种太阳"公益主题活动，通过线上活动号召浙江电力用户共同助力光伏发电站建设，活动捐赠达15.08万人次，累计助力公益金50.93万元，为浙江丽水和湖州2个农村捐建光伏发电站。

2023年5月，二期公益光伏发电站分别在丽水云和、湖州德清落地建成。丽水云和杭汀村公益光伏发电站是浙江首座公益光储一体化电站，电站装机容量达78.375千瓦，预计每年可为杭汀村带来直接经济收益4万余元。电站配套建设了储能模块，组成山区微电网，可在上级电网失电情况下自动切换至孤岛运行模式，支撑杭汀村生产生活用能18小时以上。

湖州德清公益光伏发电站是湖州首个光伏共富发电项目，该光伏共富项目已完成国家可再生能源中心信息平台注册并成功在浙江省电力交易中心开展绿电交易。该项目发的每一度清洁电，都会以绿电聚合的模式输送至杭州第19届亚运会比赛场馆，为办好绿色亚运贡献一份力量。

亲历者说 张维　国网浙江营销服务中心渠道运营室副主任

作为"益"起种太阳公益项目的牵头人，国网浙江营销服务中心积极挖掘省内产业经济相对薄弱同时具备良好光照条件的乡村，开展光伏发电建设工程，帮助农村地区人口收入稳定增长。

案例点评

点评专家：仲佳伟　爱德曼国际公关中国区高级副总裁

公益传播最难的不是包装，而是背后公益与商业、运营与传播的双层打通。本案例的优秀点就在于此。前期项目的基层调研，以及打通公益活动与日常运营的功夫，是这个项目得以成功的前提。这些年，我们已经在呼吁"说"与"做"的打通，这里没有绝对意义上的哪个先、哪个后，传播创意的巧思，是内部争取资源与重视的前提；而内外各部门的实质性支持，是类似这样的公益项目得以成功的前提。期待更多的企业能在中国发展的当下阶段以初心为基础、以技术助力，落地可持续的新公益传播，也为传播界带来更多"行动激发信任"的故事。

中电光谷用艺术赋能品牌传播

执行时间：2022年1月1日—2023年8月8日

企业名称：中电光谷联合控股有限公司

品牌名称：中电光谷

获奖类别：2023金旗奖最具公众影响力品牌创新金奖

2023金旗奖最具公众影响力To B行业案例金奖

项目概述

产业园区行业是一个相对小众的垂直领域，品牌传播上属于典型的G端和B端传播。中电光谷在这个行业深耕近20年，积累了扎实的体系化能力和丰富的园区项目案例，总结形成了园区运营系列方法论。在业务稳健发展的同时，企业也高度重视品牌建设和品牌运营，积极履行社会责任，连续多年发布社会责任价值报告，2021年和2022年连续两年获得五星评级。相对于C端，G端和B端传播受众面更加垂直和狭窄，破圈和产生爆款的难度更大。为了更全面地展示企业在产业园区行业的专业能力和品牌形象，得到潜在目标用户和现有客户的关注和认可，不断创新内容生产和品牌传播方式，中电光谷做了以下努力：一是坚持用艺术赋能品牌传播，强化企业的社会责任，丰富企业文化内涵；二是顺应媒体融合和数字化发展趋势，建立线上线下融合的OVU融媒体中心，打造新型企业媒体。

项目策划

1.兴办公益性美术馆，作为企业创新文化建设的实验场

坐落于武汉市洪山区野芷湖畔的合美术馆，由中电光谷建设并运营，2014年10月正式开馆。从社会层面来看，合美术馆是创意天地园区的精神堡垒，是园区艺术家、企业家、周边社区居民欣赏当代艺术的文化空间，有着丰富城市文化生态、提升城市艺术气质的重要作用。从企业层面来看，合美术馆是中电光谷创新文化建设的实验场和重要抓手，也是企业品牌建设的重要窗口。通过艺术展览、公共教育活动等方式，提升团队文化素养，展现企业文化价值主张。依托合美术馆，公司践行艺术赋能，深化与社会的联系，将企业文化场馆变为公共文化场馆，进一步提升了企业文化影响力，彰显了企业社会价值。

武汉创意天地合美术馆

2.艺术为产业赋能，以园区空间作为品牌传播的新媒介

中电光谷在全国46个城市建设运营88座主题产业园区，依托合美术馆和全国各地园区，打造城市线下文化艺术空间——合美空间，将之作为公司探索艺术与城市、艺术与产业多元融合可能性的跨界文化平台。相继在合肥、青岛、长沙、天津4个城市设立合美空间，依托合美术馆的专业底蕴和文化艺术资源，推动艺术更深入地参与到城市建设和产业发展之中，发挥艺术在服务经济社会发展中的重要作用，让艺术为产业赋能，艺术与园区有机互映，赋予一座城市更多文化内涵。

3.依托艺术家作品开发文创产品，让艺术更好传播企业文化和价值观

基于合美术馆的艺术展览和艺术家资源，通过特别企划、艺术家联名合作的方式，设计与发掘最有质感的文创产品，将艺术、文化、产业3种不同的基因有机融合于文创产品，并打造光和好物文创产品展示平台，无形中传递中电光谷的艺术赋能理念和文化内涵，同时也让艺术更好地走近大众。

4.率先建设企业融媒体中心，加快品牌宣传数字化转型

中电光谷在2023年建设线上品牌数字化平台和线下融媒体中心实体空间。线上平台集客户端前台、策采编审发评全流程的运营中台、数据可视化运营及指挥后台于一体，致力于通过平台建设、机制再造构建资源集约、结构合理、差异发展、协同高效的媒体融合传播新格局，从而进一步整合公司品牌资源、激发创新内生动力、赋能产业服务。将线下空间打造为集演播室、数字直播、运营指挥、培训服务、会议接待等于一体的综合服务平台。

通过线上数字后台实现策采编审发评的一体化协同和全流程闭环管理，通过数据驾驶舱反馈数据驱动品牌提质增效，防范网络安全及舆情风险；加强数据运营，宣传品效分析可视化，一方面助力项目优化宣传策划，另一方面促进跨区域宣传协同建设。

OVU 融媒体中心

项目执行

2022 年 8 月，长沙中电智造园展示中心开放。展厅从传统园区展厅的设计风格中跳脱出来，充分结合艺术空间形式，以极简的风格营造更纯粹的工业发展氛围。

2022 年 9 月，合美空间落地青岛中电信息港并举办多场艺术家展览。其中，《金刚》大型雕塑永久落户园区。

"2022 武汉双年展"于 2022 年 12 月在琴台美术馆、武汉美术馆、合美术馆三馆同期开展，合美术馆的展览单元为"开放姿态"，展出 60 余位艺术家百余件作品。

2022 年，设计制作 4 款文创产品：2023 年新年台历、艺术家刘绍栋《金刚》雕塑摆件、艺术家缪晓春《徘》丝巾、艺术家张国龙《绿长城》丝巾。作为集团及各公司的商务礼品，文创产品传递了中电光谷对于文化艺术的重视。

2022 年下半年，公司启动融媒体建设，2023 年 5 月线上 App 正式上线，2023 年 6 月，线下融媒体中心正式开放。

2023 年 6 月，"自然建筑"——朱锫个展在合美术馆开幕，并举办建筑论坛。

2023 年 7 月，合美空间落地天津中电科创园，同步举办缪晓春"新新大象"雕塑揭幕仪式暨缪晓春作品展，"新新大象"雕塑永久性落户园区。

项目评估

开馆以来，合美术馆累计举办 83 场展览，1000 余场公益活动，累计参观人数 200 余万。在合美术馆办展的艺术家对合美术馆给予了高度评价，艺术家谷文达在 2022 年接受采访时表示："相较于上海的 M50、北京的 798，创意天地是一座新的建筑，它和合美术馆共同形成了城市的一种生活方式，这种与城市的互动可以带来人流量，不像是在孤零零的厂区的创意园区。"合美术馆也成为中电光谷政企客户来访的重要参观地，来访嘉宾均对中电光谷在文化艺术方面的建树表示肯定。合美术馆成为高德地图的网红打卡点，全国各地的艺术爱好者等纷纷来此接受当代艺术的熏陶。周边的社区居民以成为创意天地的邻居为豪，因为他们的孩子从小就能够在充满艺术氛围的环境中成长。

艺术家文创产品一经推出便受到各公司欢迎，供不应求。每年5000份新年台历，一抢而空。收到艺术家文创丝巾的客户反馈，"收到的不仅仅是礼物，更是文化"。

OVU融媒体中心，得到了上级单位中国电子以及权威媒体、高校专家的一致好评。他们表示，中电光谷的品牌宣传工作走在了大部分企业的前面，是品牌宣传数字化转型的优秀代表。线下融媒体中心开放后，人民日报数字传播在此对集团总裁进行了专访。线上平台目前已经有49家分公司入驻，截至2023年7月底，累计发布文章近3500篇。

亲历者说　仇海波　中电光谷联合控股有限公司宣传部部长

中电光谷始终将企业发展同国家战略紧密结合起来，将创造社会价值作为企业经营的出发点和落脚点。通过兴办公益性美术馆，一方面丰富园区文化艺术生态，促进文化交流，提升城市文化气质，另一方面也构建了具有差异化的企业品牌形象，强化了企业社会价值。依托美术馆的资源和丰富的实践，我们以园区为媒介，打造园区艺术展览空间；邀请艺术家创作雕塑，丰富园区公共艺术空间……通过各种各样的方式，传递公共美学，让文化艺术为产业赋能，也潜移默化地传递中电光谷的品牌理念和价值观。

案例点评

点评专家：张文轩　霍夫曼中国区总经理

中电光谷以艺术赋能品牌传播的创新方式成功斩获了2023金旗奖最具公众影响力品牌创新金奖和2023金旗奖最具公众影响力To B行业案例金奖。其通过合美术馆的建设和运营，以及合美空间的创建，将园区空间作为品牌传播的新媒介，实现了艺术与产业的有机融合。同时，通过与艺术家合作推出文创产品，加强了商务交往场景中的文化交流，进一步传递了中电光谷的艺术赋能理念和文化内涵。此外，建设OVU融媒体中心，推动了品牌宣传工作的数字化转型，为企业的品牌传播提供了新的平台和渠道。这一创新策略和执行成果，使中电光谷在品牌创新和行业案例方面获得了业界的高度认可与赞誉。

GOLDEN
FLAG
AWARD
金 旗 奖

品 牌 向 上

2023
—
金旗奖最具公众影响力
实效营销金奖

2023安慕希 × 美团酒店出行季场景营销

执行时间：2023年3月31日—4月23日

企业名称：内蒙古伊利实业集团股份有限公司

品牌名称：安慕希

代理公司：内蒙古众拓营销管理有限公司

获奖类别：2023金旗奖最具公众影响力实效营销金奖

项目概述

安慕希跨界酒店业态，打造旅行消费"新"场景，传达#美味安慕希，度假快补给#的主题。以安慕希AMX长白山蓝莓新品为锚点，以新品带全品，占位五一出行季热点场景，抢占线上市场。携手美团酒店等，联动全国多家酒店推动安慕希长白山蓝莓酸奶原产地策略差异化传播。

项目策划

1.项目背景

旅游市场强劲复苏，出省游、长线旅游回暖，旅游相关话题成为热点。

2.需求洞察

用户旅行需求逐步回升，五一假期作为小长假是消费者出行的重要节点，而近几年云川渝是假期出行的"心头好"。

家庭/亲子人群、白领（包含朋辈、年轻情侣等），作为该节点的主要目标用户，具有高收入、高出游频次"双高"特性。

权威报告指出，"旅游产品的性价比"成为用户最为重视的因素；年轻用户逐渐在旅行场景中追求不一样的体验，例如，自然风光、特色服务体验、网红拍照写真等。

3.策略

（1）安慕希跨界酒店业态合作：品牌跨界联动，实现流量、声量扩大化，通过打造联名套餐、快闪拍照体验馆及主题房，声量、销量双重叠加，引导内容转化。

（2）IP联动直播，强化用户购买场景，精准击中用户喜好，声量流量引导销量冲高。

（3）垂直频道亿万级别曝光宣导，借势外部媒体及酒店行业垂直领域KOL联合宣发，声量流量引导销量冲高。

项目执行

项目于3月底启动，4月20日上线，期间涉及多方合作沟通、创意产出、视频拍摄制作以及海报设计等工作，短时间内，整体团队进行了大量创意输出，保质保量地完成了项目。

预热期（4月11日—19日）：安慕希传播先导片，明星代言人助阵发声，为活动提前预热造势；直播预热会场抢先览，前置引导转化；安慕希限定套餐预售上线，传播话题，KOL前往打卡、入住，图文种草转化。

爆发期（4月20日）：打造沉浸式直播体验，直播期间安慕希IP卡通作为特邀嘉宾加入直播间，与用户互动抽奖，趣味升级。

蓄水期（4月21日—23日）：安慕希照相馆快闪店开张，沿用直播间背景墙，引导用户拍照上传至社交平台，引导内容持续发酵。

项目评估

1. 以新品带全品占位五一出行季热点场景

安慕希AMX系列长白山蓝莓酸奶230g销售量环比增长100%，安慕希全品订单数环比增长14%，安慕希全品订单数同比增长30%，安慕希全品日均交易用户数同比增长29%。

2. 全渠道整合营销

美团酒店直播间观看人数489.4万人；安慕希原产地直采美食品鉴；全国12家酒店联动派样；微博微信小红书总曝光量3800万次。

亲历者说 **范静美　安慕希新零售推广经理**

安慕希跨界酒店业态，打造旅行消费"新"场景IP，直播助力转化，传达#美味安慕希，度假快补给#主题，以安慕希AMX长白山蓝莓新品为锚点，以新品带全品，占位五一出行季热点场景，抢占线上市场，携手美团酒店等，联动全国多家酒店，推动安慕希长白山蓝莓酸奶原产地策略差异化传播。

案例点评

点评专家：黄玲忆　朋百沟通国际有限公司创办人

安慕希在HoReCa（Hotel, Restaurant, Café的缩写）传统营销的基础上，注入新的元素，令人惊艳。在时机方面，五一长假是国内出行热潮期，也是各品牌不可错过的营销节点。安慕希看似跟旅游没什么关系，却能够巧妙地利用长白山蓝莓酸奶原产地的产品特色带动全产品跨界酒店业态，打造旅行消费"新"场景。在传播矩阵方面，品牌洞察到目标对象对旅游喜好的改变趋势，携手美团酒店等全国多家酒店，在旅游第一现场打造联名套餐、快闪拍照体验馆及主题房，让消费者可以近距离地感受品牌的温度。透过明星、旅游类KOL直播，把第一现场的情景带到线上，扩散影响力。快速打造IP，直播助力转化，传达#美味安慕希，度假快补给#的传播主题。整体而言，这是一个HoReCa新思维营销的成功案例。

金典有机生活节——故宫IP营销

执行时间：2023年1月10日—2月14日

企业名称：内蒙古伊利实业集团股份有限公司

品牌名称：金典

代理公司：内蒙古众拓营销管理有限公司

获奖类别：2023金旗奖最具公众影响力实效营销金奖

项目概述

新春好礼推荐：送礼表达祝福，是中国新春仪式感中不可或缺的部分。金典根据节日特点传递应景的节日概念，与故宫结合打造礼品周边。

金典与故宫品牌契合度：金典牛奶诞生于2006年，致力于为消费者提供自然健康的高品质产品，倡导关爱、崇尚自然的生活方式。故宫博物院建立在明清两朝皇宫（紫禁城）的基础上史迹的保护管理机构。金典携手故宫推出兔年定制装，向消费者送去古色古韵的新年祝福。

提升品牌美誉度，促进销量：按节奏推出"吉兔送福，以礼致爱"系列周边，依托金典自媒体，构成"春节档"金典品牌传播热度，在提升品牌形象的同时增加金典在CNY期间销量。

金典与故宫联名特别版产品

项目策划

1. 策略

旧岁将去，新岁来临。在兔年到来之际，金典希望打造一场不一样的新春营销活动。结合金典有机生活品质感和故宫礼品珍贵感，围绕"用金典致最爱"传播主题，根据金典与故宫博物院的契合点，在定制兔年包装的基础上，打造出春节走亲访友送金典团聚礼、元宵节赏灯猜灯谜送品质礼、情人节浪漫之季送TA贴心礼的"吉兔送福，以礼致爱"系列周边。

借势终端年货节档期，拍摄《吉兔送福，以礼致爱》创意视频，通过矩阵式营销传播，助力金典产品销售，持续传播金典品牌温度。

2. 创意

2023年，金典携手故宫推出兔年定制包装。包装设计灵感取自故宫博物院藏，从3幅故宫"兔"文物中挑选金兔形象，使其"跃"上金典有机牛奶、超滤牛奶两款产品的瓶身。

同时，结合新春吉祥喜庆的寓意，定制玉兔呈祥红包、抬头见喜针织帽、吉兔迎福杯盘套装、喜吉连绵陶瓷茶具套装，送上满满的新春祝福。

元宵节有看花灯的习俗，金典从现藏于故宫的《雍正十二月行乐图》中寻找灵感，推出吉兔纳福纸艺灯，传达欢愉的气氛。

古人关于情的画卷数不胜数，比翼双飞、鸳鸯戏水等都令人向往，金典在情人节推出玉兔清晖保温杯，送给最爱的人。

玉兔报春意，福满中国年。金典将隆重推出的春节限定周边拍摄成视频，在宫阁楼宇中解码中华文化基因，感受灿烂文明；以中华传统文化诉说绵绵爱意，用东方匠心文明致敬心中最爱。

3. 媒介策略

金典拥有丰富的自有媒体渠道，且粉丝数量庞大。金典主要是按节奏在微博、小红书、微信视频号、微信小程序进行传播，根据每个平台的特点，推出系列海报、视频等内容，构成金典在新春期间的传播热度，引起粉丝的一致好评。

4. 传播规划

本次传播以线上传播为主，传播平台主要为金典官方微博、小红书、微信小程序、微信视频号。传播内容以周边海报及视频、周边礼品为中心，传递"吉兔送福，以礼致爱"的活动主题。整合北京本地零售系统物美资源，最大化整合系统档期内容，通过线下陈列、联合促销、销售买赠及服务号推广、微信传播、多点App资源，全面露出，促进产品售卖，提升销量。

项目执行

金典本次春节营销主要在小红书、微博、微信视频号、微信小程序等几个平台进行。

1月11日，金典小红书推出金典故宫联名特别版定制包装的海报；13日，金典小红书推出"吉兔送福，以礼致爱"系列周边海报；20日，金典微博先后发布金典故宫联名特别版包装海报和周边视频《吉兔送福，以礼致爱》，金典微信视频号发布周边视频《吉兔送福，以礼致爱》。

金典"吉兔送福，以礼致爱"系列周边

在线上打造出一定的传播热度后，天猫、京东、微信小程序等平台承接买赠活动，将金典"吉兔送福，以礼致爱"系列周边送到消费者手中，带动终端销量。

项目评估

1. 效果综述

提升品牌美誉度，实现全面价值领先：新春到来之际，金典联合故宫推出联名款包装、"吉兔送福，以礼致爱"限定周边及视频，传递金典的高端品质感。同时，进行线上事件营销传播，借助微博、微信和小红书社交平台打造话题热度，提升品牌影响力。

话题结合产品露出，提高终端销量：在小红书、微博、微信社交平台传播话题，吸引关注的同时引发UGC输出，从而提升产品销量。

粉丝转发：精美周边吸引大量KOC粉丝在微博平台进行互动转发，持续增加传播热度。

引起热评：金典小红书和微博发布周边视频及海报，引起大量粉丝关注和评论，为金典产品销量蓄力。

2. 市场反应

于春节、元宵节、情人节期间，在金典有机商城小程序上线"吉兔送福，以礼致爱"系列周边（春节走亲访友送金典团聚礼＋元宵节赏灯猜灯谜送品质礼＋情人节浪漫之季送TA贴心礼），引流小红书，通过限定周边让大家看到金典的品质，在吸引关注的同时，达成销售目标。小程序客单价提升30%，超历史数据。

3. 媒体统计

金典微博发布《吉兔送福，以礼致爱》视频及故宫联名款包装，并发起#用金典致最爱#话题，转赞评该微博可获得专属新春佳节好礼，累计曝光量超100万次。

金典小红书发布"吉兔送福，以礼致爱"系列周边及金典故宫联名版包装牛奶，粉丝留言可有机会获得，达到产品推广的效果，获小红书用户广泛好评，被评价"金典美学"，累计曝光量超200万次。

金典微信视频号发布《吉兔送福，以礼致爱》视频，累计曝光量超10万次。

亲历者说 **宫旭　内蒙古伊利实业集团股份有限公司市场推广经理**

春节是开年礼赠季，也是家人团聚的时候。金典一直提倡有机生活品质感，我们把这种品质感和故宫主题的礼品珍贵感结合起来，打造"吉兔送福，以礼致爱"系列周边及视频。这不仅可以助力金典产品销售，还能持续传播金典品牌好感度，传达出用金典致最爱的主题。

案例点评

点评专家：徐俊　资深企业品牌传播策略专家，伟达公共关系顾问公司中国区前首席执行官

癸卯年迎新之际，金典携手故宫博物院打造了迎春节、元宵节、情人节的定制产品兔年包装及限定周边好礼，从馆藏文物中寻找灵感和应景的美好寓意，有节奏地推高春节期间金典品牌传播热度，促进金典产品销售。

品牌借热门节庆时点开展营销，竞争十分激烈。金典此番举措的亮眼之处有三。一是营销创意紧贴品牌的价值承诺，与消费者产生文化层面的共鸣。金典致力于提供自然健康的高品质产品，倡导关爱和崇尚自然的生活方式。在迎新纳福的氛围中，人们更亲近传统文化，接纳品牌所传递的细腻、有格调的情绪价值。二是体察春节、元宵节和情人节所承载的不同的情感寄托，打造专属的限定周边好礼，在集中的时间段里，在"致爱"的品牌主张下，通过各有特点的情绪表达，触达更广泛的消费人群。三是让国风设计关联消费者当下的生活。金典的定制礼品，从红包、纸艺灯、针织帽到杯盘套装、茶具套装和保温杯，无不成为人们的手边物，传递着满满的节庆祝福、营造着欢愉的气氛。

节庆和国潮营销已成商家必争之地。品牌要形成差异化竞争优势，须植根于自身的品牌价值文化，生成自身对节庆和传统文化的理解，以及有特色的叙事手段和创意表达形式。

金典有机生活节——CNY立体渠道拓展营销

执行时间：2023年1月10日—2月28日

企业名称：内蒙古伊利实业集团股份有限公司

品牌名称：金典

代理公司：内蒙古众拓营销管理有限公司

获奖类别：2023金旗奖最具公众影响力实效营销金奖

项目概述

2023年的春节，无数返乡人终于可以回家和家人团聚，过个团圆之年。对于自驾的返乡人，回家路上必不可少的就是去加油站给爱车加油，顺便捎份新年好礼与爱意给亲朋好友。

春节是个关爱亲朋好友的时间点，每个人都用各种新春礼物表达着自己的祝福。金典作为自然健康有机的高品质产品，送给亲朋好友再好不过了。金典和中石化易捷便利店打造致爱奶站，提升品牌影响力，传播健康理念，彰显企业社会责任感，带动终端销量创新高，实现品效合一。

金典希望和中石化易捷便利店携手，打造一场不一样的营销活动，符合春节调性，送上金典的祝福。

宣传海报1

项目策划

1.策略

金典在中石化易捷宝藏门店打造致爱奶站，为每位归心似箭的返乡人献上新年的第一份好礼——金典致爱大礼包。

宣传海报2

拍摄《致爱24h》创意视频，邀请明星张新成录制ID视频，金典牛奶用营养守护人的健康，用拟人化形式讲述对人一天24小时的陪伴，让金典自然有机的高品质看得见。

2.创意

在中石化易捷便利店打造致爱奶站，关爱返乡人。春节将至，无数返乡人不远千里为爱奔赴，过一个吉祥团圆之年。金典在新年到来之际，与中石化易捷便利店合作，打造致爱奶站，"24小时不打烊，在你回家的每一站都欢迎你的光临，为你送上甜蜜与温暖"。

推出创意视频，讲述牛奶的陪伴。金典微信视频号推出《致爱24h》宣传片。用短短的1分钟，讲述金典牛奶陪伴了人的一天，见证了无数个致爱瞬间，用24小时的营养滋养人们身体健康。

邀请明星张新成拍摄ID视频。金典官方微博发布张新成官宣金典致爱奶站视频，关注和转发将有机会获得金典致爱大礼包，吸引粉丝关注互动。

发布致爱奶站系列态度海报，洞察不同人的新年状态，表达金典对消费者的关心。

3.媒介策略

金典的自有媒体渠道十分完善，且粉丝数量庞大。金典主要在微博、微信视频号、微信小程序推出系列海报、视频等内容，构成其在新春期间的传播热度，引发粉丝一致好评。

同时和中石化互通，中石化的官方微博、微信小程序等也在进行传播，增加曝光量。

4.传播规划

本次传播采用线上线下相结合的形式。线上传播平台以金典官方微博、微信小程序、微信视频号为主，同时涉及中石化的传播平台。传播内容以致爱奶站态度海报及张新成ID视频、《致爱24h》视频、周边礼品新春大礼包为中心，传递"用金典致最爱"的活动主题。线下在中石化易捷便利店打造致爱奶站，为无数返乡人送上新春礼品和祝福。

项目执行

金典本次春节营销主要在微博、微信视频号、微信小程序等几个平台进行。

1月11日，金典微博推出张新成ID视频，宣传易捷宝藏门店店中店金典致爱奶站和金典新年致爱大礼包，同时推出致爱奶站系列态度海报，@中国石化，扩大传播声量。

1月20日，金典微信视频号发布视频《致爱24h》，讲述金典牛奶对人们健康的守护。

与此同时，分别在中石化和金典相关小程序推出新春致爱大礼包活动，促进销售。通过在线上打造一定的传播热度，天猫、京东、微信小程序、线下易捷便利店等平台承接买赠活动，传达"用金典致最爱"的口号，将金典"新春致爱大礼包"送到消费者手中，带动终端销售。

项目评估

1.效果综述

推崇健康理念，提升品牌美誉度，实现全面价值领先，传播话题，整合产品露出，带动终端销量创新高。在微博、微信社交平台传播话题，引发UGC输出，不断产生裂变效果，提升产品销量。

2.受众反应

社交平台广泛传播：微博话题#金典致爱奶站#引发大量粉丝关注并转发，金典产品获得一致好评，累计曝光量超100万次，带动销量提升。金典微博发布张新成ID视频，引发大量粉丝关注和评论，为金典产品销售蓄力。

3.市场反应

春节期间，金典及中石化微信小程序上线金典新年致爱大礼包，小程序客单价提升30%，超历史纪录。

4.媒体统计

金典微博发布张新成ID视频，并发起#用金典致最爱#话题，转赞评相关微博可获得金典新年致爱大礼包，累计曝光量超500万次。金典微信视频号发布《致爱24h》视频，累计曝光量超50万次。金典微博发布致爱奶站态度海报，累计曝光量超100万次。

亲历者说 宫旭　内蒙古伊利实业集团股份有限公司市场推广经理

近些年来，伊利金典一直致力于提倡有机生活理念，获得了各界的认可。新春到来之际，伊利金典联合易捷打造致爱奶站，为回家的人们送上祝福与健康。除此之外，《致爱24h》用拟人化的形式，表达金典牛奶对人24小时的守护。这次的营销活动，让我看到了伊利金典的健康品质，非常有意义！

案例点评

点评专家：王春雨　锐易纵横文化传播创始人

情感、时机、平台、沟通方式是品牌链接的要素。春节是中国人最看重的节日，人们在春节回家的路上购买的每一瓶牛奶，升级为对一年不见的父母、儿女、亲人的爱、祝福等。金典抓住这个时机，把握人们回家复杂的情感，借用了春节返乡这个绝佳的时机，打造了一场打动人心的营销活动。在这场活动中，金典没有在线下单独战斗，而是利用线上广告、明星激发每个人的思乡之情，又借用中国传统中的"礼"文化，结合产品进行品牌传播。项目中的每一张海报，是一群人、一个场景、一个故事，这更加拉高了金典品牌的附加价值。

利用社交媒体平台，金典和消费者进行了深度交互，这也是本案例成功不可缺少的部分。

GOLDEN
FLAG
AWARD
金 旗 奖
—
品 牌 向 上

2023
—
金旗奖最具公众影响力
电商战役营销金奖

2022 a2牛奶小红书整合营销

执行时间：2022年1月1日—12月31日
企业名称：艾图牛奶有限公司
品牌名称：a2
代理公司：北京沃姆互动行销策划有限公司
获奖类别：2023金旗奖最具公众影响力电商战役营销金奖

项目概述

本项目针对a2常温液奶，从用户、品牌、行业角度，以人群为圆心，进行场景外围扩散传播，通过内容覆盖消费人群，优先锚定一级目标人群，策划场景内容，进行种草和利益点的触达，最终完成"口碑积累+销售转化"。目标为助力品牌在小红书平台实现品效合一，提高品牌知名度，吸引更多用户群。

项目策划

随着当下人群的消费升级、健康意识的加强、自我意识的觉醒，人们往往更愿意将钱花在提高生活品质上，"品质+健康的生活"成为人们更在意的内容。此次传播，主要针对的是a2常温液奶品牌，从a2品牌的权威性和A2-β酪蛋白的专业性出发，围绕用户、品牌、行业三大角度，以人群为圆心，进行场景外围地扩散传播。主要以Vlog的形式，利用KOL影响力，让用户对a2牛奶产生兴趣，开拓新消费人群。以种草互动的形式进行长线铺垫，影响用户心智，通过内容覆盖消费人群，优先锚定一级目标人群：宝妈人群及品质男女。策划场景内容，进行种草和利益点的触达，针对产品利益点和产品功能性，配合多品牌横向测评，加深产品利益点的输出和曝光以及用户品牌核心关键词的心智培养。高效运用各自媒体平台，以及策划话题事件，提升品牌曝光度。

2021年a2常温液奶的品牌感知力弱。已知的用户基本是依靠婴儿奶粉了解到的品牌且大部分选购a2牛奶的用户有国外居住史，国内用户的认知度偏低，传播内容本土化不够。

从消费心理来看，对于客单价偏高的产品，消费者下单的犹豫成本偏高，用户对于形成认知的奶制品依赖度较高。因此，对于a2牛奶的营销，在预算有限的范围内，项目组首先圈定了小红书平台，这样更能精准地锁定初期目标人群——母婴人群。作为女性主要社交平台，小红书是品牌宣传很好的着陆点。

在前期的调研中，洞察到 a2 消费人群主要为品质生活人群、小资享乐人群、职场经济人群、精算宝妈人群、居家轻奢人群。在前期运营后，项目组发现在消费人群中又增加了新一类人群：Z 世代人群。Z 世代寻求认同，为"共鸣"消费；注重体验，为"悦己"埋单。

首要目标是转化品牌自身忠实粉丝，先辐射一部分人群，同时拓展其他人群，要在小红书上利用投放博主，尽可能提高品牌知名度，吸引更多用户群，做到品效合一。

项目执行

主要通过投放 Vlog 博主及有孩子的女性生活类博主，以软植入的方式来影响消费者心智，潜移默化地影响消费者认知，而后通过合作直播达人，带动其粉丝群体，将达人粉丝转化为品牌的消费者，采用"笔记+直播"的方式，达到品效合一的目标。

在策略上，1 月—6 月项目组主打的营销关键词为牛奶中的"爱马仕"、牛奶中的天花板；7 月—11 月项目组主打的关键词为"你喝过真'a2'吗"等。

通过价值概念输出树立品牌形象，逐步影响用户心智，为品牌提高销量。

项目评估

整体传播效果通过前期对用户群体进行调研、用户画像判断和针对性媒介传播投放来实现。首先，在传播中选择同类型博主拍摄种草 Vlog，粉丝对同类型博主的关注重合度较高，易引发共鸣进而影响消费决策。种草笔记冲上小红书热榜前三，超 113 万热度值，获得了更多曝光。其次，精准洞察 a2 品牌的消费人群，通过抓取关键词（包括自然属性、人格特质、工作及生活状态、购物动机、产品偏好、消费行为、地域分布等），得知已经有越来越多的年轻人知道 a2 牛奶品牌，并且愿意尝试购买和接受产品。同时，年轻消费人群对产品品质的要求也在逐步上升。品牌销量、口碑及产品复购量均有所提高。

为品牌提供"笔记+直播投放"新的营销模式，使产品销售数据以及用户复购率对比纯带货形式均产生大幅提升。

小红书平台 GMV 达到 105 万元，种草执行账号共计 542 个，其中好物体验执行账号 340 个。笔记总曝光量 1592 万次，总互动量 14.2 万次，直播观看人数 348 万人，转化率平均达 6.11%，ROI 为 4.2，从淘宝站内的访客数以及搜索量来看，都有明显提升。

据北青网 2022 年 8 月 29 日发布的新闻，a2 液态奶 2022 财年（2021 年 7 月—2022 年 6 月），在中国及其他亚洲地区的销售额同比增长 34.4%。

亲历者说 **沈文思　北京沃姆互动行销策划有限公司高级电商经理**

　　从a2品牌权威性和A2-β酪蛋白专业性出发，以种草互动长线铺垫影响用户心智，话题事件定位提升品牌曝光，销售节点释放促进销售转化，高效运用各自媒体平台，以内容为主要发力点，通过场景细分精准触达用户，协同平台调性，做到品销合一。

案例点评

点评专家：刘永强（猫叔）　微梦传媒CGO

　　我们看到a2牛奶品牌率先在女性使用率高的小红书平台开展了丰富的站内整合营销，本案例清晰拆解、呈现了品牌是如何围绕产品进行单品种草、品类品牌教育、话题事件营销、直播与短视频结合的，最终我们看到从小红书平台站内声量、互动量、销量到外溢的站外电商平台整体销量，都获得了远高于行业的增长率。

GOLDEN
FLAG
AWARD
金旗奖
—
品牌向上

2023
—
金旗奖最具公众影响力
短视频营销金奖

◼◼《暗自发光，荣耀登场》短道速滑队短片

执行时间：2022年5月9日—5月10日

企业名称：荣耀终端有限公司

品牌名称：荣耀

代理公司：智者品牌 WISEWAY

获奖类别：2023金旗奖最具公众影响力短视频营销金奖

项目概述

2022年是体育大年，冬奥会使国民体育热潮不减，同时荣耀新品高端旗舰荣耀Magic4系列至臻版开售，围绕主打的影像卖点，邀请中国短道速滑队打造温情视频，用影像科技传达中国体育精神。

项目策划

1.洞察

借势冬奥会刚刚结束的时间节点，国民自豪及国民热情仍处于巅峰状态，人们对于冬奥会上表现优异的中国短道速滑队成员好感度与关注度倍增，队员之间"团魂"及互动梗多次冲上热搜。

2022年是奥运大年，短道速滑队强势夺冠引发全民关注。赛场上的辉煌时刻，背后是细节到极致的夜以继日的训练。项目组以荣耀Magic4系列手机的视角，记录短道速滑队队员夺冠场上场下的故事，揭示、挖掘国之荣耀背后的内驱力——短道速滑队"团魂"，以此为核心，传达中国体育精神。

2.策略

（1）借势大背景：借势冬奥会，借助国民自豪感，以荣耀极致影像拍摄中国短道速滑队故事，传达中国短道速滑队"团魂"，宣扬中国体育精神。

（2）视频故事内容影响消费者情绪：视频通过中国短道速滑队"团魂"和中国短道速滑队队内不为人知的感人故事细节讲述中国运动员体育精神故事，影响消费者情绪，形成情感共振。

（3）媒体集中传播，二创二剪持续渗透：核心视频物料发布后，多媒体集中发力扩散信息，同时与运动、科技、生活等博主、大V沟通，使其结合当下热点（如孤勇者）二创

二剪，持续渗透。

3.核心故事线

以冰场训练、休息室加练、夜景互动3个场景为主线，核心讲述任子威、曲春雨、李文龙之间的情感故事，以及短道速滑队"团魂"。

在故事主线中，自然融入产品核心卖点。运动员拿手机拍摄队友训练、队友夜景人像等，体现夜景人像、多主摄融合计算摄影、录中美拍手机卖点；运动员通过耳机测体温、听音乐，体现耳机降噪功能卖点；运动员通过手表监测心率、看时间等场景体现手表卖点。结合运动员训练发生的场景故事，产品信息自然融入剧情。

最终在视频结尾落版文字，体现产品优势，在升华故事的同时夯实产品卖点。

4.内容规划

（1）产品向传播核心主关键信息：荣耀Magic4系列用影像传达体育精神。

（2）情绪向传播核心主关键信息：揭秘短道速滑队"团魂"故事。

（3）荣耀官方渠道提前一天发布视频先导短片，预热吸引声量。

（4）核心视频荣耀手机官方微博首发，随后沟通权威媒体同步集中扩散，同时带统一微博话题#任子威拍了拍2026年的自己##被短道速滑队团魂感动了#。

（5）核心视频物料二传二剪陆续产出，在微博、头条、抖音、B站等平台同步扩散。

项目执行

1.前期准备

结合大背景确认活动主题，围绕"科技传达中国体育精神"内核，结合产品卖点，寻找合适的拍摄团队——《我在故宫修文物》团队清影工作室、排查场地、与运动员沟通拍摄档期、共创拍摄脚本，重点关注故事性、传播性以及巧妙植入卖点，针对核心物料进行传播规划，设计传播关键信息以及外围话题。

2.拍摄开启

在场地按照脚本逐步拍摄，同时针对现场一些突发情况进行有效处理。

3.传播路径

30秒先导片先行释放，官方微博带话题上线，拉满公众的期待值；第二天正片释放，话题传播同步进行；社会媒体、权威媒体全网扩散，拉升曝光量及用户讨论度，从而引发"自来水"跟进。

项目评估

在微博、抖音、B站平台引发网友热烈讨论，多方跟进视频内容，荣耀品牌的社会责任感等正向信息为荣耀品牌提升势能；同时，荣耀Magic 4系列产品，以及荣耀全场景耳机、手表等产品，得到消费者和网友一致好评，核心产品优势点被记住。

《暗自发光 荣耀登场》视频强力突出产品卖点，同时宣传荣耀科技助力体育精神，拉高品牌调性和企业责任感，完成高端圈层渗透，体现产品夜拍实力，凸显科技助力。

#任子威拍了拍2026年的自己#话题阅读量超1.4亿次，讨论量超8.3万次；#被短道速滑队团魂感动了#阅读量超5750.3万次，讨论量超8.2万次，登微博视频榜第1名、微博要闻榜第7名。微博平台、抖音平台话题总曝光量达2.3亿次，正片播放量达2488万次。人民体育等权威媒体自发扩散，曲春雨、李文龙等短道速滑运动员自发点赞，苏群等体育圈大V自发扩散，地方人民检察院大量蓝V带产品名及卖点信息自发扩散。

亲历者说 郝晓玉　智者品牌WISEWAY助理客户总监

在这次的视频中，我们在片尾设置了一个小细节，几位运动员写下对4年后自己的一段寄语。4年后也许又将踏上赛场，也许会转居幕后，每个人与未来自己的对话，更能展现中国短道速滑运动员的体育精神和"团魂"，让更多观看者被感动，升华整片立意。

案例点评

点评专家：吴加录　交个朋友公关副总裁

《暗自发光，荣耀登场》短片以短道速滑队员的故事为线索，生动地展现了运动员的艰辛与荣耀，吸引了观众的目光。镜头语言生动，剪辑紧凑，节奏抓人，使观众完全沉浸在故事中。同时，短片巧妙地融入了品牌宣传与情感营销，既展现了短道速滑队员的拼搏精神，又充分展示了荣耀手机的功能特点。以"暗自发光"为主题，将运动员的精神与品牌价值相呼应，提升了品牌形象。此外，借助冬奥会热潮，短片展现了体育精神。结尾处，运动员留下了对未来的寄语，既展示了团队精神，又触动了观众情感，增加了作品的内涵与情感共鸣。

BJ60 家玩行动

执行时间：2023年2月21日—4月30日
企业名称：北京汽车销售有限公司
品牌名称：北京汽车
代理公司：北京雪润广告有限公司
获奖类别：2023金旗奖最具公众影响力短视频营销金奖

项目概述

北京BJ60车型上市后，亟待提高市场声量，并且让"家玩"越野的产品标签触达用户和受众，切入越野SUV的细分赛道。通过策略洞察，越野车给受众的固定认知是硬派、自我、个性。但当前以家庭为单位的出行需求上升，出行距离可近可远且兼顾舒适性与通过性的"家玩"型越野车逐渐受到青睐。

以优质短视频内容为BJ60赋予"家玩"越野标签，内容矩阵涉及多个"家玩"越野场景。创意短视频从定义"家玩"概念，到宣传"家玩"场景，最后到深度理解"家玩"体验，系统性地为BJ60贴上"家玩"标签，让用户深刻感知。

项目策划

1.BJ60传播环境分析

2023年随着出行环境的变化，家庭出行需求获得巨大释放，目的地从近郊转向远方，具备越野性能的SUV受到更多用户喜爱。越野SUV呈现市场更加细分的趋势，市场竞争激烈。BJ60的出现，开创了以家庭越野为核心的赛道，但产品前期"家玩"越野标签不明确，传播声量较弱，存在用户认知方面的阻碍。

2.用户洞察

家庭用户为BJ60的核心用户群体，爱家、爱玩的越野爱好者是固定受众，是销量的基本盘。

打破传统家庭的概念，满足城市新家庭、爱宠之家、社群之家等需要。兼顾舒适性能的越野车，空间大，动力足，是家庭越野出行的更优选择。BJ60家与玩的场景化塑造，对销售有强劲的促进作用。

北京BJ60的用户群体标签具象化：开BJ60的车主就是"爱玩更爱家"的人。

3.策略创意

BJ60的"家玩"越野主张，精准地感知到了关于越野SUV情感需求的变化。BJ60突破多场景家庭出行边界，使产品成为中国家庭越野倡导者。策略创意团队，依据传播底层逻辑"断言定调，重复重复，群体渲染"，进行创意输出。

（1）BJ60的核心传播点是"家玩"，需要具有社会影响力、"家庭感"爆棚的社会名人"断言定调"。彼时《狂飙》火遍全网，吴刚作为主演之一，剧中角色形象积极正面，夫妻戏内戏外话题十足，在当时他们是契合度极高的BJ60"家玩"发声人。

（2）跨界KOL呼应吴刚夫妇BJ60主视频，创作符合账号调性，融入有梗且与BJ60的特色高度契合的创意内容，引起广大网友关注与互动。以场景化的方式不断重复BJ60的"家玩"标签。在用车场景中，营造家庭越野的高级质感，唤起泛圈层的精神向往。

（3）最后，车圈头部KOL介入，证言BJ60的产品力优势，传递"家玩越野，就选BJ60"的产品价值。根据账号特色，进行定制化内容传播，覆盖看车、买车、用车、玩车全周期；锐化产品价值，突破认知边界；完善内容细节，吸引用户参与，产生购车意向。

4.传播规划

项目执行节奏稳健，以八大动作传播"家玩"标签。

第一步：品牌方悬念视频引发网友猜测，预热吴刚夫妇的BJ60创意视频。

第二步：KOL配合呼应，持续话题悬念，吊足网友胃口。

第三步：社会名人主视频上线，定义"家玩"越野，将BJ60的"家玩"标签讲透。

第四步：KOL多元创作，丰富内容深度解读BJ60。

第五步：圈层达人演绎"家玩"生活，场景化下强化用户对"家玩"的感知。

第六步：垂直领域头部达人阐述产品卖点。

第七步：车圈达人试驾，深度产品评测，引导用户选择。

第八步：汇总盘点，再引热议，媒体定调BJ60的"家玩"越野理念。

项目执行

项目的目标是，全网达成3亿次的曝光量，互动量200万次以上，对潜在用户群体实现优质的产品理念种草，使他们在选择越野SUV时能够将BJ60列为首选。

在传播成本范围内，精选KOL，形成层级化的传播矩阵。避开可预见的实时热点，在互联网"相对沉静期"投放视频，达到最优传播效果。

根据不同KOL的特点，规划KOL内容要点，做到有区别、有亮点，将拍摄进程前置，避免天气、车辆调度等外部因素延误传播节奏。

项目执行期，每天向品牌方提供传播数据日报，及时对网友的留言进行回复互动，积极维护宣传效果。

项目评估

BJ60家玩行动，以优质的创意内容，全网实现3亿次以上的曝光量、234万次以上的互动量，超过200个KOL与垂直媒体曝光。懂车帝、易车、太平洋汽车、汽车之家等垂直媒体主动进行相关报道，为营销传播的价值证言。

吴刚、岳秀清的创意视频，播放量4000万次，点赞63.1万次，营销口号"BJ60让全家人玩得酷起来"得到有效传播。

项目传播锐化了"家玩"场景标签，持续的传播声量有效影响了目标群体认知。用户对BJ60的使用场景，具有全面、清晰的了解，他们可直观感受到该车型是家庭越野出行的优质选择。在项目主执行期，BJ60销量大幅提升。在企业内部，该案例被评为成功案例。

亲历者说 郑晓娜　北京汽车销售有限公司BJ60家玩行动项目负责人

拍摄的过程非常顺利，吴刚、岳秀清两位老师非常敬业，全程高度配合。吴刚老师用一个词评价，就是"拿捏"，动作、身态、语气，都非常到位。以前是在荧屏里看，现在面对面，我们深深感受到了一个国家级老戏骨的实力。启用德国ARRI Alexa摄影机，确保画质在同类别短视频中拥有"碾压级"表现。最终，电影级的画面质感，令人赞叹。跨界达人的创意视频近8000万次播放，车圈三大头部媒体视频近9000万次播放，视频破圈传播，全场景覆盖，真是掀起一波"家玩也狂飙"。

案例点评

点评专家：拓慧　传立北京办公室董事总经理

当前的消费者更追求心价比和新品质，他们不是花得更少，而是在同样的预算下希望能为更高品质的产品埋单。在这样的消费新趋势下，品牌需要从创造流量影响力转变为创造心智影响力。BJ60家玩行动就是一个通过短视频营销创造心智影响力的优秀案例。创造心智影响力有3个关键点：好洞察、优内容、大影响。BJ60玩家行动很好地把握了这3个关键点。

好洞察：BJ60打破了传统家庭的概念，将目标群体扩大，找到"家玩"这个全新的概念，对家进行了全新的解读。

优内容：借势热剧影响力将剧中人物带出，使其成为"家玩"发声人，以洞察为切入点创造优质内容。发挥热剧演员的影响力，将其作为传播优质内容的抓手，让内容更容易被消费者记住。

大影响：在社会名人作为发声人实现传播的基础上，以多元KOL、圈层达人等组合的方式将品牌主张更深地渗透于消费者生活场景。

最终实现了从定义"家玩"概念，到宣传"家玩场景"，最后到深度理解"家玩"体验，系统性地为BJ60赋能"家玩"标签，让用户深刻感知的目标。

2022年金典任贤齐创意中插视频制作项目

执行时间： 2022年8月1日—9月30日

企业名称： 内蒙古伊利实业集团股份有限公司

品牌名称： 伊利

代理公司： 内蒙古众拓营销管理有限公司

获奖类别： 2023金旗奖最具公众影响力短视频营销金奖

项目概述

1.感情层面

忙忙碌碌的工作和生活，成为儿女和父母缺少沟通的借口。金典了解到，大众熟知的偶像任贤齐出道多年来坚持每天和父母打一通电话。所以，2022年的重阳节，金典希望通过任贤齐的第一视角，以儿子的身份，亲身讲述一些父子母子相处的细节，诠释父母与任贤齐之间长久温馨的爱。金典的一杯牛奶，成为一种关心父母的方式，将牛奶融入家庭生活场景，以此呼吁大家反思自己在日常生活中是否对父母足够关心，进而引发共鸣，号召大家在重阳节这一天拿起手机给父母打一通电话。

2.生意层面

金典娟姗有机纯牛奶作为金典旗下高端的新品，主打"珍稀娟姗牛种"和有机卖点，但目前市场上同类产品增多，品牌仍面临较大挑战，升级版新品知名度及认知度急需提升。借助任贤齐及《披荆斩棘第二季》综艺流量并结合1%珍稀牛种卖点拍摄温情向视频，助力产品提高知名度和认知度，并在国庆节、重阳节带动礼赠市场，实现新品销量持续增长。

项目策划

1.项目目标

（1）借助任贤齐流量提升金典娟姗有机纯牛奶的知名度，夯实产品力，提高品牌溢价能力，带动国庆节及重阳节期间的礼赠市场。

（2）通过"把最好的牛奶送给最爱的家人"策略唤起年轻人的行动。

2.洞察

年轻人对重阳节的关注程度不够，未深刻意识到"父母也需要我们的关心"，在重阳节这天缺乏仪式感和实际行动力，往往把对父母的关心复杂化。

3. 品牌思考

如何让年轻人增强对重阳节的情感驱动力？如何唤"醒"消费者心底"喝杯牛奶"和"打个电话"的关心方式？如何合理运用任贤齐短期代言资源，做一次流量和情感兼具的品牌营销？破题思路如下。

（1）内容上，深挖任贤齐32年坚持给父母打电话的洞察，结合重阳节节点，引发共鸣，形成行动召唤。以多种形式创意物料组成强有力的情绪"炸弹"，引发共鸣的同时促进销售转化。

（2）传播上，充分利用明星和广告资源，建立流量激励机制，影响消费者认知，促进销售转化。通过媒体资源进行传播发酵，以场景化、情感化的优质内容激发各个媒体平台发挥最大势能。

4. 传播主题

爱在重阳 更在每天。

5. 核心创意

（1）任贤齐重阳节情感短视频。

一杯牛奶，是父母一种典型的关心方式，将牛奶融入家庭生活场景，让任贤齐以儿子的身份亲身讲述一些父子母子相处细节，诠释父母与任贤齐之间长久温馨的爱，以此呼吁大家反思自己在日常是否对父母足够关心，引发共鸣；通过任贤齐与父母间的一段段朴素的电话录音，传达任贤齐32年来对父母细致入微的关怀，唤醒大众对父母的关怀认知——爱不仅是某一次惊喜，也是日复一日的问候；爱不需要华丽的语言，只需要一日三餐。

（2）重阳节创意长图。

对家人来说，爱不只是一次不寻常的惊喜，更是日常的嘘寒问暖。以"任贤齐的重阳节来电"唤醒消费者对家人的日常关怀，借势金典代言人任贤齐话题热度，配合任贤齐品牌TVC重阳节传播，以"创意长图＋情感共鸣＋限定福利（任贤齐定制版微信红包封面）"引发网友关注及讨论转发，制造传播话题。

6. 传播规划

（1）预热期。

2022年9月28日，微博话题＃爱在重阳 更在每天＃上线，微博视频上线，微信创意长图发布，开启限定福利活动，为官宣预热。

（2）爆发期。

2022年9月29日，微博热搜上线，完整视频在微博发布，动态海报上线；同时，辅助朋友圈广告、抖音开屏、网易信息流等资源，全方位引流，提高声量，唤起消费者行动。

（3）长尾期。

重阳节海报上线，强化主题。

项目执行

项目组从8月接到需求就开始紧锣密鼓筹备，为打造一个情感代入更强的视频营销，项目组反复斟酌最佳团队，反复打磨脚本，最终选择用最真实的、最朴实的叙述手法，以第一视角为主来展现任贤齐和父母的6通电话，将6通电话还原到生活中的6个场景，引导消费者代入真情实感，在产品和重阳节之间建立情感链接。确定核心创意后，团队围绕创意的初衷"情感"和"真实"策划相关配套物料，每个物料都力求能够在消费者眼前"动起来"，能够用真情实感带动消费者，同时制定配套媒介策略，让好的创意有好的资源辅助，从而释放创意的最大势能。

项目评估

1. 项目亮点

截至项目结束，全网总曝光量超1.7亿次，核心视频全网总播放量超2840万次，其中核心话题阅读量超1.2亿次，电商平台曝光量超5000万次，微信平台曝光量超54万次。

2. 受众反应

创意视频播放量远超预期，创新内容成功破圈，牧场国色创意视频用一镜到底的形式带领观众穿越到伊利牧场，欣赏生态牧场的色彩美学，真实感受好牛奶的品质发源地。凭借高质感画面及艺术的表达，视频上线2天，全网播放量突破2840万次，引发优质UGC互动，将活动推向高潮。用户纷纷反馈"每一帧都可以当壁纸""伊利怎么也发离职宣传片""莫名就有种很治愈的感觉"。

3. 市场反应

通过对传统文化的传承与热爱，塑造有担当的品牌形象，企业美誉度再度提升，用户及行业媒体纷纷点赞品牌的社会责任价值。

4. 媒体统计

营销案例精选、广告营销志、营销之美、首席营销智库等多家行业媒体自发正向解读项目内容，SocialBeta主动将本案例收录进中秋案例榜单。

亲历者说 吴明月　内蒙古众拓营销管理有限公司客户经理

刚接到重阳节的需求时，团队是带着对家人的真情实感反复打磨创意的，作为儿女，我们深知父母每一天的思念，但我们为父母做的不够多。为了将最真实的情感传递给观众，团队不放过任贤齐的每一个生活细节，从他的生活习惯中寻找可以和观众心意相通的桥梁，我们也真正做到了。为了最真实还原任贤齐的生活场景，我们通过老照片的比对，一个个复刻还原道具，为了让台词更加朴实、更加贴近任贤齐和他父母的真实语气，团队和他一起一次次斟酌台词，只为将观众情绪最好地调动起来。为了2分钟的片子，我们对影片节奏和台词的修改不下数十次。对于一个情感广告来说，我们不忍用任何多余的信息去打扰到观众，在片头、片尾、花字、字幕上团队都下足了功夫，反复修改调整，才完成了现在呈现给观众的成果——《爱在重阳 更在每天》。

案例点评

点评专家：张晓艳　中国好丽友公共事务总监

消费行为可分为量的消费、质的消费和情感消费。在满足基本的量与质的需求后，消费者会更加注重情绪体验，追求最能体现自己个性和价值的商品。重阳节之际，金典通过挖掘并记录代言人任贤齐的真实故事，从每天一通电话这个细节切入，自然而然地连接起生活与产品，触碰受众内心最柔软的一面，从而成功激发消费者的情感共鸣。扎实的创意，场景化、情绪化的优质内容，配合流量激励机制，在打造传播爆款的同时唤起消费者行动。

美团《我在祖国送外卖》纪录片营销

执行时间：2023年1月1日—6月10日
企业名称：北京三快在线科技有限公司
品牌名称：美团
代理公司：北京众行互动数字文化传媒有限公司
获奖类别：2023金旗奖最具公众影响力短视频营销金奖

项目概述

2020年美团曾策划《我在珠峰送外卖》传播，引发受众极大关注。《我在祖国送外卖》纪录片以美团骑手的真实故事为核心，展示其在祖国各地送外卖的生活。项目前期深度采访了全国各地上百名骑手，最终从中挑选了3个代表故事——漠河篇《暖城》、拉萨篇《藏地骑士》、海岛篇《海陆人生》，记录各地骑手平凡生活中的烟火气，进而与大众进行情感沟通，展现美团、美团配送、美团外卖的品牌温度。

项目策划

1.内容创意

之前从未有品牌宣传展示骑手真实生活，但消费者对骑手天然地有着共情，更易被这类人的"小"故事打动。基于对上百位骑手的采访，我们发现拍摄反映骑手故事的内容更易提升品牌共情力。拉萨、漠河、海岛特殊地域的加码可以刺激用户的好奇心，而骑手真实故事的记录则让纪录片更接地气，更能引发用户共情。《我在祖国送外卖》展现了平凡真实、接地气的骑手，是一部充满质朴底色、聚焦骑手平凡生活的纪录片。

- 《我在祖国送外卖之暖城》：袁晓梅夫妇，在极端寒冷的地区做骑手，但夫妻俩的日子很温馨，很有仪式感，实现了车房自购。

- 《我在祖国送外卖之藏地骑士》：尖参才让，脚踏实地地工作，可以看到他的骑士精神（慈悲、善良、勇敢、关爱）。

- 《我在祖国送外卖之海陆人生》：兼职骑手叶晓庆，享受一单单配送踏实赚来的钱，同时是热爱生活的斜杠青年（海钓大师）。

《我在祖国送外卖之暖城》

《我在祖国送外卖之藏地骑士》

2.传播策略

● 基于传播目标，以平视传播骑手真实故事，不神话骑手身份，不夸张骑手生活，不煽情卖惨，而是以下沉视角叙事，契合用户从平凡人的故事中获取情绪价值的趋势洞察，来孵化反映社会和时代现实的记录故事。

● C端、G端、B端、D端（骑手侧）层层覆盖，实现破圈传播。相关议题C端热议，官方媒体背书价值定调，渗透影视和营销行业，调动骑手参与热情，招募广泛骑手参与。

3.渠道策略

- 以微信视频号为核心，精准覆盖影视、纪录片、骑手等圈层，影响私域用户，形成大面积传播。

- 微博抖音话题+B站头部影视UP主+官方资源组合拳破圈，纪录片上线当天微博、抖音热门话题强势输出，引发大众参与讨论进而带动品牌认知；内部利用骑手圈层资源，多渠道推荐。

- 权威媒体等PR资源强背书，行业媒体口碑定调，提升美团骑手的圈层荣誉感。行业媒体深度解读，凸显此次纪录片的传播效果和社会反响。

项目执行

筹备阶段：2023年1月—4月，前期多部门共同孵化IP，筛选并最终敲定擅长小人物纪实拍摄的导演，与其合作。联合制作团队，前采上百位骑手，最终选定拍摄拉萨、漠河、海岛的3位骑手。

传播阶段：2023年5月23日—5月26日，集中进行线上宣传。以视频号为核心平台，吸引百位大咖宣传。权威媒体点赞骑手精神，持续提升热度。在微博、抖音、B站多渠道引发热议。

项目评估

1.效果综述

本次《我在祖国送外卖》纪录片出圈，总曝光量超12亿次，是一次成功的公关式品牌营销，成功引发了大家对普通人努力生活的各种共鸣共情：3支纪录片通过真实生活的反映，让更多人看到了更立体、更有层次的骑手群体。

2.媒体统计

纪录片短版本在央视多个频道播出，权威媒体新华网、民生媒体《Vista看天下》、影视媒体独立鱼电影原创解读IP内容价值，传播覆盖西部决策、白鹿新闻、锐目视频、凤凰周刊、中国新闻周刊、都市快报、潮新闻、钱江晚报、温度新闻、中国西藏新闻网、西藏商报、快搜西藏等多家媒体。

分层级传播，实现口碑、热度双丰收，视频号单支视频点赞量超10万次，新华网、独立鱼电影、《Vista看天下》阅读量超10万次，微博平台相关内容登上热搜总榜TOP10，相关视频于B站获得"百万播放"黄腰带，于全站排行榜最高TOP41。

亲历者说 王奕 美团平台市场营销部到家履约营销中心负责人

《我在祖国送外卖》是以骑手真实故事为核心，展现骑手平凡生活的纪录片IP。为什么会做这样的内容？一方面，我们希望借助这个IP让大家更好地了解骑手，对骑手这个群体能有多一些理解和善意。骑手只是一种"身份"，他们的生活更多彩。另一方面，我们认为"真实自有万钧之力"，每一个为生活奔波的人都能在骑手的真实生活中看到自己，纪录片提供的不只是抚慰，还有深层的理解和共鸣。

周灵境 美团平台市场营销部到家履约营销中心《我在祖国送外卖》项目负责人

整个项目从前期筹备到上线约半年时间，之前想过到底是拍有戏剧效果的微电影还是明星体验送外卖的微综艺，但采访完上百个骑手后，我们决定拍真实骑手的生活。这3个骑手故事不跌宕起伏，甚至很平淡，但就是这种真实生活的烟火气打动了我们。纪录片不像广告片几天就能拍完，导演制作团队要连续跟拍半个月才有可能抓到骑手最真实的状态，零下四五十度的漠河、海拔超三千米的拉萨、湿冷的海岛，拍摄过程虽然艰苦，但从最终的结果来看，确实真实的故事更容易引发用户的共鸣。

案例点评

点评专家：樊传果 江苏师范大学传媒与影视学院教授、硕士生导师、文化创意产业研究院院长、广告研究所所长

这是纪录片营销的成功案例。该案例成功之处是以独特的视角，选取了一个极具话题性和共鸣点的主题——外卖骑手的生活与工作，创作了具有"真实感""烟火气"的系列纪录片，生动展现了外卖骑手在祖国各地辛勤工作的真实场景，让观众深刻感受到他们为生活、为梦想所付出的努力与坚持，这种情感共鸣使纪录片在社交媒体上迅速传播，极大地提升了消费者对美团、美团外卖品牌的好感度，进一步强调了"美团美好生活小帮手"的品牌定位。该案例还有一个成功之处是传播策略精准，传播规划执行到位，在不同阶段运用微博、微信、抖音、B站等进行广泛传播，不断出圈，总曝光量超12亿次，总CPM5.2，达到了预定目标，产生了较好的传播效果。

GOLDEN
FLAG
AWARD
金 旗 奖
—
品 牌 向 上

2023
—
金旗奖最具公众影响力
整合营销战役金奖

壳牌零售与出行业务　奔赴美好整合营销项目

执行时间：2023年4月1日—6月30日

企业名称：壳牌（中国）有限公司

品牌名称：壳牌

代理公司：爱德曼国际公关（中国）有限公司

获奖类别：2023金旗奖最具公众影响力整合营销战役金奖

项目概述

壳牌零售与出行业务是壳牌集团的核心业务，项目以壳牌加油站及壳牌充电站为载体，向广大中国出行者提供多样的产品和服务，致力于帮助消费者"美好生活，绿色前行"。

项目策划

1.项目洞察

（1）壳牌分析：找准定位及价值点。人们谈论"旅行"时，往往自动将到达目的地后的时间归为"旅行"，而到达之前的这段时间则是在"赶路"。艾瑞咨询报告显示，69%的露营消费者愿意花费3小时以内的时间到达露营地。到达之前的路程也是生命中的一部分，何不让这段时光也成为旅行的一部分？何不让奔赴山海的路程也成为美好的篇章？何不让启程的那一刻就开启美好的时光？

壳牌希望每一位消费者都能从启程的那一刻便享受美好时光。作为零售和出行服务商，壳牌依托加油站或充电站，通过丰富的业务和服务，陪伴消费者从启程、行驶、到达到返程，使其全程享受美好旅途。

壳牌希望打破消费者对传统加油站或服务站的刻板印象——环境脏乱、服务不全、产品贵且质量无保障，让消费者在壳牌加油站或充电站停靠时能为美好旅途蓄能。

（2）理性价值：壳牌可以依托多样的业务，为"车和人"提供高品质的服务——给车充能，为燃油车加油，为新能源车充电；给人补给，让出行者可以下车休息放松，购买食品、用品，使用会员系统领福利、获积分。

（3）感性价值：壳牌联合多个合作伙伴，为消费者带来具有关怀感和陪伴感的营销活动，帮忙他们提升出行全程体验。

2.项目创意

壳牌零售与出行业务以"奔赴美好"为主题，联合旗下各子业务线，为中国广大出行者的旅途带来全面、多样的陪伴和支持，让走向户外的路程成为奔赴美好的旅程。以户外出行这一大场景为谱，以壳牌的业务、活动为符，谱写交响乐。

传播口号：奔赴美好，壳然相伴。

3.传播规划

壳牌中国提供活动创意方案，并提供KV、视频、加油站包装指南等核心创意物料，此外，提供四大子业务线的创意项目工具包，为一线（合资公司及独资公司）开展活动提供指导和具体支持。

子业务创意项目有以下4个。

（1）燃油：趣野俱乐部。筛选优质合作伙伴，打造流行的自驾游、室内营销玩法，向忠实消费者和潜在顾客全面展示壳牌V-Power威澎燃油的产品特性，帮助消费者更好地了解、认识壳牌V-Power威澎燃油，加强消费者品牌印象，同时助推销量增长。

（2）便利与零售：优选伴同行。为消费者定制不同类型的随行礼包，为受众带来壳牌洗车、壳牌养护、壳牌咖啡等权益，再凭借各合资公司及独资公司的本地资源，通过品质、时尚的购物体验为会员拉新与转化提供有力支持，更为增长业绩出力。

（3）充电：满电赴美好。牢抓电车用户的喜好和户外出行场景，为他们提供品类丰富、创意满满、实用好用的礼品和周边，以增强受众兴趣为基底，以强化消费目的，实现互联互通平台的会员转化，提高老会员复购率，赋能业绩增长。

（4）智享汇：云游山海。项目组通过多样化传播渠道，将"奔赴美好"的心情传递至线上，诚邀壳牌智享汇数字化会员加入精心打造的创意"空间"，期望充分调动会员流量，与会员积极沟通互动，助力品牌影响力提升。

项目执行

项目于2023年4月1日全国齐上线，共持续3个月。

2023年4月1日，全国统一行动，线上线下启动项目。在统一的主题、统一的视觉和统一的执行下，项目在全国各地壳牌加油站、充电站整齐"上线"。本次项目的KV及视频，在全国各地多个城市持续曝光，包括城市核心的商圈大屏，覆盖出行人群的城市轨道广告大屏等，全面提升了活动声量。

此外，各地基于活动主题及壳牌中国提供的创意、物料支持，结合当地特色、资源及消费者喜好，开展缤纷多彩的营销活动，与目标受众深度互动。同时，配合丰富的权益、福利、优惠，借助线上的智享汇会员系统及线下的加油站、充电站端沟通，全面促进一线销售转化，也赢得了消费者的好评。

项目评估

1.传播层面

项目充分发挥了壳牌零售与出行业务的产品和资源优势，用统一的视觉风格向消费者传递户外的美好——以大自然为"主角"，在生机盎然中向人们诠释这样一种概念——"户外的美好世界"触手可及，能够更好地激发消费者对美好生活的向往。同时，通过户外主题"大片"展示壳牌在消费者"奔赴美好"旅途中的贴心陪伴，深度诠释品牌价值。该项目覆盖壳牌中国市场，各市场充分挖掘当地资源，线上线下精准投放"有料"、有趣、形式丰富的"美好"内容，结合各地的热点打造营销事件，成功扩大项目影响力。据统计，项目执行期间，活动累计曝光量 5.7 亿余次。

2.受众层面

从启程到目的地，项目基于业务特性，紧密结合受众出行趋势，围绕受众出行需求，为受众营造壳牌专属氛围感，设计不同类型的促销及趣味互动活动，不论是油车车主还是电车车主，皆让他们"看"在眼里、"记"在心里，与壳牌"玩"到一起，体验缤纷多彩的出行权益。与此同时，充分发挥私域社群运营的优势，如微信公众号、微信群、朋友圈、小程序等，发起多样数字化活动，让壳牌智享汇会员积极参与进来，享受会员福利，一并提升新会员的转化率和忠实会员的活跃度。

3.市场反应

通过自有传播渠道与外部传播力量，在市场中深度展现产品特性，在"奔赴美好"的大主题下，各市场策划执行了兼具趣味性与讨论性的主题活动，收获了广大消费者的喜爱与支持。

4.业务层面

壳牌燃油业务、壳牌便利店业务（含壳牌咖啡、壳牌养护和壳牌洗车）及壳牌充电业务，都实现了业绩增长。壳牌智享汇会员月活人数同比增加 5%，月度活跃会员总数超 500 万人。

亲历者说 刘璐 爱德曼国际公关（中国）有限公司总监

对于壳牌零售与出行业务来说，这是一个意义感十足的项目，也是一个调动了多方资源、联动了全国市场的"超级"整合营销活动。爱德曼团队很荣幸也很激动能支持壳牌实现这个意义感十足的项目。很高兴看到经过几个月的共同努力，最终实现了项目在全国市场的统一亮相，也看到各地市场活动百花齐放、各具特色，更看到了消费者的笑容和认可，感受到了一线员工的饱满热情！希望能继续帮助壳牌为中国消费者的美好生活贡献更多力量。

案例点评

点评专家：左跃　国家核应急协调委专家委危机处理专家、硕士生导师

壳牌会玩，其零售与出行业务以"奔赴美好"为主题，准确把握定位及价值点，洞悉对"美好体验"的追求，找准"户外出行"锚点，整合旗下各子业务线，通过趣野俱乐部、优选伴同行、满电赴美好、云游山海的创意项目，为广大出行者的旅途带来全面、多样的陪伴和支持，让走向户外的路程成为奔赴美好的旅程。

中国建设银行"造福季"数字化营销

执行时间：2022年12月15日—2023年3月31日
企业名称：中国建设银行（简称建行）
品牌名称：造福季
代理公司：和智传信品牌管理顾问（北京）有限责任公司（简称和智传信）
获奖类别：2023金旗奖最具公众影响力整合营销战役金奖

项目概述

以春节为核心，每年一季度都是银行个人金融业务的"开门红"旺季营销节点。手机端已成为银行"开门红"竞争主平台，企业纷纷通过"造节"的方式开展大型线上营销活动，建行"造福季"就是其一，2023年已是第三届。

项目策划

建行创行业之先，借鉴大型"网游"思路，搭建类似App或小程序，容纳极其丰富的金融产品与服务、游戏活动与任务，以及生活福利奖励，构建"有财有利又好玩"的大型网络游乐场。

建行个人金融部携手数字化传播机构和智传信，针对营销全链路和传播全场景，制定"产品升金、玩法升级、福利升值、传播升温"总策略，具体如下。

（1）产品升金：契合"理财+消费"的需求热点，整合全行海量金融产品，应对"千人千面"需求，覆盖全量客户。

针对元旦、春节前后大众财富管理和生活消费飙升的需求，建行精选各业务条线产品，以存款、理财、支付消费、资产管理为重点，覆盖基金、证券、保险、贵金属乃至消保投教服务，根据不同产品特性，精心设置不同的活动玩法与奖励，构建面向全量用户、满足多样化需求的活动产品矩阵。

（2）玩法升级：创新型"养成式网游"模式，保障参与者的留存与日活，同时不断推动销售转化。

首创银行旺季营销大型"网游"模式，为用户设定游戏等级，对应不同的福利回馈。以"任务中心"为引导，设定每日或阶段性任务，以及一次性奖励任务，持续激励用户参与活动，引导用户使用金融产品。

丰富的产品与活动

既有轻度的任务，也有参与度高的游戏，适应不同用户的喜好。投篮、拼图、闯关等多样化趣味游戏，在激发用户活跃与留存的同时，完成产品营销。

（3）福利升值：首创"CC豆"福利体系，所有任务与活动统一计算奖励"积分"，可兑换几十种有用、有价值的生活优惠与福利，让参与者真正享好礼。

"造福季"破除当下很多网络营销活动拿奖难、奖励不实用或玩"套路"的问题。首先，创造了一套专属的福利"积分"体系——"CC豆"，并让参与者在所有任务与活动中的投入都能形成统一收益。

在设置"CC豆"收益的基础上精心考虑每个参与者。重要活动每次会提供几千万甚至上亿总量的"CC豆"，对参与者既有吸引力，也给予实惠。常规小活动的每一个点击操作，都能赢取不等额的"CC豆"，让参与者拥有良好的获得感、满足感。

与此同时，"CC豆"可兑换各种实用的生活消费福利，覆盖商超、美食、出行、娱乐等方方面面。从金融服务到生活消费，"造福季"营造了强烈的赢取"真金白银"感。

（4）传播升温：整合建行自身覆盖数亿用户的线上线下渠道，适当补充外部传播资源，让传播兼顾"广覆盖"与"高精准"；同时，以有创意的视频、图文、H5等多样化内容，助力传播"热力全开"。

对于一个本身已有7亿个人用户、5.4亿移动端用户的国有大行来说，其营销活动的核心是激活存量用户参与并推动其使用更多的金融业务和生活服务。本次"造福季",建行做到了线上打通三大线亿级流量入口(手机银行App、建行生活App、微信银行),线下联动全国网点,同时构筑了多媒体平台协同、行内外资源并举的传播体系。

整合渠道与资源后,围绕一季度浓厚的节庆气氛,"造福季"从好看、好玩、好开心、好有用的"四好"原则出发,构建了多层次、多样式、多风格的活动物料体系"套装",为活动营销提供了强劲动能,堪称银行线上大活动营销"范本"。

宣传内容包括活动品牌整体推广、重点活动支线传播,以及重要金融业务借势活动进行的单独产品宣传。在形式上,以大量的图文物料为基础,做好活动的实用性与解释性传播(包括攻略性质内容);而以创意视觉形式(视频+平面)打造传播高光点,形成强穿透力。

创意与风格注重适配不同受众和平台特色。平面设计综合运用CAD、手绘、实景合成等多种方式,在喜庆热闹的总基调下,风格各异,精彩纷呈。视频包括MV联唱、MG动画、口播讲解等多种形式,既好看又实用。

从12月中旬启动至3月活动结束,建行"造福季"以全新的活动模式、强大的资源整合和出色的营销传播,完成了数亿人群的触达,吸引了数千万用户参与,带动建行个人金融业务在2023年旺季营销中业绩显著提升。

项目执行

通过全渠道、跨条线、总分行、内外部的超强力整合与协同,本次"造福季"实现了三大突破。

第一,独立搭建和运营的活动平台对接到微信和不同App,从建行自有的手机银行、"建行生活"两大双子星App,到微信银行与公众号,"造福季"实现了线上全渠道引流。

第二,充分激活了全国线下网点的营销力量,除常规的宣传物料展示,更以空间搭建结合"线下打卡"模式,形成线下点睛之笔。

第三,线上传播真正做到了全渠道、全覆盖,总分联动、内外结合、有点有面。社交平台以微信、抖音、小红书为核心,尤其以广泛的KOC账号铺量,以"去营销化"的信息形态进行实效引流。其中,小红书平台的活动攻略与种草营销亮点突出。

项目评估

1. 传播力

通过全渠道、全链路和多样化的整合传播,"造福季"成为2023年一季度银行业旺季营销最成功、最有实绩的数字化营销活动标杆。以微信官方指数为例,在2023年一季度各大银行旺季线上活动营销中,建行的传播数据遥遥领先。

整个"造福季"活动期间，线上线下累计触达4亿多人，大量受众有效引流为活动参与者，甚至沉淀为建行个人金融业务的长期性活跃用户。

2. 营销力

创新而有实效的活动模式，加上出色的营销传播，使2023年"造福季"活动在数据和实绩上都有了大跨越。2023年活动较2022年UV提升138%，转化率提升3倍，有效拉动了建行个人金融业务在一季度旺季营销中业绩提升。

3. 品牌力

在银行业数字化活动成为营销常见方式的当下，建行是较早以踏踏实实的"长期主义"态度和品牌化思路进行运作的行业引领者，"造福季"就是其重点打造的数字化品牌活动代表。

2023年建行通过更大的投入和系统化的运作与传播，在提升活动本身效果的同时，极大地强化了"造福季"的品牌形象与影响力，甚至在各大社会化媒体平台成功带来了粉丝效应。在抖音、小红书等新兴流量平台，已经形成了针对"造福季"及其他建行数字化营销活动的"粉丝团""福利党""自来水"，他们主动关注与宣传建行的相关活动，为建行个人金融业务的数字化营销积淀了长效的品牌资产。

亲历者说 曹晓峰 和智传信项目总监

作为活动的参与者、协助者，我们见证了一家数字化经营能力出色的大型国有银行是如何在最白热化的行业营销竞争中构筑领先优势并创造佳绩的。本次"造福季"体现了建行围绕数字化经营所具备的三大优势。

一是持续创新的数字化经营理念。无论是本次"造福季"领行业之先的"养成式网游"模式还是建行数字化营销的"长期主义"品牌化运作思路，均凸显了建行在数字化经营理念和模式上与时俱进、不断探索的行业领军姿态。

二是以数字之力打通全行的强大执行力。大型银行集团因业务条块、渠道部门各司其职，旺季营销活动极少能真正做到行内全渠道联动、内外全方位协同。本次"造福季"体现了建行围绕数字化经营所构建的资源通盘调度能力与全面动员能力。

三是巧用外力，增强数字化营销动能。在具体营销传播层面，建行内部团队与服务商和智传信团队紧密配合，打造了一整套出色的传播物料体系，并落实为全场景、全链路、全媒体的实效传播，尤其强化移动媒体端和新兴社会化媒体平台的深度传播，达成良好的覆盖与引流效果。

案例点评

点评专家：樊传果　江苏师范大学传媒与影视学院教授、硕士生导师、文化创意产业研究院院长、广告研究所所长

中国建设银行"造福季"数字化营销是银行界一次成功的创新尝试。

从营销策略来看，"造福季"活动充分利用了数字化平台，通过线上线下互动，打造了一场全民参与的金融盛宴。七大专区系列趣味活动的设计与实施，不仅吸引了大量用户参与，也增加了用户与银行的互动频率，提升了用户黏性。

从品牌形象塑造来看，"造福季"活动展示了建设银行以用户为中心，持续提升金融服务质量的决心。活动不仅给客户提供了丰富的权益，还通过深入浅出的金融公众教育形式，帮助用户积累金融知识，养成良好的金融消费习惯，增强了建设银行在用户心中的信任度和好感度。

从市场效果来看，"造福季"活动无疑是一次成功的数字化营销。精准的市场定位、创新的营销策略以及丰富的活动内容，吸引了大量用户关注和参与，不仅提升了建设银行的业务量和市场份额，也增强了用户对银行的忠诚度和满意度。

GOLDEN FLAG AWARD
金旗奖

品牌向上

2023
—
金旗奖最具公众影响力
营销创新金奖

2023安利（中国）美好生活盛典

执行时间：2023年5月23日—8月13日
企业名称：安利（中国）日用品有限公司
品牌名称：安利
代理公司：广东英格数字传媒有限公司
获奖类别：2023金旗奖最具公众影响力营销创新金奖

项目概述

1. 项目背景

2022年，安利提出构建"美好生活之花"（简称美花）战略，2023年是美花价值主张的开花年，美花是安利愿景"帮助人们过上更健康、更美好的生活"在中国市场本土化、具象化的表达，是安利愿景在中国的落地（美花由身体健康、活力生活、情绪健康、良好关系、财务保障、个人成长、社会价值、绿色和谐八片花瓣形成，每片花瓣都代表安利事业蕴含的一种价值）。

安利每年会组织两场关于营销人员（ABO）的年度盛会：一场为每年8月的安利盛典，侧重于战略宣导；另一场为每年12月的业务表彰大会，侧重于业务激励。

2. 项目目标

充分发挥盛典的宣导场景优势，全景式、具象化展现美花价值主张，通过系列真实ABO事件提振信心、赋能市场营销与开拓。

项目策划

1. 策略

（1）打造一场品牌 × 产品 × ABO 心心与共的美好大事件。

①国家之需——美好生活：美花的价值观解读，焕新企业形象。

②用户之需——美好事业：安利深化转型的模式，扩大ABO事业开口。

③社会之需——美好公民：打造"ABO+KOL+品牌"的传播铁三角。

（2）走进"美好生活现场"——真实场景+真实故事+真实人物状态。

①打造生活化盛典：摒弃舞台式创作，让舞美、音效等回归自然、美好的真实场景。

②ABO本位对话式思维：打造ABO真实美好大事件，让每个人都享受美好生活。

③安利与 ABO 全新链接：内外部的多元视角解读，为安利平台与营销支撑背书，强化美花价值与社会需求的链接。

2.创意：五新五感

（1）新场景：美好实景。选择无锡拈花湾、海拉尔草原、雁荡山脉等真实场地，向全体安利人展现真实、走心的美好生活图景。

（2）新形态：影视化美花盛典。摆脱舞台表演的枷锁，从内容到场景全流程影视化处理，让盛典更具传播性和观赏性。

（3）新视角：纪录片、真人秀、微综艺。以"纪录片+真人秀+微综艺"形式呈现 ABO 美好状态与社群形态，让观众通过不同视角沉浸式体验安利式美好生活。

（4）新演绎：主题曲发布。这是安利合唱团升级合唱艺术团以后的首次亮相，结合 ABO 多元化的才艺，以多场景创意演唱方式推出《美好不期而遇》主题曲。

（5）新价值：全方位活出"美花"。充分展现 ABO 种下的"美花"，从商业模式出发，进一步强调安利公司美花带来的社会价值。

（6）真实感：发现生活真实之美。通过社群串门、神奇植物探秘、营养模式对谈等形式，带出 ABO 不同状态下的美好故事。

（7）艺术感：舞剧《花盛江南》。联合知名舞蹈家骆文博、扬州市歌舞剧院舞蹈演员，共同创作原创开场舞蹈节目，对美花价值进行极致的艺术视觉呈现，激发 ABO 对盛典的期待。

（8）科技感：ABRC 及实验室实力。跟随北京卫视养生节目《养生堂》主持人视角，走进无锡植物研发中心与上海实验室，探索纽崔莱背后的自然与科技；采用《神奇植物在哪里》主题大片、"精彩人生、无限可能"插画，以及《博士小课堂》MG 动画，结合中国工程院院士、诺贝尔奖得主等大咖背书，展现纽崔莱的实力。

（9）新鲜感：新平台新产品首发。以内容植入以及综艺式创意中插形式，推出全新产品，满足消费者需求与期待。

（10）权威感：重磅嘉宾背书。邀请场景实验室创始人吴声，结合发展趋势，为安利倡导的美好生活需求与大健康赛道背书；邀请中国首位雪上项目全满贯获得者徐梦桃，以外部嘉宾视角，体验且背书安利健康社群和纽崔莱营养早餐。

3.媒介策略

（1）安利线上矩阵联动：整合旗下微信视频号、小程序、微信公众号、抖音、微博、App 等传播渠道，持续拉升盛典热度。

（2）联合大咖"打 call"：邀请自由式滑雪空中技巧世界冠军徐梦桃、场景实验室创始人吴声为盛典"打 call"，同时安利入选吴声 2023 年度"新物种爆炸"演讲案例。

（3）安利公司体验馆、分公司联动：共同助力盛典传播，让更多 ABO 增加对美花的认知。

4.传播规划

以传播思维放大内容势能，借势新成果、新故事、新福利的传递为ABO营销拉新赋能。

（1）预热期：主题曲官宣，创作过程披露，ABO故事挖掘；通过小程序话题互动引发分享。

（2）直播期：产出综艺社交向、治愈真实向、企业实力向等多角度剪辑素材，通过图文直播、金句海报呈现盛典风采。

（3）延续期：依托热度打造系列主题视频、趣味花絮与二创素材，进一步延续盛典的美好。

项目执行

1.筹备阶段

筹备阶段各环节进行多次实地勘景，迅速建立、完善项目管理机制，成立上海联合办公小组，进行对接沟通。

（1）实地勘景及前采：提前前往无锡（拈花湾、ABRC）、上海（薰衣草公园、洋葱片场、思南公馆、安缦）进行踩点，并前往ABO城市进行多次前采。

（2）项目管理制度：建立每周例会制度，多方保持信息对称；共享表格管理工具，定期解决推进难题；微信小组实时对接，环节沟通高效进行。

（3）联合办公小组：迅速搭建项目组、导演组，在筹备阶段与安利进行盛典内容共创、环节创意探讨。

2.录制阶段

6月20日—7月16日耗时近1个月，横跨7省9地，进行高强度、高密度盛典录制拍摄，持续克服场地、天气等难题，确保项目正常推进与效果。

（1）录制地点：磐安、海拉尔、杭州、昆明、上海、无锡、北京、郑州、昆山。

（2）持续克服场内外难题：针对高温雨季天气，提前做好拍摄备案；面对雨雾湿气环境，规划设备存放空间；针对场地曝光问题，灵活调整现场设备。

3.剪辑阶段

项目组＋导演组＋后期剪辑团队，持续进行沟通并完成剪辑、调色、包装、特效等后期工作，8月12日完成交片，成片于8月13日正式播出。

项目评估

1.效果综述

首创2023安利（中国）美好生活盛典——7省9地录制及区域联动、10个环节拍摄录制、拍摄团队超100人、后期素材超2000小时，在美花价值主张的开花年，成功奉上了史无前例的影视化作品。

2.受众及市场反应

2023安利（中国）美好生活盛典于2023年8月13日线下直播首映，线下吸引超过20万人共同观看，收获全国各区域城市群ABO的点赞，并且引发安利ABO高层领导、创办人、营销总监、高级营销经理等各级营销人员的转发扩散与分享。

3.媒体统计

8月13日的直播首映，最终收获观看人数超73万人、点赞数达805.7万次的优异战绩。

亲历者说 胡妍妍　广东英格数字传媒有限公司总经理

3年前，我们以"澳之嘉"的身份连续承办了3年安利盛典，还记得当时我们首次使用了四面台的舞台形式，开创了线上模式的盛典篇章；3年后，我们以"英格数媒"的身份回归，再度打破常规，与安利携手共创美好生活盛典。我们希望，每一次的服务都能带来创新。愿我们都是美好生活的拼图，我们也憧憬与安利一起，继续收集美好生活地图上的每一道风景！

案例点评

点评专家：王春雨　锐易纵横文化传播创始人

安利是把分散合伙人和产品消费者熔融在一起的先导品牌。共同的价值、共同的主张、共同的生活方式把每个人变成安利的合伙人。因此，与他们去共建共知，对安利来说是非常重要的。内容方面，安利用花瓣代表共有的生活追求，引发大家的共同期待；地域方面，安利从整到分，让品牌走向多个重点城市，扩散到更大的范围；传达方面，安利利用综艺、纪录片等多种形式去讲好故事；名人效应方面，安利巧妙借用徐梦桃和吴声带动了更多人的信任。在2023年的活动中，安利利用创新意识，让过去的线下舞台传播升级为贯通不同空间、结合真实故事、运用多个场景的传播，对品牌背书起到了非常好的作用。

谷粒多中国农民丰收节节庆营销

执行时间：2022年9月19日—9月30日
企业名称：内蒙古伊利实业集团股份有限公司
品牌名称：伊利谷粒多
代理公司：北京黄橙广告有限公司
获奖类别：2023金旗奖最具公众影响力营销创新金奖

项目概述

2022年是乡村振兴全面展开的关键之年，谷粒多响应国家政策，在中国农民丰收节节点联手"中国最美晒秋符号"的婺源篁岭，首创中国乡村"村节"计划，助力乡村振兴。活动以创意物料、直播、线下大集、晒秋拼图等玩法创新了乡村节庆营销，仅3天全网曝光量就破了3亿次，形成了"自来水"效应的裂变传播。此次节庆营销新模式，还拓展了品牌在婺源篁岭的新销售渠道，助力销售。这是一次以国家战略为高度、以创意为核心、以数字为驱动的品牌营销探索。

项目策划

1. 背景与挑战

谷粒多面临着如何在节日中脱颖而出，切入用户节日消费需求，强树立谷粒多谷物营养产品力的困境和挑战。

营销中需要做到的3个核心关键：找到谷粒多与节日的必要关联；打造谷粒多在节日的礼赠场景；激活谷粒多与受众的节日情感。

2. 创意独特新颖

链接用户、场景、产品力，打造核心创意物料，以丰收大集、海报、推文、视频等多种形式呈现，打造以快手、微博、微信为核心的传播矩阵。

（1）村节计划第一站落地。2022年9月23日中国农民丰收节，谷粒多联手流量高、有话题、与产品力贴合的中国特色乡镇——有"中国最美晒秋符号"之称的婺源篁岭，举办了一场以"中国农民丰收节·篁岭晒秋谷粒多"为主题的丰收大集活动，巧妙借势中国农民丰收节，从乡村振兴出发，顺利落地谷粒多"村节"计划的第一站。

丰收大集现场设置了丰收小队巡游、晒秋盘、画纸伞、板凳龙等民俗体验活动和趣味玩法，在互动中不断强化谷粒多产品与健康谷物的链接。

（2）谷粒多篁岭丰收主题民宿，强化产品体验。配合线下打卡寻宝活动，抽取谷粒多主题房住宿奖励。此外，谷粒多产品也入驻篁岭上百家民宿，产品植入延续至十一假期，确保活动后续影响力覆盖景区长假流量。

丰收大集直播配合，形成高效品牌曝光，关联谷粒多与丰收节场景。

（3）谷粒多数字云大集同步上线，打通电商平台销售转化。电商平台推出丰收好礼礼赠组合——消费者在电商购买谷粒多产品可获赠婺源乡村农副特色产品。线上线下充分联动，形成电商链路闭环，实现口碑与销量的双赢。

3.与品牌、产品契合度高

谷粒多与流量高、有话题、与产品力贴合的中国特色乡镇联合打造节日定制品牌大集，传播品牌引领的"好生活"美誉度。认知产品带来的"好气色"产品力，以事件、话题、数字内容传播，以过节就送"好气色"的品牌礼赠利益点引流消费。

（1）从产品层面：晒出谷粒多。篁岭秋收五谷丰登，晒出谷粒多多，晒出秋色美美，让消费者直观关联认知谷粒多天然谷物产品原材料的自然健康色转化带来的健康好气色。

（2）品牌层面：晒出好生活。仲秋晒谷粒，寓意晒出好收获、晒出好生活，这是源自中国土地独有的仲秋"中国符号"，也是谷粒多品牌对中国节日节气、生命力的活力传承，谷粒多致力于为国民持续打造最实在的好生活。

（3）情绪层面：晒出好气色。篁岭村村民通过节日在院坝晾晒粮食谷物，用晒出谷物的"好色彩"寓意今年的"好生活"，其实质是彰显家庭与个体的富足与幸福，与产品传递的"生活好气色"相匹配。

项目执行

1.9月19日—9月22日（启动期，事件预热引关注）

谷粒多 × 婺源篁岭村定制大集预热；谷粒多 × 明星IP定制周边预热。

2.9月23日—9月26日（爆发期，集中宣传造声量）

婺源篁岭数字大集官宣（各礼赠组合及玩法官宣）；核心视频等视觉物料上线；明星合拍视频话题页发起；官方及KOL现场直播大集；谷粒多云大集上线，引流官方电商渠道。

3.9月27日—9月30日（长尾期，长尾引发全民效仿）

KOL原创定制"晒出生活好气色"内容，引流线上话题页，增加曝光度；KOC与线下终端（商超销售）配合参与话题页内容发酵，解锁节日"晒"的新玩法。

项目评估

谷粒多中国农民丰收节活动不仅是对品牌影响力的提升，还是一次站在国家战略高度的全新尝试。

1.品牌首次以数字内容实现新的销售机会增长，真实助力生意，完成从0到1的突破

（1）联手"中国最美晒秋符号"婺源篁岭，从品牌定制主题房到走进百家民宿，进行渠道深度合作。

（2）助力品牌在婺源篁岭成功拓展酒店、餐饮的新销售渠道，实现生意增长。

（3）为谷粒多电商平台输送和引流超41万人。

2.精准洞察核心节庆节点，借势营销，收获官方媒体及行业媒体的"自来水"式收录报道

（1）谷粒多在中国农民丰收节期间开展以核心用户为主的数字营销活动，获得全网"自来水"效应，仅3天全网曝光破3亿次。

（2）凤凰网、《中国日报》、人民网等13家媒体报道，谷粒多成为中国农民丰收节期间全网自然报道TOP 1品牌。

（3）行业媒体SocialBeta主动联系，并在《甲方乙方》板块收录案例。

（4）新片场在献礼二十大栏目《非凡新征程 献礼新时代》中收录相关内容（其他作品均为明星参与或百万制作）。

3.中国乡村"村节"助农计划的开展，为品牌节庆营销积累了长线自有资产

（1）谷粒多中国乡村"村节"计划开启"一村一节"创新节庆营销新模式，打入中国传统节日礼赠场景，也是谷粒多助农计划第一站。

（2）后续品牌可针对此计划在不同的节点陆续开展更多乡村场景的助农计划，真正做成行业节庆场景营销的第一品牌。

亲历者说 朱晴　北京黄橙广告有限公司客户总监

为助力品牌占领节庆礼赠场景，与核心消费者进行深度沟通，我带领团队携手谷粒多选择中国农民丰收节节点，联手"中国最美晒秋符号"婺源篁岭开启中国乡村"村节"助农计划第一站，以创意视频、海报、直播、线下互动大集、晒秋拼图等玩法创新了乡村节庆营销，拓展了品牌在婺源篁岭酒店、餐饮等的生意渠道，实现了品牌曝光和助力生意的双赢结果。

案例点评

点评专家：吴加录　交个朋友公关副总裁

谷粒多中国农民丰收节节庆营销以中国农民丰收节为主题，充分挖掘了丰富的文化内涵。通过多元化活动组合，成功提升了品牌形象，激发了消费者的情感共鸣，取得了显著的市场效果。活动有效达成了3个方面的目标。首先，巧妙地将谷粒多与节日联系起来，突出了产品的独特性和农民丰收的喜悦，深化了消费者对品牌的情感认同。其次，设计了丰富多彩的互动环节，如市集、农耕体验等，吸引了大量观众参与，增强了品牌与消费者的互动联系，形成了裂变传播效应。最后，通过与"中国最美晒秋符号"婺源篁岭合作，开启了中国乡村"村节"计划，成功拓展了品牌在婺源篁岭的销售渠道，展示了品牌的社会责任和文化担当。

华硕天选品牌年轻化整合营销案例

执行时间：2022年3月16日—2023年3月16日
企业名称：华硕电脑（上海）有限公司
品牌名称：华硕天选
代理公司：北京土壤营销顾问有限公司
获奖类别：2023金旗奖最具公众影响力营销创新金奖

项目概述

游戏本给人的市场印象一直以来是高性能笔记本，其核心目标消费者是专业玩家和电竞爱好者。对大众消费者来说，游戏本大多是外观硬核、具有机械感、科技风、价格较高不亲民的。各厂商间的竞争主要是拼硬件性能、拼配置价格，因此游戏本在核心竞争力上很难拉开距离。

华硕品牌基于Z世代年轻人关于游戏本的需求的洞察，聚焦游戏场景，创新性地推出华硕天选系列产品；营销上突破行业壁垒，迎合年轻世代的喜好，锁定二次元文化，打造业内首个原创虚拟品牌代言人，以精细化、社区化的内容运营赢得了年轻世代消费者的喜爱和拥趸。

项目策划

1. 基于科学调研洞察用户诉求

为探寻品牌年轻化整合营销的机会方向，围绕Z世代年轻人精神诉求与消费趋势展开问卷调研，在样本库中筛选符合要求的消费者发送问卷，最终有效样本量达1500余份。

用户精神诉求：Z世代不仅追求物质层面的满足，更强调个性化、自我表达以及精神追求。他们以个人的价值观和审美眼光作为行动指南，对小众文化有深厚的兴趣并乐于将其作为自我与群体认同的标志。

用户消费观念：品质和颜值成为Z世代消费选择的重要元素，他们倾向于自认为有价值和意义的理性消费，愿意在个人兴趣和爱好上投入时间和金钱，兴趣爱好对他们而言是社交和身份的象征。

用户洞察结论：首先，游戏本市场的主流颜色是黑白配色，各家笔记本黑白配色销量占据绝对优势。华硕天选推出符合年轻人审美的产品配色——魔幻青，并把这一配色的产品作为主推系列，通过颜值吸引更多年轻用户购买。其次，抓住当下 Z 世代人群喜欢的"二次元宅文化"，推出品牌原创虚拟代言人——虚拟偶像天选姬。天选姬的模型设计也是以产品主推色魔幻青为主，产品和 IP 双管齐下，让魔幻青深入用户心智，借助颜值吸引更多年轻消费者。最后，依托二次元圈层文化搭建华硕天选品牌营销内容生态体系，聚焦 Z 世代年轻人的兴趣特点和文化偏好，持续为用户提供产品与情绪价值，更深更长远连接和认同。

2. 紧密围绕年轻人群的营销策略

结合 Z 世代年轻人的兴趣偏好与消费趋势，以高频的传播互动促进用户对笔记本这一低频消费产品的购买决策；深度挖掘产品的使用价值，将用户低频购买行为转化为产品多场景应用的高频使用行为。

结合 Z 世代二次元宅文化特征，发挥天选姬的陪伴属性，让 IP 以多元化形态进入用户的生活；将 IP 对用户开源，双向互动，共同推动 IP 进一步完善。

依托 Z 世代二次元圈层社交属性，深耕天选姬 IP 虚拟偶像价值，为系列产品赋能；产品升级换代中推动天选姬从外形到人设的迭代进阶，保持 IP 的活力。

3. 构建品牌年轻化营销多场景触点

（1）华硕天选新品发布会。华硕天选新品上市营销传播是华硕天选品牌年轻化传播矩阵的重要环节，为提升二次元用户对产品及发布会的关注度，发布会聚焦产品及虚拟代言人 IP，围绕产品、嘉宾、IP 展开三位一体式的整合营销动作：发布新品的同时，发布天选姬新形象、新的主题曲以及全新产品 TVC；嘉宾邀请上考量注重契合游戏圈、VUP 圈、动漫圈用户的喜好，如 A-Soul、星瞳、牧牧白等；内容环节上则侧重符合二次元用户偏爱的才艺表演、嘉宾互动、产品体验展示等。

（2）天选姬 IP 偶像化运营。天选姬 IP 双线运营，用人格化语言交互，用真诚打动用户。公域运营（营业向"聊"专业）：基于品牌号代言人内容运营，天选姬作为代言人向用户持续输出品牌动向、产品资讯等内容；强化品牌形象，保持品牌与用户的有效沟通。私域运营（日常向"聊"粉丝）：基于 IP 虚拟偶像生活向的内容运营，天选姬生活向内容稳定输出，建立 IP 与用户之间的温度社交，增强用户黏性与共鸣，提升用户对品牌的好感度与忠诚度。

（3）华硕天选社交破圈联动。天选姬与知名动漫 IP、二次元 App、漫画家、声优、MMD"大触"、Coser 等资源跨界联动，全面覆盖 Z 世代年轻二次元人群，成功打造了二次元圈一波又一波的热门事件和话题。随着 IP 不断升级，天选姬再次扩圈，开启个人直播秀，并与圈内知名虚拟偶像、知名游戏主播、热门虚拟女团联动，在常态持续化的破圈升级和跨界分发企划下，圈层进一步有效触达。

（4）跨次元线下触点。天选姬助力华硕天选产品用户跨场景体验与沟通，线下用户触点围绕 Z 世代年轻人用户兴趣，布局 Bilibili World、文化潮流展、动漫展、潮玩展、校园社区、渠道门店、专卖店等，大大提升了品牌和产品面向消费者精准触达的概率和频次，赢得了更为广泛粉丝的偏爱和体验口碑。

项目执行

天选姬IP全面赋能华硕天选品牌年轻化整合营销。

（1）天选姬赋能产品，将二次元游戏本刻进华硕天选的DNA：天选姬IP与产品升级同步迭代。产品TVC、产品海报、发布会现场以及线下活动都有虚拟代言人天选姬的身影，天选姬不仅收获了众多粉丝的喜爱，也传递着产品的性能与价值，提升了粉丝对华硕天选的偏爱度与忠诚度。

（2）华硕天选跨界互动，多领域触达目标用户：聚焦Z世代年轻用户的兴趣场景，整合跨界资源，展开IP破圈企划，实现二次元圈层的精准导流和圈内影响力的全面提升。

（3）天选姬在线营业，持续社交运营，打造二次元文化聚合场：在二次元核心用户社交平台B站、微信、微博、抖音构建天选姬IP粉丝玩家社区矩阵，通过原创内容的精品化和爆款化运营，将IP的用户价值及影响力发挥到极致。

项目评估

华硕天选品牌通过多样性的营销策略，不断满足用户物质层面的需求与精神层面的体验需求。虚拟代言人天选姬IP成长进阶与产品升级双线并行，实现了从"消费者"到"用户"的品牌IP生态资产积累。经过市场反馈验证，华硕天选系列产品、虚拟代言人天选姬IP、天选产品用户三位一体协同生态策略模型初建完成。

成果1：华硕天选产品在与社区用户交互中迭代升级，得到精准用户拥趸。

华硕天选是于2020年3月推出的华硕全新子品牌及系列产品。华硕天选定位"潮玩新次元"，面向更多年轻态和ACGN[①]人群。多年来，华硕天选品牌在产品设计上始终采用炫酷的金属外观并搭配高性能处理器和游戏级显卡，兼顾了年轻人群潮流个性与游戏娱乐的双重需求，并且不断更新系列产品以适应用户需求。

成果2：原创虚拟品牌代言人天选姬不断成长进阶，品牌IP化布局逐渐成熟。

原创IP天选姬作为华硕天选品牌的代言人，经过运营不断成长进阶：从IP故事、IP形象、IP系统生态，全方位迭代升级，实现了与年轻人群的直接互动与内容共创，拉近了用户和品牌的距离，提供可持续、差异化的内容让年轻人群互动，实现内容共创。从此，华硕天选不再只是一个商业品牌，更是时刻陪伴在用户和粉丝身边的亲密"伙伴"。

成果3：华硕天选品牌营销取得骄人战绩。

---

① Animation（动画）、Comic（漫画）、Game（游戏）、Novel（小说）的缩写。

人格化语言交互，用天选的真诚打动用户，用游戏化运营思路，让天选姬与用户玩在一起，提升归属感。B站为天选粉丝交流社区，微博和小红书为天选跨界联动社区，微信为天选用户福利社区，抖音和视频号为天选姬生活社区，经过运营，天选姬生态矩阵总粉丝沉淀达到78万人，活跃度达90%以上，总计产出原创内容5000余条，通过对IP生态矩阵的持续强化，用户沉淀持续增长。

华硕天选笔记本电脑产品持续迭代更新、华硕天选IP虚拟代言人天选姬运营原创内容持续输出、华硕天选品牌跨次元持续互动，为销售导流，品牌关注度和产品销量稳健提升，2022年度京东销售量和销售额同比增长17%和20%。

亲历者说 邱冠杰　北京土壤营销顾问有限公司总经理

品牌年轻化是很多品牌营销面临的重要课题而且是持续性课题。要去解这个题就要持续深入洞察目标消费群体，对于目标消费群的消费趋势也要做出预判。在运营此项目的过程中，我们不单要去和Z世代的年轻人沟通对话，还要时刻记得电子消费品多数属于低频消费品类这一属性。我们清晰地规划了围绕"IP（天选姬）、天选游戏本产品（低频消费）、满足用户诉求的运营与跨界联动（高频互动）三位一体的循环生态"营销策略体系，在实操中这个策略体系也得到了验证与迭代调整。

案例点评

点评专家：陈永东　上海戏剧学院创意学院教授、硕士生导师，《赢在新媒体思维：内容、产品、市场及管理的革命》作者

该案例从产品出发，紧扣年轻人喜欢的二次元文化，形成天选姬IP，再与天选游戏本产品（低频消费）、满足用户诉求的运营与跨界联动（高频互动）形成相应的生态。该案例中，华硕天选品牌及天选姬IP的成长及运营体系相互联动，从天选姬IP内核打造、天选姬IP运营到天选姬IP内容跨界分发及商业化，形成了"产品破圈—IP破圈—人设破圈—内容破圈—渠道破圈"5级破圈结构，不仅使天选姬IP偶像化，促使华硕天选社交破圈联动，并且能够跨次元延伸到线下触点，进而可以对外合作，与大众向其他品类IP授权跨界合作，充分发掘及扩大品牌及其虚拟代言人的价值。在此过程中，该品牌产品在与社区用户交互中不断迭代升级，原创虚拟品牌代言人天选姬亦不断成长进阶，其结果不仅表现在创新营销大大促进了产品销售方面，还表现在为品牌拓展出了更广阔的价值空间方面。

小于掌心，大于想象①

执行时间：2023年3月31日—4月21日
企业名称：维沃移动通信有限公司
品牌名称：vivo
代理公司：青岛尊道传媒有限公司
获奖类别：2023金旗奖最具公众影响力营销创新金奖

项目概述

　　互联网直播在经历过一轮井喷式发展后，PGC（专业生产内容）直播正在以独具特色的货场结构迎来自己的拐点。此次vivo立足上海外滩，搭建了一场名为"小于掌心，大于想象"的vivo X Fold2 及 X Flip双平台新品直播。用"vivo上海北外滩最in春天市集"为品牌赋能，vivo总裁空降直播间提高声量，打造品牌直播新增量，成功助力vivo新品直播场域声量及销量双势能增长。

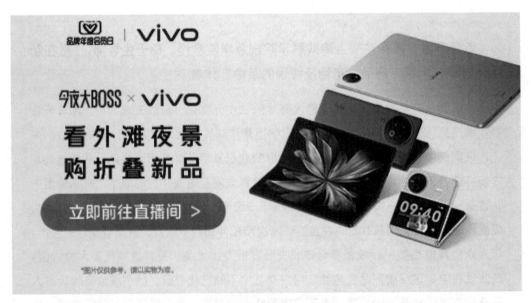

活动海报

---

① 本文中所涉及的视频及图片，维沃移动通信有限公司均已得到被拍摄者的使用许可。

项目策划

vivo 折叠系列新品手机 X Fold2 和 X Flip 的目标用户为 25~45 岁人群，这是一个追求时尚与个性化的高端消费者群体。用户群的消费行为偏好：注重产品的品质和性能，愿意尝试新潮的科技产品，展示自身的品位。

项目组以目标受众群体的购买行为习惯为项目策略基本导向，同时为了提升vivo折叠系列新品手机 X Fold2 和 X Flip 的营销效果，实现增加销量、增强品牌影响力的目标，进一步巩固vivo在折叠手机市场的领先地位，制定了大事件联动、场景打造、多平台覆盖和精准宣导四大策略。

1. 大事件联动：品牌与城市的浪漫邂逅

上海外滩地标大事件"vivo上海北外滩最in春天市集"位于极具调性的北外滩邮轮码头，处于外滩"三件套"和万国建筑群的最佳观景位置，现场设置了 X Fold2 和 X Flip 巨幕手机装置，受众可以近距离体验裸眼3D的震撼，同时邀请了八大艺术家参与 Digital Gallery 公共艺廊展出，还与小红书和抖音联合打造了线下生活方式街区，完全开放式的广阔空间让人们在上海4月感受到最放松的生活。

2. 场景打造：艺术与科技的完美融合

直播场景选用透光玻璃进行实景搭建，在这个如梦如幻的环境中，选择上海标志建筑东方明珠和壮丽的夜景作为直播间背景，利用摄影技巧和灯光效果，将外滩的美景与vivo折叠系列新品 X Fold2 和 X Flip 相融合，凭实力颠覆视觉感受，打破空间维度，让直播的形式不再是仅仅呈现单一四方舞台。

3. 双平台直播联动：全方位的数字传播

联动天猫官方旗舰店及抖音官方账号进行双平台直播，借助这两个平台的流量和用户基础，扩大活动的影响力和传播效果，扩大新品的曝光度和受众群体。

4. 嘉宾互动创新：精准宣导隐藏客户

策划与vivo折叠系列新品手机紧密结合的系列嘉宾直播互动：北外滩大事件访谈互动、快问快答互动小游戏、抽奖互动等，帮助进行产品功能、理念种草。

（1）北外滩大事件访谈互动：主持人就上海外滩地标大事件"vivo上海北外滩最in春天市集"对vivo总裁进行访谈互动，进而引申出vivo折叠系列新品手机 X Fold2 及 X Flip 的创新之处以及现场演示产品性能等话题。这样的互动为观众带来了专业见解和深度讨论，推动了他们对vivo折叠系列新品的种草。

（2）快问快答互动小游戏：直播现场设置快问快答环节，主持人在直播间提出与vivo折叠系列新品相关的问题，vivo总裁需要在有限时间内快速作答，这种小游戏不仅能够增加直播互动性，在为观众带来欢乐的同时还加深了受众对vivo折叠系列新品的认识。

（3）抽奖互动：设置万元红包雨、直播间抽奖口令、购买vivo X Fold2和X Flip抽奖品、分享直播间抽无线耳机等抽奖环节，观众可以在直播间参与互动进而获得抽奖资格。这种抽奖互动有效地实现了目标用户群体的转化，提升了vivo折叠系列新品手机营销效果并促进了销量增长。

项目执行

（1）根据品牌负责人提供的创意及核心资源物料，配合输出活动规划、直播细化脚本。

（2）结合主题活动设计，制作与直播间相关的背景物料及道具等。

（3）直播场地物料搭建、设备调试等（包含主播/主持、灯光师、场控、编导、提词、后台等直播活动执行所需人员）。

（4）现场活动执行，包含但不限于主播及嘉宾的服道化准备、人员招待、推动设备彩排测试及现场执行等。

项目评估

PGC专项不是一时兴起的产物，而是追求极致的开端。品牌营销事件已不局限于室内绿幕影棚直播，更多地选择了走出去，如同此次vivo的折叠屏新品总裁直播一般：vivo总裁空降直播间，与粉丝体验折叠系列新品，观看外滩夜景，裸眼体验3D巨幕装置，近距离欣赏公共数字艺廊，打卡生活体验街区等，进而创造出了更多有趣的营销事件，给PGC专项的形式创新带来了可能。

vivo通过此次X Fold2及X Flip【总裁来了】专场直播活动，激发了用户对vivo折叠系列新品手机的购买热情，实现了高销售额，GMV达到行业领先水平，同时促进官方账号粉丝数增长。该直播成为3C数码同类活动中观看量极高的直播之一。

亲历者说 李芳锐　青岛尊道传媒有限公司项目总监

当直播3.0时代到来时，我们不再拘泥于传统绿幕直播，不再一味地对品牌和消费者推崇饱和市场环境中降低价格或叫卖式的直播风格。过去常讲"人货场"，而这"场"代表了品牌的基调，所以我们为品牌选择了一条新的"场域直播"之路——PGC实景专项直播，它就像品牌的一张个性名片，呈现了品牌的独特调性。

就像此次vivo折叠屏新品直播，我们将上海标志建筑东方明珠和壮丽的外滩夜景作为直播间的背景，结合裸眼体验3D巨幕装置，让直播间的消费者也能近距离欣赏公共数字艺廊，云打卡生活体验街区等；除了独特的"场"的助力，我们还邀约vivo高管空降，与粉丝互动唠嗑，解读品牌和产品背后的故事，携手主播完成微综艺式互动游戏，解锁直播间重重福利，实现了逛购玩一体化的直播盛宴。同时，也解锁了我们在服务品牌PGC专项直播领域的更多可能。

案例点评

点评专家：吴翀　霍尼韦尔能源与可持续技术集团亚太区市场总监

这是一个优秀的范例，为2C品牌新品发布展示了一个高水平的方案。玻璃房直播间、互动的北外滩巨幕手机装置、数字艺术展等内容，创造了现实和虚拟空间的有趣结合，而且都体现出了vivo手机的产品核心价值——对光影的精确捕捉和社交分享，并且根据目标用户群体的特点进行设计，给他们有趣、美观同时又很专业的内容。整个活动策划富有创意，也符合品牌想要达到的最终目标，所以能够取得很好的效果。这个案例把美感、商业需求、营销需求和客户需求完美地融合在一起，是值得很多品牌借鉴的案例。

GOLDEN
FLAG
AWARD
金 旗 奖
—
品 牌 向 上

2023
—
金旗奖最具公众影响力
医药行业案例金奖

扬子江药业"寻中药看振兴"中药材基地溯源

执行时间：2023年5月1日—8月31日
企业名称：扬子江药业集团有限公司
品牌名称：扬子江药业集团
获奖类别：2023金旗奖最具公众影响力医药行业案例金奖

项目概述

扬子江药业集团组织由新华每日电讯、人民日报健康客户端、人民网、央视财经、光明网、环球网、地方媒体等权威媒体组成的探访团，深入扬子江药业集团福建福鼎栀子、江西抚州灯心草、内蒙古固阳黄芪、湖南湘西龙山黄柏、重庆铜梁佛手5个中药材种植基地，围绕中医药基地概况、中医药产业化等进行深入探访，旨在宣传扬子江药业集团在把关药材源头、溯源道地药材产区、推动中医药产业高质量发展、助力乡村振兴方面的重要作用。

项目调研

福建福鼎栀子标准化种植基地：自2016年起，扬子江药业集团与福鼎市康源农业专业合作社合作建设栀子标准化种植基地，通过实施全产业链模式，如今已形成3000亩种植面积，2000平方米基地加工车间，3000平方米标准化药材仓库，并且配备了"栀子生产全过程溯源系统＋物联网"，通过溯源大数据平台，在手机端即可实现栀子种植、采收过程可视化。

江西抚州灯心草标准化种植基地：灯心草为扬子江药业集团"百乐眠胶囊"的原药材，其药材年用量位居行业前列，2016年，公司经过实地调研，将灯心草产区荣山镇作为灯心草原料供应地。通过筛选，引入抚州市临川区虎碧种植专业合作社并建立了供应关系，随着双方合作关系向更加稳固的方向发展，2020年5月，公司与基地合作社继续签订1000亩规范化种植基地合作协议，带动娄浒村、新安村及其他周边村落1000余农户共同种植。

内蒙古固阳黄芪（有机）标准化种植基地：2018年，扬子江药业集团到固阳县调研选址，与当地合作社合作开展有机黄芪种植，如今，与合作社联建有机黄芪土地已达万亩，有机黄芪种植，不用化肥、不打农药、只用有机肥，人工除草。有机肥的使用不仅增加了土壤肥力，还保证了黄芪生长有机质含量均衡稳定，开发出黄芪精口服液等产品，在得到市场广泛认可的同时推动了当地有机黄芪产业加速发展。

项目策划

1.目标

讲好扬子江药业集团质量故事，推动乡村振兴。

2.受众

扬子江药业集团、基地所在地、农户、消费者、行业相关单位。

3.主题

走进道地药材产区，描绘乡村振兴画卷。

（1）福鼎栀子基地溯源：此次活动传播围绕"乡村振兴""药材质量"两大主题，在增强原创力、时效性上下功夫，在拓展题材、内容、形式上下功夫，充分发挥媒体类型优势，以福建当地媒体担当信息"策源地"，发挥权威媒体"站位优势"，通过短视频、公众号等内容发布增加关注度，辅助现场视频号直播增强互动性，打造联动宣传"大格局"，力争实现全渠道、多形式、广角度立体化传播，努力使集团责任理念和质量文化传播得更广、更远、更加深入人心。

（2）抚州灯心草基地溯源：此次活动以基地品质药材探访、挖掘当地药材种植温情故事为主题，组织新华每日电讯、人民文旅、人民网等多家媒体探访，开启为期8天的"走进道地药材产区 描绘乡村振兴画卷"深度溯源，结合长视频、短视频、图文等多种展现形式，多元化、多角度、具象化地展现基地药材品质以及小小灯心草带动当地产业发展、推动当地农户改善生活的美好故事。

（3）固阳有机黄芪基地溯源：此次溯源之行主要探访关于有机黄芪的种植理念，带领溯源媒体团到访固阳有机黄芪标准化种植基地，亲身了解扬子江药业集团有机黄芪种植的一整套选种移苗精准化、有机种植严苛化、加工仓储规范化、生产过程透明化，确保有机黄芪品质及安全的质量标准体系。从权威、地方及行业多媒体角度讲述有机黄芪标准化种植的故事。

4.媒介策略

媒体选择方面，传播媒体类型丰富，媒体级别普遍较高，涵盖权威媒体、综合媒体、行业媒体、财经媒体、科技媒体、地方媒体、公益媒体、教育媒体、消费媒体、体育媒体等多种类型。

5.传播策略

（1）内容选择要精准，聚焦扬子江药业集团质量文化，贴近药材基地特色，挖掘有影响力的好故事。

（2）内容策划要深，加强前期策划，挖掘事件的细节及背后的故事，加大信息量。在表达方式上，用"小切口"反映"大文化"，内容既要有深度又要有温度。

（3）内容发布要有节奏，新闻资讯类、短视频类内容的发布要体现快的原则，要抢占第一时间、第一落点，实现即时采集、即时审核、即时发布，要在信息传播中抢得先机。长尾传播要有深度，调研报告、深度解读要抓住行业、产业重要问题，深入剖析，产出能够促进产业利好发展的好内容。

项目执行

6月9日—6月11日，福鼎栀子基地探访；7月24日—7月30日，抚州灯心草基地探访；7月31日—8月2日，固阳黄芪基地探访。

主要执行内容：基地实地探访，了解基地种植、生产、管理相关情况及特色；了解当地产业，通过对当地政府领导、相关产业负责人的采访，了解当地产业发展情况；结合扬子江药业集团"企业＋合作社＋农户"模式，采访合作社、加工厂、基地相关人员，了解基地质量把控细节；对农户进行故事挖掘，讲好朴实的农民故事。

项目评估

1.三个基地的传播成果

固阳黄芪探访稿件发布情况：产出新闻稿件和深度报道 13 篇；全网报道总量 438 篇次，预估覆盖 3.6 亿人次。

截至 2023 年 10 月 30 日，灯心草策划共完成 9 分 36 秒的长视频 1 条、相关短视频 2 条，播发 9 次，平台超过 5 个，据不完全统计，播放量达到 496.5 万次。

在抖音上设置短视频话题两个：#晒出拟家乡的神奇植物##从凉席到药材路边小草身价暴涨#，其中话题#从凉席到药材路边小草身价暴涨#冲上江西同城热榜第四。

2.受众反应

（1）地方反应：受传播影响，越来越多的人关注到福鼎的栀子产业，福鼎市 6 万多人从事栀子种植或加工，全产业链年产值近 10 亿元。福鼎黄栀子已列入全国名特优新农产品名录，成为当地农民致富增收的"金字招牌"。扬子江药业集团在顺应全面推进乡村振兴新要求的同时，带动拓展农业多种功能，促进了乡村产业高质量发展。

在固阳县农牧业产业园区，受扬子江药业集团影响，多家黄芪深加工企业入驻园区，园区将持续加大对现代化厂房的投资建设力度。黄芪产业成为当地独具特色的优势产业，固阳县将立足高端绿色有机黄芪加工基地，推动标准化、规模化传统种植药材并引进片剂、粉剂、胶囊、口服液等精深加工企业，力争"十四五"末全县黄芪产值达到 20 亿元。

（2）农户反应：受访的众多农户，几乎每一个农户都提到，种植药材让生活条件发生了好的变化。值得一提的是，一位固阳当地的种植农户表示，和黄芪结缘，是因为扬子江药业集团，在扬子江药业集团对外传播的内容中，自己了解到扬子江药业集团的黄芪种植理念，才开始逐步了解黄芪产业的情况。

（3）消费者反应：受扬子江药业集团传播影响，消费者了解了"有机黄芪"的概念和优势，方便做筛选和选择，并且对扬子江药业集团的质量文化、品牌文化有了进一步的认知和了解。

3.市场反响

此次系列活动受到社会各界媒体关注，向道地产区输送了新的药商，占领高品质药材先机，扬子江药业集团也将遵循打造全球供应链的国际化发展目标，对标药用植物种植和采集质量管理规范（GACP）认证的国际标准，为拓展海外市场打牢品质基础。种植户铆足了劲儿，大大提高种植积极性，间接推动产业链韧性不断增强、竞争力不断提升，积极带领乡亲邻里共同致富，有机黄芪产业正成为当地乡村振兴的"关键变量"，为固阳经济发展、农业增效、农民增收赋能提效，努力让好品质成为看得见的"生产力"。

在乡村振兴战略的指引下，扬子江药业集团为保障产品质量，在甘肃酒泉、定西布局了板蓝根、党参、当归种植基地，总面积达万余亩；加强科技创新和专业技术人才培养，推动科技成果在乡村产业中的转化和应用的同时，引领上下游企业协同合作，用"小药材"撬动"大产业"，用"产业兴"带动"农民富"。

亲历者说 薄海铭 扬子江药业集团有限公司品牌专员

扬子江药业集团将自身的质量文化建设与推动民营经济健康发展高质量发展相结合，我们目前已完成3个重要中药材标准化种植基地的溯源探访。针对性地根据每个基地的实际情况，分别做了深入的前期调研及大量的准备工作，将传播的多样化、整体性充分体现在传播策略中，媒体选择上用权威媒体做背书，地方媒体做地域性特色支持；内容策划精准、全面、丰富，在展现道地药材特色的同时，展示扬子江药业集团的质量把控标准；在与国家战略同频共振的同时，讲述药农的温情故事。

案例点评

点评专家：胡远珍 湖北大学新闻传播学院教授

此活动有两大亮点。一是聚焦时代发展主题，体现企业发展格局。扬子江药业集团组织权威媒体，深入扬子江药业集团福建福鼎栀子、江西抚州灯心草、内蒙古固阳黄芪基地进行探访，实际上这是一次"特色产业链、质量万里行、乡村振兴实、共同富裕美"的全方位、立体化的展示与传播。二是巧妙联动多元主体，展现企业发展图景。本活动实现了企业、媒体、当地农户的互动交流，将企业发展实践与媒体传播实践、农户种植实践一体化深度连接，在对企业特色中医药产业高质量发展的"仪式化、具象化、在地化、故事化"的生动展示中，使弘扬中华传统医药、助力乡村振兴、实现农民共同富裕的企业社会责任担当更加深入人心，极大地提升了社会大众对企业文化的认同感和信任度。

GOLDEN
FLAG
AWARD
金 旗 奖
—

品 牌 向 上

2023

—

金旗奖最具公众影响力

MCN×品牌内容推广金奖

● 小天鹅"不凸出才突出"新品首发营销①

执行时间：2022年10月1日—11月1日

企业名称：无锡小天鹅电器有限公司

品牌名称：美的小天鹅

代理公司：象行传媒（江苏）有限公司

获奖类别：2023金旗奖最具公众影响力MCN×品牌内容推广金奖

项目概述

小天鹅以专业和品质立命，陪伴了一代又一代人的成长。在消费需求不断迭代的今天，小天鹅始终坚持以用户为中心，着力发展创新。家居从"有居"进阶到"优居"时代，带动嵌入式家电产品增长。《2021中国高净值人群健康家居特别报告》显示，家电产品所蕴含的"创新科技"及"美学设计"，是促使消费者做出购买决定的两大重要因素。在冰箱、洗碗机等嵌入式家电占据主流市场时，由于产品尺寸受限，洗衣机产品并未与嵌入式家装形成明显的关联，市场有待占据。小天鹅深刻洞察这一市场发展趋势，背靠双11大促黄金期上新年度S+超薄全嵌新品，为"美的超薄全嵌生态"拉开帷幕，让嵌入式成为洗衣机行业的专业属性，适应消费者任何场景的家装需求。

项目策划

项目组认为比起传统的营销策略，心智占领市场的沟通传播更适合破圈表达，结合品牌力好感度，更能快速吸引用户，完成从关注到深入思考的过渡，获得更直接的消费连接。

"全嵌"一词作为家装领域专业用语，对于广大消费者而言缺乏共情，"凹凸"则更具有记忆点，能与消费者产生情感联结。

项目组希望通过极具语言张力的脱口秀营销形式，关联塑造新品超薄全嵌不凸出的记忆点。从广告到内容，从感性到理性，从兴趣到关注，通过脱口秀热点营销，消费者无须听懂一种道理，无须被教导更高尚生活，而是在痛点场景中获得一种家居体验升级的感受，记住新品的痛点解决能力，快速建立小天鹅全嵌新品记忆心智。

---

① 本文中所涉及的视频及图片，象行传媒（江苏）有限公司均已得到被拍摄者的使用许可。

项目组正式提出 #不凸出 才突出#。联合知名脱口秀演员共同开启"小天鹅凸槽大会"，通过极具语言张力的脱口秀营销形式，以吐槽金句作为传播点，快速放大全嵌新品 #不凸出 才突出#利益点，建立并强化小天鹅超薄全嵌记忆心智；占据尚处空白的"全嵌洗烘套装"心智，传递小天鹅"超薄全嵌生态"理念。

围绕"小天鹅凸槽大会"脱口秀直播核心事件，通过整合数字营销平台，如移动营销、电商营销、直播营销、场景营销等，站内外营销内容聚焦统一，预热期站外关键词预埋，爆发期站内搜索回流，全域营销闭环提升新品自然搜索热度。

项目执行

10月22日，"小天鹅凸槽交换局"以创意场景互动形式落地南京1912时尚街区，围绕年轻人日常生活中的痛点，融入小天鹅超薄全嵌新品元素，正式开启线下快闪，为直播造势。百位KOL与游客自然打卡，扩散传播声量，本次快闪也登上了南京本地同城热榜第1名，上榜时长超过24小时，为直播引流。

快闪现场花絮照片

10月29日，"小天鹅凸槽大会"在京东、天猫、抖音平台联合直播。不同圈层大咖联合创作，破圈层辐射目标，用更容易产生共鸣的方式面向用户传播突出亮点。邀约知名脱口秀演员"也SO"、家居大咖"咪酱"与小天鹅产品研发人员吐槽凸出痛点，品牌老板畅快回应新品突出功能；现场多轮游戏互动、趣味实验，体验与解读新品功能升级；向用户传递"超薄全嵌生态"概念，植入产品核心功能信息。

项目评估

从以微博为主平台的话题孵化，到抖音、小红书等社交平台的碎片化内容传播，再到站内更多使用场景的解锁，将脱口秀的"罐装内容"从各个渠道分发到人们的各种日常场景，制造一波波话题。

"小天鹅凸槽大会"直播花絮照片

预热期，打造线下场景式快闪营销事件"小天鹅凸槽交换局"，在核心商圈投放大屏广告，线上话题征集、跨界联合应援、抖音挑战赛，为"小天鹅凸槽大会"造势，引发"自来水"传播。

爆发期，开启"小天鹅凸槽大会"新品首发直播，征集站内配套内容，通过新品直播，引导成交购买，实现搜索回流。

延续期，进行脱口秀"罐装内容"制作、达人多平台种草及PR稿件多渠道分发，加速内容曝光，延续话题传播，长线种草。

新品发布会累计观看量超27万次，有效进商人数超1万人。全网累计曝光量超2.2亿次，达人种草累计曝光量、互动量超670万次。在多平台广泛收获消费者及专业行业媒体大咖好评，抢先占据"超薄全嵌"洗衣机心智，让嵌入式成为洗衣机行业的专业属性。

亲历者说 刘文静　象行传媒（江苏）有限公司项目经理

结合客户简报里的阳台场景，用脱口秀将消费者难以理解的"全嵌"解构成更直观的"凹凸"痛点，与用户探讨生活中如洗衣机凸出般"细小而又不容忽视"的不适。以轻松幽默的文本与用户产生共鸣和情感链接，用产品抛出解决方案。希望每一位用户都能和小天鹅超薄全嵌一起，在大笑中解决生活中的不适。

案例点评

点评专家：张辉　亚虹医药企业传播及公共事务总监

小天鹅的这次公关项目设计充分展现了其对市场的深刻理解和独特的营销策略。其不仅抓住了消费者的痛点，更通过创新的方式，如脱口秀，巧妙地利用了

"全嵌"和"凹凸"的反差，使消费者能够更好地记住并产生情感联结。这种策略不仅提高了品牌的知名度，也增强了消费者对品牌的好感度。

此外，小天鹅的营销策略还包括了线下场景式快闪营销事件和核心商圈大屏广告投放，这些都为"小天鹅凸槽大会"造势，引发"自来水"传播。在爆发期，企业品牌通过新品首发直播和站内配套内容征集，成功地引导了消费者的购买行为，实现了搜索回流。在延续期，企业品牌通过脱口秀"罐装内容"制作、达人多平台种草和PR稿件多渠道分发，成功地延续了话题传播，实现长线种草。

总的来说，小天鹅的成功案例为我们提供了一个很好的参考，让我们看到了如何通过创新的方式成功引导消费者从关注到深入思考最终实现消费。